战略传播：

美国实现国家安全与军事战略的重要手段

李健　张程远　编

航空工业出版社
北　京

内 容 提 要

美军认为，战略传播本质上是为实现国家目标（战略目标）而进行的意图共享(即传播)。成功的战略传播不仅有助于帮助美军取得军事胜利，更有利于美国国家安全的巩固。本书通过研究大量美国政府及军方资料文献，对战略传播各个方面进行了介绍，展示了美军在战略传播领域的最新研究成果。

图书在版编目（C I P）数据

战略传播：美国实现国家安全与军事战略的重要手段／李健，张程远编．--北京：航空工业出版社，2015.1（2019.1重印）
ISBN 978-7-5165-0614-1

Ⅰ．①战… Ⅱ．①李… ②张… Ⅲ．①军事—传播学—研究—美国 Ⅳ．①E0-059 ②G206

中国版本图书馆CIP数据核字（2014）第279266号

战略传播：美国实现国家安全与军事战略的重要手段
Zhanlue Chuanbo：MeiGuo Shixian Guojia Anquan yu Junshi Zhanlue de Zhongyao Shouduan

---

航空工业出版社出版发行
（北京市朝阳区北苑2号院 100012）
发行部电话：010-84936597 010-84936343

三河市金轩印务有限公司印刷 全国各地新华书店经售
2015年1月第1版 2019年1月第2次印刷
开本：710×1000 1/16 印张：25 字数：415千字
印数：2001—2500 定价：98.00元

序

美军认为，单纯依靠军事优势和“出师有名”并不能保证其行动效果的最大化，军队还必须善于利用经过精心设计的战略传播计划，通过媒体塑造、人际沟通、多国合作等方式树立美军的正面形象。美国前国防部长罗伯特·盖茨在堪萨斯大学的一次演讲中就曾抱怨美军与世界其他国家沟通交流不够，不懂得如何向世界传递“美国社会是一个什么样的社会，美国文化是什么”的信息。近年来，随着美国国内外形势的发展，美军战略传播出现了一些新的变化。在美军内部，战略传播的重要性得到进一步认可，战略传播的组织体系逐渐完善，自主传播活动不断增多。

一、明确战略传播的重要地位

“9·11”事件后，美军逐渐认识到，军事机构与民事机构通力合作是确保战争胜利的关键。而前线指挥官往往集“军政大权”于一身，实际承担了原本民事机构应该承担的责任。为此，罗伯特·盖茨曾解释：“由于环境所迫，我们的军人们积极地承担起这些责任（包括建设学校和维持地方安全），在他们不熟悉的语言环境下工作。”但这些工作是否被当作“军事任务”来对待，以及如何获得美国国防经费，则始终是困扰美军的问题。[a]《美国法典》第10卷没有赋予国防部从事这类活动的权利。美国《国防部拨款法案》的附加条款也禁止政府部门在没有国会授权的情况下使用公关或宣传项目经费。所以，对美国国防部来说，首先要明确战略传播的定义，以及国防部从事该项活动的职

a 美国财政法的原则，即一个部门不能够花费自己没有权力使用的经费。

责，使其活动获得合法地位，才能解决经费等问题。为避免将“战略传播”简单等同于媒体传播、信息发送以及传统的“交流”活动，美国国防部内部曾出现过用“战略接触与传播”取代“战略传播”这一术语的呼声，但美国国防部最终还是确定沿用“战略传播”这一说法。[a]

2013年版的美国《国防部军事及相关术语词典》（联合出版物1-02）将“战略传播”定义为“美国政府集中努力来理解并接触关键受众，通过与国家权力机构各部门的行为同步且协调一致的项目、计划、主题、信息和产品，来创造、强化或维持有利于实现美国政府的利益、政策和目标的环境”。从最广泛的意义上来说，“战略传播”是将受众和利益相关者的观念及各个层面的决策、规划和军事行动进行整合的过程。如2009年10月，美军联合参谋部在《战略传播联合一体化概念》中指出，“战略传播旨在协调多种行动路线（如涉及政策执行、公共事务、部队调遣、信息作战等），使它们为实现国家目标而共同发挥作用”。

同时，美国国防部的其他重要文件也对战略传播的重要性予以认可。如2009年1月，《四年任务使命评估报告》指出，美国国防部需要调整战略传播程序，“使其更加符合政策目标”，要“将战略传播融入到军事任务中，在更大程度上促进美国的政策以及国务院的公共外交优先事项的实现”。《联合作战计划制定》（联合出版物5-0）也对战略传播进行了阐述，“战略传播是战略指南的自然延伸，有助于总统的战略指南、国防部长的国防战略以及参谋长联席会议（参联会）主席的国家军事战略的落实。这是各部门间共同努力的结果，为推动美国的地区以及全球伙伴关系创造了机遇。”

综上所述，美军认为，战略传播本质上是为实现国家目标（战略目标）而进行的意图共享（即传播）。成功的战略传播能根据不同情况，促成各部门之间的共同行动，在战场上协同作业，以达成指挥官的作战意图，并使行动效果最大化。

a 编者认为，美国国防部采用有别于民事机构的术语，意在强调国防部战略传播的特殊性。在下文中，其对“战略传播”定义的模糊性，也是避免“战略传播”的民事化，而与军事行动紧紧绑在一起，以期获得国会对此职能的法律认可。

二、完善战略传播的组织体系

美国《2009财年国防授权法》第1055条（b）款规定，美国国防部于2009年12月向国会提交了一份《战略传播报告》，就美国国防部在战略传播领域的指导思想和优先事项等问题向国会做了详细的报告。该报告描述了美国国防部对战略传播的理解，明确了美国国防部在战略传播中所承担的责任，确定了其实施有效战略传播活动的程序和机构，分析了未来可能进行的变革（包括对在美国国防部内建立战略传播委员会的方案进行评估）。

2010年，罗伯特·盖茨下令对战略传播和信息作战进行前端分析（FEA），以期解决战略传播和信息作战两个领域有关使命、定义、管理、资源、培训和教育等问题。这次评估最终将负责信息作战监督和管理的首席顾问，从负责情报的国防部副部长辖下，转隶到负责政策的国防部副部长辖下，而负责政策的国防部副部长将相应修订美国国防部指令3600.01号《信息作战》和5111.1号《负责政策的国防部副部长（职能）》。将信息作战的一些职能赋予负责政策的国防部副部长，使其能更好地整合战略传播资源。

2011年1月25日，罗伯特·盖茨签署名为《国防部战略传播与信息作战》的备忘录。该备忘录从领导力量、执行机构、责任划分、本质定义等方面对战略传播和信息作战相关工作进行了明确，其目标是使美国在迅速变化的战略环境中保持领先地位，负责政策的国防部副部长和负责公共事务的助理国防部长成为战略传播的共同领导。

对美国国防部而言，一次成功的战略传播就像一场成功的音乐会，“乐队指挥”就是负责政策的国防部副部长与负责公共事务的助理国防部长；“编曲”就是负责公共事务的助理国防部长下属的战略传播计划制定与一体化中心（CPI）负责制定国防部战略传播计划；“乐队”就是包括国防部所有人员及作战部队的各种战略传播实体；“音乐”就是经协调和同步的行动；“听众”就是传播对象。此外，美国国防部还设有信息协调委员会，重点协调美国国防部与美国国务院的战略传播活动，以增加战略传播活动的透明度。美军战略传播的主要机构有：

（一）负责政策的国防部副部长

该副部长就美国国家安全与防务政策、整合和监督国防部政策和计划等问题，向美国国防部长提出建议和提供帮助。其办公室下设5名助理国防部长，分别负责国际安全事务、亚太安全事务、国土防御和美洲安全事务、全球战略事务以及特种作战/低强度冲突和相互依存能力。其中，负责特种作战/低强度冲突和相互依存能力的助理国防部长（ASD SO/L1C&1C），在特种作战和低强度冲突相关的事务方面，充当国防部长的首席助理和顾问。他对美国国防部范围内的心理战活动，包括军事信息支援小组（Military Information Support Teams）进行政策监督，且负责为国防部参与的美国政府的所有抗击恐怖主义的活动制定政策和计划，包括旨在打击暴力极端主义的计划，并协调和监督上述政策和计划的执行。

2009年4月，负责政策的美国国防部副部长在其办公室的决策人员中任命了一名高级顾问，负责全球性的战略接触，其后不久，又成立了全球战略接触小组（GSET）。该小组直接向负责政策的国防部副部长报告，负责推动该国防部副部长办公室的战略传播活动，并负责与国防部其他部门进行联络、协调。全球战略接触小组同时主持全球接触战略协调委员会（GESCC）在军队的工作。

（二）负责公共事务的助理国防部长

负责公共事务的美国助理国防部长是国防部长在战略传播领域的首席助理和顾问，负责协调军队与媒体的关系，为国防部长、副部长以及国防部长办公厅的其他要员的演讲和谈话提供论据，为国防部的其他部门提供针对媒体和受众的分析，并对作战司令部和国防部其他部门的公共事务进行指导。作为战略传播活动的参与者，负责公共事务的美国助理国防部长要与国防部其他部门紧密合作，以确保将战略传播活动纳入国防部的长期规划中。

负责公共事务的美国助理国防部长办公室下属的美国国防部媒体局（DMA）通过合并各军种和国防部的媒体部门，简化国防部的媒体活动。其职责主要有：一是为美国国防部提供各种信息产品；二是传达美国国防部领导层指示；三是提供联合教育与训练。

（三）负责情报的美国国防部副部长

信息作战人员是战略传播活动的关键参与者。负责情报的美国国防部副部长是美国国防部长在信息作战行动（IO）方面的首席助理和顾问，负责制定国防部信息作战政策，与负责政策的国防部副部长，以及国防部部长办公厅的其他人员协同工作，对于信息作战行使监督权，以确保信息作战始终与国防部范围内的其他信息活动协调一致。

（四）联合参谋部

美国联合参谋部在战略传播过程中担负着非常重要的任务，负责确定战略传播的培训活动，并制定基于战略传播能力的评估方法。美国联合参谋部作战部（J3）负责全球作战的作战部副部长向作战部部长和参联会主席负责，在协调包括信息作战在内的全球联合作战中给国防部高层提供专业知识和咨询意见。战略计划与政策部（J5）与作战司令部、军事部门一起，在国防部部长办公厅发布的政策指南和指令的基础上，为美国国防部高层拟订政策指南、计划和战略说明，以确保国家战略目标的实现。战略计划与政策部（J5）还在跨部门的战略传播过程中充当美国联合参谋部的代表，以确保目标的统一。美国参谋长联席会议主席公共事务办公室与负责公共事务的助理国防部长办公室协同工作，以确保军队给公众提供及时的信息，准确传达军方的意图。另外，在战略传播过程中，美国联合参谋部以规划命令的形式向作战司令部提供规划指导，并对所有作战司令部的作战行动和应急计划进行审查，甚至配备专业人员。

（五）全球接触战略协调委员会

美军认为，战略传播也需要协调机制。2009年6月，负责政策的美国国防部副部长办公室与负责公共事务的助理国防部长办公室在信息协调委员会的基础上，又成立了美国全球接触战略协调委员会。

美国全球接触战略协调委员会目前已经成为美国国防部推动战略传播实施的核心机构，是美国国防部战略传播的协调主体，负责按照国家指令审查美国国防部的活动，并在跨机构战略传播事务上代表美国国防部。该委员会每两周召开一次会议，确定新出现的问题，交换正在执行的关键行动信息，协调美国国防部内的相关活动。

美国全球接触战略协调委员会由负责政策的国防部副部长办公室与负责公共事务的助理国防部长办公室共同负责。除负责情报的美国国防部副部长办公室与联合参谋部之外，定期参与全球接触战略协调委员会会议的还有负责立法事务的助理国防部长办公室的代表，以及负责采办、技术和后勤的国防部副部长办公室的代表。根据需要，美国国防部其他部门（包括作战司令部）的代表，以及美国政府机构（如国务院、开放资源中心、国家反恐中心）的代表也会被邀请出席美国全球接触战略协调委员会会议。美国全球接触战略协调委员会的代表们定期参与美国国家安全委员会就战略传播和全球接触举行的跨部门政策委员会会议，并与美国国务院的全球战略接触中心紧密合作共同规划美国国家层面的战略传播。

为了改进美国国防部战略传播的方法，全球接触战略协调委员会正积极开展相关研究，研究内容包括基于战略传播能力的评估、战略传播联合一体化概念等。

三、开展自主传播活动

一般情况下，美国国防部不直接开展属于国务院职权范围内的公共外交，而是应美国驻外使馆、国务院地区局或负责公共外交和公共事务的副国务卿办公室向国防部或战区司令部直接发出的请求，为国务院的公共外交提供支援，以促进国家战略目标的实现。第二次世界大战（后称二战）后，美军海外基地和军事活动不断增多，尽管这些驻军与其军事活动不具有明确的对公共外交的防务支援性质，但都具有一定的外交影响。例如，美国海军与当地居民所进行的交流，可能会使当地居民对美国和美国政策的看法产生重大影响。“9·11”事件后，随着对外军事行动的增加，美军开始更多地开展主动的战略传播活动。美军认为，在一些严酷的作战环境中，民事机构无法介入，军方在战略传播方面应发挥更积极的作用。例如，鼓励前线士兵接近潜在受众、快速地制造并传递旨在影响特定受众的信息等。同时，美国国防部或战区司令部经常向美国国务院建议发起一些对公共外交的防务支援活动。美国国防部提供的对公共外交的防务支援活动范围广泛，囊括了从军事医务船以及社会服务活动，到向驻外使馆派遣军事信息支援小组，再到美国国防部为美国国务院的公共外交活动提供后勤和运输保障等。

四、存在的问题

近几年来，美军战略传播活动取得了较大成效，有效配合了军事行动的实施，但美军在战略传播中也面临一些困难与挑战。一是如何将战略传播融入到条令和训练中，通过制度推动战略传播活动有序进行。这是美军在战略传播中面临的最主要问题。二是美军缺乏对战略传播活动及时有效的评估，其主要表现为：无法有效地捕捉和监视开源信息、无法将媒体分析和评估纳入到参谋计划中、缺乏媒体分析和评估的工具以及涉及媒体内容的专门数据库。三是接二连三的丑闻事件使美国国防部精心策划的战略传播活动遭受巨大的打击。为2004年的“虐囚事件”付出巨大代价之后，尽管美国国防部加强了对海外驻军的行为约束，但驻军丑闻事件依旧层出不穷。这无疑会打击美军战略传播策划者们的自信心。

自2009年12月，美国国防部向国会提交了《战略传播报告》，拉开了美国国防部战略传播资源整合与相关机构调整的序幕。经过几年的努力，美国国防部基本理清了战略传播的定义，明确了美军在战略传播中的角色与职责，美军战略传播的组织体系也在不断完善。尽管如此，美军在战略传播中还面临着各种挑战，战略传播活动的实际效果如何，还需要时间来验证。

为让读者更深入地了解美军战略传播这一新手段，我们精选了一批与战略传播相关的英国研究机构的报告、美军官方文件、美军研究论文进行了编译、整理，汇编成集。由于译员对美军战略传播的理解能力、翻译水平有限，加之校审时间仓促，难免会出现一些错误，请读者自行甄别把握。有关战略传播方面，欢迎读者来邮件交流（联系邮箱knowfar2009@126.com）。

编　者

目录

第三章 美军对战略传播的研究与探索

第一章

战略传播与国家战略

查塔姆研究所提供的报告——《战略传播与国家战略》[a]（Strategic Communications and National Strategy）就战略传播的理解、应用、定位等问题进行了探讨。该报告认为在本位主义严重的官僚体系中，要充分发挥战略传播的效能，使其成为战略、决策、规划的内在固有属性，不需要将各部门的行动同质化，而是要将各部门的特定传播活动协调统一起来。

a 报告第一作者保罗·科尼什是英国巴斯大学国际安全教授，第二作者朱利安·林德利是美国大西洋委员会战略咨询小组法国籍成员，第三作者克莱尔·约克是查塔姆研究所国际安全计划负责人。

导论

《战略传播与国家战略》将“战略传播”与“国家战略”这两个概念并列起来加以对照。“战略”一词被广泛使用，在很多情况下，它仅指“决定”“事前规划”，甚至只是“做什么”而已。然而，正确的理解应该是将战略视为思想、优先事项和方法的集合，它将活动与预期效果或已阐明的目标相联，对活动做出解释，并为其设定宗旨。战略规划者和军事专业人员往往利用由三个变量组成的公式来描述战略。2010年的《英国国家安全战略》指出：“一个国家的安全战略，与任何其他战略一样，必须是目标（希望达到的目的）、方法（借以实现这些目标的途径）和手段（可以用来实现上述目标的资源）的结合。”也就是说，战略是一个联结点，它为政府政策提供了方法和手段（或能力），并为军事活动提供了目标（或目的）。

一般而言，国家战略的目标或目的是为了获得某种形式的优势，维护或保护资源与权益，或实现某种预期的变革。在国家层面，可用的方法和手段包括传统的权力杠杆，如外交游说、经济压力和军事胁迫，以及所谓的“软实力”方法，比如文化吸引力和影响。关键是，通过这些传统的或现代的杠杆或方法来解释国家战略都是不充分的，或无法得到自我验证的；它们都是变量，需要由之前所述的公式来加以协调统一。“方法”和“手段”本身是没有战略意义的，它们必须得到一项总体战略目标的指引和验证。

《战略传播与国家战略》的目标是，在与其他战略杠杆和方法（包括传统和非传统性的）相比之下，探求战略传播的定位问题。传播一直是战略的一个方面，但是，传统上只是将其视为从属性或外围的方法，或将其视为事件之后的响应手段。通过这一点人们认识到，传播对于其他战略手段和方法来说，可以起到支援或辅助性的作用，常被用来解释和传达意图、成功和失败（尽管没有人希望如此）。传播是否具有更加真实且令人信服的战略意义呢？在战略讨论中，传播的某些事项是否已被忽视或不当使用呢？传播凭其自身能否成为构成国家战略公式并受其制约的“方法与手段”这一变量呢？

《战略传播与国家战略》针对上述目标提出了若干问题。“战略传播”这一术语具有什么意义？这一概念又是否具有新颖性和独特性呢？应该怎样充分理解战略与传播之间的关系？或换句话说，在制定和执行国家战略中，战略传播扮演的是什么样的角色，又具有怎样的相关性呢？最后，如上所述，对于将传播作为国家战略中的一个变量，应该怀有怎样的期待？在各级国家规划、决策与活动中，战略传播能够在何种程度上推动协同效应和快速反应的生成？在国家层面，部门层面（以英国为例，负责战略传播的部门有外交及联邦事务部，国际开发署或国防部），战役或战区层面还是在地方层面？

在回答这些问题的过程中，可以明显看出，这些问题很复杂，涉及到社会学、心理学和现代传播技术、国家战略的性质以及民主政府的运行，这些问题都没有得到解决。在英国、美国和其他地方，至少在10年前就开始对战略传播的意义和作用进行深层次的探讨了。然而，无奈的是，就公共政策展开的讨论，往往只具有讨论的性质，不会以此做出决定。在英国，尽管2010年10月的《战略防御和安全评估》就此做出了承诺，但是，直至12个月以后，仍未见到政府发布任何此类文件。《战略传播与国家战略》旨在推动战略传播政策讨论，使之得出一个更加成熟且持久性的结论。

相对于大多已发表的战略传播成果来说，《战略传播与国家战略》采用了较为简单的结构——这一结构本身就说明该主题具有不断变化的性质。因此，《战略传播与国家战略》从四个方面审查了国家战略与战略传播之间的关系：“是什么”“为什么”“如何定位”以及“如何做”。在第一章中，讲述的是战略传播是（或应当是）什么。在第二章中讨论为什么大家会对这一问题如此关心。在第三章，将研究战略传播的形态和过程。最后，第四章将在更为实际的层面，在四项政策领域内，对战略传播与国家战略之间的关系进行思考。首先，涉及到国家战略本身，是否有证据表明存在着这样一个“较高水平”的战略传播能够与期望值相称？如果有的话，战略传播又为此提供了怎样的凝聚力？然后，将对维稳行动进行研究，并且探讨战略传播在思想与实践中将如何为当前英国的维稳行动提供有效支援。战略传播是否能够更好地应对这些挑战？第三项政策领域涉及到反激进主义，以及更加明确的、经修订的《英国反恐战略“预防”链条》；战略传播是否能够提供某些方法，以改变英国少数族裔和个别人的观点和坚持，进而改善反激进主义的效果？最后，将对来自于网络空间的国家安全威胁和挑战进行研究。互联网是一个信息和交流的环境，同时，也衍生出了许多安全威胁和挑战。战略或传播是否应该成为政府在网络空间领域的优先考虑事项呢？

《战略传播与国家战略》中提到的战略传播，指的是其复数形式，而不是单数形式。这种差别相对较小，但对于讨论战略传播是应该主要以防务为中心还是应该在更广泛的范围内，涵盖与整体国家战略相关的政策/实践者群体而言，是至关重要的。

| 第一节 | 什么是战略传播

“在我们这样的文化中，长期习惯于将所有东西都分解为一种控制手段，在作战和实践中，能够想到媒介即信息，有时是有些令人吃惊的。这仅仅是说，任何媒介（即我们自身的任何延展）对个人和社会的影响均是通过我们自身的每一次延展，或通过任何新技术，将新的标准引入到我们的事务中而产生的。”

什么是战略传播，以及战略传播与国家战略之间的关系都是至关重要的。如果要利用战略传播来推动国家战略的有效设计、实施和影响，那么，就必须清晰地理解这里的“战略”一词。

尽管战略传播在传统上是以防务为主导的，但是，随着政府最高层面越来越在战略上认识到传播的重要性，战略传播的概念也愈加全面。这一点在美国表现得尤为明显。在美国，能够强烈地感受到大战略（为实现主要的国家目标而在国家层面形成的较大规模的方法体系）、政府组织以及可用资源之间的关系。《白宫国家战略传播框架》制定于2010年。英国也正在建立某种形式的《国家战略传播战略》（National Strategic Communications Strategy, NSCS），尽管这个速度还比较缓慢。它的主要领导机构为内阁办公室。事实上，战略传播对于最广义的国家战略来说意义非凡。在“非军事化”战略传播上做出的一致努力，促使其走出战略性的军事总部，在最高政府层面或接近最高政府的层面确立一个概念，一项过程，甚至是一种能力。然而，关于战略传播到底是政策衔接与整合的“自然”过程，还是一种独立的能力，仍然存在许多争议。

在当前的背景下，战略传播主要存在三个方面的不足。首先，即使是专家都不能为战略传播下一个准确定义。这种对定义的探索阻碍了它在政策和战略层面的系统化应用。其次，战略传播在实践中的发展往往着眼于十分狭隘的概念上，总是密切关注于媒体传播方面。最后，虽然在大西洋两岸，战略传播正努力确保能够发挥出其对于国家战略的重要作用，但政策层面接受这一概念时仍持谨慎态度，并遇到了重重阻力。鉴于此，采取跨政府的行动是极为必要的。因此，各国政府所面临的一个关键性挑战并不仅仅是“开展”，也不仅仅是更为有效地“控制”战略传播，而是要对传播和行动的目的与力度进行全面的重新思考。

一、定义

对于标准定义的探寻不但无助于战略传播的发展，反而构成了阻碍。事实上，在理想情况下，战略传播所具有的灵活性和适应性，意味着一个单一的定义将是远远不够的。即便如此，人们还是认为战略传播主要由四个部分组成：信息作战、心理作战、公共外交以及公共事务。反过来，这些内容又包含共同的要素。首先是需要告知、影响和说服国内外的受众，无论其是友好的、敌对的，还是中立的。其次，需要促进政府之间的协调，避免出现美国陆军所谓的“信息同室操戈”。再次，战略传播的需求本身依赖于传播行为的能力，针对所有受影响的受众和利益相关受众，并确保行为本身具有可传播性，即为战略目标提供补充和支援。

鉴于在方式和定义上存在许多潜在的固有挑战，本文将下述较为简略的战略传播定义作为它的出发点：“战略传播是一系列具有持续性且协调一致的系统化活动，在战略、作战行动以及战术层面展开，有助于了解目标受众，并有助于识别出推动和维持特定类型行为的有效手段。”

克里斯托弗·保罗曾尝试将战略传播界定为对国家战略的支援，而不是国家战略的基本要素，即战略传播是“协调一致的行动、信息、影像和其他形式的信号或接触，旨在告知、影响或说服特定的受众来支持国家目标”。保罗认识到国家战略和战略传播之间存在的主要关系，观察到战略传播只在下述情况发生时才有意义，“我们有明确阐述的国家目标（其中包含中级或次要目标）；这些目标一直贯彻到作战行动与战术层面。通过这些明确的阐述，很容易理解哪些目标能够通过影响或说服来实现，又有哪些目标能通过上述努力获得支持。在谋求实现这些目标时，应适当优先关注影响方面。这并不是说影响总是推行政策的主要手段，而是说，在一项政策或军事行动中，它经常被视作可能具有主导地位的手段，并且在适当时具有最高的优先地位。”

在整个政府层面去思考战略传播，美国远远地走在了英国的前面，这是显而易见的。美国国防部2009年的战略传播报告提到一种“新兴的思想”。“与周围的概念相结合，认为战略传播应被视为一种过程，而不是一系列能力、组织或个别活动的机械组合”。从最广泛的意义上讲，“战略传播”是将受众与利益相关者的观念事项纳入到各个层面的决策、规划与军事行动中的过程。如联合参谋部2009年10月在《战略传播联合集成概念》（Joint Integrating Concept for Strategic Communication, SC JIC）中所提到的，“战略传播是将多种行动方式（例如政策的执行、公共事务、部队调动、信息作战等）协调统一起来共同发挥作用，以促进国家目标的实现。战略传播本质上是指意义共享（即传播），对各项国家目标提供支持（即具有战略性）。在传播的同时，还涉及到倾听。而且，战略传播不光适用于信息领域，还适用于传递意义的物理行动。”

《战略传播联合集成概念》中进一步提出，战略传播存在着某些问题，它过于强调在任意层面的规划或活动上的定位。而且，正如已经指出的那样，战略传播过多反映了“整个军队”的概念和文化——而不是具有迫切需求的“整个政府”。在一定程度上，这是源于军事组织将极大的热情注入到了战略传播中。传播，尤其是在冲突空间中所进行的行动的传播价值，是军事行动的基本组成部分，并且，武装部队是服务于国家战略的。美国《国防部军事及相关术语词典》认识到了军队在这一领域的主导地位，但仍做出了一些很受欢迎的让步，它将战略传播描述为：“美国政府集中努力来理解并接触关键受众，通过与国家权力机构各部门的行为同步且协调一致的项目、计划、主题、信息和产品，来创造、强化或维持有利于实现美国政府的利益、政策和目标的环境。”

2010年，由副总统约瑟夫·拜登负责监管的《白宫国家战略传播框架》，显示了对于将战略传播纳入到国家战略中的雄心和抱负，“我们将战略传播描述为一种同步化的表现，它将言与行，以及为了向目标受众进行传播、接触而做出的有益努力同步化……”

《白宫国家战略传播框架》进一步提出了政府所面临的挑战：“美国政府在世界范围内开展了有益的传播与接触，其工作的优先次序与整体国家安全的优先次序相同。但是，传播与接触，像国家力量中的所有其他因素一样，应旨在支持政策目标的实现，并且为达到特定效果而努力，其中包括：

● 使国外受众承认在某些地区与美国拥有共同利益；

● 使国外受众相信美国在全球事务中发挥着建设性的作用；

● 使国外受众将美国视为值得尊重的合作伙伴，共同努力应对复杂的全球挑战。

《白宫国家战略传播框架》指出，美国向国外受众进行的传播以及与国外受众的接触，应建立在相互尊重和共同利益的基础上。在任何可能的情况下，都应当阐明一种积极的前景，作为美国明确追寻的目标。而且，美国应当始终以积极友好的姿态与国外受众接触。同时，美国打击暴力极端主义（countering violent extremism, CVE）的工作重点应放在更为直接破除基地组织与暴力极端主义意识形态的影响上。"

虽然英国内阁办公室正朝着这一方向迈进，但是，这种利用"所有国家手段"的方式与2011年由英国国防部提出并发布的战略传播定义形成鲜明对比。后者将战略传播非常清晰地定位在战略防务层面。根据2011年3月的《联合条令注释》，战略传播应限定于"使用防务传播手段，影响受众的态度和行为，推动国家利益的实现"。虽然越来越多地采用了跨政府的方式，但英国的做法看起来有些主次颠倒，直到最近，迫于国家观念的确立，国防部门才做出一些动作。

二、战略传播与公共外交

在就定义所进行的讨论中，一直存在的一个争议性问题涉及到战略传播与公共外交之间的关系。这一问题之所以存在，某种程度上是源于许多公共外交官反对新生事物。然而，可以说正是因为公共外交官们缺乏战略性思考，才更需要将传播理念集中确立在政策和战略中。2009年，一份美国国会研究部门的报告对下列差异之处进行了强调："公共外交存在多种不同的定义方式，但一般而言，该术语被用来描述一国政府努力通过与国外民众的直接接触和传播来实施对外政策，推动实现国家利益。公共外交活动包括：通过广播、互联网媒体、图书馆以及国外的其他推广设施向国外公众提供信息；开展文化外交，如举行艺术展览和音乐表演；管理国际教育和专业人员交换计划。"

公共外交在这里的含义是指将美国的政策向外国国民进行传播，但并没有特别指出一定与战略相关，也没有说明这实际上是在利用传播来实现战略性的影响。因此，公共外交作为战略传播的一个子集，比较好理解。它应被视作与下列因素并列的一个组成部分，比如说，信息作战，或某些公共外交官所讨厌的其他事物。一个关键的不同之处在于，公共外交有史以来一直以民间活动为主，而战略传播领域目前仍是由军队主导的。

三、信息环境

有效的战略传播必须建立在对任何给定信息环境的透彻理解的基础上。如保罗所言，迄今为止，战略传播如同一台无线电发射器一样，不得不经常按下“发送”按钮，来对事件和行动做出反应。并且，战略传播一直被一种具有缺陷性的假设所驱动，这种假设认为传播可以被政府开启、控制或关闭。但是，它们通常无法对具有普及性、即时性和普遍性的现代信息和传播环境做出反应。传播历来都被理解为一种双向的过程。如果进行适当的配置，有效的战略传播（而不仅仅作为“扩音器外交”的委婉说法），应定期向受众告知在政策和战略上所发生的变化和调整，而不是将传播设想为发生在发言者与倾听者之间的线性活动，这种活动在很大程度上由发言者发起和控制。在当今社会，传播已成为一种必要，并且成为一种恒定的经验技能。国家战略所面临的挑战正在飞速演变，信息环境根本无法触摸到边界，需要对如下情况予以考虑：第一，如何以最佳方式开展战略传播；第二，在众多竞争性信息与不同声音并存的背景下，如何以最佳方式持续性地传播国家战略。政府需要克服的挑战是要超越“我们”对“他们”的传播观念，接受新的技术发展，并认识到除政府的声音外，还存在许多不同的声音，在一个“多对多”的瞬时信息传递的世界中，任何一方都可以毫无障碍地进入到战略传播领域。

从更广泛的角度上理解战略传播的价值，可能会促成或改善国家战略，而不仅仅是试图对国家战略做出解释。实际上，战略传播的作用应当是确立某种条件和活动。借此，一项更加雄心勃勃的国家战略可以得到更有效的实施，而不仅仅是得到传播。

四、战略传播所面临的阻碍因素

当前，在追求国家战略的过程中，对于战略传播角色与用途的讨论范围过窄，尤其是在一个紧缩的时代，这反映了政府无法对政策环境的细微变化做出响应，并继而在一个迭代的、被动的过程中形成并调整国家战略。

高英和保罗极有说服力地指出，目前来看，战略传播的根本问题是战略的缺失。其结果是，对于战略传播来说，一种迭代的、被动的方式本身不足以应对战略、政策、行动与全天候的新闻循环播报之间的关系。缺乏一致性与连贯性，以及因此而造成的信息同室操戈，往往会使错误和失败被放大。另外一个问题是不存在任何可衡量的业绩指标，这意味着几乎无法论证信息传递与效果之间的关系。

大多数情况下，战略传播（战略传播者）被引入时已为时过晚，或层次太低，以至于无法对战略起到影响或支持的作用。事实上，有机的战略传播必须被视作是一个新兴的“全政府”安全观念的一部分，即使它不只包含在这些努力和架构之中，也应与其并行发展。

五、制定一种全面的方法

美军在伊拉克和阿富汗的经验表明，战略传播概念所强调的不仅是要将传播置于所有军事战役规划的中心，还要将所有传播活动纳入一个综合的、系统化的战役中，以便形成若干叙述，构成推动社会超越冲突、向实现战略目标迈进的部分力量。

要实现战略传播在地位和角色上的这种转变，第一步是根据特定环境对各种定义进行协调或限定。目前，似乎存在着三个层面的战略传播：一是为广泛的国家目标提供支持的战略传播，二是为范围较窄的安全和战略防御目标提供支持的战略传播，三是为混合型的作战目标或当地目标提供支持的战略传播。至少，在上述三个层面中需要确立更大的互补性，这是赋予战略传播以真正战略意义的第一步。要实现这一目标，需要确立一个更为全面的方法来理解传播在当今世界战略中的角色。

特别是为了从战略上促进传播，战略传播必须与其应用的水平和时机相适应。对于灵活性的需求印证了一个观点——战略传播本身更应被视为是一个框架体系，而非一个范例。也就是说，内聚力和一致性远比结构更为重要。事实上，如果不仅将战略传播视作为一个能力池的话，那么或许可以避免为寻求建立一个标准化的定义而煞费苦心了。

就定义来看，战略传播的核心内容一定是影响和接触。而且，在追求战略目标的过程中，影响是根本。因此，在能力与体系之间取得合理的平衡，对于实现国家战略来说将是至关重要的。为此，美国国家安全委员会创建了一个全球接触科，而美国国务院则建立了全球战略接触中心。实施这些举措，在一定程度上是为了使有关战略传播的讨论更加集中，而且，该术语由于定义的缺失，正在高层的政策圈中失去可信度，为此，要为其创建一个备选项——“全球接触”。具有讽刺意味的是，此时正是战略传播最被需要的时候。

如果将逝去的时间作为坐标轴上的水平轴线的话，那么随着它的延伸，有效的战略传播所遇到的挑战，在全天候的新闻播报与不间断的政治监管时代，可能会阻碍战略的有效、持续和长期传播。假设坐标轴的纵轴上所显示的是就战略传播而言所做的战略性努力，其中包括一系列不同性质（军事、贸易、外交、援助等）、处于不同发展阶段以及带有不同需求的支柱性力量，在这些方面，战略传播也面临着诸多挑战。在这种条件下，要想达成共识和一致几乎是不可能的。克里斯托弗·保罗与约翰·罗伯特·凯利强调，他们所称的与影响、告知与传播相关的辩论可以划分为三个基本的类别。信息管理发生在短期内，影响可在中到长期内实施，而接触所建立的关系持续的时间最长久。这三个因素本身属于不同的专业领域，每个领域均有各自的实践者、文化和理论，而有效的战略传播所面临的挑战将上述三个因素凝聚在一起。在这种情况下，高英提出了一个严厉的警告：“在时间轴上，媒体行动与机构的反应是不同步的。新媒体为信息渠道提供了便利，可以在几分钟之内提供相关的信息和启示。但对于政府机构、军队或企业来说，仍然需要花上几小时。”

所有接触，无论是民事的，还是军事的，都是政策的延伸。因为变化随时有可能发生，所以今天的政策制定要面对大量的信息。这表明，初级指令的要求是将战略传播视为实现国家战略目标的一种手段——既包括在国内，也包括在国外，并因此在政策、战略和行动间建立一条传导线。

有鉴于此，在军事努力和多项民事努力中建立一个共同的愿景对于有效的宣传和传播来说是非常重要的。战略传播也因此成为建立一致性的关键方法，同时，对于有义务实施战略传播的人来说，战略传播也是令其严守纪律的重要手段，不过，它也必须具有足够的灵活性，可以根据不可避免的变化做出调整。从定义上讲，这一"愿景"的确立必须考虑到周围短期、中期和长期的信息、信息传递和接触，也可以称为影响的因素。这种组成部分表明，若要保持政策、战略与行动之间的重要衔接，不仅需要在政策规划和执行之间进行密切的协调，建立某些指标以对执行情况进行衡量，同时也要在政府核心层面建立某种机制，以确保整个政府行为的一致性。

战略传播不仅仅是一个过程，还需要具备思考、协调和传播的能力。为有效发挥战略传播的效能，需要在战略与传播之间建立一种共通的文化。这是政府内部与外部因素所共同面临的一个挑战。

任何名副其实的战略传播战略，都需要具备一些相辅相成的因素。其中包括提前在国内外（比如在战区内）建立信誉度；宣扬共同的价值观；促进对国家价值和跨国价值的宣传；并向主要选区内的选民们进行告知和传播。具体来说，对于文化的理解，从战略规划与政策的制定之初就是不得不考虑的因素。开展任何行动之前，战略传播专家必须对言行将引发的媒体效果进行评估和预期。而后，必须保持信息传递的一致性以及言行之间的统一。

其他一些涉及到战略传播的行动设计也应被视为规划过程的有机组成部分，而不应被简单地认为是规划过程的结果。其中，在信息传递、使用媒体以及打击对手这两个方面来说，尤其包括如何建立信息优势和信息的主导地位，从短期到长期来看，如何明确信息与训练之间的关系，以及如何全面理解对手及其不断发展的战略传播措施等。同时，还要继续维持在国内和战区的信誉度。

六、总结

战略传播应成为国家战略和行动之间的衔接因素。然而，从英美两国政府最近制定的文件来看，其所追求的战略传播基本上仍然具有被动性，仍是以军事为主导的过程。

若想实现有效的战略传播，至关重要的一点是，对于战略传播思想的控制必须掌握在政府高层的手里，而且，要在整个政府范围内实施相关的领导。在整个政府层面和部门层面，制定一套可靠的传播战略，需要充分的资源作为支撑。反过来，这将有助于在政府的核心层面确立一项明确的战略，并在政府内部与外部进行更好的协调，确保国家战略达到良好的传播效果。

必须将战略传播从中央政府延伸到作战环境（包括军事的和非军事的）中，并对国内的民众进行传播。此外，在政府进程的各个层面，从最高的政策层面到实践层面（接触发生的层面），都必须认识到战略传播所具有的相关性、可靠性和权威性。因此，欲充分发挥其效能，战略传播必须受到中央政府的关注（即在最高层面成为决策和战略过程的一个有机部分），而且，要使“全政府”保持一致性（也就是说，要使各级政府的所有活动都具有一个共同的特征）。

最后，影响是战略传播的重要组成部分，也是影响政策、战略与行动之间关系的关键因素。考虑到行为和信息之间存在着密切联系，战略传播方案的制定必须以政策的设计为依据，并与其并行发展。因此，有效的战略传播需及早认识到政策制定中具有短期、中期和长期影响的概念。只有这样，政府的战略传播才能达到最佳效果。

第二节 为什么要进行战略传播

第一节中对战略传播的性质和意义，以及阻碍其进一步发展和应用的因素（涉及技术、官僚、政治和概念）进行了探讨。了解了这一经常使用，但定义并不十分明确的术语的实质意义后，在就战略传播的组织和管理在政府内的定位问题进行探讨之前，要问的一个问题是：为什么政府会对战略传播思想和实践这么感兴趣呢？令人吃惊的是，目前就这一议题进行的诸多讨论似乎还拘泥于经验常识上，而且，往往是老生常谈。但如果是这样，为什么各国政府、私营组织、分析家和评论家们都对战略传播这么关注呢？难道这些兴趣是人为因素造成的吗？还是仅仅只是对最新的知性时尚的一种响应呢？或者，是否存在更多的、热衷于此的社会力量在起作用呢？各国政府对战略传播的关注，仅仅是为了传播国家战略吗？或者说，战略传播只是一项更为复杂、重要且丰富的资源吗？

政府热衷于制定一项更为详尽、正式的传播政策或战略，是出于多方面考虑的，而不仅仅是为了与处于快速发展中的信息环境保持同步。英国国防部坦诚了其对战略传播的看法，认为“战略传播的终极目的是推动国家利益，促进国家政策和目标的实现”。但是，这一解释更多地阐述了政府所设立的目标，而对于实现目标的方法认识不足。为什么应当把传播视为国家战略的一部分，或视为对国家战略的贡献呢？首先，21世纪的传播环境发展得如此迅速，信息瞬间即可抵达公共、商业和私人生活领域，这需要政府做出某种响应。如果互联网和社交媒体网站本身逐渐具有政治色彩，那么，政府就必须以某种方式做出回应。如一位军队高层受访者所指出的，实施叛乱活动和恐怖活动的敌人已经认识到了战略传播的价值，并以某种方式将战略传播作为其活动的辅助性措施。而其他人可能会有不同主张，在他们看来，战略传播起到的已不仅仅是辅助性作用，在叛乱活动和恐怖活动中，它实际上发挥的是关键作用。

参与到阿富汗以及其他地区复杂的干预行动和维稳行动中的各国政府，感受到了一种紧迫感，因为直到目前为止，这种解释任务还没有得到很好的执行与贯彻。例如，英国国防部注意到，在国防部内以及在整个政府内，对战略传播的兴趣有所增加，但它认为，这种兴趣源于“我们努力为在伊拉克和阿富汗的战役确立协调一致的战略，以及努力以日益普及的、全天候的社交媒体这种令人信服的方式将这些战略向受众传播的经历”。应予以注意的是，这些“受众”，可能指英国人、伊拉克人、阿富汗人或实际上具有任何其他国籍的人或任何相关选区的选民。最后一点，在政府内部越来越清楚地认识到，战略传播所体现的某些思想和模式使政府的各项职能（当然，包括国家战略本身）能够得到更加有效的执行，考虑到财政上的限制，还会进一步提升效率。总的来说，英国政府对战略传播的理解，在很大程度上陷于复杂的空想中，然而，即便如此，经事实证明，战略传播也是很难进行协调与执行的。

出于对上述情况和其他目的的考虑，本节提出四个方面的理由，以解释政府为什么应该更加关注战略传播。首先，在最一般的层面上讲，民主政府有进行传播和解释的宪法义务。其次，战略传播还为政府在提升能力和建立信誉方面提供了机遇。再次，它们有助于激发政府在传播活动上的一致性和连贯性，以确保言行之间不会出现冲突。最后，战略传播将促进政府各部门之间的合作，并推动各项具有战略意义的目标得以全面实现。

一、宪法义务

为了平衡行政机关、立法机关、司法机关和民众之间存在的一种复杂关系。需要行政机关去合理地传播其意图、目标、成就和失败。若没有这种信息传达，关系到国家正常运转的“各机构间的相互制衡”就无法达到其预期效果。出于其他一些非正式的原因，也会对传播有所期待：通常情况下，传播被视为民主的一种象征，不愿意传播可能会使受众产生不利于行政机关民主素养的印象。当然，民主政治的合法性和权力是以一致同意为基础的。但是，若不存在理解，也无法达成民主下的同意，同样，如果没有传播也不可能产生理解。如曼努埃尔·卡斯特尔斯所指出的，“人们对于所处制度的理解方式，以及与所处经济、社会文化环境的相关性决定了谁可以拥有权力，以及如何行使权力”。“关于制度的思考”是以大量、翔实、广博的经验为依据的，而不是一次幻想之旅。这项工作需要传播。

虽然某些人争辩说，国家作为一个实体正被削弱，但在身份治理中，它仍起着关键性的作用。比如，在利比亚的国家过渡委员会并不是在寻求以某种形式的哈里发取代利比亚国家。而"阿拉伯之春"实际上也在很大程度上代表了为创建更好的、更负责任的民主国家而付出的努力。负责任的抗议仅能发生在国境之内。而战略传播，虽然采用了新的传播技术，具有了跨越国界的能力，但最终也必然着眼于如何更好地改善目标受众的国家制度上。实际上，自"9·11"事件以来，关于斗争的社会思潮一直涉及国家与反国家组织的对抗。国家在人们心中所处的地位本身取决于传播，推而广之，传播强化了国家体系，借此，所有的国家战略才得以阐示。

因此，公共传播是民主政府的核心，尤其是在近乎即时的各种大众传播媒体遍布的时代。从最宽松的意义上讲，这种传播也会被视为战略传播。

然而，传播不仅仅涉及信息的传达。传播也事关信任——信任所说所讲是真实准确的，是建立在可靠的信息和理智的评估基础上；并且，最主要的是，相信传播的目的是要向民众传递信息而不是要操控民众。在这里，相较于透明度来说，政府传播可能更多的是操控受众，使其晕头转向。尽管如此，各国政府似乎仍然觉得它极具诱惑力。前文曾提到高英的一个论点，即为了控制"信息高地"，政府所表现出来的"本能"仍然是"操控"受众，甚至是采取"正式的恐吓威胁"和"不法行为"。但是，当政策建立在虚假的分析或人为控制的统计数字上时，或被揭露明知和故意在不完整的信息基础上制定政策时，对于行政、立法、司法和民众之间的关系，很有可能会产生一种腐蚀作用。

这一关系也可能因过度使用或滥用而遭到破坏。前英国首相托尼·布莱尔的首席幕僚长乔纳森·鲍威尔在他的自传《新马基雅维利》中挑衅性地介绍到，对于行政机构来说，最令人着迷的便是赢得媒体："我们瞄准的主要目标是鲁伯特·默多克，而托尼竟出乎意料地去向他寻求支持。"鲍威尔描述了一种政治文化，在这种文化中，媒体是如此的强大，以至于政治家和行政机关都不再仅仅是满足于传播，"我们必须指望它们，但力求控制信息传递。"鲍威尔这本书的副标题一针见血："如何在现代世界中运用权力"。他警告不要对媒体太着迷，行政机关与记者之间的关系也不宜太过亲密。

总之，在一个民主制国家中，源源不断地提供信息的、透明化的传播，对于维持立法、行政、司法机构和民众之间有效且持久的关系来说，是必不可少的。所以说，传播具有宪法意义（或“战略”意义），而且，当传播内容虚假、不充分或不完整时，民主进程可能会遭到破坏。还有一个更为坦率的政治动机在起作用，行政机关对可能因错误传达或误解引起的声誉损害（以及因此导致的对选举的损害）保持着高度的敏感性。因此，行政机关制定了一项传播战略，对传播的管理极为关注。不过，这也可能会对民主进程构成损害，因为民众和媒体会认为政府传播带有操控性或欺骗性。对于政府来说，有可能是传播得太少或缺乏足够的思想，或信息不实，也有可能是传播得太多，超过计划范围。不过，政府可以通过制定一项合理的传播战略来避免上述情况出现。

二、能力与信誉度

人们应该意识到，一个民主制政府不仅要履行其宪法义务，还要努力避免公众对其产生不良印象和误解。如上所述，这两项职责间有可能会相互冲突。然而，要“去除消极因素”，政府也在积极使用传播战略来“强调积极因素”，以展示能力，提升信誉度，甚至是设立政治遗产。

通过语言、行动（和印象）的组合，可以对“积极的”声誉进行强化。此外，虽然传播理论中明确阐释，应对信息的内容、准确性和真实性予以关注，但同样，也应对传播信息的媒介进行关注。换句话说，在向某些受众传达某种信息时，某种形式的传播可能要优于其他形式。比如，当地政府若要发布一则有关年轻人就业机会的信息，那么通过社交媒体这种形式，要比通过在中间偏右的报纸上发布广告效果更好。

然而，战略传播不仅要关注信息的传送，还要关注声誉问题。而声誉的建立是需要两相情愿的：若不存在某些期望，不能保证“积极的因素”确实符合这种期望，那么声誉的构筑可能会是徒劳的。因此，政府传播不仅仅涉及到利用最有利的手段传达出最具说服力的信息，往往还涉及更具有认知性的目标，以及尝试去影响和构建借以对政府工作进行评估的框架。粗略地讲，政府会更喜欢那些最可能产生有利评判结果的标准。因此，就像管理信息与媒介一样，对于正在传递中的信息（以及媒介的选择）的解释和评估，也可以利用战略传播来确保观察员（或选民）就政府的工作得出对他们自身有利的结论。当事者迷，一个试图自断其案的政府是没有多少信誉度可言的，而这种信誉度又正是公众和媒体所关注的。

这种认知操控的重要性可以通过一个简单的例子进行阐释：到2011年中期为止，当国家层面更为强烈地感受到了国际经济危机的影响时，英国政府通过了缩减公共开支的政策，对艺术、教育、国防、城市中心区的服务和投资、国家卫生服务、交通基础设施等领域进行了一系列的开支削减。让公众认为政府承担了财政责任和精心的管理责任，而不是以财政危机为手段试图实现“小政府”的思想目标，这是非常重要的。这不仅仅是出于对未来选举的考虑。因此，英国政府所做出的公告一般避免使用“削减”这一术语，而是利用诸如“平衡”“谨慎”“进行反思”“减少赤字”“长期恢复”这些说法。为解决经济危机描绘了一幅更负责任、更具建设性的解决办法。“议程设置”通常与媒体活动相关，但是似乎也没有经久不衰的理由可以阻止政府去进行类似的尝试，或试图利用其他媒体关系达到上述目的。

三、连贯性与一致性

无论在个人、政治、商业还是军事方面，战略这一术语的使用都含有认真分析的意思，这种分析将引发合理的选择和决策，带有特定目的，并为实现这一目的对各种努力和资源进行有效协调。对于一支军队、一支警察部队或一个商业企业来说，为回应一项挑战或危机而制定一系列不同的行动计划，每一项计划都看似合理，都具有不同的目标，这是很不常见的。实际上，这不是战略。同理，战略传播暗指将战略秩序渗透到通常是相当混乱的政府传播领域，以保持传播的连贯性和一致性。就本报告的目的而言，以战略方式规范政府传播需要注意到战略核心的动态关系——“目的”“方法”与“手段”之间的关系。

首先需要注意的是，政府传播应该只有一个目标或目的，而不是多个。或者，如果同时存在几个目标，那么每个目标应定位于不同领域，以不与其他所用方法相冲突的方式，向一个共同的目的迈进。

就方法而言，执行战略传播框架的价值是在范围更广的传播子领域——包括公共外交、心理作战、媒体关系、信息作战、主要领导接触以及影响活动中实现一致性。这并不表示在统一和集中管理的传播工作中，这些不同的活动必须同质化。但是，至少应确保它们之间不存在冲突，各种传播方法充其量可以包含相辅相成的信息。如同第一节所述，应努力避免旨在解决即时或短期目标的传播，与具有中长期影响的传播之间出现不一致或冲突现象。

最后，考虑到手段，战略传播框架应在政府使用新媒体的过程中确保一致性和连贯性。21世纪的传播环境仍然处在快速发展中。在技术上讲，互联网、万维网和个人电子邮件正被新的传播方式，比如社交媒体和微博所补充（也许是挑战）。从社会和政治角度来看，这些技术的意义不只是使世界上的每个人通过现代传播环境中的"多对多"账户这样的电子方式彼此相连，同时，由"市井新闻""参与式网络""对等媒体""社交媒体""视频共享""播客""生活串流""虚拟世界""网络活动"等术语代表的新政治力量正在崛起，超出了传统政府的理解和监督范围，更遑论控制了。因此，当政府将使用这些不同的传播手段时，它不仅需要理解所进入的传播环境的广度，而且需要确保不同的传播方式间不能相互损害，或在内容上相互抵触，确保其自身不会陷入混乱、困惑或最终丧失权威的境地。在这里，对手段的讨论也必须考虑到目标的层次。麦克卢汉有关"媒介即信息"的观点，也涉及到了媒体的性质，以及媒体如何塑造传播过程。

在发言性的传播手段与实践性的传播手段之间，或者更简单地说，在言与行之间，也应当寻求统一。如《白宫国家战略传播框架》（第一节已述及）明确阐述的那样，"行动传递了信息，具有传播价值"。言行之间的不一致和不连贯将使政府付出惨重代价："如果我们所说的、所主张的或我们的'叙述'，与我们的行为方式，或受众认为我们应有的行为方式不一致，那么，在这场观念性的战斗中，我们将丢掉信誉度。丧失了信誉度，然后也就丧失了权威"。在某种程度上，行为本身就彰显了某些意义；也许，信息会通过实践行动进行传递。如果要想使实践性的信息与言论信息相一致，那么，首要任务是要对信息内容达到共识，然后，确保信息能够准确地传达给不同的受众。对一项战略传播框架的设计应以能够准确地实现这些目标为宗旨。

四、全面性与合作

战略传播之所以得到持续关注，最后一种解释涉及到战略进程的本质以及政府的内部运作。如果将战略传播用于展示政府的能力与信誉，用于推动政府传播的一致性、连贯性，以及各传播子领域的秩序化（尽管不是同质化），或许会取得许多重大进展。

首先，如果认为一个精心设计的、有效的战略传播框架将成为政府的一项优势，那么通过某些反向设计，将有助于促进和改善整体的国家战略。就像一位受访者指出的那样，不具备战略性思考的能力，就无法采取战略性的行动，也因此无法进行战略传播。依据这一观点，既然实现战略传播这一抱负的前提是建立在具有一定品质的国家战略进程上的，那么，或许这种抱负的存在，将对实践产生有益影响，促使其逐渐好转。尤其是战略传播可能被视为全面改善国家战略的手段。

面临着国内外范围广泛且复杂的安全挑战，各国政府都在寻求一个跨部门的、“联合的”、一体化的或“协同的”政策、战略制定方法。有一种可能性比较吸引人：对于政府内部追求某个单一的国家战略目的的相关部门和机构（必要时，还涉及非政府实体和私营实体）来说，如果当前对战略传播的专注有助于促进它们之间的合作，那么，很可能会制定出一项更为高效、更具说服力与持久性影响的战略（在经济紧缩时代尤其受到欢迎）。当然，战略与传播效果相关。例如，在冲突后的稳定行动与重建行动中，如果要寻求持久性的变化，在“目标受众”中间，利用明确关注“实地”效应的政府传播框架进行传播，并且，如上所述，随着时间的推移，寻求实现一致性与连贯性，似乎是合理可行的。

最后，有效的战略不仅仅涉及到为了实现某一目的，而对各种方法与手段进行协调，它既具有独特性，又具有复杂性。有效的战略也表明，政府总是在一段时间内试图寻求实现多个目标；每个部门都会有自己的特定目标，这些目标不能也不需要都围绕在一个唯一的目的周围。不考虑任何新情况，而只是将国家战略以一个单一的计划进行概述，该战略是难以实现的。战略具有“多重任务处理”的特点：几项计划的共存通常必须通过互补的方式，而在其他场合则仅是简单性的共存。在这方面，战略传播的价值在于，它不仅说明政府部门不必也不应当在每一个场合中都进行合作，而且还指出，各部门不存在根本矛盾的特定目标之间可以和谐共生。

五、总结

对战略传播价值所进行的简单讨论表明，这是一个复杂且多元化的问题，对其研究仅囿于经验常识或老生常谈的活动是远远不够的。当然，战略传播具有时髦的外表，这使得各国政府很难去忽视它。同样地，21世纪初传播技术快速发展，在这种情况下，如果各国政府不希求去制定一项更为高效、更具条理性的传播战略，那简直是不可思议的。不过还存在更主要的原因，可以解释人们为什么越来越关注战略传播，以及为什么涉及这一主题的文献越来越多。第一，战略传播符合默示规定的宪法义务，民主政府有义务向受众进行告知和解释，故而有义务进行传播。政府有可能传播得过少，或缺乏诚意，也有可能传播得过多，而被指控为操纵、诱导公众，战略传播将使其达到良好的平衡。第二，当找到所需的平衡点之后，各国政府将会发现，战略传播有助于“强调积极方面”，可以作为一种工具，用来展示能力和信誉。第三，在追求一致性和连贯性的过程中，战略传播要求战略必须清晰明确，并具有可传播性，这不仅起到了对战略性思维的规范作用，还确保了政府所传播的内容从战略角度来看具有可信度。最后，战略传播有利于政府在追求政策的全面性上形成各部门间的通力合作。经过正确、周到的考虑，战略传播可以改善国家战略，并对其进行传播。简而言之，战略传播激发了政府对自身做出更为清晰和令人信服的阐释，以获得和维持公众对于政策的支持，并确保信息与行动间彼此不会出现冲突，而损害政府的能力和声誉。

第三节 战略传播应如何定位

本节将讨论战略传播设计与相关活动在政府内应如何定位，着眼于在通常情况下对国家战略的阐述与解释。战略传播面临的地理区域是复杂多样的，就像国家战略以多项并行开展的计划这种形式存在，战略传播也需要在若干领域、以多种不同的形式实施。战略传播要根据国家战略目标、目标受众的性质和反应，以及所需的传播工作的级别和程度进行调整。那么，战略传播在政府内应如何定位呢？所涉及的主要行为者的范围又有哪些呢？如何才能对这样一个复杂的活动进行有效的管理呢？

战略传播可以被理解为不同级别的治理之间的关系：

- 在政府核心部门制定政策和战略的领导人或执行者；
- 利用不同的媒体传播和阐述这一战略的传播者；
- 其行动能够促成和展现战略与战略传播的实施者；
- 政府之外的支持者或利益相关者，虽然并不直接参与战略的制定和阐述，但他们是战略实现的重要环节，无论是出于有意还是无意。

所有这些层面的战略传播构成了一个能力池，从传统上讲，传播行为只被视为其中的一个组件。从最简单的角度上理解，战略传播由四个主要元素（前文已提及）组成：信息作战、心理作战、公共外交以及公共事务。尽管在很多文献中都会将它们视为独立的存在，但它们之间并不是互相排斥的，可以同时使用或交替使用，从而达到预期的效果。其他有关活动可能包括媒体作业、主要领导接触、内部传播以及部门间公共关系。在这些活动中，涉及到这么多不同的组成部门、这么多人的参与，那么，“战略传播是如何定位的呢”或者“战略传播应当如何定位呢”？

2010年10月的《英国战略防御与安全评估》（Strategic Defence and Security Review, SDSR）向其受众保证“国家安全委员会将……对政府内外的传播资源的集结与调整所需的基础设施与管理安排进行通盘考虑”。然而，由于各个政府部门对上述概念及其适用范围存在着不同的理解或误解，形成了不同的文化、思想倾向与优先事项，致使在过去的一年中，战略传播在整个政府范围内经历了很大的变化。尽管政府逐渐认识到战略传播所具有的潜在价值，但它所采用的方法仍然将其进行了过于细化的分割；仍然主要地将战略传播限定在传播者与传播官员的范围内，将其视为各部门管理的一项活动，而非跨政府的政策与战略的固有组成部分。

为了使战略传播设法避开这些认知上的不足，在政府的核心范围内有效地运转，以及为了实现宪法义务、能力与信誉、一致性与连贯性、全面性与合作。此外，还需要考虑到一个因素，即能够在理论和实践方面促进国家战略传播发展的政治文化。

在本节中，对传播者（如媒体）与行动者（如军队）进行评估之前，首先要问的是在英国政府体系内，战略传播应发生于何处，以及战略传播的职责与义务应纳入到哪里呢？一项更为明确、有效的战略传播文化如何才能更广泛地、深入地促进战略传播管理和协调的衔接与连贯呢？本节将从以下几方面对这些问题进行考虑。

一、政府

在政策制定过程中，政策、战略和战略传播这些因素之间应该是相辅相成的关系。在这三个因素所构成的组合中，战略传播的功能可以被有效地描述为“最高层政府在精心设计、制定有利于政策目标的核心信息时所使用的战略工具。是战略领导人借以为政府体系提供方向和指导的一种途径”。依据这一观点，战略传播的责任应当落在高层政策制定者以及那些做出指导性陈述、权衡可行方案、做出所需决策的政治、军事领导人身上。

战略传播应当从一开始就以多种方式纳入到政策进程中，成为各个部门活动的明显特征。首先，高层应明确理解政策应当具有以及可能具有的更广泛的影响。其次，对于不同的人群可能对任何特定政策进行的解释和推论保持敏感。最后，应当对所涉及的利益相关者和受众进行识别。他们给予的支持对于实现特定的国家战略目标来说，是必不可少的。

每一个政府部门都有自己的传播方式，对于战略传播将为该部门带来什么结果，或者在为传播国家战略而做出更广泛的工作中每一部门所起的作用，不存在统一的理解。例如，人们可能会认为，相对于其他部门来说，美国国防部更擅长于使用战略术语以及制定相关条令，但实际上将这些术语和条令向其他部门和利益相关者做出解释，以及对该部门的远景进行阐述都是非常复杂的事情。此外，尽管国际开发署（Department for International Development, DFID）的高层官员越来越关注战略传播，尽管该部门在公共外交以及寻求实现国家价值观和原则过程中扮演着所谓“软实力”的角色，但在战略传播方面，该部门所表现出来的特殊性远不如其他部门明显。

然而，就各政府部门而言，无论本部门的文化多么浓厚，无论他们所关注的领域多么不同，都无法完全脱离整体而运行。政策和战略会相互重叠，政府某部门的行动和信息可能会加强或削弱其他部门的行动或信息。不过，尽管各部门工作的倾向中存在着所谓的“孤岛”，英国政府仍然大胆地尝试在政府内外，在战略传播方面形成更大的内聚力。作为这项工作的一部分，对用于协调各方面的努力，就政策与战略的制定、执行和阐述举行定期讨论集会的核心机构还存在着争议。对此，有两个选项可供选择。第一个选择是内阁办公室，处于政府的核心位置，可以成为战略传播的领导机构。它的职责符合对跨部门工作的需求，而且，它的任务中本就包含对政府的战略传播方法进行评估。然而，鉴于其现有角色，它不太可能具备在该领域的领导能力，更有可能被视为一个推动者，适于在整个政府范围内对战略传播的思想进行传播，在不需要寻求战略传播努力同质化的前提下，制定共同的理论框架。

第二个选项是建立一个类似于美国国家安全委员会的模式。根据需要由各相关部门的高级部长以及国防、情报与安全领域的官员组成，美国国家安全委员会的定期集会（至少每周一次）已被证明具有积极作用，超越各部门的界限，在国家安全问题上推动了“协同政府”的发展。但是，这种模式还远未成熟。例如，就利比亚问题做出的紧急行动承诺，以及继续参与在阿富汗的事务，都使国家安全委员会过于关注战术或行动细节，而丧失了真正的战略能力。要建立这样一个可以在整个政府及其相关机关和组织间对战略传播进行协调的工作模式以及机构，需要满足两个条件。第一是需要对那些参与共同决策，而后在其各部门对上述决策予以执行的人确定适当的资历水平和委托权限。第二，也是关键性的，要能够应对那些具有战略意义的短期和长期性的问题，而不是着眼于解决媒体管理与外联这些战术性和行动性的事务。

虽然根据这两个选项有可能建立一个更为协调一致的方式，但有一点值得注意。在共同的愿景与核心的声音之间需要取得平衡。当共同的愿景提供了具有说服力的信息以及整体上的统一，有人可能会认为，政府在一个信息上只出现一种声音是不切实际的，也是不利的。面对不同受众和利益相关者的不同部门就信息所发表的言论应该根据其工作优先次序显示细微差别。总之，对于《战略防御与安全评估》就英国政府的战略传播活动所做出的"集结"与"调整"承诺来说，似乎存在着一个结构性的障碍。

除了非常困难的国家紧急状况外，在英国建立合理、果断和高效的"协同政府"还只是一个理想而已，难以付诸实践。最近所实施的许多跨政府举措的结局便是对这一论断的有力证明。虽然首相作为政府的领导者，具有相当大的权力。但各个部门的领导通常是由本身极具政治声望的人来担任的。而且，正如我们下面将详细讨论的那样，英国政府的"部门化"官僚架构不利于集中管理和紧密控制。目前，内阁办公室所起到的协调作用至少要大于一个部门领导，以至于在某种程度上，它被不准确地描述为"意外产生"的部门。可以说只有财政部比较适合这一角色，但通常只能以默示的方式。对国家战略传播而言，这一切意味着英国国家战略传播战略若想有所发展，就必须面对众多来自于宪政、机构以及个人的阻碍因素。此外，基于内阁办公室，设立一个全国战略传播领导人职务，他拥有履行职务所必要的权力和资源，这可能是一项漫长且争议不断的过程。但如果没有这样的人、这样的机构以及这样的战略存在，那么将很难看到国家的战略传播充分实现其潜在价值。

二、传播

战略传播的参与者范围非常广泛：不仅包括那些被指派承担传播任务的人，还包括那些以言论或行为方式参与到传播政策中的人。可以说，每一级官员都应认识到他们在政府内外所负有的传播方面的责任。但毫无疑问，媒体专业人员、新闻官员和战略传播专家可以就有效的战略传播提供必需的专业能力，即执行复杂政策，形成相关受众可接受的、可以通过适宜媒体传播的适当信息的能力。在所有的传播者中，经验与能力必然会有所不同。但是，在本报告撰写的过程中，很多受访者都强调了个人的突出作用，比如阿拉斯泰尔·坎贝尔，他通过对政府观点、拟实现的目标及其实现手段的清醒判断，能够对来自于唐宁街10号的政府信息进行协调与管理。

过于严格地管理传播战略存在一个负面影响，政府可能会被认为在“扭控”媒体，并因此失去信誉度和说服力。而一个强有力的传播战略可以对良好的政策起到推动和支持作用，如果政策在某种意义上被认为不完整或具有误导性，那么人们充其量会认为所传递的信息是肤浅和不实的。若没有传播战略，无论多么巧妙和及时，也无法期望能将不良的政策转变成令人满意的政策。不仅如此，政策和战略也不应被视为这一进程中单独的组成部分，而应从一开始就发挥协同效应。因此，“传播者”的重要作用是“确保战略目标和信息在各个层面都获得理解，并在整个政府内推动形成适当的文化和意识。

当然，在政府内，对于重点受众、关键信息，以及如何将这些信息传达给合适的人所具有的重要性，具有清醒的认识。2004年，一份《关于政府传播的独立评论》(又称《菲利斯评论》)指出整个政府负有更广泛的传播职责。而且，针对人们认为的传播障碍问题，提出了一些建议，以促进政府与政治家之间，以及媒体与公众之间的互动。《菲利斯评论》提出的许多建议所带来的影响在今天的政治和媒体环境中仍然存在。然而，《菲利斯评论》出台已10年了，其中所描述的方式更接近于坚持好的传播与媒体管理实践，而不是针对将一项更为深思熟虑且大胆的传播方式作为实现国家战略的途径进行讨论。这种大胆正是目前所欠缺的。政府对媒体的做法往往涉及到试图兜售正确的路线或试图对新闻报道进行控制，忽视了更强有力但或许更细微的战略信息。正如一位高层官员指出的那样，尽管目前的工作重点是在短期成就和轰动效应上，而不是在更大的构想上，但通常情况下，若存在一项清晰明确的叙述，是可以顶住困难、抵制批评的。

若政府与媒体之间的关系更趋于成熟、平衡，并且向专业化的方向发展，将会带来诸多裨益。在媒体方面的受访者都热衷于强调的是，记者能够识破政府过度管理信息的企图；毫无疑问，他们更偏爱透明化的评估——即使是在不利的环境中。并且，他们希望能够尽快地了解到尽可能多的与发展相关的信息。此外，公众能够理解政府可能有合理的理由保留机密或敏感性的信息。但是，过犹不及，若对此进行不完整的、蓄意误导公众或不准确的报道，对于更广泛的国家战略目标来说同样具有损害。更为成熟的方式需要得到下列因素的支持，一是果断的领导，二是政策机构在政策立场以及对政策立场的阐述上充满自信。信息与媒体之间的关系也无可避免地在考虑之列。在传播力方面，曼努埃尔·卡斯特尔斯反驳了马歇尔·麦克卢汉提出的一直以来被大多数人所接受的观点，他认为“媒介不是信息，尽管它决定了信息的格式和分布……信息的意义是由发送者所构建的。”因此，政府才是大部分国家叙述的构建者。不过，借助于媒体的镜头，一项信息可以呈现在公众面前。因此，对于更为广泛的政府战略传播以及国家叙述来说，媒体显然是一个关键的手段。

当代的信息和传播环境本身就是一种推动力量。在新闻全天候播报的时代，媒体在联结国内外受众、向受众传达实时信息上所具有的力量不应被低估。对许多人来说，要想了解政府政策以及这些政策对他们的生命和健康所具有的意义，包括平面媒体、广播、网络和社交网络是主要的切入点。然而，在很大程度上来说，媒体在当前的实时环境中具有能动性。当受众看到和听到实时发生的事件时，关于该事件的任何事态发展报道，无论是否准确，通过社交媒体网站（比如Twitter和Facebook）传播的速度往往要比传统媒体更为迅速。有一种现象是各国政府都无法忽视的：对于传播的任何不情愿或疏忽本身就代表了一种信息。政治领导人未能在一段时间内做出回应，其后果相当于做了一个正式的声明，而政府人员留下的空间，将无可避免地被愿意做出承诺的其他人填补。

鉴于可用的媒体形式多种多样，必须注重效果、受众和影响，以便确定最为适当的和最有效的媒介。接触是战略传播的一个相关的组成部分，同样至关重要。为了与目标受众产生共鸣，并促进传播进程，有必要建立一种叙述方式，并融入社会各阶层的关键意见领袖和影响者中。在布拉德福德反激进化努力中有影响力的神职人员参与其中；为了将东伦敦青年脱离公民生活的情形降到最低水平，可以与当地的社会领导建立联系；为促进赫尔曼德省的稳定，约束部族领导或阿富汗人民立法会议的权力。这些人可以将拟定的叙述或目标在当地进行传播，其传播效果将更为精细，更易被感知，也更具可信度。

三、行动

在战略传播领域，绝不应低估行动所具有的力量。所有的行动都表达了某种信息，具有传播价值。行动有可能会产生影响，甚至是施加压力。在政治方面，人们对政府的评价主要基于政府所传达的信息、做出的承诺和提供的愿景。一位高层受访者简明地阐述了这种关联，他认为战略传播是“行动与叙述相互强化的结果”。言与行之间是不可分割的，应当努力减少二者间的分歧，以免对战略和叙述造成损害——美国《白宫战略传播框架》将这种依赖性称为“言行之间的同步化”。在作战层面和计划层面工作的人，对于环境的理解，不可避免地会与白厅的政策制定者存在出入，而这种理解势必会影响到政策与传播。在现场的人对于政策如何转化为现实更加清楚，他们应立足于识别出战略叙述在什么地方更能够发挥效能，在哪个环节可以得到改善或调整以发挥出更大的作用。如果在国家战略传播的迭代过程中，对行动采取更为审慎的态度，对于改善前文所提到的“接触”将起到不可估量的作用。那些致力于实现战略目标的人，也要了解他们的行动所具有的传播力，这是非常重要的。因此，这些行动的后果及其政策影响应同时反馈给领导层，以进一步形成和改进政策与战略的制定进程。

作为外交政策的主要执行者，武装部队更清楚地认识到在他们的作战行动中，行动与信息之间的一致所具有的重要意义。美军所谓的“语行沟”（word-action gap）在英国军事理论中愈加受到重视。事实上，可以将传播视为黏合战略、军事行动与战术的黏合剂。不过，也常常出现例外情况，尤其是当战略遭到短视，又没有对冲突或危机的长期影响、作战需求和文化方面进行充足考虑时。对美军在“9·11”事件之后做出的反应进行思考时，菲利普·泰勒说，“如果具有更加清晰的愿景，如果对军事反应的长期后果进行了深入思考，如果对战争的夸夸其谈不是那么极端化，战略传播任务执行起来将会更容易一些”。显然，要想将言行统一起来是很不容易的：在信息与行动的中心，必须设立一个目的，一个远景规划以及一个理念。

作为一种政治领导手段和政策的延展，武装部队在校验参数和条件中起到的作用尤其明显。根据“任务指挥”系统开展军事行动，如果高层政治和军事领导为战略设定了参数，并鼓励下级去实现与其活动水平相当，并与总体目的相一致的目标，下级军官和所谓的战略士官“将不得不对具有外交后果的事项进行抉择”。没有对军事行动环境及其背后的叙述的充分理解，将极有可能在军事行动中造成不良的政治后果。罗克斯伯勒和艾尔主张，一方面，“高层领导应做出所有重要决定，而留给下属极少的裁量权。另一方面，如果下级指挥官知悉大的构想并确实理解，他们就可以迅速地行动起来，实现作战目标。”换句话说，应该看到最大程度地提高前线能力与改进既定的指挥系统对当地情况的了解之间存在一种平衡。毫无疑问，强有力的领导以及明确的愿景具有突出的作用。一位军事官员讲道，英国步兵连的指挥官们在赫尔曼德的军事行动中与当地阿富汗人接触时，他们所制定的叙述是建立在所发现或从事的最佳分析上的，这在很大程度上是缘于英国部队缺乏一个主导性的、一致性的叙述可供采用。

虽然对当地情况比较敏感，但自上而下的传播战略和叙述上存在着一个弱点，以至于信息制定建立在所涉及的个人能力基础上。这些指挥官不仅要对所参与的军事行动有所认识，还要对接触的受众有所了解。不过，如果在履行关键职责时，对他们进行适当的与战略传播有关的培训，这一做法所存在的问题也就不会那么突出了。通常情况下，人们履行特定责任是以一个核心的愿景为依据的，而且，要运用到他们对当地的认知，来决定如何更好地在当地受众中实现、传达以及解释这一愿景。这便是武装部队任务指挥理论价值的精髓。

最重要的是，在作战环境中，战略传播也可以减少对积极行动或使用武力的需求。如英国《战略传播联合条令注释》所说明的：“我们过于关注外围的军事行动所带来的影响，而未能理解加强或改变特定受众的态度和行为，与利用武力来保卫我们的行动目标相比，具有同等或更加重要的作用”。这一思想不应局限于军队中，在广泛的政策环境中也应加以重视。在国际开发署在“构建海外稳定”的战略文件中，对“上游冲突预防”的重视含蓄地说明了在易受攻击地区展开的先发制人的预防性行动中战略传播所起的重要作用。也就是说，即使将战略传播作为一种强有力的“软”实力使用，它的能力仍然没有得到充分发挥。

四、政府之外的因素

最后一个值得注意的因素可以称之为支持者或利益相关者。如果将战略传播的本质归结为实现国家战略的工具，那么，上述“支持者或利益相关者”就不仅包括政治或军事领导人了。从更细微的角度来看，还包括教师、贸易官员、非政府组织、私人组织，以及其他可能有意或无意实施国家战略、追求国家利益的人。其中很多人都可以视为是在执行公共外交工作，他们的努力应被视为战略传播的组成部分。当战略传播需要传递的是一些比较微妙的信息时，为了避免疏远受众，不得将预期的影响和结果以任何方式与国家利益和目的相连时，利益相关者所起的作用就变得非常突出了。尤其是涉及到外交事务时，如果当地在政治和外交上比较敏感，那么，政府就很难开展公开的行动，因为这很容易被视为是在对该国国内的人群或事件施加影响。

一般说来，也正是因为这个原因，战略传播的核心叙述绝不能是政府叙述，而只能是国家叙述。它将反映出国家以整体的形式所表达和界定的，并将通过立法和行政程序付诸实施的国家利益与目标。这种国家叙述应建立在对特定国家人民在政府的观点之外所具有的世界观的理解上。首先应将该社会作为一个整体来确立优先事项，然后寻求在该环境中做出反应。

可以看出，虽然各国政府都试图将精心设计的信息以单一声音表达出来，但信息与传播环境的变化使这一声音的存在性和权威不断遭到削弱，无论是对于政府来说，还是对于企业来说。在冲突后的稳定局势和转型中，私营部门所起到作用不容忽视。正如彼得·卡里指出的，对于某些人来说，他们会将战略传播看作是与媒体和影响有关的活动。但是，私营部门具有完全不同的技巧，通过在政府的信息传递之外开展活动，有助于掩盖战略传播的政治和军事色彩。

倘若与国家战略目标协调一致，私营部门不仅有助于形成政治和社会景观，也将促进“自上而下”和“自下而上”的方法之间的衔接。各国的最高政治和官僚阶层曾多次试图通过与不同参与者的广泛接触，确立一种全面（或一体化）的方式，将战略转化为该领域的协同实践，但屡遭失败。特别是当地居民和组织作为创造性的信息源所起的作用是至关重要的。经验表明，如果国家所宣扬的主旨与其战略目标保持一致，那么这种参与会起到非常重要的作用。

通过与私营部门相关人员的访谈发现，很明显，与基于政府的战略传播方式相同，私营部门在传播过程中也会使用到一系列的技术，包括为实现预定“目标”而加强受众参与和能力构建的公共事件、媒体活动、对新的或替代性思想、方法的宣传。此外，还有许多方法，便于更有效地监督履行情况，包括使用民意调查和抽样评估，测试受众在见解上的转变，以努力减少当地叛乱和蓄意阻挠团体所造成的影响，尤其是可以更为准确地界定目标受众。此类方法已应用于反激进化努力和冲突预防中。例如，私营部门曾参与到为抵制之前圣战者所主张的极端主义而展开的战略传播实践中。

与战略传播一样，所有传播工作的目的都是要促进改革、形成成果、放大信息。这些私营部门所进行的媒体宣传、制定的创造性战略和外展计划，在国家战略的设计和传播中占有一席之地，加强和促进了更广泛的受众参与。

战略原则与作战原则的确定可以从私营部门的经验中汲取养分，有助于促进对次要的微观传播环境的管理。但是，因为可能会涉及到与国内外交政策相关的重要领域，有必要将私营部门的活动限定在国家战略的框架内。传递的信息必须能够为东道国民众和政府所接受；接触目标受众时不能对其造成伤害；在目标受众看来，进行的传播必须具有可信性，且不受外国利益驱动；对于私营部门的战略传播如何反映其本国社会的情形需予以注意。

最后，需要探讨的是战略传播在国际伙伴关系与合作中所起的作用。目前，针对跨国问题（如气候变化、冲突和财政安全问题）所开展的全球议程日益增加，这要求各国政府采取更为紧密的合作，或至少表明具有合作的意向。在各国参与的不同政治和军事议程中，该如何对战略传播进行协调与统一呢？此外，在全球议程中，各国国家利益、文化和语言不同，并且需要将政策向国内与国际的受众进行解释与传达，这使战略传播所面临的复杂性有所增加，对此，应该如何应对呢？

五、战略传播文化

在众多不同的领域中，可以发现，战略传播的应用往往随着强度的不同而有所变化。不存在一个适合于所有人、放诸四海而皆准的方式或方法。因此，为了组织和管理战略传播，必须确立一种有效的战略传播文化，使战略传播被认同为政策进程中自然的、不可分割的组成部分。这种文化应遵循就战略传播的角色和作用所形成的共同的思想倾向和绝对的认知。更为重要的是，这一环境必须存在一个强有力且可信度高的领导者，在责任与义务的框架内开展工作，不会试图对信息或媒介施加完全的控制。用一位高级军事官员的话说，所有民众（包括军事领域和民事领域）都应有权成为值得信任的战略传播者，并且应接受相关培训，以确保信息能够在最广泛的范围内进行传播，发挥影响。

在一个理想的环境中，如克里斯托弗·保罗所言："政府中的每一个人都不会像某种机器人一样，自动以一个声音发出言论，他们所传递的信息只要方向相同即可，因为每个人对这组目标都有所理解，都明白他们应该如何努力来促成这些目标的实现。而且，还因为他们经过了必要的传播培训，具备（或可以获得）相关的文化知识。在这一远景规划中，传播不再是单向的广播，而是真正意义上的双向传播、接触或对话。"

为了实现这一目标，战略传播应该成为一个自我维持的系统，而不是一个自上而下的层次结构。在这个结构中，叙述从政府核心流出，然后由行动者和利益相关者加以利用。战略传播必须能够同时应付和适应当地的实际情况和目标受众与对手的反应。正如前文所指出的那样，处在政策传播第一线的人应该感受到他们与更大的构想之间存在着利害关系，并与战略目标相吻合。而反过来，处在核心层的人应对此认真倾听并做出回应。

在政策时间表的每一个阶段，战略传播都应占有一席之地，与政策保持一致并发挥基础作用。那么，在早期制定政策和战略的人就需要对下列问题探寻答案。既然战略传播应表现在政策制定的每一个节点上，那么，处在政策进程的哪一点上才有可能使其发挥出最大效能呢？在某些情况下，该如何利用战略传播来最大程度地减少为实现政策目标而产生的成本呢？而且，要在何时，以何种强度进行战略传播，又需要使用到其中哪一项主要内容（信息作战、心理作战、公共外交和公共事务）呢？

战略传播对于战略而言，并不是一个可以任选的辅助策略。在前期阶段奠定基础是特别重要的，对此，伯德称其为洞察力。通过对受众的认知，利用媒体进行信息传递，发起一场旨在改变受众行为或引发社会变革的活动，除此之外，战略传播的开展还需要从事某些前期工作。将情报与对受众的理解结合到一起的过程，是由研究和分析人员做出的，而情报机构或在当地的接触往往被忽略，但对于战略传播而言，他们起到的通常是关键性的作用。英国首相戴维·卡梅伦及其联盟政府已经认识到，在政策发出之前，如果不将观点向受众进行大力的推行，那么，政策的执行将异常艰难。

在这种情况下，最终，国家叙述上将会出现分歧，并且，会出现两种相互抵触的叙述并存的现象，各自具有不同的愿景和目标。战略传播并不是对西方国家的保护，尽管目前它们在政策和军事领域内比较突出，尤其是在英国和美国。非国家行动者和恐怖组织，如“基地”组织，经证明能够熟练地使用意识形态和叙述来获取支持。并且能够部署具有政治动机的暴力活动以实现其自身的战略目标。正如美国前国防部长罗伯特·盖茨所说，“在某些地方，我们作为一个发明了公共关系的国家，在传播上与对手相比更加落伍，这种状况要如何才能终止？”实际上，奥巴马能够使美国在传播上战胜本·拉登，是基于他对下列问题的理解：第一，行动与传播效果之间的关系；第二，在逻辑和事实论据面前，叙述和情感的重要性；第三，传播战略要能够促进与目标国家内部具有影响力的主要人物之间进行交流。因此，对于反叙述和不利影响，以及促使其蓬勃发展的文化、政治和社会环境保持认识和敏感度，将有利于促进国内的战略传播。

六 总结

战略传播在一个复杂的生态系统中展开，涉及广泛的组织、行动者和个人，其中很多人可能没有意识到他们正发挥着战略传播的作用。战略传播在政府内应当成为国家战略进程中自然的组成部分。不过，各部门对战略传播的关注也仅能达到这种效果，还无法为其确定一个准确的定位。在各个相关部门中，以及国家战略的各个层面，战略传播思想都应是不可或缺的。在当前的实践中，对于必要的变革而言，需要培养适当的文化。作为这项工作的一部分，一个涉及到领导人、传播者、行动者和利益相关者的自我维持的、迭代的信息交换系统的应用，有助于形成动态的、通用的、反应迅速的政策方法。更为重要的是，战略传播的定位必须根据所需效果、指向的目标受众以及可用于制造影响或引发变革的手段来逐项确定。最后，如果它们确实具有国家性，那么，它们所反映的内容就不仅要包含政府政策和行政信息，还应包含全社会所认可的国家叙述。

第四节 如何进行战略传播

前三节分别就战略传播的定义（是什么）、看法（为什么）和过程（如何定位）进行了讨论。从这些讨论很容易发现，虽然“战略传播”一词得到了广泛和经常性的使用，但人们对于它的含义、用法、效果和价值还没有形成一个较为固定的、可以普遍接受的理解方式。事实上，如果存在这样一种理解，那么本文也就不具有讨论价值了。主张战略传播应当（能够）包容与传播相关的各种活动，也应当（能够）适应新的挑战和环境。但是，首先，战略传播至少应被理解为民主政府的一种基本职能，以及国家战略的一个重要组成部分。

怀着审慎的态度以及对这些愿望的期待，在本节中，将对战略传播如何在四项政策背景中——国家战略本身、维稳行动、反激进化以及网络安全——发挥良好效果进行讨论。

一、国家战略

一个系统化（或战略性）的传播框架对于民主政府的运行来说具有核心作用，因此，在国家战略的设计和实施过程中，应将其视为一个固有的属性。许多受访者认为，一个精心构建和维护的传播框架可以促进和改善国家战略。他们甚至认为，国家战略在很大程度上取决于明确、及时地传播：国家战略框架若没有强有力的概念和叙述作支撑，那么，世界上的任何民主政府都将难以用明确且令人信服的术语来解释下列问题：该国应如何在全球范围内进行定位；处于什么样的危机之中；将要抵御谁（什么），保护谁（什么），应对什么样的威胁或挑战；以及为了达到上述目标要付出多少努力，需要多少公共成本。必须就上述问题向所有与国家战略相关的人士（机构）做出解释，包括议会、民众、武装部队、盟国、媒体，当然，还有该国的对手。

不过，除了对于民主政府应就其政策进行告知、解释和讨论存在的普遍预期外，从更切合实际的角度来看，这是否还意味着要将传播视为国家战略的内在固有属性呢？可能会有人提出相反的情况，认为满足国家战略的传播需求可能会以牺牲战略的效率和有效性为代价。毕竟，很明显的是，在21世纪初期，国家战略涉及到各个政府部门和机构在不同时间，对强度和复杂性不同的一系列挑战予以应对，并做出各种回应，其中，有很多情形是无法相互兼容的。战略传播的目的是促进对各种战略性的挑战做出最适当、及时和有效的反应。面对复杂的战略性挑战和政府做出的同样复杂化的反应，不能通过做出同质化、集中化的解释来实现对国家战略目标的强化作用。出于对国家安全的考虑，某些处于计划或执行中的国家战略，并不适合公开讨论。

那么，清晰且富含针对性地进行传播，与更广泛地执行有效的国家战略这两种需求该如何调和呢？换句话说，战略传播独一无二的特性如何与当前战略环境的多样性相协调呢？在这方面，英国政府为发展战略传播与国家战略之间的有效关系提供了一个有益的试验平台。英国政府官僚机构的本位主义有目共睹：“本位主义是指在官僚体系内部，强调个别部门和机构身份地位的离心力。各机构以追求各自的利益为目标，而对政治控制和更广泛的秩序予以抵制。一个政府机构的独特文化由多种因素构成，比如政策方面的责任、官员的集体利益以及所服务对象的利益等。”

各部门各自为政的官僚体系使核心机构的权力相对弱化。在英国，相对于这一体制来说，财政部的情况比较特殊。但是，虽然它具有管理国家经济的职能，但是这一职能还不足以使它在特定的政策领域（例如运输、医疗和国防）享有决定权或执行权。面对日益扩大和不断叠加的挑战，各具体的传播部门和机构都只能从自身角度出发，做出反应。因此，显而易见的是，国家战略必须在相当大的程度上对不同机构的努力进行协调。在英国政府内起协调作用的是内阁办公室，该部门负责三项系列性的国家安全战略的发布工作，并且似乎对战略传播越来越重视。第一项《英国国家安全战略》发布于2008年,“传播”这一术语共出现了9次。第二项国家安全战略《为了下一代的安全》发布于2009年。其中，“传播”这一说法共用了不少于38次，而且，该文件坦言“公共舆论、文化、信息和影响这些领域本身就具有举足轻重的地位”。最后，在2010年，虽然英国最新版的国家安全战略仅在6处使用了“传播”及相关术语，但在其姊妹篇《战略防御与安全评估》

中，英国政府对战略传播极为重视："战略传播对于我们的国家安全是非常重要的，因为它们能够积极地改变行为和态度，促进英国利益的实现，并且能够抵制个人、团体和国家所带来的不利影响。我们将制定一部《国家安全传播战略》，对于英国将如何使用战略传播来传达国家安全目标进行首次阐明。国家安全委员会将进一步对政府内外传播资源的集结与调整所需的基础设施与管理安排进行通盘考虑。"

英国政府所采取的做法可以被描述为：一个权力相对弱化的官僚核心（至少目前是这样），以宣告性的方式接触战略传播思想，志在对不同的信息进行协调，而不是将它们进行同质化然后归入到一个总括性的陈述中。这一描述虽然是第一次发布，但并没有出现想象中的自我矛盾，而且，与本文所主张的战略传播方法极为合拍。如果说英国在21世纪初为复杂但有效的战略传播提出了一个"在成品"的模式，这种模式应该有三个主要部分组成。首先，对战略传播目的进行明确阐述是至关重要的。其目标不应是设计出一种同样适用于所有环境的信息，而是生成不同的信息，以适应不同的受众和实际的情况。如一位受访者在谈及英国介入阿富汗的行动时说，在赫尔曼德省向受众传达的信息与传达给英国国内受众的信息是不一样的。

但是，即使两种信息有所不同，但它们必须保持一致。关键是，不同的信息不应相互冲突或相互破坏，在理想的情况下，应起到相辅相成的作用。可以在政府核心层面建立某种形式的"信息交流所"，然后通过战略传播来完成这项任务。目前尚不清楚的是，内阁办公室和国家安全委员会——似乎是这一政府核心机构的最佳候选者——是否需要大大加强，以具备协调不同部门传播工作的能力和权力。同样，2010年提议的《国家战略传播战略》是否会就传播提出一个富于想象空间的、大胆的做法，该战略又将如何有效地促进国家战略目标的实现，仍需拭目以待。

其次，就传播的许可或授权而言，战略传播应允许和鼓励权力下放的做法。应该不需要一个强有力的指导中心，在任何情况下，将主动权下放，对各部门、机构和下属充分信任，由他们自己根据所面临的情况去制定自己的传播计划，这样的方式将更为有效。一些受访者主张，对于战略和传播，可以采用"纳尔逊"的做法——武装力量将该方法称为"任务指挥"。

提到军事思想和实践，英国的各个政府部门可能会产生反感情绪，因为他们认为这是要将政府传播“军事化”，对此，各部门都比较敏感。不过，提到武装力量，就引入了英国正处于发展之中的传播模式的第三个和最后一个组成部分：主张战略传播应采用理论性的做法，而不是规定性的做法。在军事训练中，理论的目的是指导“如何思考，而不是思考什么问题”。在《英国国防理论》中，对这一思想的描述为：“理论是行动、决策和反思的切实基础，鼓励在危机和冲突所带来的不确定性中，充分发挥个人的主动性、进取心和想象力，这些因素对取得成功具有决定性的作用。它所提供的不是一套规则算法，在面临挑战时，仍然需要做出艰难的决定。但它提出了基本的原则，据此可以做出上述决策。”

因此，在军事界，将理论理解为原则框架，并强调这一框架应向广泛的使用者进行传播，使用者对其理解之后付诸实施。当一名受访者被问及政府内应由谁来负责战略传播时，他回答道：“每个人。”正如前文已讨论过的，在国家战略的大背景下，战略传播的框架性/理论性方法，将有助于将战略传播的思想和实践在整个政府内部进行传播，并得到认可。这样，相关的政府部门和机构便可以针对所面临的具体情况，在程序方面或实质方面，量身制定与其他部门不相冲突的传播计划。为了避免在传播上出现冲突，可以设立中央政府协调办公室或前文所提及的“信息交流所”、临时委员会等机构，对危机中所涉及的各部门的传播战略进行协调。无论这些战略因何制定，处于什么层面，要应对何种问题，它们的共同目标都应当是促进国家战略的实现。考虑到中央政府的权力相对较弱，或信息不足，在本位主义盛行的官僚体系中，它的存在显得不受欢迎，为实现所期望的协调效果，上述理论性的方法是最佳选择。最后，最理想的状况是部门的传播活动应在某种意义上遵循所提议的《国家战略传播战略》，或至少应与其保持一致。这反过来要求战略本身要体现上述理论，不仅要对原则进行陈述，还要说明这些原则应如何运用。

二、维稳行动

“我们在谈及对手时，往往以一种轻蔑的口吻，但实际上，在战略传播方面，他们一直在与日俱进，比我们更具灵活性。”

在维稳行动中，战略传播的目的是对军事行动环境和受众的行为施加影响，以保证各项努力与目的协调统一。2009年4月发布的美国《陆军野战手册》(3-24.2)将维稳行动界定为:"一个总括性的术语,包括为了维持或重新建立一个安全、稳固的环境,在与其他国家权力手段相协调的情况下,在美国境外执行的各种军事使命、任务与活动,旨在为当地提供政府基本服务,应急基础设施的重建以及人道主义救济。"

因此,在军事行动层面以及战术层面,战略传播被视为有效的推动因素。不过,所有的民事-军事行动都必须在一个敏感的政治和媒体环境中展开。

军事行动层面上的战略传播仍然不同于国家战略层面的战略传播。很明显,在维稳行动中,迫切需要在上述二者之间建立更强有力的联系。实际上,鉴于出现了全天候的新闻播报,以及对手们为达成其目的使用战略传播的能力不断增强,战略传播的一个推动作用表现在使战术行动和作战行动对国家战略形成影响。虽然西方国家的武装力量已开始认识到基层行动对战略所产生的真正影响,但到目前为止,在理论层面也只是出现了"战略士官"而已。因此,如果西方国家想要在对手的信息/决策包围中取得未来维稳行动的成功,迅速、无误的战略传播能力将至关重要。这反而要求将国家战略与军事行动两个层面更紧密地联系起来,并且,需要更为系统地尝试在各层面的接触中将言行相统一。

《陆军野战手册》(3-24.2)对这一点进行了强调:"就其实质而言,反叛乱行动是一场为取得人民支持的武装斗争。强势的代议制政府可以通过信息介入,资源与服务的运用、恐吓或暴乱获得支持或失去支持。这种武装斗争还包括消灭威胁到人民安全的叛乱分子。"

自2001年11月以来,美国及其盟军在伊拉克与阿富汗的行动中已经学到很多东西。但很明显,在维稳行动中,如果要利用战略传播帮助建立动能与非动能之间的基本平衡,在任何时候尽可能地执行"轻足迹"策略,那么,还需要进一步学习更多的东西。当然,这是战略传播应该做到的。然而,在研究工作中发现,很显然,大多指挥官仅将战略传播视为事后的补充,或充其量将其视为规划和行动的一种结果,而没有将其视作规划与行动的基础或具有密切联系的因素。

在维稳行动中,有效的战略传播应自概念阶段开始就发挥关键的塑造作用。这是因为,在战役中,战略传播使各项行动出师有名。为此,在维稳行动中,战略传播不仅表现在与关键的民间伙伴就政策进行的磋商上，它还有助于对传播“目标”（既包括朋友也包括敌人）形成更广泛的理解。事实上，将所有行动置于更广泛的政治范畴内的传播战略，将促使合作伙伴在同步化和去冲突化方面做出进一步的努力。然而，即使确立了更广泛的范畴，并且对其有所了解，在维稳行动中，那些经历过大风大浪的指挥官们仍不可避免地会遇到难题。

如果充分发挥文职人员的积极性，比如说提高指挥官的提案小组（Commander's Initiative Groups, CIG）、战略咨询小组（Strategic Advisory Groups, SAG）的地位，以便他们可以切实、准确地形成并影响指挥官的意图，并且可以为处于首都和/或战略总部的同行们提供实时的信息，如此，战略传播在规划与行动中的向心性就有可能得到加强。但是，往往是在次一级的战术层面，才会对战略传播和政治顾问予以考虑。出现这种情况，部分是源于这些顾问本身在战区总部、战略总部和/或国家首都的影响力不够。因此，只有当文职人员的专业知识对安全所具有的重要性得以显现时，这些专家才能够享有足够的声望和地位。这反过来又要求他们在战役设计的初期就参与进来。

此外，治国艺术、公共事务、公共外交和信息作战这些方面在政治指挥层面所具有的分散性和差异性，不利于战略传播将上述几个方面有效地捆绑在一起的效用的发挥。这些方面往往代表着具有不同议程的不同群体，往往以特定的方式实施领导，对战场上的指挥官提供支持。毫不奇怪，在这种情况下，军队试图去寻找自己的解决方案。

从定义上讲，维稳行动具有战略性，战略目标是维持稳定，而军事行动则被视为达成目的的一种手段，而不是目的本身。在可以接受的最低限度的最终状态方面往往缺乏战略指导，这使得指挥官们难以精心设计信息战略，也因此难以将信息视为关键的战略“武器”。当国内的政府高层对紧急情况的认识无法与战场上的指挥官们达成共识时，尤其会出现上述情形。战略传播往往受制于官僚政治，继而，与外界隔绝的倾向往往使行动先于战略而发生。言论与行动之间的统一是极为重要的，但军队通过其行动开展的战略性的传播往往会使上述统一无法实现。2009年，美国国防部对此进行了强调：“在当前和未来的信息化上有所准备比获取适当的硬件和软件更为重要。这需要对当前和持续性的动态环境进行了解和适应。认为没有必要进行双向传播这种观念阻碍了当前与未来在信息化上的发展。虽然这一重点在应对具体问题的军事行动计划上有所体现，但从时间跨度上来看，以任务为基础将向永无休止的斗争上转变，因此，打破原来的思维方式才是根本。在心志和意志方面所做的斗争中，对“胜利”所下的定义必须有所改变。”

战略传播体系需要置于最高层的政府核心，这样，在战役的早期它就可以参与进来，而且，可以确保对信息进行持续性的监督。这正是托尼·布莱尔的新闻发言人阿拉斯泰尔·坎贝尔在1999年的科索沃战争中所主张的。那时，虽然他提出的方法尚存争议，但至少使北约在战役中的战略传播更为严谨。这有助于确保联盟的言行之间紧密相连，并确保受众对此的理解符合指挥系统的意图，即使某些北约的外交官们感到坎贝尔的行为有时很冒险，接近于诱导和鼓吹。然而，他的目的是合理的：在政策、战略、目标、行动与信息之间建立重要的联系。

以色列在2006年打击真主党的战役中也面临着类似的挑战。就像五角大楼所指出的那样，“在真主党的控制之下，存在着一支先进的网上力量，而且，它通过自身的电台和电视网络，可以操控公众观念，使公众认为它将赢取战斗的胜利，这有助于激起全球舆论对以色列军事行动的强烈反对。在最近结束的在加沙打击巴勒斯坦激进组织哈马斯的运动中，以色列国防部队面临着类似的信息/认知问题。”

这个例子强调了西方国家的武装力量需要提升其各自的战略传播能力，并需要在冲突的早期发挥战略传播的作用。武装力量中的动能部队往往将重点放在论证行为的正当性上，而不是调整行动上，这常常会使战略传播的有效性遭到削弱。爱德华·R. 默罗，美国新闻署第一任署长，坚持认为，如果人们预计他将处于政策的“迫降中”，那么，他最好选择将“政策”进行“提升”。

从关键战役任务对战略传播的依赖来看，很明显，战略传播在维稳行动中具有一种向心性。这些任务包括：影响外国受众；提供公共信息；代表指挥官发出声音；打击敌方的宣传、误导、不实信息和对立信息。事实上，所有民事-军事行动都依赖于传播能力。在战区内，向关键团体进行传播，在战区外，应对国内公众和/或捐助者逐渐产生的质疑。面对范围广泛的任务和受众，采用战略性的、有效的传播对于一系列维稳行动（包括国外人道主义援助、民众和资源控制、国家援助行动、军队的民事行动、紧急服务和民政管理）来说，是至关重要的。

从这一主题的实践层面来看，英国陆军中一位从事战略传播的领导人，依据在阿富汗和伊拉克的经验，制定了一份清单，其中囊括了10点内容。

1. 以司令部为主导：在联盟或国家层面，如果对司令部进行了明确的安排，那么，以司令部为主导的方式将是至关重要的。在跨国层面的军事行动中，必须将战略传播适当地纳入到多国的努力中。

2. 叙述：一项强有力的叙述可以在安全/维稳工作的受益者中产生共鸣。一定要避免使用“我们与他们”这种形式的叙述。相反，应当把重点放在“他们和他们”的叙述上，旨在描述新的和更美好的未来。（这种宣传往往是沿着类似社会变革叙述的路线展开，本身类似于政治运动）。

3. 简洁：传递的信息必须明确、统一、简单明了，避免过度细化。

4. 连贯性：战略传播促使受众对战略产生了清晰和连贯的认识，这一点是至关重要的。

5. 研究：在维稳行动中，更好地理解受众以及明白如何更好地与之接触是战略传播的核心。这种认识必须建立在对叙述的主要受众及其生活环境的全面、透彻分析上。

6. 一致性（或协调）：叙述需要遵循一定的纪律——忠于脚本，但脚本（或叙述）制作人需要确保脚本是易操作的。

7. 不可分性：通过战略传播或为战略传播而将战区内外相结合的统一的信息领域不仅是至关重要的，而且它还抵御了潜在的最大挑战。国家/联盟的高层指挥官应寻求以着重应对战区内挑战的主要题材来支持战区内的战略传播。

8. 对话：战略传播必须是一个真正的双向的过程。然而，目前大多数经过优化的传播工具都主要用于广播。在对话上的需求十分重视与本地主要领导人和舆论导向人/领袖的讨论，也需要最高政治层面认识到，这种对话还必须对国家/联盟战略进行告知。

9. 时机和节奏：掌握时机，并成为“第一个了解事实的人”。其中包括对关键事件进行预测，确保做出适当的努力来应对此类事件。事件的范围从特殊纪念日、重要的政治会议到军事行动周期。此外，长期的传播工作，例如基于战略的心理作战计划，需要改变步调、重点和内容，力求保持新鲜。

10. 评估：评估是至关重要的，并且需要适当的资源供给。理解谁在说什么，针对谁，是关于什么的，对于一项具有适应性和灵活性的战略传播战略来说，是非常重要的。跟踪媒体输出的信息，并且对它们如何影响受众的信仰和观念进行评估是最为直接的方法。对于理解行为变化来说，评估调查/小组讨论/气氛的制造相对要困难许多，如果要对所有关键指标进行正确的评估，需要以“全政府”的方式进行。

在阿富汗与伊拉克维稳行动中所得到的经验表明，从制定战役计划开始，就需要政治领导人、指挥官与传播者之间进行密切的联系。在这样一种框架内，领导人和各级指挥官应当将其在信息效果和所寻求影响方面的意图明确阐述，这一意图将成为行动的核心要素。对这一简短案例的研究表明：战略传播应源于政府，而不是出自维稳行动的前线。但是，这些领导应当对前线和军事战区的经验提供支持、做出反应，而不是一直对战区进行支援，这往往不符合当前的形势需求。行动和目的之间的统一仍然是有效的维稳行动的重要因素，它们本身又赖于高层政界人士、公务员和实践者之间所展开的一致性的战略传播。

三、反激进化

对于恐怖活动的军事和动能响应都取得了不同程度的成功。如罗恩·古纳拉特纳和劳伦斯·鲁宾所说，军事行动和镇压可能会使个体进一步被激化，虽然恐怖团体的作战能力表面上遭到了削弱，却往往无损于意识形态和动机。从本质上讲，这是因为除行动以外，恐怖主义对其思想进行了大量传播。除了暴力威胁外，恐怖主义还提出了强有力的，且通常情况下都极具说服力的叙述，不但为其行为进行了辩解，而且，对于受众来说，替代了国家（或任何组织）的叙述，这也是恐怖主义的目标作为对政治不满或意识形态的明确阐述，恐怖主义行为就其本质而言是旨在向特定受众传达一个信息——反映施害者理念、目标和动机的信息，并试图通过恐吓来实现某种形式的社会或文化变革。在过去15年中，由伊斯兰极端组织（如“基地”组织）或右翼政治团体或个人领导的激进或极端恐怖主义势力有所抬头——在挪威，政府和社会在应对激进行为时，越来越注重在暴乱行为发生之前将其解决。战略传播在整个反恐政策方面发挥了至关重要的作用，不过，如果在解决这些问题的早期阶段介入，它们还会发挥出更大的潜能，针对那些易受激进主义影响的人群采取先发制人、非暴力干预、信息传播等措施。

2011年修订的《英国反恐战略“预防”链条》十分重视反激进化行动。反激进化有赖于“成功的一体化战略，它使共同立场和共同的价值观得到进一步强化，促使全社会都参与进来，并赋予相关权力，而且，还增加了社会的流动性”。在这方面，毫无疑问，政府叙述和行动所起到的作用比较小，更多的是关于传播者、行动者和利益相关者所进行的接触和外展活动的技巧。事实上，如果叙述可以从细微处着眼，而且，不被受众认为是政府方面为重新设计局势，以便最大程度地减少对它的威胁而做出的尝试，那么，叙述可能会起到更强有力的作用。在反激进化环境中，主要行动者是那些在当地具有影响的人，包括社会和宗教领袖、教师、家族、青年工人以及其他人。通过其言行，这些名义上的领袖可以明确阐述另一组价值观、思想和机遇，以对抗激进组织所提出的主张。他们可以识别出潜在的易受影响的个人，并解决他们的不满情绪，建立更强大的凝聚力，为那些自我感觉被社会边缘化的人提供支持，并寻求填补社会结构和供给上的缺口。

当然，这一长串的目标仅通过信息传递是不可能实现的。当挫折和边缘化与具体的公共政策不足联系起来时，比如失业、对机会或教育缺失存在看法，不采取具有建设性的行动加强信息传递，更为重要的是，解决引起不满的某些深层原因，而仅靠叙述一类的方式是解决不了什么问题的。毫无疑问，只有对这些政策进行变革，政府才能更有效地发挥作用。

但是，这种情况的转变，取决于领导人、传播者、行动者和利益相关者在下列事项中的能力：参与对话、更好地理解受众，尽可能地共享信息，以确保建立一个自我延续的进程，而不仅仅是寻求改变。在这方面，文化素养起到一定作用，特别是在多元文化地区，可能会有些人感觉到身份分裂，并试图通过激进的叙述寻找意义和认同感。提高战略传播者的认识水平是非常重要的：若想发挥战略传播的作用，有必要从心理和社会两方面识别出追随者和社会力量的变化，以判定出对激进化起推动作用的因素。对于受众和所呈现出的现象必须充分理解，这样才能使言行更富针对性，得到准确且灵活的运用。

从某种意义上讲，“基地”组织的叙述是一种复杂形式的战略传播。遵循一个明确的远景和目标，在极端的宗教观点、压迫与不公正感的基础上建立一种叙述，以其精心设计的标志和意识形态去感染那些易受此类叙述影响的人们。它设法利用一切传播工具，既包括传统和正式的渠道也包括非正式的网络空间。如一些受访者所指出的那样，与这类叙述相竞争存在一个风险，即有可能因此而使激进的观点身价提升，并得到强化。在这样的背景下，战略传播至少可以发挥社会威慑的作用，以期对进一步或更深层次的激进主义形成威慑。不过，也可以将战略传播视为更具建设性的社会融入手段——更为积极地传递信息和应用，使那些易受极端主义影响的人们所信奉的主流叙述巧妙地遭到质疑，并使他们的观点向中立方面转变，从而减少某些主张和观点所造成的影响。

此外，媒体也起到了重要的作用。主导性叙述，尤其是与伊斯兰极端主义相关的主导性叙述，往往较为粗略，而不注重细节。在某些情况下，它将伊斯兰教歪曲为将会损害更广泛社会关系的同质化（通常也具有对抗性）的实体。就政府和媒体而言，需要对目前流行的公共叙述进行质疑和纠正，考虑一项叙述是否有利于形成更广泛的社会参与，对何种语言和术语可以揭示更广泛的公众态度，哪些需要予以调整等问题进行评估。

并且，战略传播需要取得一种平衡。要制定一项反激进主义战略，高度依赖于特定的目标受众。仅传递信息是远远不够的，只有将信息传递融入到具有持续性，且经过精心设计的叙述中，才能在不散布恐惧的前提下改变受众的观念。散播恐惧将有利于恐怖主义分子，这是在为他们招募军士。

最后，就英国的国家战略而言，一位受访者指出，“预防”链条表现出了一种混乱的思想，它将政策与社会的宽容性混为一谈。虽然前线的很多战略传播行动应在当地的社会层面开展，但在国家层面，“预防”链条与整个反恐战略必须对其目标和能力进行充分的阐释，将不同的利益相关者、传播者和参与者统一在明确的领导之下。此外，应合理地、明确地阐明现行的社会准则和价值观，向受众表明这些准则对那些怀有敌意或感觉被边缘化的人们来说，至少是具有相关性、富含吸引力且极具意义的。

反激进主义中的战略传播有利于减少对动能行动或更为严格的政府政策的需求。作为社会融入与积极的社会变革的工具，它们可以在社会内部搭建桥梁，以识别出将易受影响的人群推向极端行为的根本原因和反叙述。作为一种社会威慑，它们可以鼓励人们看到极端意识形态所带来的不利影响。它们的成功在一定程度上取决于社会各阶层人士的参与，以及政府与实践者之间为了确保言行的统一和构建信任而形成的迭代关系。然而，为了确保战略传播的有效性，必须对受众的多样化及其动机、利益和思想上的差异有所认识。在反激进主义的微观方面，战略传播对于它们来说无疑会构成最艰难且最紧迫的挑战。

四、网络安全

网络空间的安全是世界各国政府都非常关注的问题。在2010年的《英国国家安全战略》中，英国国家安全委员会将“其他国家、有组织犯罪和恐怖分子发起的网络攻击”判定为英国国家战略在下一个五年中将要应对的四项“具有最高优先级的风险”之一。该文件鲜明地指出，当今，政府、私营部门和公民都不断受到来自于敌对国家和犯罪分子的持续性的网络攻击。他们正在窃取社会中的知识产权、敏感的商业信息和政府信息，甚至还窃取了民众身份，用于对个人、组织和政府实施诈骗。

如上所述，如果网络空间能够使针对社会大部分阶层和领域（即使不是全社会）的威胁与挑战得以隐匿的话，那么，网络安全绝对可以被描述为“系统级的社会挑战”了。因此，针对这一挑战若无法做出一致性的反应，就只会将问题放大，“但社会并没有对网络安全问题以协调一致的方式做出系统化的行动和反应。对于安全问题的考虑，利益相关者仍然局限在狭隘的范围内，这导致了他们未能认识到其他利益相关者的安全或安全疏漏可能会对他们本身造成的影响。例如，尽管网络犯罪正越来越多地使用到间谍技术，但企业界仍将重点局限在网络犯罪这个狭小的范围内。同样，反政府的黑客们已经开始使用网络犯罪技术了。”

因此，为了应对这一复杂的、社会性的挑战，国家战略必须确保“不同部门和机构之间的活动要相互补充、相互加强，而不是相互冲突”。在技术革新迅猛发展以及政府资源紧缩的时代，这一点尤为重要。此外，在许多情况下，相关的“机构和部门”与政府之间不存在正式的接触，尤其是因为基于网络的国家重要基础设施中有很大一部分（英国与其他地方一样）掌握在私营部门的手里。换句话说，实现网络安全所需的实践与实现有效的战略传播所需的实践非常接近：在政府与其他机构和个人之间进行及时准确的信息交换、权力下放，根据当地情况开展行动、协调、合作，最重要的是，相信所有相关各方都在朝着他们将会“拥有”的一个共同的目标迈进。战略传播这种手段使所有上述做法变得切实可行。然而，当越来越重要的信息和传播媒介（网络空间）不断受到威胁，且其本身已变成重大的安全风险时，传播可能会变得更加困难，甚至是事与愿违的。

因此，对于政府来说，网络空间提出了一个重大的难题：战略（和国家安全）是否比传播更为紧要呢？国家战略是应将重点放在防止和扰乱对网络空间的滥用上，还是应放在使用网络空间“强调积极因素”上呢？若出现恐怖主义、极端主义和犯罪，是否要将重点放在可靠的、非传统性的信息上呢？似乎显而易见的是，上述各种情况需同时兼顾。就反激进主义和犯罪活动而言，例如，中断和禁止某些网络空间的活动，以及详细制定某些做法，如渗透到互联网聊天室，以及出于反激进主义的目的使用这些网站等，在法律上都是有据可依的。但是，关于扰乱网络空间所具有的价值还需要进行深入的探讨。例如，出于善意的公共决策和信息传递，有时可能会促进一个有利于激进主义的环境的生成，这在无意中使形势更加恶化，或许比任何互联网聊天室所带来的危害性都要严重。而且，聊天室的活动只是这些更深层的社会问题的晚期症候，因此，上述做法并不能从根本上解决问题。因此，在这方面，战略传播应从更广和更深的层面上去应对激进主义，而且，应提供一种反馈回路，使公共政策可以面对批评性的评价。例如，自我批评的好处之一便是可以认识到，在解决激进化问题时，传统的“安全”或“防御”心态所具有的局限性。如上文所指出，一个更广泛和更富有想象力的办法或许更为可取，即借鉴各种不同学科（如社会学和社会心理学）的知识和专业技能，更好地理解动态环境。

因此，提供“可靠的标新立异的信息”这一需求已经极为明显了。研究与信息传播小组（Research and Information Communications Unit, RICU）成立于2007年，旨在应对和削弱“基地”组织与其他极端组织。但这并不是一项简单的任务，这些组织在互联网和其他媒体方面往往具有高水平的专家和灵活的执行者，并且清楚地了解宣传活动（或战略性的反传播）需要持续和精心的管理，才能获得成功。此外，激进的伊斯兰组织主流叙述主要是基于防御性圣战；其信息相对来说比较简单，但在许多方面却极具说服力。用于防御的最明显的反叙述便是抨击，但这在西方的自由政治中不太可能寻求到支持，也就无法使激进性的叙述得以合法化。因此，战略传播可用于突出对反叙述的预防，以及对恐怖分子前景的否定；“恐怖主义可能会持续，但它永远不可能战胜我们”。但是，这是一种非常被动的姿态，没有采取任何行动去争取主动权，也没有去激发那些自认为很脆弱的公众的信心，并且，在挫败恐怖分子和激进组织的叙述上也显得力度不足。在面对一项反叙述时，需要一项更为激进的、非传统性的叙述，通过如民主、权利和自由这些思想来突出西方自由社会的吸引力与优势。英国于2009年6月发布的第一份《网络安全战略》对此进行了说明：政府认为，持续开放的互联网和网络空间已经渗入到了民众的基本生活当中，它促进了思想的自由交流，强化了民主思想，推动了全球化的发展，并带来经济利益。民众力求保护那些已习以为常的权利（包括隐私权和公民自由权），因为这些权利是自由的基石。

但奇怪的是，自由社会对于这些基本思想讳莫如深，却承受着来自于狭隘的传教思想所带来的病态的恐惧感。另一项“可靠的标新立异的”信息在于社区观念。可将互联网用于破坏本地社区的凝聚力，该方式已引起极大关注。但是，对于构建良性的社会精神来说，它能够起到建设性的作用吗？这个问题使我们联想到：社区到底指什么呢？将社区概念视为可以被操纵的东西是否合理或适当呢？“社区”也是一个以价值为本的术语，在人们看来，那些体现了某种价值标准和道德观念的社区，在政治、法律和道德方面，往往比其他社区更具公正性。因此，政府面临着一项含蓄性的挑战：表达出哪一种类型的社区可以被西方自由社会所接受，而哪一种又是不可接受的。为了迎接这一挑战，政府必须首先乐于表达上述“激进的标新立异的叙述”。

但是，归根结底，当战略传播要去应对那些与网络安全相关的问题时，掌握好分寸是至关重要的一环。如果说，在网络安全面前，社会规范和态度、检测与封锁技术、社区的凝聚力都同样面临着重大的挑战，那么，则会产生一种疑问：网络空间中形成的社区（或即便是实际存在的社区）在很大程度上来说是一种匿名的社区，而且具有全球性和虚拟性，这样，又如何才能将其捆绑在一起呢？如果社区的基础在于身份和凝聚力（物理方面或其他方面），那么，对于它的另一面即，匿名性和分散性来说，战略传播恐怕无能为力。

五、总结

本节对战略传播在四种政策背景（国家战略、维稳行动、反激进化和网络安全）中的表现进行了审视。当然，这并不是说，战略传播只关注于这四个政策领域，面对自然灾害、经济崩溃、广泛的内乱、疾病的暴发以及大规模的恐怖袭击时，都可以以类似的方式进行思考。不过，在所选取的四个领域中，战略传播对于政策的制定和战略效果的实现具有举足轻重的作用，从而达到了作者的目的：通过运用实例，阐述对战略传播的理解（即使是最基本的理解）将起到的作用。如本文所界定和描述的那样，对于一个具有本位主义官僚体制特征的自由民主政府来说，在国家战略的制定过程中，是最适于运用战略传播的。在维稳行动中，如果战略传播尽早地发挥作用——甚至是在概念性阶段——那么，通过运用指挥官提案小组等手段，并通过对所含内容进行的有效整合，推动“治国艺术”的不断发展。在反激进主义中，战略传播可以提供“社会威慑”，并在“社会融入”方面发挥积极的建设作用。最后，就网络安全政策和战略而言，我们发现它与战略传播极为相似，都需要信息、合作、协调与信任。但是，当网络空间使传播达到了前所未有的速度和覆盖范围（可适用于政府、企业和个人）时，它也会产生一种雾化效果，即便是最为微妙和敏感的战略传播也将受到挑战：“与过去相比，或许更多的人将有机会成为文化的创造者，这意味着将存在更多选择，也因此使那些可以对大众产生影响的标准和轰动性不断减少。这同样意味着一种似是而非的感觉：这种联系比以往任何时候都更强，通过单击键盘便可以访问到世界上这么多的文化成果，然而，其分散性与频繁的更新，使我们开始期待出现一些与我们同步的、志趣相投的信息。”

｜第五节｜结论

不应将战略传播仅仅理解为一项信息传送活动，而应将其理解为全面的战略性接触工作的核心——为了适应复杂和不断变化的环境，将多媒体、多路径的社会宣传和面对面的努力整合到一项统一的活动中。

国际安全环境，像信息与传播技术一样，正处在高速变化中。很明显，如果国家战略想保有其信誉度，就需要接受变化。不过，在一个充满不确定性、紧迫性和技术复杂性的时代，不只需要对国家战略进行有效传播。战略传播是（或应当是）一个复杂且多元化的问题，对其研究仅拘泥于经验常识或老生常谈的活动是远远不够的。此外，对于国家战略的设计和实施来说，战略传播还应起到决定性的推动作用。然而，战略是思想、优先考虑事项和方法的集合，它将活动（外交、经济、发展或军事方面的活动）与预期效果或已阐明的目标相联，对活动做出解释，并为其设定宗旨。从这点来看，战略传播有助于维持目的和行动之间的根本联系。

然而，从英美两国政府最近所制定的文件来看，其所追求的战略传播仍然具有被动性，仍是以军事为主导的过程。因此，其潜能仍未得到充分发挥。要想充分发挥战略传播的作用，在政治层面，更高级别的话语权是至关重要的，同时，还要配以适当的资源，并且，要在整个政府范围内建立一个健全和可靠的战略传播战略。

除了将行动与抱负联结起来外，战略传播还提供了另一项具有重要意义的战略产品——影响。战略影响完全取决于政府内外为最大化地实现国家战略目标而做出的有效协调。考虑到"影响"在国家战略中所占有的核心地位从更大的范围来讲，在政策、战略与行动之间的关系中，必须将战略传播框架融入到政策制定、战略规划和战役设计中。

从更实际的角度来看，战略传播可以对国家战略思维起到规范作用；战略在传播之前必须具有明确性和一致性。因此，通过要求政府传播在战略上具有可信度的内容，战略传播也可以起到质量控制的功能。另一个可能性是，战略传播有助于各部门之间的合作，以制定出更为全面的政策。在这方面，该报告认为，它们可以改善国家战略，并促进其传播。简而言之，战略传播激发了政府对自身做出更为清晰和令人信服的阐释，以获得和维持公众对于政策的支持，并确保信息与行动间彼此不会出现冲突，而损害政府的能力和声誉。

第四节中已指出，当战略传播被有效且富于想象力地管理时，它们对于决策和国家战略效果的实现来说具有重要意义，甚至将起到决定性的促进作用。然而，由于在伦敦和华盛顿存在跨机构间的“地盘争夺”，迄今为止，都未形成一个正式的泛政府的战略传播方式。在美国，国家安全委员会由于接近最高行政权力机构，理所当然地成为这项工作的核心领导者。然而，英国的国家安全委员会，虽然其主席职位由首相来担任，但在承担这一领导角色的问题上，从政治和官僚体制角度看，仍显得分量不足。《英国国家战略传播战略》在2010年10月做出承诺，但到目前为止尚未见到曙光，而且，在英国政府内部，对于该战略的范围和抱负、其是否会出现、何时出现等问题存在着诸多疑虑。一个具有说服力的观点认为，这些犹豫都应终止，不仅是为了确保更有效的战略传播，同时，也是出于对国家战略本身的考虑。也就是说，在英国，跨部门的凝聚力始终受到“各部门各自为政”的政府体系的制约。

并不是说，要实现战略传播的最佳效果，只能通过稳定的中央机构。相反，战略传播所需要的是一个共同的战略传播观念或文化，并使其成为每一政府部门中所开展的各个层面的国家政策和战略不可或缺的组成部分。需要的是战略传播文化的培养——而不是设计更多的正式的体系，这将推动对当前的做法实施必要的变革。因此，这种文化极具重要性，它将成为一个自我维持的、迭代的信息交换系统，其中涉及到领导人、传播者、行动者和利益相关者，有助于形成一种动态的、通用的、反应迅速的政策方法。此外，战略传播应具体落实到哪个部门，将取决于危机或战略的性质与重点、所涉及的受众，以及可用于影响或实施变革的方法。

如果战略传播确实具有国家性，那么，它们所反映的内容就不仅要包含政府政策和行政信息，还应包含全社会所理解和认可的国家叙述。必须将战略传播从中央政府延伸到作战环境（包括军事的和非军事的）中，并向国内的选民进行传播。同样，在政府进程的各个层面，从最高的政策层面到实践层面（接触发生的层面），都必须认识到战略传播所具有的相关性、可靠性和权威性。最后，欲充分发挥其效能，战略传播必须受到中央政府的关注（即在最高层面成为决策和战略过程的一个有机部分），而且，要使“整个政府”保持一致性（也就是说，要使各级政府的所有活动都具有一个共同的特征）。

对于国家战略来说，战略传播具有重要意义。事实上，如运用得当，这种意义可能会比本文所论述的更为显著，也更具决定性。若要实现战略传播的潜在效能，首先要确保将它们正确地视为国家战略的组成部分，并将其融入到国家战略进程中。这种最小化的、“经过精简的”战略传播若能够得到充分执行，也将为国家战略带来诸多裨益。然后，可能需要制定并实施一个更为详尽且雄心勃勃的方法。这里所指的并不是对国家战略进行传播和改进，而是指战略传播本身就有助于创造条件或塑造国外环境，借此，国家战略可以更为有效且高效地开展下去。战略传播不仅仅是国家战略的一个重要组成部分，它还可能成为国家战略的一个促进因素，与国家力量中的传统要素，即外交游说，经济压力和军事胁迫，以及所谓的“软实力”方法（比如文化吸引力和影响）共同发挥出杠杆的作用。战略主要是利用一切可用手段和资源，实现（或是阻止）政治、经济和社会变革。因此，到目前为止，战略传播作为一种国家战略资源的价值一直遭到低估。换句话说，将来也许会证实，它具有超乎想象的决定性意义。

第二章
美国国会和外交政策

根据美国宪法，国会与美国总统共享外交政策权。但是随着美国在世界事务中扮演的角色的变化以及世界形势的变化，美国外交政策的制定、执行机制也在发生变化。约翰·J. 哈特[a]在《美国外交杂志》2011年1月刊上发表题为"Congress and Foreign Affairs"的文章中指出，根据1947年美国国会颁布的《国家安全法》，中央情报局、国家安全委员会、国务院成立以后，美国外交政策以地缘政治为中心，忽略了经济、国际法、人权因素，国会在美国外交战略制定和执行过程中的影响力越来越小。

a 约翰·J. 哈特在美国国务院驻外事务处服务长达29年，期间被派驻南非、智利、哈佛大学、泰国和日内瓦。他还在国务院下属的联合国和拉丁美洲局任职。他两次入选美国外交服务人员协会（AFSA）理事会。

导论

在2010年的美国国会选举中，因为在“政府失控的开支”这个话题上巧于言辞，共和党取得了惊人的胜利，但是这些对赤字和不断增长的国家债务大声嚷嚷的人未能提出削减开支、减少赤字的计划。他们明显忽略了美国在伊拉克和阿富汗的军事行动需要巨大支出，更何况五角大楼在欧洲、韩国和其他无数国家设立的不合时宜的机构。他们很少提及昂贵的武器系统，比如F-22战斗机。国会施加的压力很大，叫五角大楼不要指望共和党。情报界爆炸式的膨胀以及对美国的国家预算的消耗还完全没有进入公众视野。

与此同时，美国的基础设施在逐渐崩溃：公路、桥梁、下水道、水管年久失修，威胁着公众的安全。研究者呼吁，经济要想健康发展，需要一个巨大的转变，减少对臃肿的军事和情报机构的投资，需要更多能够产生经济效益的公共投资。新一届美国国会必须对全国财政责任和改革委员会提出的但目前仍处于搁置状态的建议进行审议、讨论并采取实际行动。

必须考虑到，为事物建立一个新秩序比执行其他任何事情都更难，更不易取得成功，更具危险。对于改革者而言，所有旧秩序的既得利益者都是敌人，只有那些从新秩序获利的人才是不热心的拥护者。他们不热心的部分原因是法律站在对手的一边，他们害怕对手；另一部分原因是人类怀疑的天性，谁也不真正相信新的东西，除非他们确实体会到了新事物。

——马基雅维里，1532年

| 第一节 | 美国国会在外交事务中的作用

两位享有盛誉的美国国会研究方面的专家认为，美国国家的立法体系“支离破碎”（Broken Branch），就是指其立法过程常常陷入僵局，很少得到公众支持。他们指责立法部门没能制衡行政部门。他们举出立法部门拒绝调查美国国土安全部在“卡特里娜”飓风发生前后糟糕的记录。他们认为需要对国会进行彻底整顿，因为在他们看来即将到来的、急需的重大改革“最有可能来自国会之外”。但令人诧异的是，他们备受瞩目的分析忽略了一点，即，国会并没有实事求是地处理美国和世界其他地区之间的关系。

美国宪法赋予“政府的第一部门”（The First Branch of Government）众多的外交事务方面的权力：宣战；募集和维持军队；确认或否决条约和主要官员的任免；调查滥用职权，揭露腐败行为，评估现有和拟议的法律以及控制联邦财政收支，即“规定并征收税金……用于偿还债务和为联邦防务和全民福利提供资金”。

然而，1947年美国国会颁布了《国家安全法》，国会大幅降低了美国人客观地评估本国的外交政策的能力。《国家安全法》创建了秘密的中央情报局（CIA），赋予其发现敌人并且要确保它所使用的资源和方法不被公众发现的绝密任务；这是一个强大的军事机构，它的责任就是制定绝密的应急计划，以迅速应对在世界任何地方发生的任何潜在威胁。《国家安全法》还创建了国家安全委员会，作为这些机构和总统共同商议、批准秘密行动和军事计划的秘密通道。

在整个美国历史上，政府的行政部门和立法部门之间的紧张和冲突经常影响美国的外交关系。在美国立国以来的第一个世纪，制宪者使国会成为相互制衡的权力部门中居于首位的部门的理念得到遵守：一般而言，国会负责设置国家议程，特别是关于战争与和平的问题。在20世纪，美国总统越来越忽略宪法对他们的前辈施加的限制，即不允许单方面决定向美国以外的地区部署军队。西奥多·罗斯福总统、威廉·霍华德·塔夫脱总统和伍德罗·威尔逊总统入侵了墨西哥、中美洲和加勒比地区，加剧了这些国家长期的不稳定，阻碍了这些国家本土的政治发展。二战结束后，美国国会在国际事务中的作用不断萎缩，因为在有关国界以外的事务上，行政部门爱好发号施令，而不是征询国会。杜鲁门总统在1950年实际上是绕过国会，出兵朝鲜，为后面的、认为有必要维护美国在世界各地的权力的总统确立了一个先例。

参议院外交关系委员会和众议院外交事务委员会应该是国会系统中监督美国外交政策的主要机构。在实践中，随着情报、军队和拨款委员会（以及在较小的程度上，包括金融、农业、商务委员会）对国际活动的影响力越来越大，这两个委员会对美国与其他国家的全面关系的影响力在不断减低。国会没有相应的机制来协调那些跨越不同机构的、令人眼花缭乱的活动。两个委员会剩余的权限在名义上负责监控美国外交，但排除了军事、秘密行动和其他深深地影响美国与其他国家关系的项目。

| 第二节 | 美国国会和国家安全

1947年《国家安全法》建立了一个超级秘密的、不受国会监督的国家安全机构，降低了外交委员会的作用。许多批评者指出这种局面存在危险。在二战期间，科德尔·赫尔所设计的负责外交事务的国务卿，应把工作重点放在国际经济问题、集体安全和联合国框架下的国际法上。1947年的立法也与这一原则相抵触。

随着冷战的到来，为五角大楼授权的国会委员会开始划拨数目庞大的资金，让陆军、海军、空军和海军陆战队发动了一系列长周期战争和军事干预，并为世界各地的政府提供军事援助。庞大的军事情报预算经常被美国国会批准，有时甚至增加了拨款，国会甚至没有举行有公正的专家出席的听证会，以阐明这些拨款的好处。军事和国防拨款委员会的成员职位变得非常珍贵，因为当选为成员就能为他的选区带来军事设施和国防工业。

无独有偶，美国国会依然反对把军队集中起来，让一个大的管理单位管理，其中的原因就是每个参议员和众议员都受益于一个分散的军事体系，因为有更多的地方需要国防开支，为在他们的选区内的选民提供更多的就业机会。就军事基地和军事行动而言，"国会考虑的问题几乎总是谁来建设和运作，而不是要不要的问题"。

如果有一个更有效率的结构，军事设施将集中在较少的地区，合同拨款也会被分配给少数几个更具成本效益、更可靠的供应商。在美国，国防费用在46个州之间分配，海军设施分布于33个州，其中一些根本无法进入主要水道。美国的每一个军种都有自己独立的医疗服务体系，这在世界上是独一无二的，而很多国家则只有一个单一的医疗部门来满足所有军事人员的需求。

在华盛顿的25000名"特殊利益"集团的说客中，有相当大比例的人关注庞大的国防预算。他们给军事和拨款委员会的成员施加巨大的压力，大多时候是通过私人的、不记录在案的关系。

“你必须小心什么时候事情已经私底下决定了，”前美国国会议员李·汉密尔顿指出，“已经采取了措施时，公众全然不知。在这里，一项法案的措辞只需微小改动，平淡无奇的一笔——就能使特定群体获得巨大的好处，如果接受公众的监督，他们可能不会被授予这些东西。”

由于大部分的政治交易影响了国防政策，国防支出没有受到监管，国防承包商把他们的特殊利益隐蔽在公众视线之外的机会比比皆是。一位前国会工作人员把五角大楼的预算过程比作一个动物园。“没有人会告诉你在五角大楼制定预算的过程中发生了什么，或这些钱到底买了什么，”他说。“从来没有人能够审查五角大楼的预算。每个试图插手这潭浑水的人最后只能在完全绝望中放弃了。这会使人们陷于被动。他们基本上都只触及整个难题的一两点，其他的不了了之。五角大楼预算的任何一小部分根本算不了什么。这是私下交易和为自己打算的混合产物（an amalgam of petty deals and carve-outs）。”

美国与德国、日本、英国、韩国、西班牙、土耳其和其他许多国家之间的政治、经济和金融的往来明显地受到美国在这些国家的军事设施和活动之影响。虽然国会在审议五角大楼的预算时在很大程度上忽略了这些，但是这些项目显著地影响着美国与这些国家的关系。

| 第三节 | 美国国会和中央情报局

在CIA成立以来的60余年里，美国国会对中央情报局的活动的态度从胆怯和谨慎转变为盲目默认。险象环生，这些活动有时充满谬误，但一直是阴森恐怖。一眼就可以看穿会危害国家安全，然而美国国会为没有建设性的、不明确的、带来厄运的计划和项目白白浪费了大量的金钱。中情局在危地马拉、伊朗、老挝进行的又浪费金钱又糟糕的行动受到许多媒体的关注。20世纪70年代中期，在"水门丑闻事件"和媒体对管理不善、明目张胆的恶意行为和草率的秘密行动进行报道后，美国国会在参议院和众议院设立了专门的情报委员会"以监督和持续研究美国政府的情报活动和计划。"

这些委员会公认的职责是确保他们所监督的机构的实用性和有效性，并确保分配给它们的资金使用得当。但他们缺乏相关的信息，不了解背景情况，并被超级秘密程序挡在门外，他们行使这些职责的能力严重下降。实际的矛盾是委员会监管政府行为，政府却不承担任何责任。

正如"9·11"调查委员会的结论，最好的监督机制是公之于众。如果媒体和公众不知道情报机构实际上是在做什么的话，那么国会监督者至少要确保其活动符合批准的外交政策，是对现有局势的理性反应。要做到这一点，无论委员会的个别成员多么聪明和消息灵通，他们应该在批准这些行动之前听取那些不隶属于赞成秘密行动的封闭圈子的独立专家的忠告。

关键的问题是有价值的"情报"（提供给一些高级政府官员的机密信息）和"秘密行动"（为改变其他国家的政治、经济或军事状况或发展态势而采取的措施，但不暴露美国政府）。这些活动固有的秘密性质使得除了那些执行行动的人以及（在一定程度上）他们的直接领导人之外，没有人可以知道它们的影响有多么广泛，起到什么作用。

中情局没有否认实际上它在世界几乎每一个国家都有活动，但它的代理人在做什么却是秘密（官方否认）。关于这些问题，情报委员会不能仅仅根据从事秘密情报工作的分析人员、负责相关行动的人的证词以及中情局局长的报告作出明智的判断。

在1975年至1976年，众议员奥蒂斯·派克任众议院情报委员会主席，这个国会委员会态度很严肃，要揭开神秘面纱。CIA妨碍委员会获得信息，使想要作证的证人保持沉默，公开指控其为“麦卡锡主义”，提出特权要求，极力抵制派克委员会履行其职责。引用其最后报告中的话，就是“拖延，重重阻挠和欺骗”。一个著名的评论家指出，作为福特总统的国务卿的亨利·基辛格，“在与委员会合作的同时，积极破坏调查”。在经过几个月的激烈对抗后，派克委员会在1976年1月23日投票表决（结果为9比7）通过了最后报告。众议院随后指示派克委员会不要公布报告，直到总统确认其最终报告不包含会对情报活动产生不利影响的信息。于是这个政府文件胎死腹中。然而，该报告被泄露给丹尼尔·索尔，后来他加入CBS，成为一位新闻记者。《村声报》（The Village Voice）在1976年2月16日全文刊载了这份报告。CBS暂时对索尔停职，众议院道德委员会调查了他，并威胁他如果不愿意透露消息来源，他会因蔑视国会而入狱。索尔拒绝了，委员会以6比5决定他没有蔑视国会。自1960年以来就当选为国会议员的派克不久离开了国会。

自那时以来，情报委员会没有对美国中央情报局和其他情报机构保持密切的关注。他们和蔼地接受了CIA关于伊拉克存在大规模杀伤性武器的错误报告（以及对相关信息的政治操纵，如果不是完全失实的话），例如，CIA虐待在伊拉克阿布格莱布监狱和古巴的关塔那摩湾的拘留设施中的囚犯。国家安全委员会迫使对这些事宜保密的看法是值得商榷的。

国会监督情报界存在明显的漏洞，因为委员会依赖于他们要监督的机构提供的信息。这使得国会不可能对情报界提供的秘密信息和使用的方法进行评估，即使有令人信服的证据证明这些信息来源和方法是不可靠的。有意义的监督不能在黑暗中进行，它需要获得相关信息和佐证材料。

为了证明知情不报的合理性，情报机构提出误导人们的观点，国会是“泄露”秘密对国家安全产生不利影响的主要地方。相反，可信的专家认为大部分CIA来源的信息是在行政部门泄漏的。情报界还认为其行动的极端敏感性不适合让国会工作人员参与监督。参议员和众议员也被要求在一个上锁的办公室里检查文件，但不能摘录，所有过程处于监视之下。举一个明显的例子，在对伊拉克战争的前夜，92页的报告指控伊拉克拥有大规模杀伤性武器，只有国会议员才能阅读。负责看护报告的工作人员说，实际上只有极少数的参议员和众议员阅读了5页摘要之外的内容。

除了一般的情报部门隐瞒信息的做法外，经常出现的问题是关于所提供信息的准确性。1990年12月在参议院批准美国总统派遣部队到波斯湾之前，CIA信息通报官提醒参议院情报委员会警惕伊拉克军队的实力。“伊拉克人将使用化学武器和生物武器对付联军”，信息通报官说，“最大的可能性是，美国会陷入一个旷日持久的冲突，至少需要6个月的时间，会有很大的人员伤亡。”正是因为这些简报，委员会的一些成员投票反对授权部署部队的决议。即使提供了准确的信息，有时信息量大，技术难度高，兼具复杂性，委员们很少有时间来消化它。

情报委员会在决定他们客户的预算问题上发挥主导作用。情报委员会的成员和工作人员抱怨说，处理预算细节问题需要大量的时间，而很少全面考虑到更大的问题，他们也显然没有意识到预算问题的重要性。一名前工作人员解释说:“情报预算提交给国会的过程中，只有小部分新问题受到关注……而（大多数）计划没有受到审查。”为了避免情报界的合谋串通，参议院情报委员会成员任职期限限制在8年。不过，在2004年接受了“9·11”事件委员会的建议，决定参议院的领导职位的任职期限可以延长，以加快情报工作。

最后，情报机构和拨款委员会之间的竞争削弱了监督，因为管辖权的分散化允许情报界让一个委员会反对另一个，从而不经过认真审查就可以获得好处（资金）。情报委员会例行公事，授权一些不公开的资源和行动方案，但是他们之中没有一个人，至少不是所有的成员都可以知道实际代价（非常巨大的）和带来的收益（如有的话）。所以，一个结果就是与教育者、医疗保健者以及基础设施工程师争夺有限的资源，给予政府预算以支持军队和秘密警察在世界各地的行动。

一个敏锐的参议员在近距离观察机密的CIA后感到震惊。正如在20世纪80年代初，参议院情报委员会副主席丹尼尔·帕特里克·莫伊尼汉相信中情局彻底功能失调。从那时起直到他身故，莫伊尼汉参议员孤身一人，一直与痴迷于秘密行动的CIA斗争。在20世纪90年代初，他呼吁撤销中央情报局。媒体和他的同事们对他不屑一顾，但他仍然坚持。莫伊尼汉多次批评CIA不敢澄清事实，莫伊尼汉坚持认为，问题在于CIA的分析师收集的秘密“情报”是不可靠的，因为没有人为其负责。

第四节 监督和调查权

简言之，美国国会已经绝望地放弃了它监督外交政策和控制钱袋的职责。正如前议长托马斯·P. 奥尼尔所表示的，国会往往回避谈及“监督”，更别说采取行动。“监督”包括对有关政策、行动和责任的调查。它应该是无处不在的，通过听证、会议和非正式场合确保调查得到执行。然而，确保政府采取负责任行为的最有效的方法是通过公开听证会和对行政部门行动的认真调查。不幸的是，国会很少行使它最有力的监督工具：调查权和告知公众。

虽然在《宪法》中没有明确表达出来，但是国会进行调查的权力在美国的法律得到了强有力的保障。代表最高法院的首席大法官厄尔·沃伦确认，调查权是“在立法过程中得到确立，这种权力是广泛的。调查权包括对有关现有法律以及拟议的或急迫需要的法规的实施情况的调查；它包括对我们的社会、经济或政治体制存在的缺陷的调查，以便国会予以纠正；也包括对联邦政府部门的调查，以揭露腐败、效率低下或铺张浪费。”

1959年，法官约翰·哈伦扩展了沃伦对国会调查权力的定义，他指出，在历史上，美国国会对广泛的国家利益作出调查，决定是否需要立法或国家财政是否应该给予拨款。他说：“总之，正如宪法赋予国会立法和拨款权，国会的调查权是无处不在的和影响广泛的。”

国会通过其委员会实施调查。在某一领域享有管辖权的常设委员会可以在自己的权限内启动调查，或两院中的任何一个可以委托一个专门的或特殊的委员会。在这两种情况下，调查委员会通常会被授予重要的权力：它可以传唤证人和材料；它可以为证人主持宣誓，如果他们的证词被证明是假的，将面临以伪证罪起诉的威胁；它可以给予拒绝作证或出示材料的证人免除起诉的部分豁免，因为他们根据宪法“第五条修正案”享有不得自证其罪的特权；还可以对那些无视传票和命令的人启动藐视法庭程序；为了其传票和法律秩序得到遵循，可以提起公诉。

一些委员会带来了令人吃惊的结果，有喜亦有忧：（1）1923～1924年成立的参议员汤姆·沃尔什任主席的“茶壶顶委员会”（Teapot Dome Committee）揭露哈丁总统的司法部长有腐败行为；（2）在二战期间，哈里·杜鲁门对国防工业的调查发现军事合同过程中普遍存在贿赂行为，也把杜鲁门推上白宫的宝座；（3）1973～1974年山姆·欧文领导的“水门事件”委员会确定了尼克松总统的行为构成重罪，导致了他的辞职和他的几个主要助手被监禁。其他的调查委员会的调查则带来了不可估量的危害。1939年国会议员马丁·戴斯领导的众议院非美活动委员会（House Un-American Activities Committee）的报告对“美国主义”和“共产主义”做了耸人听闻的对比，奠定了冷战的思想基础。参议员乔·麦卡锡利用了它。所有的国会委员会都可以进行调查，但他们很少这样做。在20世纪70年代许多的国会听证会中，媒体很有兴趣借势炒作。主流报纸的头版文章吸引了一大群记者涌入报社，这反过来又促使委员们不顾一切地调查证人。另一方面，当新闻界不关注有关事件，最典型的情况就是不超过两个或三个委员会成员出席听证会，他们一般会询问无关痛痒的问题。

J. 威廉·富布赖特与众不同。作为美国参议院外交关系委员会的主席，他主持了许多国会听证会。1966年2月，有关越南战争的听证会长达六天，并在电视上转播，导致公众舆论对越南战争的态度来了个大转弯，这也是他最闪光的时刻。听证会征服了众多的民众。参议员富布赖特在同一年晚些时候出版了一本书驳斥了负责国家安全事务的精英们的共识，即冷战地缘政治迫使美国对越南的军事干预。

| 第五节 | 美国国会的改革

传统观点认为，有能力的、敬业的国会议员和参议员能够保证必要的监督。参议员莫伊尼汉、富布赖特和众议员派克勇敢但徒劳的努力表明事实并非如此。在参议院情报委员任职期间，参议员莫伊尼汉发现，美国中央情报局的错误源于报酬丰厚但做事却不可靠的秘密机构，往往会导致不明智的政治评估和适得其反的秘密行动。在他任职的最后几年中，他不断责骂CIA的无所作为。作为美国参议院外交关系委员会的主席，参议员富布赖特无法集中研究军事对美国外交政策的过度影响，不得不施加压力，要求1972年的《对外关系法》对外交政策过程作出一个全面的审查。不幸的是，接着成立的政府执行外交政策之组织架构的"墨菲委员会"（Murphy Commission on the Organization of the Government for the Conduct of Foreign Policy）完全接受了"国家安全"概念，非常赞扬美国中央情报局和五角大楼发挥的作用。

国会议员派克最初成功地说服在众议院情报委员会里的民主党人士对CIA在"机密盾牌"掩护下开展的情报活动的真相进行广泛调查，而且发现了普遍存在的判断错误。可结果众议院搁置了委员会的报告，搞得该国会议员身败名裂，不久被迫放弃了在国会的职位。委员会的建议只是督促美国中央情报局更加有责任心，既没有公布，也没有采取行动。

美国中央情报局继续确定在国外哪些人是美国的敌人，五角大楼负责对付他们。因为反恐怖战争而死去或致残的每一个阿富汗人、伊拉克人、巴基斯坦人，以及他们的亲戚和同事在寻求报复。国家安全委员会，没有独立的"眼睛"、"耳朵"和分析师，大多时候赞同美国中央情报局和五角大楼的秘密建议。而国会、媒体和公众恭顺地接受现状，担心咄咄逼人的追问会不起什么作用，或者可能是适得其反。实际上，外交政策被定义为军事政策，从根本上忽视了经济政策、国际法、环境、人权的必要性。

一些评论家指出，职能划分是建立一个更有成效的国会的根本障碍。"相互尊重”得到尊奉。委员个人专注于自己的业务，相信自己的同事在其委员会的支持下致力于维护公共利益。正常情况下，大多数委员不听从他们负责的领域以外的警告信号，除非在这些问题上，他们知道必须投票做决定，或大量的书信、电子邮件和电话告知他们这些问题。在这时，他们努力活学活用，成为即时的专家。

“9·11”事件调查委员会的结论，其所有建议中加强国会监督是“最困难的，也是最重要的，因为需要改进委员会的结构。”只要监督还是由目前的国会组织架构、规则和决议决定着，“美国人民将无法得到他们想要的和需要的安全，”委员会说。而且，它补充说，“我们认为如果不改变国会的监督，其他方面的改革将无法取得进展。”

对国会进行全面改革有过先例。1946年的《立法重组法案》（Legislative reorganization Act）显著提高了民众选出的代表履行其职责的能力。这次立法给21世纪树立了一个榜样。1946年法令的最初动力来自美国国会以外。《纽约时报》的著名专栏作家阿瑟·克罗克建议现有的8个军事监督委员会应合并为一个单一的众议院/参议院机构。那时，他的专栏文章没有引起国会领导人的关注，但美国政治科学协会的主要成员却注意到了。

该协会在1941年成立了一个委员会，由著名学者和公职人员共10人组成，研究国会的运作。委员会主席乔治·B. 加洛韦博士在接下来的5年内致力于国会改革。经过四年的酝酿，委员会的最后报告吸引了女性选民联盟和其他热心的支持者，最后迫使国会注意了。

最终，众议院议长萨姆·雷伯恩赞同委员会的行动计划，公开谴责国会越来越无法满足其成员不断增长的需求。几个有影响力的参议员和他一起推动全面改革委员会制度，更好地对行政部门进行立法监督，加强对联邦预算的控制以及系统地利用委员会听证会。

其他方面也进行了改革。颁布的法案减少了委员会的数量，保留的委员会得到加强，削减了分配给每名参议员和众议员担任委员会职务的数量，更好地界定委员会的责任、减少管辖权。1946年8月，当杜鲁门总统签署法案成为法律，他称之为国会组织架构方面最重要的进展之一。然而，该法案不利于美国国会更合理地审议国际事务。

丨第六节丨结论

在行政和立法部门建立一个机制，以更广阔的视野应对迅速变化的世界。从本质上讲，这就需要一个强大的国务院负责制定一个灵活的、创新性的外交政策，同时培养能够胜任的、一流的外交使团，保该政策的有效实施。只有当国会委员会制度给予外交委员会更大的权力，这才能实现。

国家安全部门的想法、计划和实际行动的保密程度需要降低。在分配有限的政府资金时需要权衡取舍，白宫和国会制定预算时，相比于那些巩固现存秩序的项目而言，考虑优先事项应该倾向于有灵活性的、促进新的全球秩序形成的方案和活动。授权美国信息安全监督办公室（ISOO）审查那些反对更多地解密政府文件的人所持的理由。

对在伊拉克和阿富汗的战争越来越多的不满（这些不满也向巴基斯坦、也门和索马里扩散）、预算压力、美国民众在11月2日表示的模棱两可的授权，可能意味着以更透明的、深思熟虑的、更负责任的外交政策工具取代《国家安全法》和其创建的机构的时机已经成熟。

这需要短期、中期和长期的计划相结合。美国务院在美国会外交事务委员会的积极支持下，通过分析师评估其政策规划、加强其军事和经济部门之间的协调、确保大使在决定大使馆军事和情报紧急情况时有更大的权限、为国家安全委员会增加更多的经济和其他非军事领域的专家以及加强管理和预算办公室在军方和情报部门预算方面进行分析和提出建议的能力，加强其内部结构。

有人指出，应该让美国国务院而不是CIA准备总统每日简报（PDB）。过去，书面版本的绝密总统每日简报往往是一个耸人听闻的、假定对国家安全构成威胁的列表，几乎没有任何背景说明或分析。美国总统需要由那些能够评估趋势和影响的、经验丰富的外交官撰写的中肯的简报。除了这些立即采取的措施，总统可以要求国会建立一个两党工作组，研究提高其处理外交事务的有效性的各种方法和手段。一个恰当的榜样可能是在里根执政初期成立的社会保障改革全国委员会（National Commission on Social Security Reform），致力于为社会保障体系面临破产威胁找到解决办法。该委员会促成了妥协，避免了灾难。

第三章

美军对战略传播的研究与探索

我一直认为，这一行业中存在的真正艺术，并不是使如此多的信息、指导或政策能够在5000或1万英里[a]之外得到跨越时空的传递。而是在最后3英尺[b]面对面的交谈中，将这些内容传播出去。

——爱德华·默罗

a 1英里≈1.609344千米

b 1英尺=0.3048米

| 第一节 | 对关系管理说的思考

目前，美国开展战略传播活动所遵循的是信息影响模式。但在阿富汗的事实证明，利用这一模式未能有效地获取当地民众的支持。美国陆军预备役中校谢里尔·D. 菲利普斯在美国陆军战争学院发表论文认为，战略传播若想取得成效，必须对关系管理说加以运用，使之有效地指导传播实践。

多年来，围绕着战略传播实践所展开的讨论都集中于战略传播该如何帮助高层领导人实现目标这一议题上。原美国海军上将，前参联会主席迈克尔·马伦认为战略传播是一个过程，而不是一组能力的集合。其他领导人则强调了在适当的时间、通过适当的渠道、发布适当信息的重要性。通常情况下，这些观点都围绕着一个核心点，即认为存在一个发送人，向接收者发送信息，接收者对信息进行解释，并受其影响。

战略传播者对这套公式化的学说深信不疑。他们认为，成功的战略传播需要精心制作一项能够与目标受众产生共鸣的信息。然后，通过与受众相关的媒体，将信息在最适宜的时间点上发送出去，以产生预期的效果。根据这一公式，传播者所期待的是目标受众接收到该信息，然后按传播者的意图对信息进行理解、改变态度和行为，并最终达到传播者预期的效果。这一学说被称为“信息影响模式”，在此，信息被视为传播媒介，将信息从信源传递给接收者。“信息的目的是要影响接收者，说服他/她改变态度或行为，如若达不到这一点，则退一步，使其按信息发送者所预期的方式去理解信息。”

10多年来，美军在阿富汗的许多传播活动采用的都是信息影响模式。不幸的是，美军在运用这一模式的过程中，从未得到过关键公众的支持，从而实现美国政府的目标，因为，这一模式本身便存在着缺陷。2012年初，发生了焚烧《古兰经》事件，以及美国士兵被指射杀阿富汗平民的事件，阿富汗民众对此的反应似乎极大地出乎了美国政府的预料。在喀布尔北约总部的一位美国顾问指出，未能有效预测出阿富汗民众的反应，说明在经历了10来年的对阿战争后，美国仍对阿富汗一无所知。因此，有必要基于人类传播理论提出一项新的战略传播学说，本文将对此予以论证。

人类传播关系论这一知识体系将为战略传播实践提供有效的指导。关系论认为，在组织与关键公众之间建立和维持互惠关系非常重要。组织与公众相互影响，传播活动将二者联系起来。

本节将阐述战略传播知识体系的发展，并提出理论应用于指导有效实践这一主张。首先，对学术文献进行回顾和综合分析，确认这些研究与出版物在推动人类传播、关系论与战略传播的过程中所起的作用。第二，对文献进行的综述展示了如何将关系论应用于战略传播实践。第三，将对在关系构建方面所做的努力存在不足之处予以阐释，并揭示出当前的战略传播实践与关系论之间存在的差距。第四，该理论在实践中运用的结果表明，在战略传播中，关系管理模式比基于信息影响的模式更为有效。最后，本节从关系论的角度，对未来的战略传播实践提出了一些建议。

一、人类传播

像很多复杂的人类活动一样，传播是抽象的、多维的，且难以界定。不同学科的学者们以不同的视角来看待传播，并从各自的立场对传播进行了广泛的界定，这显示了传播所具有的复杂性。这些学者们界定传播的方式反过来又显示了他们在理论、模式和方法上存在的差异。

很多学者认为传播是一个过程。香农和韦弗将传播定义为“一个人利用信息去影响另一个人的想法的过程。”他们认为传播类似于电话系统，由5部分组成：（1）信源，生成信息，并向接收器进行传播；（2）发射机，对信息进行编码，使其转变成信号，并通过信道进行传送；（3）信道或媒介，将信号从发射机传送到接收器，在这个过程中，信号可能会受到噪声干扰；（4）接收器，将信号解码成信息；（5）信宿，信息的最终接收者。

1. 线性说

有些学者认为传播具有影响能力。贝罗认为，传播的基本目的“是成为一个影响因素，影响其他人、影响我们的物理环境和我们自身，进而成为决定性的因素，决定事物的性质。简而言之，我们有意通过传播来施加影响。”1960年，贝罗将香农-韦弗模式用于人类传播，以一个具有“想法、需求、意图、信息和传播目的”的信源为起点，形成一则信息，使用编码器并利用传播者的技巧将其转换成信号。经过编码的信息经由信道被传送给接收器，接收器再对这些信号进行解码，或重新将它们转换为可用的形式。这种线性说被称为信息影响模式，在这个过程中，信息被视为一种传播媒介，将信息从信源传递给接收者。“信息的目的是要影响接收者，说服他/她改变态度或行为，如若达不到这一点，则退一步，使其按信息发送者所预期的方式去理解信息。”

在贝罗看来，保真度决定了信息的影响力。保真度阐释了从信源所发出的信息有效到达接收者的程度。只要能够保证保真度，并且在不受噪声干扰的情况下，信息便能够以预期的效果到达最终的接收者手中。在编码或解码阶段，传播者缺乏技巧有可能导致信息失真。“失真现象发生的原因，是由于传播者缺乏足够的技能，未能忠实地将信息转换成信号，或将信号转换成信息，或是由于他们的文化或个人态度，在某种方式上，干扰了转换的过程。”

将影响效果的信源提升保真度的方式是，在信息传送中，将信息设计得更加言简意赅，更易于编码和解码。对信息进行重复，以确保未经过特殊训练的接收者能够“正确地获取信息。”发送者也可以试着去了解接收者的文化或态度，然后熟练地对信息进行编码，最大限度地确保信息的保真度。

根据罗西特和皮尔斯的观点，传播中的线性信息影响学说“认为一则信息将产生的影响取决于其内容，因此，一个称职的传播分析师可以根据对信息内容的分析，来预测明确的信息将会产生的说服力。”然而，研究表明，这种预测并不十分准确。

将重点放在信息的直接影响上，也使这种线性传播学说存在局限性。支持线性说的人们想当然地认为直接影响具有持久性，而且，只有信息的接收者才能受到传播的影响。但是，这并不适用于所有的传播活动。

2. 交互说

在研究传播的过程中，交互说较线性说更进了一步，尽管仍然存在局限性。

线性说强调单向的活动，比如，A将B信息告知C，产生了影响D。而交互说认为传播是一个双向的过程，以上述过程为例，C也能以信息E来对A进行反馈，并产生影响F。这一隐喻描述了一种相互性的影响，认为A和B均可对对方做出反应。关键的概念在于反馈和相互影响。

这一学说认识到双方均可对对方施加影响，并且融合了在线性模式中观察到的也会产生相互影响的基本元素。罗西特和皮尔斯表示，“交互说较为高级的地方在于它认识到，在大多数的传播活动中，我们都不仅仅只是信息的发送者或接收者。”

3. *互动说与交流说*

在20世纪50年代，心理学家伯恩在互动分析理论方面成绩卓著，这是一种传播模式和人格理论，也是对重复性的行为模式展开的研究。在伯恩看来，人际传播是社会关系和心理分析的核心。他曾提出一个概念，即当两个人彼此相遇时，一方向另一方表达出某些信息，称之为交互刺激。对于另一方所做出的回应，他称之为交互反应。发出刺激的一方是主动的行动者，做出反应的一方是应答者。互动分析是检验交互影响的方法：“我对你做出一些表示，你给予相应的回应”。伯恩的理论对于人际传播领域的研究工作产生了一定的影响。

互动说在研究中将传播视为一个过程，这比线性说或交互说更进了一步。按照塔克、韦弗和贝里曼-芬克的观点，“这是大量因素不断相互影响的过程，在同一时间，每个因素都会影响到其他的因素。强调过程的学说认为事件和关系是动态的、进行中的、时刻变化的，而且是连续不断的。”

罗西特和皮尔斯十分关注传播行为，他们认为，人们的传播方式在很大程度上影响着其传播过程。一般来说，传播由处理信息的行为所组成：从信息中完成意义建构，以及从意义中归纳出信息。“意义是传播者在其环境中，赋予目标、人和事件的重要性。”换句话说，衡量事物的重要性，以其对人的意义为标准。事物对于不同的人，具有不同的意义。此外，意义取决于人，而不是取决于信息。

互动说没有把注意力放在为了产生影响而进行的信息发送上，它将传播视为以实现意义为目标的努力。在意义建构的过程中，该学说认为所有的参与者都是积极的传播者。从传播过程的性质来看，传播中的相互影响是具有过去、现在和将来的，是一个动态的过程。

相较于思考A的信息该如何影响B这一类问题来说，互动说认为，思考A与B的信息如何才能影响到其他人，以及这些信息如何突出各方之间的关系这些问题更为有利。按照塔克、韦弗与贝里曼-芬克的观点，“互动说涉及到作用或影响——各方之间在同一时间产生的影响。（它）强调了传播中的互补性和彼此依赖性。”

这种观点更为全面，它思考了传播在战略或心理，以及战术或机械方面所具有的复杂性，并认识到，所有各方在同一时间内生成并感知到多重信息，而且，所有各方在同一时间内又受到多重信息的影响。互动说更加关注各方之间的关系。

在人际传播领域的研究中，巴恩劳德于1970年首次提出了传播的交流模式。巴恩劳德认为，在交流模式中，人际传播是一个动态的过程，双方参与者既是信息的发送者，同时又是信息的接收者。

从交流模式看来，传播是复杂化的过程，由各参与方之间的关系演变而来，而不是各个部分的简单叠加。传播可以使信息反复传送，并且按发出时的形式到达接收者，不过，它所起的作用还远不止于此。如托姆利森所讲，“当我们与其他人沟通交流时，我们在共同的意义创造中产生了独一无二的能力，围绕着这种能力，人类逐步具备了丰富且杰出的传播技能。”

二、战略传播

战略传播是实现组织目标的基础，这一观念在当今的实践中极为盛行。但是，目前，还没有人从各参与方及其同步发生的交互行为的效果和他们所要达到的共同目标的角度给传播下一个全面的定义。

由于战略传播缺乏普遍适用的定义，这导致对重要的国家权力手段的运用陷入了混乱和不当中。巴拉克·奥巴马政府在《国家战略传播框架》中将战略传播描述为“言与行的同步化和特定受众对此产生的看法，以及有意的计划与活动——旨在向特定的受众群体进行传播和接触，这些计划与活动的实施途径和实施者包括：公共事务、公共外交和信息作战专家等。”

奥巴马政府所运用的战略传播方式是建立在信息影响模式之上的。这种狭隘的传播观点是线性的，认为传播者只能进行单向的传播，他的言与行影响着一类特定受众。虽然该定义也认识到了受众观念所具有的重要性，但它并没有就传播者应如何认识和理解受众进行阐释。

美国国防部对战略传播的理解比奥巴马政府的理解更为宽泛，其将战略传播界定为："美国政府集中努力来理解并接触关键受众，通过与国家权力机构各部门的行为同步且协调一致的项目、计划、主题、信息和产品，来创造、强化或维持有利于实现美国政府的利益、政策和目标的环境。"

在传播上，美国国防部遵循的是互动说，有意地去寻求对关键受众的理解和接触。但是，传播行为仍侧重于旨在推动美国政府的利益、政策和目标的信息源方面。此外，该定义并没有阐释出组织和受众之间应如何确立相互理解。

2004年的《国防科学委员会特别工作组战略传播报告》在广义上对战略传播进行了界定："战略传播对于美国的国家安全和外交政策来说至关重要……它描述了政府利用各种手段去了解全球的态度和文化，参与民众与机构之间在思想领域开展的对话，对政策制定者、外交官和军事领导人就政策选择将会引发的公众舆论提供建议，并通过传播战略对态度和行为施加影响。"

国防科学委员会进一步指出，战略传播"有助于为实现政治、经济和军事目标塑造环境和构建关系。它可以被用来动员民众对主要的政策措施，以及对冲突之前、之中和之后的目标提供支持。"此外，战略传播"将会在相互尊重的基础上开展对话——从倾听开始，并需要数十年不断的努力。"

通过在战略传播中应用互动说，美国国防科学委员会从信息源和接收者两个角度对这一过程进行了思考。这使得与关键公众之间建立积极的对话关系愈发显得重要。

美国国防部与国防科学委员会对战略传播所下的定义存在许多共同点，二者都具备下列元素：（1）为了实现目标而传播信息的发送者；（2）受众或公众；（3）接触受众的意愿，涉及到对受众的倾听和理解，在含义上比线性传播更进了一步；（4）都认为战略传播是一个过程。区别在于，国防科学委员会的表述明确说明要在政府与公众之间开展对话活动，认识到与公众建立积极关系的重要性。国防部应将关系构建和管理观念纳入到其战略传播定义中。

虽然开展对话这一思想没有写进美国国防部的战略传播定义中，但却包含在它所主张的9项“战略传播原则”之中。对话被定义为“为促进理解和关系构建而进行的多元化的思想交流。”有效的传播需要对话，这涉及到积极的倾听、接触和相互理解。久而久之，对话将产生信任，并促进积极关系的建立。然而，由于没有认识到组织与其公众之间需要追求共赢的结果，而导致这些原则功亏一篑。

“战略传播原则”不够健全之处在于，美国国防部未能对战略传播中的关系论给予重视。这应包括将建立关系的思想单独列为一个原则，并承认这一思想是实现组织目标的关键。虽然对话是建立关系的一个不可或缺的组成部分，但它只是一种手段，而不是目的。

美国国防部的上述9项原则，使信息影响模式在战略传播中得到进一步的发展，它只关注于如何实现美国的利益，而不是力求达到互惠共赢的结果。迅速反应原则意味着要确保“适当的受众、适当的信息、适当的时间以及适当的地点。”对于国防部来说，信息和促进目标的实现是至关重要的。“一项传播战略必须确保为受众量身定制的信息能够被传达给受众。”

在上述为战略传播所下的三个定义中，美国国防科学委员会的定义最具广泛性和包容性，因为它认识到了传播的过程性和关系性。这与传播关系理论相吻合。国防科学委员会的定义因着眼于相互理解、对话和关系构建，因此，形成的观点具有实用性和价值性，可以促进基于理论指导下的战略传播实践的发展。

在过去几年中，无数的研究报告一再重申难以达成一项全面的、令人满意的定义，这些研究报告也针对战略传播的有效实施提出了各种各样的建议。尽管如此，却没有一份报告或建议呼吁为战略传播确立一项指导性的理论。这是很不幸的，尤其是考虑到过去10年中，美国一直未能成功地获取到阿富汗人民的支持，鉴于此，对这一理论进行研究，势在必行。

三、建立关系的必要性

陆军的反叛乱理论提出，在开展军事行动的国家，当地的民众对于使命的达成起到了至关重要的作用。“如果当地民众反对外国势力的介入，那么，危机管理行动的目标，即对该国在结构上进行的长期改革将难以实现。”

在阿富汗文化中，个人关系是社会、政治和经济生活的基础。有证据表明，在阿富汗开展军事行动的盟军部队认识到，在基层与土著居民之间建立积极的关系，得到他们的信任和支持是非常重要的。

在阿富汗，为了与当地社会和宗教领袖建立并维持长期关系，美军高级领导人参与了“主要领导人接触”，北约部队参与了舒拉会议，省级重建队的成员也会定期举行集会。这些平台为各方提供了相互尊重的辩论和讨论基础，有助于消除谣言，确立共同利益和共同目标。对于组织和公众来讲，接触具有战略意义，可以使双方达到共赢，有助于鼓励公众对盟军的努力和目标给予支持。

不过，虽然与当地民间团体已经展开了互动，但仍然存在很大的局限性。尽管经常与当地民众进行集会，但北约缺乏语言技巧，而且没有与民间团体建立起持久性的联系。这是北约的战略传播工作中极为薄弱的一环。有证据表明，阿富汗民众有时并不乐于参与或做出承诺。比如，在纳贾哈尔和拉格曼省的省级重建队发现，当地的阿富汗人并没有利用美国政府资助的开发项目。这些生活在非暴力区域的阿富汗人认为这些项目是外国人提供的服务，没有留给他们参与项目设计和规划的机会。这说明，美军和盟军部队应将行动区域内的工作重点放在与当地民众的关系构建上，以确保他们的期望和需求得到满足。

然而，目前还没有证据表明美军和盟军部队曾利用战略传播有意地去构建组织与公众之间的互惠关系，他们甚至没有认识到这种关系构建是重要的战略需求。当然，美国具有一项积极的战略传播计划，运用信息影响模式去推动其活动，并以此获取阿富汗民众的支持。问题是，各领导人与军事单位所做出的努力是否被囊括进了全面的关系管理模式之中。

从公共舆论调查中也可以看出，美国的目标并没有得到实现。2010年12月，美国广播公司及其媒体合作伙伴发布的一篇报道介绍了美国在阿富汗的努力所存在的局限性。民意调查显示，对美国和北约部队在当地的存在及表现进行评估时，阿富汗人表现得很消极。从全国范围来看，对美国表现的评分，对于他们提供安全能力的信心，以及对美国部队予以的支持较之前都没有改善，甚至是更退了一步。

2009年11月，国际共和研究所（International Republican Institute）所做的一项公众舆论调查显示，69%的阿富汗人对国际社会实施的发展和重建项目表示满意。28%的回答者表示出不满，他们认为重建工作与当地的需求之间，还存在着差距。尤其是在美国介入阿富汗战争十多年后，仍然存在着这种看法，令人极为不安。

2010年，亚洲基金会在阿富汗民众中所做的调查显示，失业率高悬仍然是摆在阿富汗民众面前最为紧迫的问题。70%的回答者指出，在当地，工作供应的情况十分恶劣。65%的民众对电力的供应也表示出了同样的不满。在美国需要做出改善的工作中，这只是其中两项而已。

四、关系传播理论

鉴于在过去10年中，美军在争取阿富汗民众的支持方面，未取得全面的进展，专业的传播者需要在信息影响模式之外创立一套理论框架，以有效地指导传播实践。

对学术文献的分析表明，将大量的理论、模式、概念和范例综合在一起，有助于描述出人类传播的复杂性和多维性。这一知识体系涉及到多个学科的内容，包括人际传播、演讲、语言学、人类学、临床心理学和社会科学。

理论能够为实际情况提供解决方案。而注重实效的理论在面对问题时又能够提出新的建设性的方法。可以对旧模式加以改造，更为有效地确立新的理解和行动。实效性理论能够辨别出某一实践领域所存在的问题、技术以及潜在的后果。实践者针对传播者在不同情况下所遇到的问题和所遵循的原则，运用实效性理论进行思考，可以得到更为深入的见解。根据这些理论指导，传播者对于所处的局势可以进行更为全面、彻底的思考，并且可以选取出最为合适的解决方案。当面对问题时，传播者能够理解正在发生的问题，并且可以做出战略选择。

人类学家贝特森突破了简单的线性信息影响模式以及互动模式存在的局限性，确立了关系传播理论。对于推动有效的战略传播实践来说，关系传播知识体系是最有前景的理论体系。

贝特森确立了两项开创性的命题，为其他关系理论奠定了基础。第一个命题是信息具有双重性。每一次传播交流都涉及到两种信息，一是叙述性的信息，一是控制性的信息。叙述性信息包含了传播的实质或内容，而控制性信息对关系进行了描述。这两个元素也被称为内容性信息和关系性信息。

贝特森的第二个命题是关系具有互补性或对称性的特征。在一个互补性的关系中，如果一方占据控制地位，那么另一方则具有顺从性。而在一个对称性的关系中，控制引发了控制，顺从亦引发了顺从。

对于关系传播的理解来说，关系辩证理论同样起到了重要作用。巴克斯特及其同事运用“处在关系中的人利用传播的复杂方式，来应对在任何时刻出现的、侵犯其关系的、自然的、反对的力量。”她将关系视为一个对话性的、辩证性的过程。通过对关系所具有的这两种特性的描述，巴克斯特意识到“在关系中出现的紧张状态需要通过有序的对话来解决。”

她突出强调该理论的对话性特征，说明关系要通过对话来界定。她认为对话是：“随着时间的不断推移，当关系在实际情况中出现时，对其进行界定或重新界定的会话。”她所提到的辩证理论是指在关系中，需要设法应对的矛盾。在巴克斯特看来，“辩证意味着一个系统中相反力量之间存在的紧张关系。它们是在各种时常出现分歧的论述中，就意义展开的博弈情形。”

关系管理推动了战略传播实践，而贝特森和巴克斯特首创的理论开创了一般性公共关系理论的先河。在商业环境中，“公共关系[a]具有管理职能，它确立并维持组织与公众之间的互利关系的成功与否取决于公众。”

五、关系管理

在当今环境中，一个组织与其战略公众之间关系的品质将决定它是否能够取得成功。杜威和布鲁默，两位在公众舆论方面较为杰出的理论家，认为公众总是

a 在美国国防部内，运用公共事务而非公共关系这一术语，是源于1913年“吉列特修正案”所施加的法律限制。这条修正案禁止将联邦经费用于宣传，防止某个机构或国会议员有意地去施加影响或进行宣传。公众事务的实践者们通常情况下履行着与他们在商业世界中的同行们类似的公共关系职能。在军事环境中，公共事务专家负责处理媒体关系、内部传播和当地军民关系。信息作战将军事行动中的相关信息能力进行整合，向对手施加影响，或破坏对手的决策过程，保护美国民众免受影响。战略传播囊括了公共事务与信息作战的功能。这些功能有助于创建、发展和维持有意义的组织–公众关系，如同在私营领域的传播一样，将公共关系、市场营销和广告进行整合，以达到类似的效果。

出现在那些会对他们构成影响的事项或问题周围。他们从个人经历常见问题后所形成的不连贯的系统出发。组织的行为可以产生引发公众注意的问题。公众包括那些组织必须与之建立并维持持久互惠关系的人。

汉与 J. 格鲁尼格指出，“当组织所引发的后果对公众产生了影响时，或当公众对组织造成影响时，组织–公众关系便出现了。”莱丁厄姆和布鲁宁将组织–公众关系界定为“组织与其关键公众之间存在的状态，其中任何一方的行为都可能会影响到另一方的经济、社会、文化或政治福祉。”那么，一项理想化的组织–公众关系应是“组织与其关键公众之间存在的、将为有关各方带来经济、社会、政治和/或文化利益的状态，以各方的共赢为特征。”

2003年，莱丁厄姆将关系管理解释为一般性的公共关系理论，认为关系管理涉及到“有效地管理围绕共同利益和目标产生的组织–公众关系，久而久之，在组织与公众之间将产生相互理解和有益的相互影响。”关系管理论要求实践者围绕着互惠共赢的观念制定措施，以在组织与公众利益之间维持平衡。公共关系背景中的关系管理，意味着在一个组织与其关键公众之间建立、维持、促进及扶持互惠共赢的关系。

莱丁厄姆的关系管理理论涉及三个原理。第一项原理表明，组织–公众关系与结果（如，提升了满意度和忠诚度）之间存在联系。第二项原理表明，组织与公众应对共同利益和目标，以及可以缩小的差距进行辨别与确认。第三项原理要求公共关系实践者应就提升组织与公众之间的互利和理解提出建议。

在21世纪，关系构建在传播专业人士的指导下将成为一项战略职能。关键组织的高级领导人将通过强调相互支持与协作的、构建富有成效的关系，来参与到这项职能之中。实践者将制定和实施传播实践，与公众之间建立并维持积极关系，以实现预期目标。公众将成为指引组织行动的重心。

J. 格鲁尼格和亨特认为，公共关系有助于管理组织与其公众之间的传播活动，而莱丁厄姆和布鲁宁认为公共关系正是“关系管理。”威尔逊指出，公共关系的作用是“促进组织与其公众之间展开积极的传播活动，并需要对关系进行构建。”

在这种情况下，公共关系通过提供信息，这包括确定战略公众，找出这些公众所关注或期待的议题，预测社会问题，以及公众在面临这些问题时将做何反应才能有助于一个组织去适应不断变化的环境。公共关系实践者就组织战略、策略和行为将对关键公众产生的影响向最高领导人提供咨询。公共关系顾问应通过提出问题，并阐释如何才能使组织目标和行为与公众的价值观和准则保持一致，以有助于在二者之间达成互惠共赢的方式向组织领导人提出建议。通过建立互惠互利的关系，“一个组织获得了合法性，赢取了信任，并建立了良好的声誉。”

莱丁厄姆和布鲁宁认为一项组织-公众关系的关键因素在于互惠互利、信任、诚信、相互的合法性、公开性，相互的满意度以及相互理解。他们建议研究人员和实践者在度量战略关系的性质时可以使用这些概念。哈顿认为关系由信任、承诺、传播，以及退出关系的成本和共同价值观这些因素组合而成。学者发现，公众所期望的是组织-公众关系能够朝着双方互惠互利的方向发展。而且，还期待着这种互惠互利的关系可以长久地维持下去。

从关系管理的角度来看，对公共关系结果的衡量是建立在组织与其战略公众之间互惠关系的品质上的。而方案的成功则建立在对态度、评价和/或行为上的转变进行的评估上。实践者在评价传播活动时，要对其效果进行衡量，并将其与一项良好的关系所具有的属性联系起来。通过一项关系的品质，可以更好地预测出长期的战略效果。

对关系结果的度量标志着在传统的影响评估方法（如所印制的新闻稿或刊登的叙述数量）上发生的转变。媒体投放是一项特定公共关系计划的直接结果，是产生短期的、战术性输出的方法。衡量关系的品质，判断目标受众是否接收到信息，以及在何种程度上对信息进行保留、理解和认识，需要突破之前的度量方法。

对成本进行考量是评估关系品质的另一种方法。在公共关系领域努力构建关系，组织便可以通过减少在不良的公众关系——尤其是与激进团体之间的关系中产生的诉讼、管制、立法或施压行为成本来节省大量开支。

对文献的回顾证实，关系是公共关系的合理范畴，而非传播，而且，传播本身并不能维持长久的关系，也无法实现战略性的影响。将传播作为一种工具，有助于组织与其公众之间关系的建立、培养和维持。“传播的价值在于它有助于提升组织-公众关系的品质。”关系管理从战略意义上对传播进行了运用。

传播为关系的构建架起了桥梁。而且，传播应有助于应对组织与其公众之间互动产生的结果。“传播的结果并不是关系的终结；相反，它应引导关系向更高的层面发展。”

公共关系实践者有助于推动在组织与公众之间建立强有力的关系，这种关系使组织可以承受逆境，并可以通过对话性的传播获取竞争性的权益。就像巴克斯特在她的关系对话与辩证理论中指出的，关系是由参与者在会话中创建的，而不是自行产生的。它们通过传播得以创建、培养和维系。

肯特和泰勒主张，各组织在开展公共关系活动时，应采用对话方式，因为该方式“将重点放在关系上，可以改变组织-公众关系的性质。”采用对话方式要求组织以积极的态度设法从关键公众那里获取信息，并且对这些信息进行倾听、处理和回应。随着对话的进一步展开，公共关系实践者能够更好地确定双方的共同利益和共同目标。从道德上讲，对话方式可以在组织与公众之间构建一种共赢的关系。

该方式将公众视为与组织平等的、积极的对话者。一个组织的工作重点应当放在与其公众建立的、或应当建立的关系的性质上，而不应过多地关注公众本身。

根据 J. 格鲁尼格的观点，在追求卓越的公共关系实践中，传播是必不可少的。卓越是建立在双向的对称性传播基础上的，以对话为核心，双方之间相互交换意见。因此，关系是基于组织与其公众之间的互动而产生的。在理念共享以及关系性质的形成中，涉及到双方的参与。传播使组织能够更好地了解和应对公众的预期。一个组织成功与否取决于它将如何充分满足其公众的需求。

公众可以运用传播来说服组织接受他们的立场。在一个双向对称的模式中，就像组织可能会试图去改变公众的态度或行为一样，公众也会试图去说服组织去改变其态度或行为。理想情况下，在公共关系方面做出努力之后，管理部门与公众这二者都会发生或多或少的变化。

布鲁宁和兰姆认为，组织在与公众之间互动时，应既传递内容性信息，也传递关系性信息。大多数组织仅关注前者，而忽略了后者。这是建立在前文所提到的贝特森的一项命题基础之上的。

按照塔夫特的观点，“成功的传播表达了信任、促进了安全感和归属感，并会引起响应和行动”。为了使变革能够持续下去，传播在确保受众有能力参与到信息传递活动中，并且在面对变革时，能够表现出坚定性与灵活性方面做出了大量的努力。“这是使目标受众对忠诚性与行为进行重新思考的最好方式。”

在美国本土、在阿富汗，或在世界上其他战区开展军事行动的专业战略传播人士都认识到了关系传播论相较于其他模式会产生更好的效果。与当地民众开展对话，并向他们提供大量信息，帮助他们去理解信息，且自愿地做出选择才是最为适当合理的方式，而不是以信息影响的模式去告诉他们应该做什么。对话有助于和当地民众之间建立、发展并维持长期的积极关系。

六、建议

在过去10年中，关系论和关系管理说引起了学术界和实践领域的关注。它们为传播专业人士开展活动，实现组织目标提供了指引。

为了将理论牢固地嵌入到战略传播实践中，有如下三点建议：第一，运用关系论更有效地指导战略传播实践。第二，利用关系管理说来取代信息影响模式，前者更关注组织与战略公众之间建立并维持的互惠关系的品质。一个人对传播的理解取决于所构建的关系，而不是取决于信息。第三，以美国国防部的“战略传播原则”为基础，重新界定战略传播过程。美国政府必须与其战略受众之间确立并维持互惠互利的关系。通过相互尊重的对话，公众可以领会到信息的确切含义。这有利于组织与公众充分实现其自身目标。组织与公众之间相互影响，传播活动将二者联系起来。对成功与否的考量取决于这一关系的品质，而非媒体剪辑。美国国防部应运用莱丁厄姆和布鲁宁所提出的组织-公众关系的要素——互惠、信任、可信性、相互间的合法性、开放性、相互之间的满意度，以及相互理解来判断关系的品质。

最后，重新界定战略传播，着眼于通过对话构建关系的过程，明确阐释组织与其战略公众之间可以相互影响，并达到互惠共赢。重点是要为对话和讨论创造空间，使受众可以更为深刻地去理解信息内涵。

七、结论

本节针对美国政府目前正在执行的战略传播模式提出了一种替代性的方案。

这10年来的实践已经证明信息影响模式未能有效地发挥作用。现在是时候运用关系论来指导战略传播实践了。通过对话和关系构建，美国政府能够更好地认识其战略公众、建立信任，并达到各方互惠共赢的目标。

通过对话来认真地倾听公众所关注的问题，将公众的意见和意愿融入进决策过程中，保护公众的利益，在双方之间建立可靠、共赢的关系不是一时性的、战术性的任务。研究表明，关系的培养和构建是一项长期性的战略过程。

将与公众的关系构建视为一种目的而非手段时，将会产生非凡的效果。有效地管理长期关系对组织与公众来说都是大有裨益的。目前，关系管理观点的影响和应用仅仅是被传播实践者、研究人员、教育者和理论家缺乏想象力所局限。

只有对这一公共关系范式及其不同的理论基础有所认识和了解，才能促进关系管理的发展。随着战略传播越来越以组织-公众背景下的关系为核心，曾被过度使用的信息影响模式越来越无法解释和预测战略传播的复杂性。

只有当实践者和高层领导人接受了关系论和关系管理说时，战略传播才有可能向前发展。构建互利共赢的组织-公众关系将使各方都能实现其自身的目标。关系的品质相较于新闻稿的数量来说，是更为有力的考量标准。在思考反叛乱理论时，以战略公众为核心，有利于达成广泛的共识和支持。

第二节 | 通过叙述促进理解和传播

近来，“叙述”这一术语得到了广泛的运用，《国家战略传播框架》将“打击极端主义叙述”列为美国国防部的首要任务。美国陆军少校吉朋·帕鲁卡布尔在美国高级军事研究学院发表专题论文“Understanding and Communicating through Narratives”对军事叙述的发展、叙述理论进行了分析，并探讨了美国当前所运用的传播模式，认为应当将叙述理论应用于军事行动中，放弃叙述，等于放弃了战争的主动权。

一、接纳叙述，并对其优势进行分析

关于美国陆军野战手册3-24（《反叛乱》）发布于2006年，第一次广泛地引用了“叙述”这一概念。该野战手册将叙述界定为“……核心机制，通过叙事性的手法来表达思想意识，并引发受众关注。”这一定义，以及在网上能够搜索到的其他关于叙述的定义，都会导致粗心的军事读者将叙述与讲故事联系起来，或与讲故事有关的机制联系起来。与美国军事词典对叙述这一术语的实际效用所做的描述相比，后者的外延更加广泛。

作为一种核心机制，叙述塑造了思想意识，并对其进行表述，使其能够引发关注。这一重要职能在野战手册3-24以及此后的其他理论性出版物中都没有得到合理的阐释。一项叙述将如何塑造、传达并引人入胜地展现思想意识呢？它又具备什么样的形式、职能和逻辑呢？本节将对此进行探索。美国陆军条令在2006年正式引入叙述之后，这一术语得到了极为广泛性的运用。在官方的战略、作战、理论和训练指导中，经常会对叙述有所提及。尽管这一术语得到了普遍适用，但在已发表的理论性文件中仍然没有对叙述进行正式的、统一的界定，当然，也没有对这一术语的含义和作用达成共识。

2012年3月，奥巴马政府向国会提交的题为《国家战略传播框架》的报告中，

曾出现“叙述”一词。这份报告明确指出，“制定并调整叙述”是国防部五项具有最高优先级的事项之一，“打击极端主义叙述”是国防部的首要任务。此处，将叙述列为一项目标，在实现该目标的过程中，需要发挥国家力量各要素的控制和影响作用。

在组织层面上，美国联合部队司令部2010年的《联合作战环境》（Joint Operating Environment, JOE）报告用了整整一节来描述“叙述之战”。该文档指出，叙述中蕴含着一种潜在的力量，它不止是一种传播技术，还是一种能够对作战环境产生影响的力量。同时，它还指出，只有在一种情况下叙述才有可能取得成功，就像这段话中所反映的那样：“未来，越来越需要通过真实地传达美国的意图来影响叙述，并以辅助性的行动和活动来强化叙述。”

美国联合部队司令部的《联合作战环境》报告在对叙述的运用上，突破了之前在“讲故事”这一类比上的局限性，但仍然没有对这一概念进行界定。最后，美国特种作战司令部（Special Operations Command）联合特种作战大学（Joint Special Operations University, JSOU）在征集研究课题时对叙述进行了阐述，这种阐述与叙事形式具有很大的相关性。

2011年，美国联合特种作战大学优先研究的课题是“赢取叙述之战的胜利”，要求学生们在下列框架内对与军事行动相关的叙述进行研究：“精心制作一项可靠的叙述是应对非常规性威胁所造成的影响的核心要素。我们的对手正运用他们对当地历史、文化和宗教的认识，积极地组织行动来影响受众的观念。目前，在任何作战区域内，都充斥着针对当前局势所做出的有利的、不利的、具有补充性或干扰性的叙述。在开展非常规战争的过程中，我们要如何才能打赢这场叙述之战呢？针对正在发生的情形，我们需要采取哪些步骤来建立和维持最具可信度和可见度的叙述呢？同时，我们还要致力于发展反叙述，旨在破坏和削弱对手提出的叙述内容。这是一项艰巨的任务，因为情绪化的暴力和毁灭性场景能够很快地从移动电话传播到新闻媒体中。”虽然联合特种作战大学在运用这一术语时，仍然认为它具有叙事性。不过，它也指出，叙述应被界定为一种线性的力量，有可能面临反叙述的挑战。除这些战略性和作战性的指南外，最新的理论性出版物对野战手册3-24中就叙述所下的原始定义进行了扩展，不过，这也带来了一些不利的影响。

2010年发布的美国陆军野战手册5.0——《军事行动进程》，以及2011年发布的联合参谋部（J-7）《军事行动设计联合手册》，详细地阐述了叙述这一概念，但是，它们引入了一个新的术语——“使命性叙述”，并将其界定为“对一项特定使命的行动方式进行的表述，”这使得对叙述的理解更加模糊化。野战手册5.0对使命性叙述进行了介绍，但是没有指出它与野战手册3-24中对叙述所下的定义有何联系，也没有对一项叙述应包含哪些要素做出明确的指引。

虽然这些定义在形式上的变化和应用可以被视为理论的自然发展过程，但是，对于一个重要且被广泛提及的术语（如叙述）做出错误的解释，将不可避免地导致在执行上发生误解和脱节。从叙述这一概念最初以“叙事性的传播”被引入到野战手册3-24（发布于2006年）中开始，一直到2010年发布的野战手册5.0引入晦涩难懂的“使命性叙述”为止，美国陆军一直在不断地对这一概念进行重新界定。目前，对于叙述，还没有在理论上形成一项正式的、统一的定义。不论该术语在运用的过程中是模糊不清还是明确清晰，毫无疑问的是，在叙述的潜在价值上，各方已经达成了共识。美国国防部和国家情报总监办公室（Office of the Director of National Intelligence）目前已针对叙述发起了多项研究活动。

2011年10月，美国国防高级研究项目局（Defense Advanced Research Project Agency, DARPA）在广泛的范围内发布了一份机构公告，呼吁研究团体们去推动对叙述网络这一领域的理解。它的主要目的是利用定量分析的方式，去探讨和确认一项叙事性的传播与其他的传播形式相比何以会产生如此大的影响。

“叙述对人类的思想和行为具有强大的影响力。它们使记忆得到加深，情感得到塑造，它们对判断中的直觉和偏见加以提示，对组织内外的差异进行引导。而且，还可能会从根本上影响到个人层面产生的同一性。这并不会令人感到意外，因为这些具有影响力的叙事情节对于维持安全环境来说是如此的重要，比如：它们改变了叛乱活动的方向，促成了谈判，在政治激进化中发挥了作用，影响着剧烈的社会运动的方式和目标，并有可能在那些对于军事来说至关重要的临床医学领域（如创伤后的应激障碍治疗）中起到重要作用。因此，对这些叙事情节在上述环境中所扮演的角色，以及对这一角色的空间性和时间性进行深入了解显得尤为重要。”美国国防高级研究项目局发布的公告强调了叙述在社会中所具有的广泛职能，该项研究的目的在于最终实现叙述过程的自动化和可操作化。美国国防高级研究项目局关注的是叙述理论所具有的自动化的潜力，而军事实践者们则可以通过教育、实践和将理论付诸实施来实际发挥叙述的潜能。

将叙述融入进军事行动，是源于主要的军事理论家和传播专业人士对于当前的传播范式未能有效地改变对手的态度而进行的思考和普遍认识。自2001年起，美国国防科学委员已经就战略传播发布了3份报告，其中都对当前的传播战略提出了批评。2004年报告指出："美国在穆斯林世界中实施公共外交时所面临的一个关键性问题，不是'信息传播'的问题，甚至不是制定并传递'正确'信息的问题。而是根本的可信度的问题。简单地说，目前，美国在面对穆斯林和伊斯兰世界时，没有一个有效的传播渠道。"这段话突出了美国当前在传播战略和理论范式上所存在的问题。美国的军事传播理论与活动在制定和传播信息方面非常成功，但在叙述方面还存在很多不足。对于战略传播主题与信息，公共事务指导，以及军队信息支援的目标都是以描述性的语言进行阐述的，而不是以叙事情节的形式呈现的。因此，许多信息在翻译和传播的过程中也同样采用了描述性的语句，几乎无法与信息的接收者在认知上产生共鸣。可信度取决于传播信息的实体，而不是取决于信息本身。

这种范式的重点在于为了达到劝说的目的进行内容创建和传播。强调对语言和文化进行理解也是出于上述目的，而不是为了传递意义。这些概念是建立在实证主义世界观和信息影响模式基础之上的。这种观点的基本前提是基于这样的假设：通过引入信息，将意义从一个实体向另一实体进行传递，来改变价值观。叙述理论及其应用在认识受众上，以及在传播上都对这一范式提出了挑战。

首先，本节将就叙述理论在军事研究和理论中的发展状况进行阐述，并力求说明为什么这一术语会被运用在各种不同且晦涩难懂的语境中。其次，本节将从跨学科的角度对叙述概念进行探讨，以论证其可行性，并对其进行界定，其定义范围要广于"叙事形式"，但比"使命性叙述"更为明确。根据对叙述的共同理解，本节将对叙述的两个重要方面进行探讨：一是叙述如何发挥意义构建的功能，二是如何将意义从一个实体向另一实体进行传播。最后将论证的是，就意义传递而言，运用叙述与运用当前的信息影响模式相比，前者的优势何在？本节旨在提出一种理论框架，将叙述理论融入进未来的条令与作战计划中。

规划与执行军事行动的主要目标之一是要缩小“语行沟”。将物理性的军事行动、信息活动与政策协调统一，在与对手的竞争中，提升信誉度，完成意义传递，推动战略利益的实现，对政策制定者和军事行动规划者来说，都是至关重要的任务。运用叙述框架将有可能以统一的逻辑将这些活动同步起来。通过一项叙述框架来规划军事行动，可以为军事行动提供充分的体系保障，以实现各方努力的统一，同时，还会提供一定的灵活性，以打击对手提出的叙述。针对包含叙述以及可以传递叙述的军事行动，美国陆军设计方法学为军事规划人员提供了一种规划技术。通过在军事行动中设计、执行叙述，可以使美国政府针对对手展开的活动合法化。如果对叙述的内涵和作用缺乏理解，那么，军队将无法有效地运用这一工具。在军事规划和传播活动中运用叙述理论，将有利于在信息、活动与部分军事行动之间保持一致，以缩小“语行沟”。

二、对叙述在军事条令中的应用加以审视：以含糊不清的方式对理念和功能进行的拼凑

相对于军事研究而言，叙述理论是一个相对较新的概念。各种理论观点强调了叙述具有的不同功能。本节回顾了叙述的历史，并对它是如何被应用于军事思想的过程进行了审视，以突出说明在该领域中对叙述的应用存在不连贯的现象。而且，缺乏自上而下的引导，其后果往往是使叙述的形式、功能和逻辑陷入混乱。尽管叙述的多种功能显示出它所具有的多面性，但因缺乏共同的认识，而阻碍了将这一概念运用于联合部队的实践中。理论为形成共同理解提供了媒介，在本节中，将提出一个统一的叙述定义，为叙述理论在军事中的运用创造基础。

为此，有必要对叙述理论、美国陆军的初步理论培训、美国国防部的理论性出版物以及新出现的叙述概念进行跨学科的审视。对于联合部队开展的实践活动来说，在对叙述的内涵与用途的理解上达成共识是必不可少的。

根据《牛津词典》来查寻叙述的一般性定义时，可以看到该定义存在以下三种形式：“对相关事件以口头或书面形式进行的表述，即叙事；一部文学作品中的叙述部分，与对话不同；为反映或遵循一组全局性的目标或价值观，而对特定

形势或过程进行的陈述”。在这三个定义中，前两者直接来源于文学领域的叙述理论。而第三项定义，与前两者存在细微差别，主要指叙述理论在组织学、市场营销、和政治学领域中应用的情形。对军事理论中的叙述进行审视后发现，它涉及到上述所有三个方面的内容。

现代军事领域所应用的叙述，其来源具有多样化的特征。艾米·扎尔曼博士，战略叙述博客的作者，曾对军事叙述理论的起源和发展进行追根溯源，一直追索到2001年兰德公司的军事理论家约翰·阿尔奎拉和戴维·伦菲尔德所做的研究工作，以及劳伦斯·弗里德曼所著的《战略事务转型》一书。

2001年，阿尔奎拉和伦菲尔德在《网络与网络战：未来的恐怖行为、犯罪和交战状态》中将叙述视为构建网络的五项要素之一。[a]具体来讲，作者认为，叙述做为一个统一的逻辑体系，可以起到对所有网络，尤其是民间社会网络（如恐怖团体、犯罪集团以及社会激进分子）进行劝说的作用。

弗里德曼在《战略事务转型》一书中，将叙述概念应用到战略之中。在该书的第一章，有一节题为“战略叙述”，弗里德曼在此阐述了叙述所发挥的基本职能，它使不同的团体彼此间在意识形态方面保持协调一致，并为它们提供了战略指引。此外，弗里德曼还指出，在军事行动中，应重点强调以叙述来传递意义，“而不是侧重于消灭敌人的优势，要将重点放在破坏和削弱敌人的叙述上，这是其感染力得以产生的基础，并且，对于激进分子具有鼓励和指引的作用”。叙述本身便具有战略意义，无论在个人层面、组织层面还是国家层面（如弗里德曼所主张的），叙述都是对同一性和意识形态的生动体现。确认同一性是叙述最重要的功能之一。这项功能所阐述的逻辑将个人与更为复杂的组织层面（如一个组织或文化）联系起来。

以一个体育迷为例，将展示出如何对个人的个性特征进行扩展，并将其与其他组织联系起来。确认自己为纽约洋基队的球迷后，就与纽约棒球迷这一个体联系起来了，继而，便可以与棒球组织本身联系起来。更具体地说，作为洋基队的球迷，将会按照该组织的传统和期望行事，比如说，对于与波士顿红袜队相关的

---

a 所涉及的5个层面的理论和实践可以列为：技术层面、社会层面、叙述层面、组织层面以及理论层面。阿尔奎拉主张，对一个网络的这五个组织原则进行研究，有利于理解一个网络是如何组织起来的，并有利于阐明其背后的逻辑。

所有事项表示出极大的憎恶。对于叙述将如何在组织层面对同一性进行传播，本节将展开进一步的探讨。

艾米·扎尔曼博士对于叙述概念的接触是建立在其文学理论背景之上的，并在弗里德曼的战略叙述基础上进行了扩展。扎尔曼指出战略叙述是“一个国家为发动战争，或为了在国际社会中保持竞争优势，用以阐述其自身和世界的叙事情节。”扎尔曼建议，不仅要将叙述视为一种传播模式，还应将其视作为一种实际的存在，可以在信息领域内流动，在彼此间产生相互影响，以生成新的叙事情节。这说明叙述具有对话性，在两方或多方持续性的互动中，新的意义得以产生。对话过程不同于独白，在独白中，意义是以线性的、有限的且单向的方式进行传递的。

在军事方面的初步理论和训练指导也对叙述的概念进行了探讨。美国陆军高级军事研究学院（School of Advanced Military Studies, SAMS）《设计的艺术》一书将叙述解释为“对一定范围内的事件和人为后果在时间和空间上进行有意识地构建，而形成的叙事情节，展现了对所观察到的逻辑的理解。”在这一语境中，高级军事研究学院着重强调了可以在叙述的基础上去理解美国陆军设计方法学的环境建构过程。传递意义的能力是叙述的关键要素，这使它与其他传播模式（如声明或描述）区别开来，其他传播模式强调的是对信息的传递。高级军事研究学院的学生课本也从多个方面（如史学理论、文学理论以及语言学方面）对叙述进行了阐释。不同观点有利于表明叙述的多样性，以及叙述在个人之间、不同团体和各种文化中构建意义的能力。

美国联合部队的《战略传播与传播战略指挥员手册》3.0版全面地介绍了叙述理论在军事行动中的运用，着重在三个方面对叙述理论进行了阐述，分别为：持久性的叙述，叙述之战，以及叙述的构成要素。持久性的叙述这一概念表明，所有从属性的信息都应被嵌入到国家层面的叙述中，并对其提供支持，以确保一项信息在较长的时间内面对不同受众能够保持一致性。该手册在“叙述之战”一节中提出，在战争的认知维度中，叙述是决定胜利的主要力量。最后，它认识到了叙述在通行定义上的缺失，并提出了以下定义：“具有背景、原因/动机和目标/最终状态的持久性战略传播。”这一定义提出了一项叙述的构成要素，直接取自于文学方面的叙述理论。

叙述理论起源于哲学和文学评论，并扩展至历史、人文、市场营销、政治科学、组织科学，以及现在所阐述的军事理论中。很显然，基于这种跨学科的角度对军事背景中的叙述理论发展进行审视，是无法就叙述的共同内涵或如何在军事行动框架内执行叙述达成共识的。一个更为务实的、广泛的理解，突出强调了叙述理论最适于运用在军事行动中的两个方面：叙述是一种传播方法和认识方法，通过已经构建起来的叙事情节系统从特定角度对行为、价值观、文化和历史进行阐释，从而达到意义构建的目的。[a]

为了探讨上述定义的实际影响，以下章节将对叙述理论如何促进理解，以及叙述理论与当前的信息影响模式相比具有的优越性进行详细论述。若将上述定义运用到当前的理论和军事出版物中，仍然显得过于宽泛。

对于叙述理论进行更为深入的理解，将会发现叙述是如何构建、如何传播，以及如何与接收者相互影响从而实现意义传递和指导行动的目标的。叙述在表达意义、提出目的，以及在个人层面提供同一性上所具有的独一无二的能力，使它能够强有力地跨越文化障碍，与各种文化建立起广泛的联系。面对如何将叙述理论的各种要素应用于军事理论，以及为什么会应用于军事理论的问题，在对该理论进行详细分析后，也会达成一致的见解。最重要的是，对叙述的理解展现了其重要意图——前提是要理解叙述是如何起作用的，而且，作为确定相关行动和信息的手段及变革力量，叙述将带来不一样价值。

三、理解叙述的形式、功能与逻辑

野战手册3-24中，认为通过叙述能够传播思想意识。在这种共同理解的基础上，可以更加明确地认识到如何在作战环境中利用这一强有力的方法去理解对手的叙述，同时，基于这种共同理解，还可以找出各种方法，来传播竞争性叙述，并潜在地对对手施加影响，使其叙述朝着无损于我们战略利益的方向发展。

a 该叙述定义是本文中所述理论的组成部分，旨在对运用于军事行动中的叙述，在形式和功能方面进行一般意义上的界定。已构建的叙事情节体系则直接由斯蒂芬·科尔曼对叙述的描述中衍生而来。

叙述理论衍生于不同的学科领域，其中主要是人文学科。叙述作为一种认识模式、意义构建和传播模式具有普遍性的特征，这也阐明了为何如此多的学科领域（包括物理学）目前都致力于对其进行研究。极端主义组织、邪教、宗教、文化组织以及其他强大的跨历史和跨文化组织，已经开始利用叙述来传播其意识形态、指导其行动。一项叙述框架能够并且应当为军事行动带来诸多益处。

斯蒂芬·科尔曼博士指出，与自然和社会科学相比，人文科学引发了不同学者对于概念归纳和做出独特性诠释的兴趣。这也部分地解释了为什么叙述、故事、情节与论述之间的差异性是这样的模糊，有时还会出现相互矛盾的情形。本节为探索叙述理论而引用参考文献时，有意做出了某些限定，以便在术语和定义方面保持一致性。鉴于不同学科为类似的叙述形式和功能赋予了不同名称，本节在重点介绍叙述理论的各基本要素时力求剔除掉不同参考资料中的专门化语言。

叙述中有利于意义传播的关键方面包括其普遍性、保真度、暂时性、可伸缩性和灵活性。此外，叙述之所以能够塑造行为，在于它能够利用启发式的思维方式，并且能够促使人们在实施行为时考虑到个人身份与组织间存在的联系。它能够赋予行为以意义和相关性，这是叙述所具有的强大的、独一无二的能力，也因此，其成为决策过程中的决定性因素。将叙述界定为一种认识模式和传播模式，这使军事实践者们可以将叙述理论融入到规划与传播活动中。

四、叙述的阴阳两面：如何认识世界，如何对意义进行传达

叙述具有强大的功能，并且具有普遍性。作为一种认识模式，叙述阐释了个体为弄清自身与环境的关系而如何创建意义，并且将时间与事件联系起来。作为一种传播模式，每个人以及每一个以社会化方式构建的实体都会利用叙述方式进行传播。罗兰·巴尔泰斯对于叙述的普遍性进行的描述曾被广泛地引用：世界上的叙述数不胜数。叙述首先是一个庞大的、内涵丰富的流派，它们分散于不同领域中，仿佛任何物质都适于接受人类的故事。叙述以表达明确的语言为载体，通过口头或书面的形式，并结合了图像、姿态以及所有这些因素的有序组合；叙述可以表现为神话、传说、寓言、故事、中短篇小说、史诗、历史、悲剧、戏曲、

喜剧、哑剧、绘画（以卡尔帕乔的圣厄休拉为例）、彩色玻璃窗、电影、漫画、新闻和会话。此外，鉴于叙述具有无限多样的形式，它存在于每一个时代、每一个地方，以及每一种社会中；自人类有史以来，它便存在，有人的地方，便有叙述。所有阶层、所有人类群体，都有自己的叙述，而且，很多具有不同、甚至是对立性文化背景的人往往享有共同的叙述。叙述并不关注好的文学作品与差的文学作品之间存在的差别，它具有国际性、超历史性和跨文化性：它就在那里，就像生活本身一样。虽然这段论述出自于文学语境中，但是，在神经生物学、心理分析、历史、人类学以及其他领域对叙述展开的跨学科研究再次证明了叙述作为一种表达和传播方式所具有普适性。

就像《剑桥叙述简介》这一文学教科书所定义的那样，叙述主要由两个部分组成："叙事情节"与"讨论"。一个叙事情节"……是按时间顺序排列的与各实体相关的一系列情节。"叙事情节的构成需要有开头、中间和结尾，而且，还要捕捉到最新的动向。在意义、叙述以及冲突性叙述之间往往出现讨论。冲突性叙述引发讨论，通过这一过程，它们彼此之间得到不断的改进与完善。一项叙述在影响另一项叙述的过程中不断地获得信息反馈，这表现了叙述所具有的对话性。

虽然这一定义是面向文学受众的，但是，该定义指出了很重要的一点，即叙事情节本身独立于讨论而存在，因此，同一个叙事情节可能会被不同的实体、以不同的形式和观点进行阐述，而且，它们可能会以不同且多样的时间顺序呈现在受众面前。这充分说明了任何信息或行为在运用同一组事件时，无论经过了怎样精心的设计和转换，如果与目标受众不具有相关性，没有提出自己的叙述或者对自身没有良好的认知，是无法与受众产生共鸣的，亦无法传递意义。

按照科学性逻辑，需要对事件做出偶然性的解释，但叙述根据叙事情节在表现方式上存在的差异而展现了多种解释间的因果关系。实际上，这种现象每天都会发生，一系列事件或情节往往因为其形成方式不同，或所强调的事实不同而被赋予了不同的含义。科尔曼，一位在组织传播方面的理论家，阐释了形成叙事情节体系的不同情节是如何构建叙述的。

他将叙述描绘成具有共同主题、形式和原型的一系列叙事情节。图3-1生动地展示了单个的叙事情节是如何通过连续性的讨论而与其他叙事情节联系起来的。

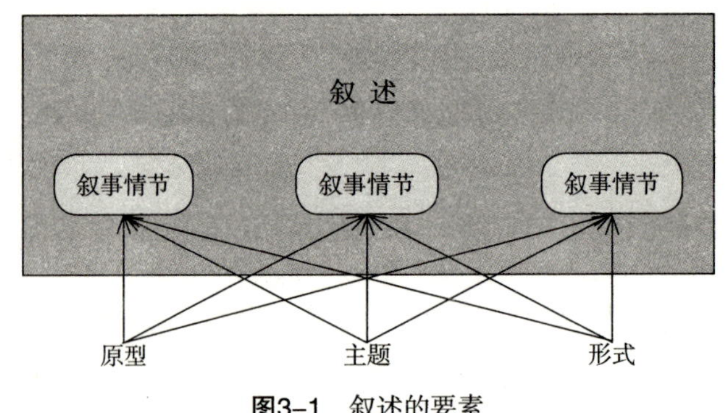

图3-1　叙述的要素

科尔曼解释道，叙述中的叙事情节不必为了形成叙述而保持完全相同的样貌。这一传播模式与当前通过信息的集中控制和传播内容的许可为特征的军事威慑范式形成鲜明对比。重现原型、主题和形式，并使其在一个逻辑内相互关联，通过情节来提供意义，这是叙述能够与受众产生共鸣的基本要素。如果要更深入地对叙述理论进行审视，还需要对原型、主题、形式及上述各要素的应用情况做出进一步的解释，并提出更多的实例。

原型是在整个叙述领域内不断重复出现的各人物角色的通用的原始模型，比如英雄、受害者，以及反面人物。这一概念也可以被用作为叙述的主题。根据军事行动和战略传播的实际情况，在一项叙述中，各组织、文化和各民族国家将自身塑造为主要角色，而将对手塑造为反面角色。有必要指出的是，当需要构建出一个具有灵活性的叙述时，其中的角色不应只按一个原型来创作。对一个组织或实体所具有的特征从多个角度进行刻画，有利于保持灵活性，使各种行为合法化。

主题是整个叙述中反复涉及的核心话题。通常情况下，在一个叙事情节中最为常见的主题是：冲突、爱情、复仇、救赎、生命、死亡和操纵。涉及到主题时，可以采用或明或暗的方式。根据科尔曼的观点，叙事形式是一种标准模式，在这个基础上，带有典型角色、行为的情节得以在一定的时间顺序下建立起来。

艾博特引用灰姑娘和麻雀变凤凰的故事为例来阐述叙事形式。灰姑娘的故事遵循了忽视、不公、重获新生以及坏人受到报应这一典型的格式化手法。麻雀变凤凰遵循的模式是讲述了一个出身寒微的人物通过自身的努力、决心、勇气和诚实最终跻身上流社会的故事。特别选取这两个故事是为了展示叙述具有独特性的另一个方面："重要情节"。

艾博特将"重要情节"定义为：当社会压力已在一定程度上融入文化时，民众在这种压力下讲述和强调的故事。"重要情节"构成了对个体进行刻画的基础，作为一个自然延伸，它确定了组织、文化、民族国家或任何其他以社会化方式构建的组织或网络所具有的明显的特征。艾博特指出，"我们似乎将我们对生活的思考，特别是关于我们自身生活的思考，与许多重要的情节联系起来了，对于这一点，我们可能已经意识到了，也可能没有意识到。当我们把自身的价值观和身份与一个'重要情节'联系起来后，这一'重要情节'所产生的影响可能会被放大。我们所要做的就是通过构建这样的情节来赋予叙述更高的可信度。"

应如何运用"重要情节"来塑造并反映同一性呢？这一关键性的构思为从主题中衍生出的示例提供了依据。科尔曼以美国独立战争为例，这一"重要情节"在个人、组织及国家层面提供了同一性。就美国独立战争展开的教育在美国的院校中随处可见。英雄、叛徒、战斗和政治阴谋这些元素被以不同形式编织在一起，并且在每一代人中间反复讲述。为了实现传递意义的目的，叙述需要将不同的要素组织起来。

以美国政治中的"茶会"运动为例，该组织有效地运用了这一"重要情节"，它们推崇美国独立战争期间的价值观、行为和传统，而将美国联邦政府摆在了当时英国所处的位置上。"茶会"运动与美国独立战争期间的革命者们，都试图从一个旨在利用选民/臣民、向选民/臣民课以重税和法律义务的、高度集权的中央政府中争取权利和自由。将自己嵌入到叙事情节中的个体，以及集会和示威的参与者们展现了"重要情节"中的某些元素。从个人层面来看，"重要情节"提供了一种体系结构，使个体有可能针对这种结构表现出一种同一性。他会把自己置于叙述中的主要角色里，为自身的行为寻找依据，证明其行为的合法性。

"重要情节"中的一般逻辑，将叙述建立在个人、组织、文化和国家层面，超越了文化的限制。美国陆军设计方法学号召军事规划人员们去理解叙述和高级军事研究学院的课程，这些课程含蓄地告诫学生们应关注美国环境中的"重要情节"。

美国高级军事研究学院设立了一套课程，间接地指导学生们去了解美国的特定“重要情节”。《作战艺术的战略背景》（Strategic Context of Operational Art, SCOA）旨在“更好地理解借以做出力量部署决策的广泛环境。”军事行动规划人员必须理解在历史、文化、理论和政策中以明示或默示方式存在的、能够运用于军事行动中用来实现战略目标的各种“重要情节”。行动方案若无法与美国的“重要情节”形成共鸣，那么无论是在政治背景中还是在制度背景中，都不会具有可行性。叙述都一直存在着，它们之所以存在，是因为与之同时发生的其他叙述激发了潜在对手的同一性。每一种文化都传递和维持着自己的叙述，并为受其影响的人群提供了一种同一性和行为依据。

从作家的角度来看，实体是背景的一部分，并在叙述中被塑造为主要角色。主要角色往往认为其对手的价值观和行为欠缺合理性。粗略地看一下美国在政治上的修辞，将会发现它经常将伊朗、朝鲜或“基地”组织称为“非理性”的行动者。反过来，从这些国家或组织的角度来看，美国的政策制定者处于同样的非理性状态。无论是否以一项“重要情节”为蓝本对行为或信息加以构建，行为或信息都会被对手的叙述赋予特定意义。叙述在本质上是对话的过程，通过传播者与目标接收者之间的对话实现意义传递。

需要探讨的另一个问题是：叙述如何在个体之间，以及各种文化之间维持其保真度？叙述中的保真度意味着当一个叙事情节真实可信时，个体如何才能准确无误地接触到它。叙述理论考虑到了主观事实。在叙述中，保真度并不是完全建立在科学证据基础之上的，还要符合公认的“重要情节”。“重要情节”会通过如教育、互动、强化和观察等不断产生影响，并在个体的头脑中累积。杰罗姆·布鲁纳对保真度这一概念进行了探讨，并且论述到它不是建立在科学数据之上的，而是以貌似真实的事实为基础：与建构在逻辑和科学程序上的真理不同，它们一旦被证明存在虚假性就会被淘汰，而叙述只能达到“貌似真实”。在叙述中对现实情况的描述能否被接受，取决于传统习俗和叙述的必要性，而不是取决于实证性的检验和逻辑上的需要。

这解释了在科学方法出现之前，以及实证主义思想占据统治地位之前，认识和传播上的叙述模式是如何成为传递事实的主要手段的，以及为什么会成为主要手段。合理化的叙述在今天仍然普遍存在，而且无疑仍然是个体验证事件真伪的主要途径。当叙述的主题以叙事形式呈现时，通常情况下，并不需要对它们进行去伪存真式的分析，因为人类的记忆无法储存所有需要经过真实性验证的事实和数据。叙述允许人们的记忆去走捷径，通过树立榜样来确定在一种情形中应采取何种行为。这种快捷的思维模式，也被称为启发式思维模式，是建立在判断性的规则之上的，而不是建立在验证信息有效性的分析过程基础上的。

主题——通常是行为，首先建立在人们对于行为应如何符合个人叙述的理解上，其次才会考虑到对形势的认识。叙述如何实现其保真度，以及如何对行为进行转化，这需要通过组织学领域的意义创造过程进行检验。

组织学研究人员卡尔·韦克和凯瑟琳·萨克希夫解释道，意义创造的过程涉及到个体如何将客观事实转化成能够明确理解的语句，以及如何将客观事实转化为行为的刺激因素。与弄清一项评估如何影响选择相比，对意义创造展开的研究更多地关注于行为与就事件所做的解释之间存在的关系。实际过程如下所述：对似是而非的印象进行回顾，并以此对人们目前所从事的事项进行合理化阐释……意义创造依次展开，其中，与其他行为者所处社会环境具有同一性的人们，从目前出现的客观情况中，提取线索，进行貌似真实合理的意义回顾，同时，或多或少地为目前的客观情况制定出某些规则。

这描述了叙事情节和同一性如何塑造行为，强调了叙述在意义创造中所起的作用，叙述是构建同一性的核心力量，是用于回顾和比较的根据。对比之后做出评估，以及采取行动，都是在“重要情节”的框架内展开的。尤其是当个体面临模糊不清的形势时，或他们试图去解决一项复杂的问题时，意义创造的过程就会出现。韦克和萨克希夫指出，当个体面临模糊不清的形势时，意义创造试图解决两个问题：“什么样的情节”，以及“现在是什么状况？”意义创造具有的两个特征——回顾和展望都直接关系到一项叙述的认识模式。个体不断地将形势与各种叙述进行比较，以确定在某种情形或系统中应采取什么样的行为，这便是意义创造的回顾功能。如果个体确定一种形势不符合当前的叙述，那么，他就会引用“重要情节”，据此采取他认为具有合理性的行为，以化解这种形势。

这种回顾和展望行为也被推及到组织的思维模式中。美国陆军领导人曾指出，与敌人交手并将其消灭、通过任务指挥控制势力范围是陆军哲学领域的核心范畴，它们展示并加强了一系列“重要情节”与叙述，使控制与管理致命性武力合法化。这些叙述与声明和理论指导中新出现的叙述存在矛盾，后者认为民众的意愿才是关键所在。美国特种作战司令部司令官、海军上将迈克尔·马伦，对叙述在促进直接及间接性的接触，以及在与跨机构、联盟和其他行动者共同努力以实现目标的过程中所起的作用，给予了高度评价。不同层面的军事组织倡导何种叙述将依其所处层级而定，这些叙述对于军事行动方法的形成将起到重要作用。

进行军事传播，以及对社会施加影响时，必须意识到叙述在本质上是一个对话的，或相互构建的过程。了解了叙述如何创建意义和影响决策，有助于促使军队所规划的军事行动在敌对性的环境与文化背景中与受众产生共鸣。鉴于叙述是一种自然的传播模式，它非常适合于信息传递。

五、传播：说服受众改变行为还是去塑造行为

带有某种意图的传播行为，体现了军事行动所担负的一个至关重要的职能。我们对理论、指导和组织政策进行审视后发现，当前的传播范式侧重于为了说服受众，且诱导其在行为上做出改变，而利用独白式的传播过程展开集中化的信息传递。建立在叙述逻辑上的传播范式利用对话方式，以"重要情节"为依据传递大量的叙事情节，旨在改变受众的价值观，从而促使其在行为上做出改变。

美国国防部的《联合信息作战》（联合出版物3-13）就理论如何引导信息环境提供了一种框架。与按照独白的方式创建相关信息相比，对上述出版物展开的分析强调了美国的传播组织和传播工作应如何做出调整，以适应信息的创建和传播。联合出版物3-13指出，信息领域是一个复杂的大系统，在这个系统之中，行为者对数据进行收集、处理和传播。信息作战的总体目的与地面、空中和海上作战的目的相似，通过获取和维持在信息系统中的优势来控制信息领域。伦理学教授理查德·L. 约翰内森在《传播中的伦理学》一书中，对独白式传播范式的特点进行了描述：一个人利用独白的方式去命令、胁迫、操纵、征服、诱导、欺骗或利用受众。传播者为了实现利己性的目的，而仅将受众视为可以利用的"事物"，他们的人格没有得到尊重。独白式传播范式选择范围极为狭窄，其结果也是模糊不清的。该方式侧重于传播者的信息，而不是目标受众的实际需求。传播者所奉行的价值观、目标和政策的核心在于避免受到信息接收者所施加的影响。受众的

反馈仅用于进一步实现传播者的意图。传播者不乐于看到接收者做出的实实在在的反应，或者，将这种反应完全排除在外。唱独角戏的传播者们固执地将他们的真理或计划推向受众；高傲地认为，在他们的胁迫下，受众就应当屈服，并且应当按他们的想法行事。

而叙述及其意义创造的方法，与上述独白式的过程存在着本质上的不同。将叙述理论运用于军事行动中，有助于促进接触和对话，与传递意义和意图的主要行动相互配合。联合出版物3-13从三个方面对信息环境进行了描述，对于试图通过叙述体系开展信息作战的军事实践者们来说，将起到直接的促进作用。（见图3-2）

这三个方面是指物理方面、信息方面和认知方面。物理方面代表着信息系统及网络的物理表现，在信息系统和网络中，信息与物理世界产生交互影响。信息方面是指信息被处理和传播的过程。最后，认知方面代表了决策的生成，以及信息中属于“无形物”的部分，比如道德准则、团队的凝聚力、公众舆论和态势感知。虽然联合出版物3-13确实认为认知方面最为重要，但是，使用“无形物”这一术语则意味着对人文和社会学领域存在着误解。因此，美国用于指引组织、基础设施建设和作战方式的理论，认为美军应当去获取并保持信息方面的优势。这些理论认为物理和信息方面的优势将会转化为认知方面的优势。[a]

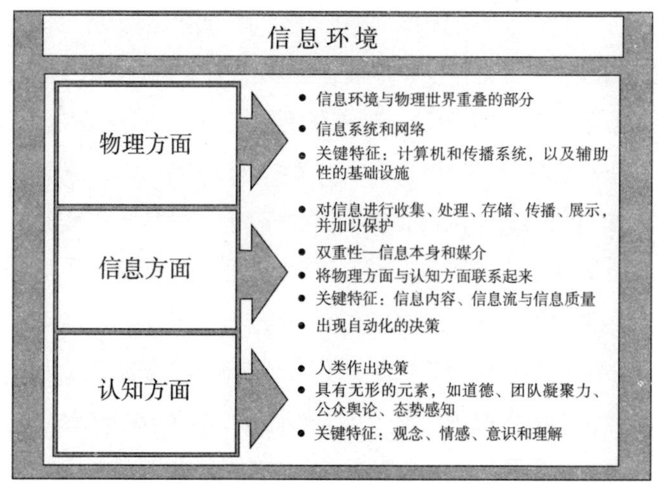

图3-2 信息环境

a 这种假设是基于强调对物理和信息领域进行控制，以创建信息或阻断敌方的信息。通过相关的意义创造并没有在控制认知领域上做出任何努力。

叙述理论，以及在心理学、组织学、神经生物学、传播和政治学中开展的叙述研究都承认，道德准则、公众舆论、团队凝聚力，特别是决策，并不属于认知方面的“无形物”。对叙述展开的研究实践解析并证实了叙述可以并且确实会影响到合理性、决策，以及思维过程的其他方面。

在美国国防部内，绝大多数的工作都是面向信息的创建、保护和控制的。现在，对于美国的信息实践者们来说，应充分发挥在信息创建方面的能力，并且通过叙述来实现意义的构建。虽然美国国防部的所有部门都在致力于保护、利用及创建物理信息网络，但是对战略传播这种被界定为美国政府理解和接触关键受众的活动的关注度仍然少得不成比例。

军事传播和影响活动，如战略传播、信息作战、公共事务、军事信息支援行动，都试图向受众传递信息并影响其行为，以支援军事目标。运用叙述理论提供了一个框架，可以借此改善由军事目标引导受众在行为上做出改变的这一过程。叙述理论有可能会改变人们在军事行动如何为预期中的战略目标提供支援方面所持的看法，除此之外，在意义传播方面，相对于当前的信息传播模式而言，叙述理论还提供了一种更高级的框架体系。可信度和合法性通常是指缩小“语行沟”。而在军事行动中开展叙述自然会取得缩小“语行沟”的效果。

斯蒂芬·科尔曼博士，亚里桑那州州立大学战略传播中心主任，描述了当前的传播范式是如何从信息影响模式中演变而来的，并且建议执行注重实效的复杂性模式。信息影响模式的原型是一种电子通信模式，信号从信息源传送到接收者。这一机制的目的是要影响接收者，使其能够准确无误地理解发送者所发出的信息。这种传播方式具有单向性，其传播战略侧重于以下三个方面：“……确保信息的保真度，影响受众的态度/信仰/行为，避免出现误解。”这种传播模式往往无法带来价值观和行为上的长期变化，因为它不是建立在传递意义、改变和塑造行为基础上的。意义和相关性是叙述这一机制的关键之处，它回答了叙述如何起作用，为什么会起作用，以及在科学的时间测量方法和书面化的语言出现之前，为什么叙述这种传播模式会成为一种自然的、自发的传播模式。

信息影响模式认为，可以对目标受众进行明确的界定，并且将之与其他受众相隔离，这样可以更准确地进行信息的传递，从理论上讲，也会提升信息的保真度，并因此增加了其改变受众行为的可能性。但是，当代信息环境以大众传播、社交网络和互联互通为特点，这排除了将特定信息向特定目标受众进行传播的可能性，它能够轻易地被其他受众捕捉到。

信息影响模式的主要弱点在于，它是建立在信息传递基础上的而非意义传递。它假设信息的接收者是一张空白的硬盘，正等待将信息写入，并按指示去执行。这种模式还将接收者的文化假设为过滤镜、防火墙，或者是干扰敌对叙述的噪声。如果确保信息具有极高的保真度，并且不断被重复，那么，该信息将会冲破重重阻碍，并最终被写入到硬盘之中，而后，接收者将根据信息中所传递的情感诉求做出发送者所预期的行为。

继续以上述硬盘来比喻，叙述体系假定接收者这张硬盘已经基于“重要情节”、历史、文化、当地环境和个人身份这些因素，而被写满了其自身的叙述代码。在硬盘原有叙述之中输入冲突性的叙述，并最终通过对话过程，以与当前形势最为相称的“重要情节”或叙述来引导行为。科尔曼主张，注重实效的复杂性模式之所以能够发挥出有效的作用，主要在于其意义创造的过程。如前文所讨论的那样，叙述的最终功能是将一组事件赋予特定意义，并通过在实践中验证本身的合理性，而使所涉及到的所有各方都参与到叙述的延续和传递中。

注重实效的复杂性模式（pragmatic complexity model, PCOM）是建立在系统和叙述理论基础之上的。目前，对于在信息影响模式（message influence model, MIM）下所开展的传播和影响活动进行审视之后不禁要问到：“我们如何才能打造出一条更具说服力的信息呢？”实效性模式没有将重点放在信息的发送者和保真度上，它所考虑的是，“我们试图去影响的这一特定体系为它自身构建了什么样的现实呢？”这些疑问导致了注重传播意义——而非精心制作一项信息的认识模式。

斯蒂芬·科尔曼提出的注重实效的复杂性模式是建立在系统理论基础之上的。同时，又非常符合叙述理论。它的复杂性源于叙述的对话性质。在两个或多个系统之间互动，或彼此之间相互作用的叙述中衍生出意义。这一传播模式将发送者和接收者“锁定在一个同时发生、彼此依存的关系中。”

其中，有三项原则需要注意：“控制是不可能的，也是不正常的；少即是多；扰乱稳定的系统架构。”信息影响模式取决于紧凑、集中化的信息控制，而注重实效的复杂性模式则包含了不确定的系统复杂性，如在叙述上的相互影响。使用较少的信息促使信息的发送者去观察系统中发生的变化，而不是注重信息影响模式下的信息饱和度。复杂系统具有一个特征，即固有的延迟，或是间接性的反馈回路。将这一观点与信息影响模式加以对照，会发现信息影响模式通过向特定的目标受众传递特定的信息，试图在行为与所传递的信息或主题之间确立因果关系。一项信息的说服力是否带来了行为上的转变，这是很难去证实的，也很难在实证测量中去修正，尤其是处在严峻的环境中时。

注重实效的复杂性模式认识到传播固有的复杂性并提出建议，与不断重复的直接性信息相比，增量信息的变化可能会更好地影响到意义创造。这种“少即是多”的方法提供了一种长期利用持续性的、微妙的变化来影响系统做出改变的模式。此外，注重实效的复杂性模式更能容忍信息的失误，因为每一条信息都只是致力于在较小的范围内促使态度发生转变。科尔曼在解释该方法时，运用“民主化”主题来举例。

当前运用的信息影响模式不断地称颂民主价值观对于一个社会所具有的优势，而该社会的“重要情节”却赋予了自由不同的含义。注重实效的复杂性模式则主张不断利用较小的转变，鼓励受众在不同政府形式之间进行比较。这种含蓄、间接的方法将“……西方自由的价值观、思想和言论”复制到受众自身的各种主题中。该模式在陈述、利用竞争性叙述之间存在的紧张关系、促使行为发生转变方面，是一种更为优越的传播模式。信息影响模式奉行的是直接传播模式，力求通过替换现有叙述来改变价值观。叙述就其本质而言是无法替换的，只能转换。

美国妇女的选举权和公民权利运动在叙述的转换方面提供了一些示例。美国宪法奉行自由、平等的思想，而在现实中，妇女/黑人却无法享有与男性/白人同等的公民权利，社会活动分子们将“重要情节”与法律现实之间的“语行沟”中所存在的紧张状态加以充分运用。在美国社会中，从未对自由、平等的重要情节进行变更或替换；在美国历史叙述中，只是对其加以转换，使其包含妇女与黑人所享有的同等权利。

注重实效的复杂性模式和叙述使“信息的制作者们能够扰乱或改变伊斯兰教针对西方和其自身所讲述的大量文化故事。为了做到这一点，他们不仅要了解这些故事情节的内容，还要知道这些情节本身是如何发挥作用的”。虽然对叙述和注重实效的复杂性模式存在共同的理解，但是对于美国的军事规划人员来说，在运用这一战略时还存在着顾虑。

注重实效的复杂性模式最终是要“破坏稳定的系统架构。”将系统理论直接应用于传播中，科尔曼指出，一次重大冲击通常会使系统发生天翻地覆的变化。此处，冲击意味着任何有可能改变观念或改变预期叙述的事件。重大事件（如选举、蓄意进行的政策变动，或发起一次重大的作战行动）是可预见的冲击，可以而且应当进行规划。相反，也存在一些无法预见到的危机事件，如意外造成的平民死亡，这些事件虽然无法预测，但也应当事先做出预案。在这些计划中，如何为事件赋予意义，这正是叙述所承担的重要功能。

信息影响模式虽然可以通过信息有效地传达意图，但它并没有提出一种变革性的机制，可以有效地改变对手们持久不变的价值观和信仰。信息影响模式在特定信息及特定目标受众方面具有一定的优势，它也可以很容易地衡量信息的成功或失误，因为它是建立在一种线性的、独白式的过程基础上的。当行动者对物理环境能够更好地控制，可以对行为构成强制和威胁时，比如在重大的作战行动中，信息影响模式可能会更加有效。

注重实效的复杂性模式强调的是建立在对话过程之上的系统化传播方式。它非常适合于基于媒介所进行的文字、文本和其他信息的传播。在这种模式中，也可以对物理行动做出相应调整，使之适合传播叙述。按照这一模式，有利于共同选择与合作的战略将会取得积极的效果。无论信息以何种方式传递、传递何种内容，物理行动都应当明确地进行传播。叙述可以说服实践者们去重新设计物理行动，以促进其战略利益的实现。这就是通常所指的“杜撰”一个情节。

六、通过军事行动传播叙述：与敌对性叙述展开竞争，还是对冲突性叙述做出反应

对战术行动的时间、空间和目的做出安排是军事行动规划人员的基本任务。就将对敌人产生的任何影响而言，这些行动的目的必须能够传达意义。对于如何使事件符合现有叙述进行理解，继而传播，是使行动合法化的一个重要组成部分。仔细分析敌对性叙述对行动所做出的解释，有利于军事规划人员进行确认，

并为第二阶及第三阶的影响做准备。

在美国陆军野战手册FM5.0第三章“军事决策过程”中，阐述了要将叙述理论融入进军事规划与行动中。虽然在文献评论中越来越多地见到叙述的身影，但是，对这一概念还需要进一步的界定才能使其得到实际的执行。《社会科学研究中的叙述》所描述的叙述框架为传播叙述提供了一种有益的手段。

社会学专家芭芭拉·查尔尼娅维斯卡博士总结出8步流程，借此来展开社会科学研究中的叙述分析。这种方法为上文所提及的将叙述整合进军事情报、规划和执行中提供了基础。将社会科学中叙述调查框架与现有的军事规划与执行框架相结合，将会形成一种适用叙述理论的综合性方法。

不过，若想构成情报分析的基础，必须持续不断地收集叙述。战场情报准备程序可以并且应当将叙述纳入其中，使之成为一项长期性的需求，并且将叙述与敌人的物理部署、地形和基础设施摆在同等重要的位置上。虽然叙事情节本身可能只是昙花一现，如大多数叙事情节都是在24小时新闻播报中播出的，不过，用以推动这些情节，并为它们创造新闻价值的“重要情节”是值得收集的。与目前的实践或将一个叙事情节评定为正面报道或负面报道相比，这种方法更为有效。从这一体系内的所有实体中收集叙述，包括美国、西方、敌对势力的叙述，以及任何其他充斥于关注区域内的叙述，这对于“重要情节”的分析而言是至关重要的。在面对面的活动中，传播和情报专业人员也应对受众展开叙述，而不是采取调查或直接询问的方式。信息影响模式这种传播范式致使实践者将重点放在对所收集的离散数据进行分析研究上。从性质上讲，这些数据具有描述性，而不具有规范性。仅仅收集数据将会使意义和背景遭到忽略。而更糟糕的是，那些数据其后将会被纳入到传播者自己的叙述中。

对收集到的叙事情节从内容、背景和意图方面进行分析，旨在弄清这些叙事情节所展示的主题以及表现方式。收集这些叙事情节使军事人员能够推测出在个人、组织、文化和国家等各个不同层面上存在的叙述。此外，应当对这些叙事情节进行拆解，以确定所涉及到的普通原型、叙事形式和主题，引出“重要情节”。针对同一个叙事情节，将与之有关的开源信息和那些利用情报手段收集的信息相比照，可以看出所描绘的行为与观察到的行为之间存在的紧张状态。开展军事行动时，针对敌对势力内部的紧张关系应当加以利用。

执行中会涉及到下列两个方面，当二者在一个目的的统领下实现同步时，将会传达出预期的叙述。其中表现出来的物理方面，具有任务性，并且需要后续行动予以配合。而在信息方面，将通过传播美国的叙述来传达意义。把自己的叙事情节统一起来，对其他叙事情节加以反驳，这是一个对话性的过程，在这一过程中，竞争对手们展开了意义创造活动。这种类型的信息活动，应当通过战略传播，在各个阶段的军事行动中全面、持续地开展下去。在开展信息活动上的失误，将导致主动权的丧失，使对手们有机会利用自身的叙述来为美国的行动和政策赋予特定的意义。

对叙述将会产生的一阶效应和二阶效应展开的风险分析，也应被纳入到使命分析中来。长期的战略目标可能会被成功的，但不符合国家叙述的战术行动所破坏。针对美国在巴基斯坦运用无人机开展攻击来说，扎尔曼阐释了不同的叙述所承担的角色：对美国来说，在打击塔利班和基地组织的战争中，无人机攻击不断成为叙述中的情节，同时，在将美国描述成为先进的技术力量——尤其是在战争中的长期叙事情节中，它也是一个重要的元素。然而，巴基斯坦人对此却以不同的方式进行解读。随着平民伤亡人数的增加，利用无人机实施的攻击将会被视为是一场针对整个巴基斯坦和穆斯林世界展开的战争。

在本例中，虽然执行无人机攻击是在与巴基斯坦官员沟通后以双边方式进行的，但内部及敌对的政治因素却为其自身的目的对这一事件加以利用。这是在战略层面产生的失稳效应，在面对短期的战术效果时必须进行权衡。将叙述理论融入到军事行动中，是避免发生意想不到的后果的关键一步。至少，对第二阶和第三阶的负面叙述进行识别，有助于军事人员做准备，减轻其不利影响。

野战手册5.0中对美国陆军设计方法学做出了相关规定，其中，将设计界定为“……一种方法学，运用批判性和创造性的思维方式去理解、设想和描述复杂的、结构不良的问题，并制定出解决这些问题的方法。”设计旨在对环境状况进行全面的了解，以制定出详细的计划。叙述概念以如下方式被引入到环境框架分析中：“环境框架描述了作战环境的背景（从历史和文化的角度）分析这一背景是如何形成的，当前是什么样的状况，以及这一背景在未来的发展趋势（未来的状况或者希望达到的最终状态）”。在这一背景中，叙述是指目前正被竞争性实体所散播的历史性的、带有个人色彩的、激励人心的叙事情节。

如上所述，个体在一定背景中去传达叙述，首先需要对叙述有一个共同的认识。设计方法学要求运用系统化的思维去解释相互影响，而叙述是整个设计过程中的一个组成部分。扎尔曼指出了通过将“叙述流”形成思维图像来执行叙述的可能性：美国政府必须认识到，“他们”所做出的叙事情节与“人们”做出的叙事情节是相互影响且交织在一起的，如果要将这些叙事情节更好地衔接以及更为有效地控制，就需要对此有所认识，因为这些叙事情节都在人们共同生活和传播的世界中流动着。为了实现这种效果，美国应当在最基本的层面上澄清西方与中东形成价值观的具体方式。不过，要实现这一目的，与通过在演讲中引用“自由”“宽容”这些词汇相比，更为有效的是通过小组讨论的方式，而且要对具体的情况和不同文化中范围广泛的价值观进行严谨的分析。换句话说，通过将一个叙事情节与美国人认为更好的另一个叙事情节进行比较的方式，不可能取得这场战争的胜利。相反，美国人必须理解其他文化中的叙述流，并且要找出它们的漏洞所在。

许多作战方法都呼吁“对抗性叙述”和“叙述之战”，似乎要运用动能的、线性的作战方法。扎尔曼指出，抵制一项叙述并不是最佳的解决方案，因为对于预期的接收者本身而言，它无法产生任何意义。抵制一项产生甚至可能会注入负面的“重要情节”，这将使美国试图瓦解的那些叙述更具合法性。叙述极少因为系统性的打击而被取代。它们可以并且确实经常转换。信息使系统性的压力加剧，行为可以使叙述发生转变。为此，军事规划人员必须具备观察自身叙述逻辑和其他叙述逻辑的方法，充分利用其他叙述逻辑的性质，以求实现转变。将叙述理论应用于情报、规划和军事行动中，将会促成这一转变。

军事行动必须采用设计方法学，并且不断地根据该方法学的指导开展行动，以实现叙述的目标。这说明编写一个“使命性叙述”是具有合理性的。

使命性叙述是指为完成一项指定的、特别性的使命，而对其行动方式所做的表述。它描述了该使命的预期效果，包括达到理想的最终状态所需的条件。使命性叙述是对指挥官就特定使命的构想所做的清晰的表述或描述，在全面规划的过程中，构成了制定作战方案的依据。它明确地体现了指挥官的逻辑，对于各有关合作伙伴（其观念、态度、信仰和行为与该军事行动相关）起到告知和教育的作用。它还表述了在该项使命中起到支撑性作用的信息主题和信息，并且在整合执行中的信息作战任务与其他活动时起到了至关重要的作用。

使命性叙述具有全局性，有助于使个体成为系统的组成部分，而不是成为与其他系统相互矛盾的独立系统。个体的意义创造建立在两种或多种叙述在个体头脑中交汇而形成的对话过程基础上，认识到这一点是至关重要的。军事规划人员在开始编写一项使命性叙述之前，必须先从根本上理解一项叙述具有的形式和功能。

扎尔曼针对军事行动中的叙述表述提出了一些建议。首先，他陈述了着眼于实施对抗性叙述的战略和最欠缺有效性的方法。对抗性叙述导致了“由相互冲突的叙事情节组成的无休无止的闭合环路。”当各种叙述发生交互作用时，才有可能对对手的叙述施加影响，“美国的战略能够将具有说服力的叙事情节，与就潜在的竞争对手而言美国所具有的国家利益一同嵌入到社区的社交空间和话语空间中。”对于开展叙述性对话，“Y先生”（笔名）认为，一项国家战略叙述可以成为形成其他美国叙述的“重要情节”。普林斯顿大学政治与国际关系领域的教授玛丽·安妮·斯劳格赫特尔指出：一项国家战略叙述必须能够被所有美国人所理解，并且要让他们觉得这项叙述是与他们自己的生活息息相关的。美国的国家叙述一直在例外主义和普遍主义之间徘徊。美国是一个特殊的国家，但例外主义的核心部分却是对普适价值的承诺——在全世界范围内，而不仅仅是在美国境内，人人都应享有平等的权利。因此，当其他国家的崛起是建立在繁荣、机遇和人民尊严不断改善的基础上时，美国人对这种崛起应予以接受。在这样的世界中，无需将自己视为任何国家联盟的理所当然的领导者。不能通过与其他国家的竞争来获取影响力。过去，全球范围内数十亿的人口都曾对美国的军事实力有所忌惮，继而引发仇恨。美国所寻求的并不是要其他国家出于尊敬和崇拜而俯首听命、依赖和效仿。

这段话强调了一些具有普遍性的重要情节，涉及到平等、机遇和尊严，都可以作为构建叙述的基石。这一过程的下一步是对信奉这些价值观的竞争性叙述中存在的张力进行审视。将对叙述的共同理解融入进现有的情报、规划和传播活动中，将使各项努力在更广泛的范围内达成协调统一，并且有可能使对手做出改变。

七、结论与建议

叙述是对个体用来构建其现实世界的一系列事件和经历进行的描述。价值观、态度和行为表现了个体试图如何塑造叙述，以实现其理想自我（ideal self）。在一个组织、团体或个人中，当竞争性的叙述因某种关联而相互交锋时，便形成了对抗。就打击对手的影响力而言，构建和实施一项可信度高的叙述是其核心要件。

在实施叙述理论问题上，与信息影响模式相比，注重实效的复杂性模式提出了一套更为高级的方法学。鉴于对于价值观的劝导只能通过坚持不懈的施压或诱导来实现，因此，虽然这两种模式都可以改变行为，但叙事通过注重实效的复杂性模式，可能会引发价值观上的转变。

美国陆军设计方法学将叙述理论列为认识环境的手段。而美国战略传播指挥官手册将叙述理论适用于传播领域中。这两份理论文本都强调了叙述理论中具有独特性，且从根本上具有相互联系的各个方面。当务之急是对叙述的形式、功能和逻辑形成共同的理解，以便以协调统一的方式去执行叙述。目前，对于将叙述理论运用于军事行动中还没有达成共识，本文的目的旨在推动这种共识的达成。

叙述理论的基础可能尚不明确，但仍有必要对叙述的形式、功能和逻辑形成共同的认识。此外，基于易于识别的个人、组织、文化和国家叙述展开的叙述理论教育，有助于实践者识别出其他领域的叙述。叙述的普遍性使之成为可能。在实施叙述的过程中所面临的主要障碍在于确认敌对性叙述中存在的紧张关系，以及如何调整战略方面、军事行动方面和战术方面的叙述来实现相关性。

尽管本节着重说明的是所构建的叙述具有的潜在力量，但军事规划者们也必须对那些出于无心而提供的叙述持谨慎态度，因为所有的行为都会被敌对性叙述进行解释，并赋予特定意义。在军事中负责信息传达和影响活动的专业人员，尤其是战略传播、公共事务、信息作战和军事信息支援行动中的专业人员，应当将叙述理论引入到职业军事教育计划中。

扎尔曼认为，既然所有的行动和信息都将在叙述框架内进行解释，那么，对于有意的叙述将会产生的效果可以而且应当进行规划：对于这些领域的了解使人们认识到，生活中通过过程及行为所讲述、制定的叙事情节，可能与社会有关，也可能涉及到政治或生物，可能是随机的、无意的，也可能是战略性的，可以对它们进行详细规划，也可以将它们创建为传播者欲与公众及目标受众共享的空间。如前所述，不去有效地利用叙述，相当于在面对敌对势力时放弃了主动权。

如果政策制定者、战略家、规划者和负责信息传达和影响活动的实践者们可以在叙述框架内开展工作，那么，在向其他势力传达意义的对话过程中，行为，包括物理行为或信息行为都有可能与对方产生共鸣。叙述，作为人类在认识和传播领域中的一种普遍现象，对于影响对手使之做出改变，以及促进战略目标实现来说，提供了一个理想的理论框架。

｜第三节｜探寻战略传播的科学与艺术

随着信息的爆炸式增长和信息交流渠道的日益丰富，军事行动能否取得胜利将越来越倚重于各种信息能否及时正确发布。要想在未来战场上取得胜利，就必须在强调“动力”战斗的同时也要重视战略传播。精心策划，灵活运用动作、语言和图像产生一种认知信息效果，在战场上协助达成指挥官的作战意图。战争，既是一门科学，又是一门艺术。认真研究战略传播的科学规律和艺术技巧，仔细分析文化差异对海外作战的影响，建立完善相应数据库，才能保证军队在全球任何地点作战都能立于不败之地。

在美国前国防部长盖茨的指导下，美国在战略传播方面有了明显的进步。早在2007年11月，盖茨在堪萨斯大学的一次演讲中就抱怨美国与世界其他国家沟通交流不力，不懂得如何向世界传递“美国社会是一个什么样的社会，美国文化是什么”的信息。如果文章就此搁笔，读者可能就会认为美国国家安全和外交事务方面的高级官员仍然无法掌握战略传播的要领，始终不得其门而入。

事实上，早在2008年9月17日，盖茨就宣布了一项新政策，美国开始对阿富汗平民伤亡表示道歉，并对生还者给予补偿，甚至在状况不明的情况下就开始进行补偿。很明显这种做法有些不妥，但至少证明了盖茨已经意识到了快速补偿反应的价值。这项政策的目的与补偿的本身没有任何关系，它只是传递了这样一个信息——美国政府是在乎阿富汗人民的。盖茨的这个动作弥合了美国人口号与行动之间的空隙，在不可捉摸的信息舆论战场上取得了一定的进步。这是美国在意识形态战争中的第一步，也是非常重要的一步。盖茨更换了在阿富汗的指挥官和战略思想，因为他已经意识到了在这场战争中，阿富汗人民怎样看待美国在阿的军事行动是非常重要的。

战略传播，就其核心而言就是精心地运用动作、语言和图像产生一种认知信息效果。在战场上，这种信息有助于达成军事目的。可以肯定地说，透过多种多样的战场因素，随着信息技术的爆炸和信息交流渠道的日趋丰富，军事行动能否取得胜利将越来越倚重于各种信息能否及时正确发布。因此，搞清楚怎样把战略传播纳入到战争中并使其发挥作用至关重要。盖茨前面提到的政策也强调了这个事实，想在近乎透明的现代战场中取胜，就必须将战术和战略统一起来。

众所周知，战争和军事决策既是一门科学，也是一门艺术。科学和艺术根据情景环境和功能环境不同而有所区别。鉴于战略传播在当前以及未来战争中的重要性，如何运用战略传播也要从科学和艺术两方面同时考虑。美军的战场指挥官在当前的军事教育过程中已经基本掌握了“科学”的技能，现在正在培训他们战略传播的“艺术”技能。但这并不是一蹴而就的事情，它需要体制文化观念上的转变，只有这样美军才能最大限度地发挥“艺术”的作用。同时，如果没有专家的指导，他们在探究战略传播的科学规律方面就会冒着失败的危险。

一、战略传播的艺术

美国军事顶级手册中写道：战争是个谜，战争中的人们并不按照特定的规律行动，指挥官必须高度负责、多才多艺、灵活多变，不放过任何一个出击的机会，并努力减少自身的弱点，这就是战争的艺术。

战场指挥官并非随意地运用战争的艺术，这种“艺术”是在悠久的历史过程中，在每一次计划、执行战斗任务中不断积累起来的。军事决策的技巧是指挥官在各种层次的决策过程中逐渐学习锻炼出来的。作战计划的制定首先是由决策者的意图所驱动的，在执行任务的过程中它并非一成不变，而是经过反复“决策、侦察、传输、评估”这个循环不断修正。这一循环过程中的每一个环节都是非常重要的，评估阶段让指挥官预测战斗或战役的结果，并依据这一结果决定下一步的行动。指挥官的意图和执行过程中的评估为战略传播如何发挥作用既带来了机遇，同时也带来了挑战。

（一）指挥官的意图

指挥官的意图清楚地表达了战役的目的和指挥官对军事行动结束之后态势的

想象，是制定作战计划的根本动机。

美军的高级和中级军事指挥员在注重“动力”作战技能的文化环境中成长起来，不管是计划过程中还是在执行的过程中他们都非常重视“动力”战斗技能。一些轶闻趣事中听到的证据表明，美军在伊拉克和阿富汗的前几个月的军事行动中，正是这种偏爱“动力”的文化背景导致美军在运用战略传播方面行动迟缓。如果缺乏强有力的“强制”措施、不能让指挥官、参谋人员和下级作战单位把注意力重新聚焦在信息的作用上，这种偏爱“动力”战斗的文化习性仍然会继续下去。克莉丝汀在她的专著《转变，从外到内还是从内到外？》指出这种文化观念的改变需要在时间中慢慢进化，她在书中写到：“人们确实会改变他们的想法，但这一过程非常漫长，总是以一种进化的形式慢慢发生。”不幸的是，在战场上，缓慢的变化是要付出血的代价的。

美军已经意识到了信息作用的重要性，这在陆军和海军陆战队的反破坏行动手册中都有体现。有趣的是，盖茨决定对战争中平民伤亡进行补偿却发生在反破坏行动手册出版的两年之后，又一次有力地证明了人的思想转变过程是以漫长的、进化的方式发生的。当战略传播的相关理论基础缺乏，同时人们又具有先前提到的对动力战斗技能偏爱时，战略传播经常会被误解，人们更容易认为在信息环境中利用战略传播扩大战果的机会是非常渺茫的。

要完全认识战略传播带来的好处，首先要明白信息作战是与军事战斗同步发生，目的一致，在战争最后阶段达成的预期是一样的。战略传播考虑的是信息环境的认知空间，这一认知的描述包括战争指向人群的观点和态度（如战争发生地的本地住民或国际社团）。

正确描述的信息终态（就是信息领域内预期的最终目标）有助于军事行动的计划和执行。军事行动的进程将根据这一终态预想组织展开，下属作战单位忠实执行命令，努力达到指挥官意图中预想的战争终态。受这一意图影响，计划人员在“战争游戏”中始终想着终态效果。因此，计划人员就会按照自己的预期考虑敌人的行动反应，这样评估已经考虑到了己方的战斗行动可能会导致敌人的非对称信息反应。计划人员就可以拿出相应的对策阻止敌人的信息攻击，或选取一个替代的行动方案。另外，信息终态还会决定下属作战单位如何执行任务，军事行动向目标人群传递了一个清晰明确的信息。原本认为必须采用军事行动才能解决的问题，现在通过信息干预也可以解决，信息作战可以改变敌人的观点、看法和态度，从另一个层次上瓦解敌人，从而协助军事行动达成指挥官的作战目的。

信息终态的引入，使指挥员的决心意图变得更加具体丰富，此时，战争的艺术就有了发挥作用的舞台，从而也使“艺术”在作战计划过程中受到更多的重视，或许正因如此，指挥员手中才拥有一张制胜的王牌。

信息终态的引入是前期控制信息环境以达到作战目的的重要一步，如果少了这一步，尽管参战部队认识到战争的残酷性，但有些信息仍然会突发地、不可预期地出现，对士兵的心理造成一定的冲击。信息攻击的形式很多，如因特网上一部残忍的恐怖分子录像的流出，或者是战场火力伤及平民的谣言，也可能是友军竟然把《圣经》当成瞄靶训练的靶子等。所以，在制定作战计划时把这些突发事件考虑进去是非常必要的。通常在制定军事行动方案时，子方案只是主方案中应对一些紧急事件的具体方案，它主要依据可能发生的事件、机会，或者敌人出乎意料的行动和反应而制定相应措施，以确保战斗行动的胜利，它回答的问题是“如果……万一……”。在当前战场的信息环境中，要想达成指挥官的作战意图，我们就必须转变思想，这也许是一个体制文化上的变迁。尽管体制文化变迁是一个长期的过程，也许目前这一转变还不太为人理解和接受，但为主方案补充子方案以应对突发事件的做法已经被广泛接受。也许子方案并不能预测所有可能突发的变故，但它至少告诉我们，战争并非严格按照人们的作战构想发生，而是可能会出现变故，所以必须要制定一些措施来应对这些变故。

（二）评估：衡量效果

倾向于“动力”战斗的体制文化同样会影响对信息效果的评估。由其本质决定，动力战斗主要提供即时的、物理可观的证据：如一枚炸弹投下了，一幢建筑被摧毁了。但考虑到人类的行为模式，评估战略传播在改变人的观点和态度上的效果是一件非常棘手、需要长期观察的事情，就像斯蒂芬·科尔曼讲的一样复杂。不断反馈是战略传播中非常必要的一个环节。此外，科尔曼还提供了一组能够反映战略传播是否奏效的变量。在他看来，战略传播是由一系列信息组成的，对其效果的评估需要认真挑选保留其中有用的信息。这同时也说明了“决策、侦察、传输、评估”这一模式在对战略传播的效果进行评估时仍然适用，只不过比动力战斗评估耗时更长、过程更为复杂。

不难理解为什么军事指挥员总是希望得到一个以他的动力战斗经验能够提供的快速结果。并且他们这种根深蒂固的速胜渴望可能会质疑战略传播在完成任务中发挥的作用。尤其是需要昂贵的资源投入时（你愿意用昂贵的直升机载一个摄像员还是一个机枪手到战斗区）。一方面，信息终态为克服体制文化的旧习提供了一个机遇，另一方面信息效果的评估却需要在原有的体制文化框架内得以发展。典型的战略传播效果评估需要大量的时间、金钱、人力，通常还需要专业的技能，内容涵盖民意调查、讨论组、媒体分析等。为了减少相关费用，军方必须发展野战条件下权宜的评估手段。在伊拉克执行任务的某旅战斗小组司令官拉夫尔·贝克上校介绍了他的经验：村庄中像巡逻队一样走动的人群的数量，以及他们是什么样的人，包括村庄墙体上涂画的像诗一样的文字的多少、种类，这些信息都可以反映目标人群的看法和态度，从中看出在行为上的变化，士兵成了信息的主要来源。贝克上校对士兵的收集成果以关键信息需求的形式进行评价，在去除战术层面的信息之前，最好要记住在信息领域内的战术行动都有长期或短期战略含义。贝克上校对这些信息的运用只不过是战斗区内的一种常规方法，而社会科学家可以把它们加工、归类，经过专业的整理，形成简易有效的信息，以方便野战指挥官随时使用。

在“动力”战斗行动中通常需要能够立即产生效果的措施，一经采取就会马上产生令人满意的效果，而在信息作战中这种情况通常是不切实际的，指挥员运用信息策略时必须克服这种不切实际的想法。因此，认识到信息策略的特点和认识到信息的即时作用最终趋向于信息终态一样有价值，甚至价值更大。那些证明战略传播发挥作用的证据也只是一个短期说明，指挥官会在一个更长的时间内找到越来越多的信心——在信息上花些代价产生的效益是有利于任务完成的。

随着当代军事文化的不断变革，战略传播的艺术在文中描述的当前战争背景下是完全可以实现。尽管关于战略传播的相关讨论暗示了人类行为模式的复杂性，但如果严格而正确地运用战争的科学规律，还是可以确保预期目的的实现。

二、战略传播的科学

战争的艺术，就其本质而言，是应用于规范化的过程中的经验功能的体现。而战争的科学则是采取了这些经验，并在分析过程中提出更高深的问题。也许听起来比较拗口，但它就是这样：科学证实，并质疑艺术。通过这种方式，“科学”采取具体行动执行计划以产生预期的结果。如同前面指出的，美军联合作战教程中“决策既是门科学也是一种艺术”完全体现了这一概念。

科学在运用战略传播作为产生预期信息效果的一种手段时显得尤为重要。一场军事行动结束之后，如果想让村庄里的居民对美军的存在保持中立态度，美军应该用什么样的动作、图像、语言才能达到这一效果？答案是：“那要看情况”。它取决于当地的居民是如何理解这些动作、图像和语言的。深入了解人类的行为模式，特别是文化和文化如何触动感情，是取得人类行为改变的关键步骤，是确保达到预期信息终态的根本保证。

了解文化的困难在于，文化在本质上只是一种区域的现象，像麦克·南提书中所讲的那样。

> 我们所生活的社会，是伴随着我们长大的环境，是一个相当小的区域，而并不是整个国家的文化大环境……它在文化上，价值观上，信仰上，以及对待金钱、工作、婚姻、性别角色等的看法上都不一样。

每个国家都有他们的个性，这是由他们的社会经济因素，宗教和种族决定的。像美国这样一个集中的大社会，社团之间的价值观是不同的。把这个事实转移到美军正在执行作战任务的外国去，就会理解采用单一模式的动作和信息去影响人的观点和看法是多么具有挑战性了。

美国军队的指挥官，特别是那些在伊拉克或阿富汗执行过多次任务的指挥官，经常会发现，与上次执行任务相比，自己好像处在了一个完全不同的指挥或地理位置。这是因为文化是一种区域现象，这些指挥官所处的新环境与想象中的环境相比已经发生了巨大的变化。随着时间的推移，这些指挥官越来越认识到了文化差异和文化敏感对完成任务的重要影响。了解当地居民的文化对战场的指挥官来讲是一个巨大的挑战。对文化的直觉，或心理学、社会学和人类文化学的教育在部队仍然没有普及。事实上，针对这一概念大多数指挥官只明白了两个道理：了解文化是重要的，了解文化也是困难的。军队应该尝试增加指挥官对相关知识的学习，或是从地方外部资源中招收一些专家为军队作战提供帮助。

（一）语言教育和参谋专业知识

学习当地语言有利于更好地了解地区文化。认识到了语言在了解文化和社会敏感问题上发挥的作用，美国国防部于2005年出版了一本名为《防护语言转换路标》的书。该书的目的是令人称赞的，但这本书最大的漏洞在于它忽略了语言熟练程度与指挥官任职之间的联系，美军规定的军官必须接受的军事教育表明了一个军人在其军旅生涯的成长需要。对于那些在海外服役、需要掌握对方语言才能更有效地工作的军官，最好的办法是对他多加上一项外语要求（主要指在国外服役的军官），但这个要求也只能触动一小部分的军官。相反，在预备军官训练奖学金中加上外语要求这一项，并在军校内强调学习外语的重要性。在学员任职之前，并不需要明确学习何种语言。关键在于要尽可能让更多的未来军官掌握外语，以更好地理解文化上的差异。毫无疑问，在将来的具体冲突中会非常需要某种语言知识，为满足这种需求，军方可以在军校任职前教育培训中进行语言教育，也可从普通的招募人员中取得帮助。把语言能力与军官的工作表现挂起钩来，促使未来的军官们在战争中能够更好地了解对方的文化。

除了培养一般性的文化敏感，语言教育还可以提供社会科学领域内的军事参谋专业技能，如人类学或其他有助于扩大胜利成果学科。美国军队再一次认识到了这个情况，在伊拉克和阿富汗的旅级参谋队伍中设立了人类地域小组（HTT）。陆军合成兵种中心在2008年出版一本手册，彼得·齐拉里中将在手册中指出了这些小组的功能：

> 透过当地文化和意识的透镜看到军事行动的影响是计划每一次战斗的首要任务。

美军中这样小组的数量非常有限，大量的专业技术是由不穿制服的非现役人员提供的，这些平民专家在社会科学领域内有着更高深的研究。把小组数量之少与他们取得的成功之大联系起来，这说明军队急需一批拥有相关专业技能的职业参谋人员。

军队重视培育和分配非现役参谋人员，在适当的社会科学方面提供更多的教育机会，这就会逐渐形成一项制度（包括高级的平民教育和专业的军事教育）。心理战和平民问题专家将是适合这一角色的最佳人选。心理战专家更加精通人群分析研究的奥妙之处。尽管如此，他们也需要更多的人类学方面的知识，以确保预期的信息终态得到实现。平民问题专家处理各种各样的平民问题，需要与村庄或当地的领导和群众打交道。鉴于此，他们可能是估计和确定当地人群微妙文化的合适人选。再次强调，与大众文化相关的深层教育是非常必要的。

强调教育的价值远高于简单地在每支参谋队伍中编配文化问题专家，尽管完成这一工作也非常重要。因为军人才是与他们的指挥官共享一种体制文化的人，他们明白指挥官的意图，从行动开始到结束，他们知道如何部署才能达成作战目的。他们寻找影响胜利的文化因素，并能够正确地翻译给其他参谋人员或他的指挥官。信息终态和文化理解之间越来越相互增强，彼此促进。指挥官知道如何通过动作、图像和语言（艺术）诱发行为的变化，参谋队伍中的文化问题专家对目标人群运用人类行动模式的规律（科学）以确保这些动作、图像和语言能够达成胜利。文化问题专家继续观察目标人群的反应来决定信息产生的效能，并把它反馈给后方以调整未来战略传播的策略。

这就是拥有一支非现役的参谋人员来研究当地文化的另一好处。例如，美军进入战场已经有12个月，在最初部署阶段就分配了一部分官兵专门研究心理战和平民问题，虽然他们已经对不同的社会科学规律有了一个大概的认识，但对目标地区的情况了解还不是很具体。慢慢地随着时间的推移，各方面的数据将不断融合发展，组成一个信息知识框架。一些至关重要的因素，如有影响力的关键人物、人口统计、就业情况、当地历史等，都将有助于更加深入地了解当地的文化。这些因素可以存入一个可转换的数据库中，方便换防部队和新参谋军官使用。在这情况下，社会科学的专业技能可以随着时间发展和部队换防而不断发展成为一个长期的、日渐完善的知识系统，当下一支部队到来时，就不需要再花费大量的时间去研究当地的文化特征。这将非常有助于战略传播的开展。

（二）外部的文化专业知识

可以很肯定地说，军队不可能非常准确地得知下一场危机将在哪里发生，预测下一场冲突（或是需要人道主义救助的灾难）最多只能算是一门学问高深的猜想。怎样在军事行动之前进行战略传播？答案就在于那个储存文化问题和关键文化因素的数据库，它完全可以满足指挥官在当地作战的需求。比如，纳戈尔诺-卡拉巴赫（Nagorno-Karabakh位于阿塞拜疆西南部的一个自治州，我国亦称其为“纳卡”地区。编者注）是未来美军可能作战的地区吗？如果是，美军欧洲司令部就应该能够立即招募那些了解当地文化、深谙其中奥妙的专家。这些专家可能已经在某情报机构或外交小组内供职。盟国和友好国家，非政府组织，还有科研院所都是潜在的人才来源。发生战争的当地作战司令部来决定所需数据库的输出参数，并确定它包含的文化结构，这些输出参数和相关需求应该与潜在或当前的军事目的联系起来。关键性的具有影响力的人物，还有当地人信任的信息传播者，应该是所有数据库的关键组成部分。优先文化数据库的先期发展为每一次受信息影响的军事行动提供了良好的开局。

三、总结

普鲁士军事战略家克劳塞维茨说过，政治家和指挥官做出的最早、最重要、最深远的决定就是对他们即将进行的战争的性质进行定义。随着近年来信息在战争中作用的日趋重要，可以肯定地说，由战略传播带来的信息影响已经成为制胜的关键因素。记住这一点非常重要，军方必须明白应该如何计划和执行战略传播，从而有效地协助实现预期的结果。这需要对战略传播的科学性和艺术性都要有一个更好的理解。

包含指挥官意图的信息终态的引入将会使军事教案产生一个崭新的变化，这将会大大增强军事指挥的艺术，信息功能也因此变得和军事演习一样重要。把这些措施形成流水线以保证更加迅速的信息反馈非常重要，其中包括：强调对军官任职的外语要求；积极发展能够更深入了解人类文化的专业分支；建立文化问题专家数据库以应对将来发生在陌生地理环境中的任何冲突。采取上述做法，到最后战略传播将成为所有军事行动内在的、至关重要的一部分，相关的专业知识在协助达成作战目的的过程中发挥着更加有效的作用。

| 第四节 | 战略传播与公共外交

美国国务院驻外事务处官员理查德·M. 威尔伯在美国海军战争学院发表题为“Strategic Communication Meets Public Diplomacy: DOD-DOS Collaboration at the Operational Level”的论文研究了作战层面战略传播与公共外交存在的相辅相成的关系。作者提出了一项主张和若干项建议，旨在将国防部作战司令部与国务院区域局在战略传播/公共外交方面所做出的协调工作正式确定下来，以更好地利用这些相辅相成的能力去实现目标。

一、概述

本节所关注的是战略传播与公共外交之间存在的相辅相成的关系，前者限定为美军和美国防部在作战层面所理解和实施的战略传播，而后者则是由美国的外交官和国务院专业的传播者所开展的实践活动。如今，在这个世界上，美国的对手们已经证明他们善于利用信息环境，去克服美国在常规武器、后勤、战略和战术方面存在的优势。美国政府发现，它自身正面临着输掉这场战争的可能性，因为它没有有效地去接触外国公众，也没有有效地去影响国际公众舆论。目前，在国家层面，对跨部门战略传播计划的定义和结构仍存在争议，美国防部和国务院在海外所开展的行动，是在缺乏全面的国家战略或战略传播指挥与控制体系的情况下进行的。在实践中，这两个部门相互促进，不过，本节将提出一项主张和若干项建议，旨在将美国防部作战司令部与美国务院区域局在战略传播/公共外交方面所做出的协调工作正式确定下来，以更好地利用这些相辅相成的能力去实现目标。

二、战略传播与跨部门合作

战略传播概念已经以各种形式存在了好几个世纪。不过，自冷战结束以来，尤其是在出现“9·11”攻击以及随后的全球反恐战争之后，战略传播已经成为当今美国高度关注的领域。这在很大程度上是缘于传播革命，它使得在全球范围内对信息、音乐、视频和照片的近距离瞬时分享成为可能，而美国的对手们已经成为专业的传播者，他们了解传播技术的价值，知道在认知战场上该如何利用传播技术来战胜美国。

很多人以不同的方式对战略传播进行了界定。在乔治·W. 布什总统第一任期间，杰弗里·琼斯曾担任国家安全委员会战略传播与信息部门的负责人，他将战略传播定义为“……对治国方略、公共事务、公共外交、军事信息作战以及其他活动的同步协调，并通过政治、经济、军事和其他措施得到强化，旨在促进美国外交政策目标的实现。”这一定义具有很强的实用性，因为它强调了在战略层面真正的战略传播需要将四项国家权力要素有机地结合在一起：外交、信息、军事行动和经济力量。

当前的联合作战条令将战略传播界定为“美国政府集中努力来理解并接触关键受众，通过与国家权力机构各部门的行为同步且协调一致的项目、计划、主题、信息和产品，来创造、强化或维持有利于实现美国政府的利益、政策和目标的环境。”这一定义突出了战略传播的一个关键性标志，那就是理解国外受众，这是美国国防部力求实现的目标，也是美国国务院实施的公共外交实践所具有的一项基本职能。

自“9·11”事件以来，在白宫、国防部以及国务院内，推动战略传播/公共外交能力的发展，以及促进整个政府范围内工作的协调，已经成为一项优先任务。然而，鉴于官僚机构之间进行的权力争夺，以及政府内的各机构在实现跨部门之间的协调问题上未能准确地界定战略传播，且未能提出一项可以接受的指挥与控制体系，这导致无论是布什政府还是奥巴马政府都还没有制定出一项可以阐明指挥与控制，或是使跨部门之间的战略传播及协作得以正式确立下来的国家战略。因此，在这期间，美国家安全委员会一直承担着一种责任，即对仍然处于狭隘思想指导下的、非正式的部门间协调进程进行监督。

美国国会也曾试图去找到一些方法，以实施一项协调机制，旨在对各部门各自为政的状况以及单方面的政府战略传播计划进行规制，但仍是徒劳无功。2008年9月，参议员萨姆·布朗贝克提出以立法的方式建立国家战略传播中心（National Center for Strategic Communications, NCSC），“……一个类似于之前已解散的美国新闻署的机构”，将与广播理事会一同承担目前由美国国务院的公共外交所承担的某些职能。该中心的负责人“将对来自于其他联邦机构——其使命涉及到战略传播与外国公众的代表们所组成的跨部门工作组进行监督。”次年，众议员威廉·索恩伯里针对战略传播中心的设立向美国众议院提交了一项议案，旨在为美国国防部、国务院和其他机构之间的战略传播合作提供一项协调机制。索恩伯里与同为众议员的亚当·史密斯还是战略传播与公共外交核心小组的共同创始人，该核心小组的宗旨是“进一步认识战略传播与公共外交所面临的挑战，并针对提议的解决方案从多角度进行分析。”

然而，上述任何一项议案在两院中都没有得到通过。随后，在2009年，国会将一份报告中提出的对战略传播组织与战略传播活动的要求写进2009财年的《国防授权法案》中，这体现了国会对于国家战略传播工作状况的持续关注。作为对该法案第1055条的响应，白宫和美国国防部于2010年初提出了与战略传播相关的补充材料。尽管这两份报告都承认有必要去改善机构间的协作，但都否定了创建一个单独的机构以对美国政府范围内的战略传播/公共外交计划与活动进行指挥与控制的想法。这两份报告更倾向于保留国家安全委员会作为召集机构的职责，由其负责非正式的信息共享与协调，并为促进部门层面的彼此协调而采取行动。尽管在奥巴马时代，美国国防部仍然在呼吁改善跨部门之间的协调工作，但是，似乎在这一任政府执政期间，仍无法看到为实现跨部门的战略传播/公共外交工作的协调统一而正式确立一项指挥与控制体系。

三、作战层面的战略传播/公共外交

尽管在战略层面上，要实现跨部门间战略传播工作的协调统一还存在一定的差距，但在作战层面上，美国国防部与美军完全认识到了战略传播的重要性，并且正致力于将战略传播融入到各级军事活动的规划与执行中，并为此推动相关部门之间的协调，尤其是与美国国务院之间的协调。美国前国防部长盖茨在上述向国会提交的报告《国防部战略传播报告》中第1055条中指出，大量的国防部文件已经对此予以确认，这些文件包括2009年1月份的《四年角色与使命评估报告》，以及《联合作战计划》(联合出版物5-0)，后者将战略传播界定为“战略指导的自然延伸，它对总统的战略指挥、国防部的国防战略以及参谋长联席会议主席的国家军事战略的实现都起到了促进作用……战略传播的实现需要在跨部门间展开合作，它为美国的区域性及全球性伙伴关系的发展提供了机遇。”

为实现这一目的，地区性作战指挥官通过将战略传播正式纳入到作战层面的联合规划过程中履行了国防部以及联合指导所赋予的使命。不过，到目前为止，地区性作战指挥官在与美国国务院协作的过程中一直采取一种专门化的方法，运用这种方法使他们错失了许多机会，无法在最大程度上达成与国务院的协同化，也无法有效地发挥战略传播活动与国务院公共外交计划和能力之间的互补作用。通过遵循下列相对简单的步骤，可以确保在地区性作战指挥官与国务院的同僚们之间建立正式的联系，这两个机构都将从改善后的、针对各项努力、计划与资源所进行的沟通与协调中获益。完整的美国国防部战略传播体系如图3-3所示。

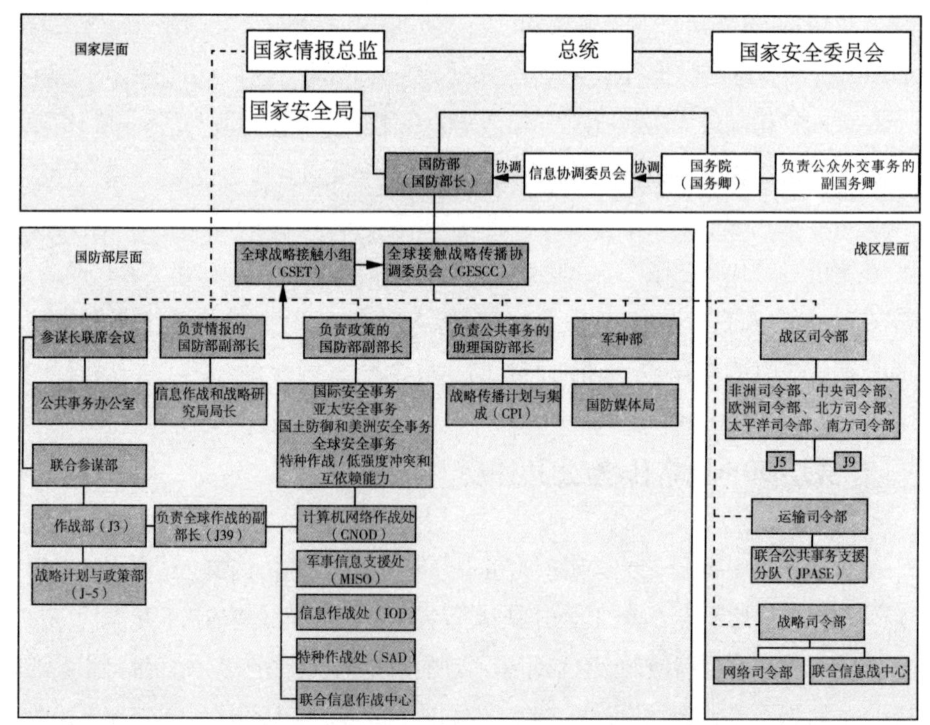

图3-3　美国国防部战略传播实践体系结构示意图

在美国国家战略或在跨部门之间展开的正式指挥与控制机制没有到位的情况下，地区性作战指挥官及参谋人员与国务院的同僚进行的沟通与协作程度毫不意外地反映了不同的地区性作战指挥官对战略传播的认识度和支持度。南方司令部的例子强有力地证明了这一点。在南方司令部中，不断有指挥官提出对跨部门间协作的强烈需求。时任南方司令部司令官的海军上将詹姆斯·斯塔夫里迪斯于2007年春写到"……战略传播最终是一项'团体性运动'。它必须被融入进一个联合的、跨机构的、商业化的体系中。若最终与其他美国机构的规划相抵触，再完美的战略传播计划恐怕也要大打折扣。不幸的是，这种情况经常出现。每一项计划都应当被严格审核，并希望该计划是齐心协力的结果……其中，涉及到美国国防部、国务院，以及所有为了美国的利益而参与到国际战略传播中的内阁组织和国家机构的实践者。"在面对地区性作战指挥官的区域性责任时，斯塔夫里迪斯还指出，"对于一个作战指挥官来说，其'组织'战略传播的责任在于作战层面……一项在整个战区实施的战略计划是跨越时间、空间、语言和文化的……在作战层面对战略传播进行'组织'之后……我们将要在个别国家层面上去施行。在此，战略传播计划的所有元素都应当结合在一起，尤其是我们的计划必须与使馆的工作充分协调和同步。"

四、美国国务院的公共外交体系与公共外交活动

改善部门之间的协同性，将使各方获益。按照美国法律规定，国务院是开展公共外交活动的主管机构，负责与外国公众之间开展外联事务。负责公共外交与公共事务的副国务卿办公室对于其公共外交使命做出的说明为"通过向外国公众进行宣传、施加影响，以及扩展与加强美国政府和民众与世界上其他国家民众之间的关系，来促进美国对外政策愿景和目标的实现，推动国家利益的发展，提升国家安全"。为此，海外的公共外交人员们（Public Diplomacy Officers, PDOs）在东道国接触的对象主要为非政府性质的行为者，如学者、媒体、艺术家、非政府组织、企业界、青年团体和舆论领袖等。虽然他们与政府官员的接触并没有受到限制，但其主要职责是与社会中的非政府层面开展外联事务。在互联网传播时代，非政府性质的行为者对公众舆论、政府政策和政

府指导的影响日益深化。

鉴于公共外交活动的规划性、公共外交在历史上具有的专注性或专门化，使国务院的公共外交组织结构在国务院和驻外事务处内具有独特性。[a]在1999年之前，公共外交的实施由美国新闻署负责（U.S. Information Agency, USIA）。该部门创建于1953年，是内阁的从属机构，在克林顿政府后期被合并到国务院。美国新闻署的海外分支机构被称为美国新闻处（U.S. Information Service, USIS）。美国新闻署与国务院合并后，其海外业务如今大多被划归到使馆的公共事务处，由在海外任职的公共外交人员执行。（在形式上也被称为公共事务人员（Public Affairs Officers, PAOs）在实践中和本文中常替换使用）。[b]

公共事务人员运用各种计划和公共外交成果，实施与初始行动（从欧普艺术来看）相当的外展活动，即通过向外国受众解释和宣传美国的政策、价值观、文化和社会体制，并对关键受众机构和个人施加影响来塑造环境。这类计划包括：职业性和学术性的交流，如富布赖特和汉弗莱斯计划，国际访问者领袖计划；英语教学；美国演讲者计划（使政府之外的各类专家们以各种各样的主题向外国受众去阐述美国社会）；文化项目，如乐队、舞蹈团、艺术展览和体育训练；为那些愿意到美国深造的学生们提供学术指导；有效地管理美国的图书馆和电子信息资源中心；书籍翻译计划；以及为美国与东道国的非政府组织或学术/文化机构开展双边交流、能力建设培训或其他活动提供机会，以增进相互理解，加强美国与东道国的相互联系。

公共事务人员与当地的新闻媒体（电视、电台以及网络媒体）、驻东道国或访问东道国的外国媒体，以及就与美国利益或特定国家的外交政策相关事项进行报道的美国记者们，也展开了密切合作。他们充当大使馆的发言人，根据国务院的新闻导向来阐释美国的政策，为高级政府官员和美国代表团来访提供新闻支持，组织新闻发布活动，处理官方的文字记录，并且为与重要人物一同前来的美

a 其他专业领域包括政治事务、经济事务、管理和领事事务。驻外事务处还有一些专家，比如特工人员（安全官员），英语教学专家和传播者，用通常说法就是指在国务院领导下的外交使节团。美国国际开发署、农业部（海外局）和商务部（对外商务服务处）管理其自身的海外服务部门。

b 在华盛顿，国务院对公共事务人员与公共外交人员有所区分，前者涉及到新闻导向和国内受众，后者负责为海外的公共外交行动提供支持，或负责向外国受众宣传美国的政策。

国新闻媒体提供新闻中心。

自肯尼迪政府以来，美国公共外交已经承担起“第二项任务”，从对外交往中进行聆听，并获取信息。公共事务人员定期对东道国的社会发展做出报告。报告涉及到如教育、新闻自由、艺术和文化、非政府组织的发展、妇女问题、环境、科学和体育等一系列与个人自由及外国对美国的态度相关的问题。

美国新闻署时期，公共事务人员向华盛顿提交的两份最为重要的成果分别为《体制分析》和《国家计划》。《体制分析》对东道国的社会体系和公共事务人员接触的关键受众成员——舆论领袖和影响的“把关人”（从机构和姓名方面）进行简单介绍。《体制分析》中包含一项媒体指南。该指南对所有媒体单位和主要记者按其在社会中充当舆论领袖的作用大小进行排列和分析。另一项主要的公共外交成果是一年一度的《国家计划》。通过该计划，公共事务人员向华盛顿阐述了外交政策中的优先事项，以及公共事务部门下一年度将欲实现的公共外交目标。该计划概述了所需的公共外交资源和实现上述目标将要执行的计划。

1999年，美国新闻署被整合到国务院之后，不再要求提交上述报告。然而，公共外交人员仍然在向华盛顿提交经修订过的《体制分析》和《国家计划》作为非正式的规划工具（通常有助于满足华盛顿各机构的相关信息需求）以辅助其做出规划，并有助于证明公共外交资源需求的合理性。如今，每年的使命战略资源计划（Mission Strategic Resource Plan, MSRP）所需投入的公共外交进行分析时也采用了类似的方法和信息。在该计划中穿插了公共外交的目标，有助于驻受援国小组实现该计划的主题和优先事项。公共事务部门也会定期向华盛顿提交媒体反应报告，该报告有利于监测当地的媒体环境以及确定东道国国内的主要趋势和热点话题。此外，公共外交人员通过任务活动跟踪（Mission Activity Tracker, MAT）数据库向副国务卿办公室提交有关计划结果的报告，以此证明其预算需求的合理性。

使馆的公共外交人员为大使效力，同时他们还是驻受援国小组的关键成员。正因为如此，他们隶属于同一个国务院区域局。其国家“服务对象”的范围与区域性作战指挥官的责任区域大致相同。对于在美国国防部和国务院的政策以及战略传播/公共外交方面进行协调而言，国务院的区域局这种构造是可以理解的，对作战指挥官来说也是有益的——不过，这只是在某种程度上而言。美国国务院虽然依赖于区域性的组织架构，但其文化却注重双边性——尤其是在那些不存在主导性语言或共同文化遗产的区域，如非洲或东亚。一位负责区域性事务的助理国务卿视察整个区域的政策时，发现每位大使（及其驻受援国小组）在邻近的国家开展工作时往往无法与同行们展开合作。大多数作战指挥官意识到了两个机构之间的差别，并在其司令部内建立了国家问询处，以便直接与其责任区域内的驻受援国小组取得联系。虽然国家问询处使作战指挥官与其责任区域内的大使们建立了直接的、定期的联系（通常是通过使馆武官），但在战略传播/公共外交方面的联系还没有建立起来。

每个国务院区域局都包括一个由公共外交处主任（PD Office Director, PDOD）领导的公共外交处，以及一位在公共事务/公共外交方面向助理国务卿提供咨询建议的公共外交人员。公共外交处主任在区域局内工作，并在整个国务院范围内与其他区域局共同协作，以确保使馆的公共外交部门在其外展计划和新闻支持方面能够对政策做出响应。这对于战地的公共事务人员来说同样重要，公共外交处主任还会与国务院的公共外交规划局以及负责公共外交和公共事务的副国务卿办公室（区域局进行报告的对象）进行联络。

在国务院的命名系统中，副国务卿及其办公室都以字母“R”来表示。“R”负责设定政策，对公共外交预算（包括通过区域局公共外交处主任向使馆划拨的款项）进行监督，与其他部门展开协作（包括通过国家安全委员会主导的跨部门程序与国防部之间的合作）。并且，对其控制下的三个公共外交部门进行管理——公共事务处聚集了国务院的发言人，负责协调新闻导向过程，并与美国新闻媒体及驻美国的外国媒体进行接触；教育与文化事务局（Bureau for Educational and Cultural Affairs, ECA）对文化与教育方面的计划和关系进行监督；国际信息局（Bureau for International Information Programs）管理美国演讲者计划，国务院的公共外交网站（以8种语言编辑），并制作各种书面性的公共外交材料以供在战地对美国的政策和价值观进行宣传之用。与国务院的区域局建立紧密的联系，有助于各作战指挥官及其参谋人员就华盛顿发布的政策与战略传播/公共外交保持协同性。

如上所述，美国国务院的公共外交指挥与控制体系错综复杂，且与美国国防部的体系存在不一致之处：战区的国务院公共事务人员作为驻受援国小组的一部分，直接效力于其大使，看起来公共外交处主任在国务院区域局内负责总体的政策指导，对“R”进行游说，以获取资源支持。并且，对于那些旨在实现驻受援国小组公共外交目标的计划和结果，与“R”中负责公共外交的部门进行直接的协调。他可以与其他美国使馆的同僚们展开区域性的协作，但这种协作必须同时考虑到美国与东道国双方。

五、对作战层面的战略传播有益的情形

美国国务院和国防部具有不同的文化和时间跨度。在各国设立使馆，目的是要发展和维持与东道国的长期双边关系。美国国防部是以行动为导向的，而外交官们更多会考虑到现状，或从长期的角度对进展情况进行衡量。他们所运用的方法相较于其军事同行来说更为细微。考虑到这些差异，美国使馆的公共外交行动可能会对作战司令部的战略传播计划起到一定的作用。被指派到使馆的大多数公共外交人员任期为三年，他们工作中的一个重要部分是要对东道国的文化和社会进行充分了解。使馆会在当地雇用一些人员来提供支持，保障与东道国之间维持长期、持续性的双边关系。通常情况下，公共事务人员会关注那些具有较高文化程度且人脉广泛的当地雇员。因为他们熟知当地社会，而且他们有能力对当地所发生的变化做出解释。[a]通过一些方案、本地知识和规划/报告结果，如使命战略资源计划、媒体导向、《国家计划》和《体制分析》、日常的媒体反应和针对各项主题电传的报告，公共事务人员及其工作人员向作战指挥官及其参谋提供了海量的资源。正如参谋长联席会议主席马伦上将所写到的，“我们必须对我们开展行动的环境以及受众的认识有所了解……我们必须更认真地去倾听，这比任何特定的工具都更为重要。”美国国务院的公共外交能力有助于作战指挥官实现这一目标。

公共外交人员所组织的活动，主要分为文化和新闻/信息两大类。粗略来说，文化方面的因素（例如交流计划、演艺活动、展览、与非政府组织之间的外联活动、图书馆、图书翻译计划）为支持初始阶段的行动（即塑造环境）提供了协作的机会。例如，作战司令部参与战区战略合作（Theater Strategic Cooperation,

a 公共外交方面的当地雇员在使馆中通常会领到最高级别的薪资，这反映了他们的教育程度、专业知识以及在解释当地状况中所发挥的作用。

TSC）的规划人员与公共事务人员保持紧密联系，可以发现一些有计划的、引人关注的、运用公共外交接触到东道国军事人员的时机，以支持战区战略合作。同时，也有助于公共事务人员去实现其自身的目标。

公共外交办事处的信息与新闻活动，通过与当地媒体和外国媒体以及东道国信息部门的广泛接触与合作，为进入东道国的媒体世界提供了机会。公共事务人员及其在当地雇佣的新闻助理可以为军事公共事务打开大门，并避免了各种繁文缛节，他们所履行的公共事务职责对于执行所有军事行动的作战司令部来说，起到了至关重要的作用。公共外交人员的第二个任务——倾听和理解当地文化也提供了另一种方式，使作战司令部的战略传播可以得益于与美国国务院的紧密协作。

六、建议

在缺乏跨部门体系的情况下，将作战指挥官与像美国国务院这样的机构在作战层面的协作正式确定下来，确保在最大程度上实现区域层面的合作，并克服战略传播/公共外交在组织结构上存在的不一致。对于以下这些切实可行的步骤，会使这两类机构应加以实施以确保在所有责任区域内的持续合作，保证在作战司令部和位于其责任区域内的使馆进行人员轮换。

1. 在作战司令部通常都被派遣了政治顾问（Political Advisors, POLADS）。这些外交官可能会起到顾问的作用，或许还会充当政策联络员。但是，作为高级政治和经济官员，这些人既不具有公共外交经验和“公共外交思维”，也不明白要如何才能控制公共外交杠杆。因此，应当派遣中级的公共外交人员去担当顾问、战略传播和战区战略合作规划参谋组成员。并且，在责任区域内作为联络官负责与驻受援国小组进行直接联络。这些工作人员将直接与该区域内各使馆的公共事务人员合作，并与政府的公共外交部门联络，以支持在责任区域内就战略传播/公共外交展开的协作。

2. 反过来，类似美国国防部也向国务院区域局派遣军事人员以协助进行相关的工作。这些人员，如果在每一个区域局的公共外交处都得到最为有效的配置，在区域范围内的战略传播政策和活动方面，他们将充当起公共外交处主任的顾问，为其提供咨询建议。并且，他们还会与其作战司令部的同僚（包括被派过去的公共外交人员）以及国务院的公共事务/公共外交部门保持联络，特别是将代表其作战司令部在战略传播/公共外交计划上展开协作。

3. 有关作战司令部的参谋人员在执行各项计划的最初阶段就应与国务院相关部门进行磋商。此类磋商应面向公共外交处主任及相关的公共外交局，旨在认识到相关区域局所执行的公共外交行动、所需资源以及潜在的合作/协调区域。公共外交处主任也应到与其相关的作战司令部做类似的磋商。

4. 作战指挥官在与国务院的高级官员进行磋商时，战略传播/公共外交应被列为优先事项。而且，在磋商中作战指挥官还需与负责公共外交事宜的负责人进行会晤。

5. 使馆定期就战略资源计划与作战司令部进行信息分享。公共事务人员将其为使命战略资源计划投入的信息向驻受援国小组呈交，并在形成最终成果之前，应先向相关的作战司令部阐明。使馆的公共事务人员还应当将有关的作战司令部作为例行的电传接收人，传送媒体反应信息及任何其他相关的报告。

6. 作战指挥官应确保将国防部的资源定期向公共外交人员所在区域提供，这是为公共外交提供的防务支援的一部分。这类资源可能包括乐队、体育小组、课题专家等。像东道国的军事力量一样，他们也可以以使节团的身份进行外交活动。除提供上述项目资源外，还应向驻受援国小组提供援助，扩充其外展能力。在不同的地点，以不同的方式扩大在东道国的受众群体范围。通过与经认可的使馆计划相联，获取政治上的合法性（或“掩护”）。这对于作战司令部的战区战略合作来说大有裨益。正如前美国国防部长盖茨在其《国防部战略传播报告》第1055条中所阐述的那样，为公共外交提供的防务支援活动要与国务院保持协调一致，“……（这种一致性）发生在驻受援国小组层面，或华盛顿的跨部门层面。”通过被派遣到作战司令部参谋人员中的公共外交联络官以及被派遣到国务院区域局中的国防部联络官开展的工作，确保了在作战层面实施的对公共外交的防务支援活动能够得到更好的传播与协调。

7. 对于作战司令部及公共事务人员的经常性合作对象——媒体、非政府组织及国际政府组织成员，国防部应促使将本国军队的能力、体系和价值观向这些重要的对话者/合作伙伴进行宣传，使其对作战规划形成更深层次的认识。作战司令部的参谋人员应要求责任区域内的使馆公共事务人员指派相关的联络人。正如外国军事毕业生往往会形成一个对世界范围内的军事规划与战区战略合作目标有益的网络一样，这些毕业生们也会形成一个校友团。他们了解作战规划过程和动机，并会形成潜在的共鸣，从而改善国防部、国务院与其不可避免的合作者——全球媒体、非政府组织及国际政府组织之间的关系。

七、争辩和反驳

有些人注意到，美国国务院向作战指挥官的参谋小组派遣了政治顾问。他们认为，这表明了指挥与控制体系是存在的，而且有利于在这两个机构之间保持协调一致。而批评者们会指出，即便在作战司令部与国务院之间欠缺一项国家战略传播战略的指导，但二者之间存在着某种程度上的组织效能。这表明当前在跨机构之间是形成了一种协作状态的。

这些争论都是目光短浅且似是而非的。在缺乏一项国家战略的情况下，需要做出更多的工作来改善部门之间的协作，而战略传播/公共外交人员之间展开的交流便是重要的一步。前美国国防部长盖茨在其向国会提交的报告中指出，“当前，国防部正针对战略传播能力展开评估，以测定现有的能力是否充足或是否还需要提高，并对作战司令部层面开展的最佳战略传播实践予以确认。”美国国务院副国务卿办公室于2010年3月发布了21世纪公共外交路线图，指出“公共外交与战略传播工作在跨部门体系之间的协调仍待加强”。而且，“对观点的详细阐述和人员轮换（在国土安全部、国防部及美国国际开发署）将使各方确立更为紧密的联系，并加深对合作伙伴能力的理解，以全政府协同的方式做出更好的规划。”在作战司令部层面，如果要使高层的机构发挥出所有潜在的战略传播/公共外交能力，那么，就仍需要改善它们之间的协同性。而且要将涉及到战略传播/公共外交专业人员的传播纽带正式确定下来。

八、结语

随着现代传播技术的出现，在后冷战时期，舆论对于政府行为和政府政策的影响已经达到了一个前所未有的高度。对于军事力量而言，这意味着必须在无线电或电视广播这一战场上倾尽全力。而且，还要认识到认知目标与物理目标同样重要。大规模的战略传播能力得到发展，相关理论被制定，战略传播纳入到各级规划和作战行动中。如果国家层面欠缺一项跨部门的战略传播战略，其实质是欠缺指挥与控制体系，这在某种程度上会或多或少阻碍了跨部门之间协同性的发挥，但主要机构可以在作战指挥官的责任区域内通过多种方式展开合作，以实现战略传播目标。

要实现这些转变，只需要投入少量的资源及有限的政治意愿。之前在部门间协调上所做出的特别安排表明，机构间的协作是能够得到改善的。这一切所需要的只是将作战层面的协同加以制度化并贯彻落实，以确保跨部门之间的合作成为组织的常态，使组织从中获益。

第五节 战略传播：北约如何塑造与控制公众舆论

研究和实施战略传播已经成为北约军事行动的重要组成部分，战略传播也已经成为北约影响战区和国外受众的一种手段。本节以北约历次军事行动中的战略传播框架为实例，介绍了北约对战略传播理解以及北约的战略传播内涵，对北约相关机构在战略传播中的角色和权限进行了简要介绍。

一、概述

北约认为，今天的信息环境具有如下特点：新闻全天候发布，社交网站增多，这些将北约组织成员国内外的受众彼此联系在一起，直接影响着关键受众对北约行动的看法，而这些看法通常关乎且直接影响着北约军事行动和政策的成败。所以，北约认为必须利用各种渠道，包括传统媒体，网络媒体和公众参与，来提高受众对其军事行动和政策的认知、了解和支持。正如2009年4月4日《斯特拉斯堡/凯尔峰会宣言》所指出的“将联盟不断演变的角色、目标和使命以适当、及时、准确和快速反应的方式进行传播将愈加重要，在联盟为实现其政治与军事目的所付出的努力中，战略传播是其不可分割的组成部分”。在科索沃、伊拉克、阿富汗、利比亚等地的军事行动中，北约“战略传播”的运用力度在逐年增加。

二、北约对战略传播的理解

北约对“战略传播”的定义是：“以协调有序的方式，适当地利用公共外交、公共事务、军队公共事务、信息作战和心理战的传播活动和能力，为联盟的政策、军事行动和活动提供支援，并推动北约目标的实现。”其目的一是通过将战略传播规划纳入到所有的作战和政策规划中，积极且直接地促进北约的军事行动、使命和活动的有效实施；二是通过在北约组织各成员国之间进行密切且持久的协调，促进所有相关受众对北约的具体政策、军事行动和其他活动的认知、理解和支持；三是作为更广泛的公共外交努力的一部分，加深公众对北约的认识和理解。

北约在战略传播过程中，遵循以下原则：一是使所传播的信息在各级司令部间保持一致；二是根据商定的指导方针，积极接触信息环境，包括社会媒体，并将重点放在响应能力和速度上；三是准确和清晰地阐述；四是尽可能清晰地界定、衡量和审视传播效果；五是通过多方努力，最大化地利用北约的所有传播能力以及所有可用的传播平台，以加强对一致性信息的传播；六是征求公众的意见，以及在必要时对传播工作做出调整。

三、北约战略传播的内涵

北约组织在关于战略传播的文档中承认，信息与观念在决定军事行动后果方面起着越来越重要的作用。北约在《心理战政策（2003）》指出，“运用任何力量投射元素，尤其是军事元素，通常都会涉及到心理方面”。这种心理层面的影响本身并不是什么新鲜的东西，但由于现代技术和社会媒体的广泛应用，致使它的内涵越来越宽泛。

（一）北约战略传播“政治–军事”框架

北约2010年发布的《战略传播的军事概念》指出，“我们的目标是将战略传播置于各级军事政策、规划与执行的核心地位”，因为它“不是一项辅助性的活动，在所有军事行动与活动的规划与执行阶段，它应成为其内在的属性。”北约的战略传播活动包括政治与军事两个层面。其战略传播工作中不同组成部分之间的关系见图3–4。

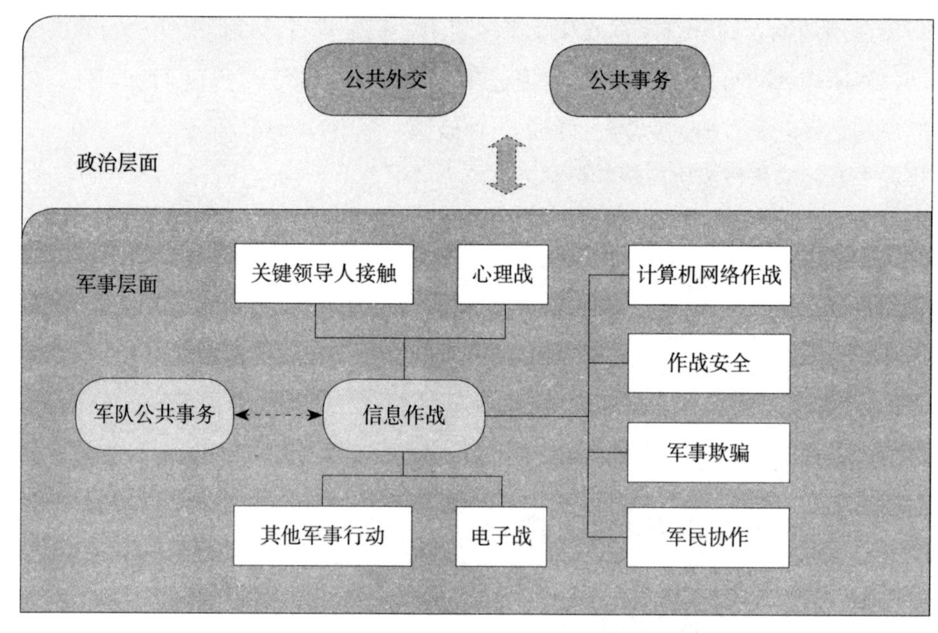

图3-4　战略传播工作中不同组成部分之间的关系

在政治层面，战略传播包括公共外交和公共事务，这些职能旨在向公众传播事实与信息，同时保持信誉度。根据北约盟军作战司令部对公共事务所做的指示，“公众对于北约使命和任务的支持，源于他们对于北约将如何促进国际和平与安全的理解”。如果基于效果的角度来看，该指令指出，“通过提高信誉度来改善公众对联盟的支持，是公共事务这项职能所要达到的效果”。北约的《公共外交战略（2010-2011）》指出，传播工作的主要目标应是向受众传达“北约所主张的价值和原则，北约组织成员国之间的团结一致是要坚持的首要原则，这在北约的传播和外展工作中，将起到突出的作用，尤其是在面对年轻一代的受众时”。

在军事方面，战略传播囊括了从心理战到电子战的一切内容。欺骗行动、计算机网络作战，甚至是与当地领导人的接触都归类于信息作战中，这是战略传播中辐射面最广的一个领域。北约组织的《双边战略司令部信息作战参考书》介绍到，由于“全球安全环境带来了复杂性的挑战”，致使“需要对信息因素的所有进程——分析、规划、执行与评估进行思考与整合”，在当今的军事行动中，信息作战正逐渐受到重视。由于整体的信息环境对于冲突的结果具有决定性的作用，有必要使“所有的决策人员在任何时候都要适当地理解他们在信息环境中所开展的行动（可能带来的）后果；这不单指通过传播手段使用信息的有意活动，而是涵盖了传播最终效果的所有言论与行动”。

（二）北约战略传播所需的军事能力

北约《战略传播的军事概念》指出，北约部队若想有效地实施战略传播，需借助于现有的军事层面的传播与协调能力，以及其他支援能力和其他相关的军事能力，以具备以下9种能力：

1. 将北约及其盟军部队的信息与传播活动与其他军事活动相协调的能力，以形成作战空间，并使针对特定受众的传播效果达到最大化。这就要求在其军事行动规划和执行的初始阶段，便要将对战略传播的考虑纳入其中，并在北约组织和盟军内部构建和维护与战略传播相关的共享态势感知。

2. 将北约组织及其盟军的信息和传播活动与其他机构、合作伙伴的努力协调起来的能力。这就需要建立相互关系，健全与合作伙伴共享信息相关的体系、流程和权限，在评估潜在受众的观念、态度、行为和信仰等方面与外部机构进行充分协调。

3. 获取、制作和维护与潜在受众的观念、态度、行为和信仰相关的最新信息与知识的能力。这要求北约及其盟军部队要识别和细分潜在受众，对特定受众的社会网络进行分析，获取、收集、制作并维持与特定受众的观念、态度、行为和信仰相关的现有知识数据，并与现有情报资源建立紧密的协调关系。

4. 获取、制作和维护与复杂的社会传播系统相关的最新信息与知识（包括各种传媒机构的特点）的能力。这要求在北约盟军采取军事行动的区域内，对向其施加影响的相关传播渠道、社会传播系统和媒体机构进行识别，并对信息从有关传播渠道、社会传播系统和媒体机构流出的情况，及其变化进行有效分析。

5. 对其他利益相关者（包括友好、中立或敌对的利益相关者）的战略传播活动进行检测、监听、解释和评估的能力。这需要对于在北约盟军采取军事行动的区域内施加影响的其他方的信息、行动或信号进行检测与监听，并对于其他方的信息、行动和信号对不同受众产生的影响进行评估。

6. 对潜在行动与信号将对特定受众的观念、态度、行为和信仰产生的直接和间接影响进行推测的能力。这要求北约组织及其盟军对任何行动方针将对特定受众的观念、态度、行为和信仰产生的潜在影响进行评估，并对于信息、行动对不同受众产生的影响进行评估。

7. 在叙事（包括发言人发言）基础上，及时制定并传播与文化相协调的信息的能力。即对受众群体和关键影响者进行识别，以确定适当的媒介和方法，并有能力对潜在的突变或变化有所预料。

8. 为了向已确认的受众施加影响，而快速制定并传播信息的能力。即，对可用的信息和图像采集、制作和传播资源进行识别，以确保足够的信息和图像采集、制作和传播资源可供使用。

9. 将北约组织与盟军的作战行动和经验记录下来，并以实时或接近实时的方式进行传播的能力。即，对随军记者和到访的媒体提供支持，对所捕获的与联合部队的行动相关的音频、图像、视频进行采集、存储、处理，并向下分发到各小组和基层，并对适当利用社交媒体手段进行组织和协调。

为确保这9种战略传播能力，北约认为，还需在作战理论、组织、训练、装备、领导、人员、设施及互操作性框架等方面做大量的后续工作，以确立北约战略传播全面发展路线。

四、北约相关机构在战略传播中的角色和权限

为有效实施战略传播，北约在制度上建立一种协调机制，需要北约国家与所有相关行动者的共同努力，更需要对北约已达成共识的所有政策、程序和原则的持续不懈的遵守。2009年9月14日，北约秘书长安诺斯・福格・拉斯穆森签发的《北约的战略传播政策》确定了相关机构的角色与权限，如图3-5所示：

机构	角色和权限
北大西洋理事会（NAC）	为北约的战略传播活动提供总体的导向和指引，并为北约的具体行动任务提供战略性及政治性的指导。
秘书长（SG）	为北约的所有文职机构、军事机构和各级司令部就战略传播提供具体的导向和指引。秘书长是联盟的主要发言人。
军事委员会（MC）	根据政治指导和决定，为北约的军队公共事务、信息作战和心理战制定总体政策，并就战略传播问题向北大西洋理事会提出一致性的军事建议。

机构	角色和权限
军事委员会主席 （CMC）	联盟在所有军事问题上的主要军事发言人。
欧洲盟军最高司令 （SACEUR）	根据北约总部就战略传播所做的总体指导，为盟军作战司令部（Allied Command Operations, ACO）内部的战略传播（涉及军队公共事务办公室、信息作战和心理战）提供导向和指引。欧洲盟军最高司令是当前联盟军事行动的主要军事发言人。
盟军转型最高统帅 （SACT）	根据北约总部就战略传播所做出的总指导，并经与盟军作战司令部的密切协调后，就盟军转型司令部内的战略传播提供导向和指引，并且负责相关概念和能力的界定。盟军转型最高统帅是北约在转型方面的主要军事发言人。
公共外交部门 助理秘书长 （ASG PDD）	负责就北约所有文职机构、军事机构以及各级司令部的战略传播活动的协调工作进行监督，并且，负责管理所有公共外交活动（由北约发言人代表秘书长管理的新闻和媒体部门除外）。
北约发言人	对所有总部的媒体活动（包括信息传递）进行日常管理，对军队公共事务提供指导，以确保北约组织所有的信息和传播都与政治导向和政治决定保持一致。
国际军事参谋部 公共事务顾问	向军事委员会发言人提供建议，为军事委员会及其主席、国际军事参谋部负责人就战略传播问题提供支持。他促进了两大战略司令部、军事委员会和公共外交部门在军队公共事务和战略传播问题上进行的互动与协调。
国际军事参谋部 作战行动部门	负责为军事委员会制定信息作战和心理战政策，并促进北约两大战略司令部与军事委员会在信息作战、心理战方面展开合作。
欧洲盟军最高司令部 战略传播部门负责人 （SHAPE Chief StratCom）	根据北约总部对战略传播所做的总指导，就战略传播计划的制定和整合向欧洲盟军最高司令负责，以支援北约当前的军事行动以及盟军作战司令部的活动；对军队公共事务、信息作战和心理战所输出的（信息）进行管理，并且，在与北约总部及盟军作战司令部的各总部进行协调的情况下，对上述计划的执行进行监督。
欧洲盟军最高司令部 公共事务办公室负责人 （SHAPE Chief PAO）	根据北约总部就战略传播所做的总指导，在欧洲盟军最高司令的指挥下，对战略层面的军队公共事务进行指导、规划与执行，以支援北约当前的军事行动和作战司令部的活动。
盟军转型司令部 公共事务办公室负责人 （SACT Chief PAO）	根据北约总部就战略传播所做的总指导，在盟军转型最高统帅的指挥下，对战略层面的军队公共事务进行指导、规划与执行，为作战司令部的活动提供支援。

图3–5　北约相关机构在战略传播中的角色和权限

五、为冲突设定战略传播框架

要实现预期的结果，必须将战略传播直接整合到北约全面的规划进程中，为各种对军事行动起支援作用的影响活动界定目标和战略。根据对不同受众所持有的不同观念和偏见的理解，在战略传播方面，北约认为，应制定一项涵盖广泛的、可以引起共鸣的叙事，并在此基础上，确定主题和核心信息。然后，必须依据战略条件，同时考虑到目标受众对不同的历史、社会、文化和宗教元素的接受性、敏感性和脆弱性，对上述主题和核心信息进行改进。为此，由北约公共外交部门助理秘书长下属的一个工作组专门制定适用于不同军事行动的战略传播框架，以确保从外交层面到军队在当地开展的信息作战层面传播都与统一的叙事相协调。这些框架性文件，经北约秘书长签署后，被分发到介入冲突的各盟国外交代表手中，这些文件对核心信息和不同的辅助性的主题进行了详细的阐述，旨在推动北约对叙事的改进。

例如，在2011年针对阿富汗问题的战略传播框架强调了北约“维持阿富汗和国际社会对北约继续履行使命提供支持”的决心与势头。北约干预利比亚行动的战略传播框架强调了合法性，指出北约“所开展的行动是获得了国际合法授权的，与联合国驻利比亚的联络小组进行了协调，并获得了广泛的区域支持”，同时，强调对期望值进行管理，以及提供人道主义援助。北约近年来针对几次冲突而量身定制的战略传播框架列举如下。

（一）阿富汗：北约/国际安全援助部队战略传播框架（2011年）

目的：在里斯本峰会的政治导引下，设定了北约/国际安全援助部队战略传播框架，为2011年北约/国际安全援助部队在传播和信息环境领域的活动提供了最高层面的政治-军事背景和指导。

战略传播的核心信息：对北约/国际安全援助部队的战役具有指导作用的核心信息是“这次任务对我们的共同安全至关重要。我们的战略是合理有效的，我们对阿富汗合作伙伴的长期承诺是坚定不移的，而且，我们一定会取得成功。”

战略传播的主题：决心——对于在过去一年里通过兵力增加，人员伤亡后的迅速恢复和高效行动所展示出来的决心进行再次重申。保持势头——有效地实施战略，使国际安全援助部队和阿富汗的合作伙伴已逐渐地夺回了主动权。伙伴关系——继续向阿富汗提供支援，使阿富汗人民信任其国际合作伙伴。将与阿富汗和国际利益攸关者（包括平民和军事人员）紧密合作，以实现阿富汗的稳定，进而促进区域稳定。阿富汗领导——北约/国际安全援助部队及其合作伙伴所执行的清晰且持续性的战略，将使控制权不可逆转地移交到阿富汗领导层手中。当过渡完成后，阿富汗政府必须越来越多地承担起各个领域的责任，包括对公众做出积极响应并对其负责。

（二）北约反海盗与“海洋盾牌行动”战略传播框架（2011年）

目的：面对海盗活动的日益猖獗，以及关键媒体就北约对国际反海盗行为所做贡献的潜在报道。明确解释北约在“海洋盾牌行动”中反海盗任务的范围和限制，赢得联合作战区域内、索马里及其邻国、部队派遣国的人民和国际社会的理解和积极支持；展示和说明“海洋盾牌行动”对国际社会在瓦解非洲之角海域的海盗行为上做出的贡献；说服联合作战区域内、索马里及其邻国的受众拒绝实施和支持海盗行为与武装抢劫行为。

战略传播的核心信息：对于“海洋盾牌行动”所开展的战略传播具有指导性的核心信息是：“为响应联合国的呼吁，北约正致力于保护商业海上航线和国际航行的安全，共同应对非洲之角海域的海盗行为。”

战略传播的主题：为实现战略传播的效果，信息、印象和行为必须保持明确、协调与同步。北约的响应性和承诺——在国际社会做出共同响应的背景下，北约有决心和能力，并做出承诺，将正视和积极对抗国际安全威胁。合作——与其他海上特遣部队以及个别国家的海军展开海上合作、协调和互补，对于打击海盗行为来说是至关重要的。能力建设——在资源允许的范围内，并根据各盟国之间的协定，北约愿意接受各区域国家就构建区域性反海盗能力，与其他国际性的努力形成中、长期互补而提出的请求。现实主义——非洲之角海域的海盗行为，反映出该区域存在着更深层次的政治、发展和安全问题。通过北约还不足以对这些深层次问题予以解决，它需要国际社会在更广泛的范围内采取更加全面的措施来应对。

（三）北约/驻科维和部队战略传播框架（2011年）

目的：为2011年北约在科索沃的战略传播确立目标、主旨和信息，对北约/驻科维和部队在传播和信息环境中的所有活动提供指南。

战略传播的核心信息是“依照授权委托，北约致力于在科索沃建立一个安全、可靠的环境”。

战略传播的主题：承诺——继续承诺通过政治对话和民主进程来促成科索沃地区稳定、安全和多民族共生的局面。信心和信任——支持在所有共同体中建立对于科索沃当地安全机构的信心和信任。合作——根据联合国授权，北约决定与国际社会合作伙伴和民事机构（包括其他国际行动者和在科索沃的机构）展开密切合作，以驻科维和部队第三响应方的身份，确保为科索沃提供安全和可靠的环境。能力建设——对于多族裔、携带轻型武器、所有成员均系自愿应征，接受民主的文官控制的科索沃安全部队发展民间保护能力，北约/驻科维和部队表示支持。创造条件——北约所发挥的作用是致力于在科索沃全境创建安全和可靠的环境，从而在各利益相关者之间为对话创造条件，以支持更广泛的民主、经济和社会发展进程。

（四）利比亚“联合保护者行动”：北约战略传播框架

目的：以政治指导为基础，阐述了北约的战略传播框架，提供了最高层面的政治-军事背景和指导，对北约响应联合国安理会第1970号、1973号决议开展的行动，以及“联合保护者行动”（Operation Unified Protector, OUP），在传播和信息环境方面提供了指引。

战略传播的核心信息：对北约在利比亚以及利比亚周边开展的军事行动和相关活动具有指导作用的核心信息是“北约的行动是为响应联合国安理会第1970号、1973号决议而发起的，是广泛的国际努力的一部分。所有北约盟国均致力于按照联合国安理会决议阻止针对利比亚人民发起的暴乱，支持他们实现合法愿望。”

战略传播的主题：责任——北约是一个负责任的国际行动者，会严肃对待其所负有的义务。将明确和毫不含糊地承担起保护利比亚人民的责任。合法性和支持——北约与驻利比亚的联络小组协同开展的军事行动得到了明确的国际法律授权，并得到了广泛的区域性支持。承诺——北约盟国致力于采取一切必要措施保护利比亚平民免遭暴力迫害或暴力威胁，并且对联合国所发布的明确、有力的命令表示坚决拥护。决心——北约将继续打击卡扎菲政权，直到其遵守国际社会的意愿为止，对此，北约具有相应的手段和政治决心。合作与现实——北约正与大量的其他行动者在地方层面和区域层面，以及更大范围内的国际响应层面展开合作。要解决这场危机单靠军事行动是远远不够的。北约作为危机管理者——北约的行动符合其新战略概念，即做出承诺，当北约的国际伙伴可能会影响到联盟安全时，与其进行密切磋商，“预防危机，管理冲突”。

六、对战略传播效果进行评估

在2007年至2010年这三年里，北约就召集了多个研究小组，其成员分别来自于美国、英国、比利时、荷兰、瑞典、加拿大和德国，目的是正式确立一项计划，对旨在影响目标受众的战略传播活动的效果进行评估。在2011年，研究小组编写了一份报告，名为《如何改善你的目标：对影响态度与行为的活动效果进行评估》。该报告评估了那些对影响活动的预期效果能否实现起决定作用的程序。所有的军事行动，包括传播活动，都旨在实现一种特定的影响，这种影响可能是有关“物质的，态度的或有关行为的”。该报告试图制定出一套方法，通过跟踪具体的和量化的“影响指标”来监测媒体、进行调查以及确定影响行动的有效性。这些指标有助于测定正在发生的预期影响，并为未来的行动规划提供反馈。

七、结语

2011年，当北约部队介入利比亚驱逐卡扎菲的行动时，军事规划人员就认识到，该冲突中最大的一场战斗不是发生在军事领域，而是在意识形态领域，即向利比亚民众和更广泛的国际社会的受众证明其行为的合法性比军事行动更为重要。为了确保获得这种支持，北约必须“运用全方位的信息和传播能力”，促进信息的一体化，并“管理和塑造观念，对抗潜在的误导性信息，构建公共支持”。如今，研究和实施战略传播已经成为北约军事行动的重要组成部分，战略传播也已经成为影响战区和国外受众的一种手段。

第四章

战略传播作战应用研究

良好沟通的精髓是：有正确的出发点，并让行动来证明一切；不要在意别人是否喜欢我们，这不是我们的目标，我们的目标是赢得声誉，赢得声誉需要一定的时间。

——参谋长联席会议主席迈克·马伦上将

| 第一节 | 战略传播和作战指挥员

美国国家安全委员会战略传播和信息部高级主任杰弗里·琼斯、国防大学信息资源管理学院教授丹尼尔·库赫勒、美国驻韩部队情报军官丹尼尔·伯吉斯与国防情报大学教员拉塞尔·罗切特在美国《联合部队季刊》2009年第4季上发表题为“Strategic Communication and the Combatant Commander”的文章，介绍了美国当前的战略传播发展形势和遇到的问题，分析了冲突中战略传播和对当地民众意识的重要影响作用。他们建议美国采取主动的战略传播，提高本身的国际形象，从而达到战略目的。

作战指挥员在战略传播中的角色必不可少，其任务包括：协调政府部门、公共事务、公关、军事信息行动和其他从事和影响世界上不同组织的活动。作战指挥员及其下属和部署部队所建立的人际关系网影响到每个国家。指挥员要意识到他们部门中任何有国际影响的成员都属于其影响范围内最重要的通信员。

本节探讨了作战指挥员作为美国政府战略传播计划中心人物的角色。考察了“影响周期”的概念并提出了一系列关于提高此项重大国家安全能力的建议。

一、指挥员的角色

美军的作战指挥员领导着美国最大、几乎涉及全球的战略传播小组，包括军人和数量不断增加的平民。为了有效开展行动，就必须要有一个高效的战略传播架构：包括高素质人员、分析、技术、系统、程序、支持、教育、语言和专业词汇知识，这些知识进行创新、融合、协调、合作，以及同战略、战役和战术行动之间进行有效的结合，甚至要向联合、协作部门中的策划人员传播。

一个成功的结构还需要各个部门的积极响应、教育和训练以及激励措施。最终，作战指挥员在战略传播中的角色将在联合作战计划和执行系统的附录Y中做出规定。在多国和同盟事务中：

- 作战指挥员必须作为中心角色。
- 情报协调"常务"委员会也将会起到帮助作用。
- 战略传播最初的定义是包括但不限于反恐、反武器扩散和反毒品的作战计划、作战概念、国防部支持的地区性中心和所有跨国事务。
- 美军需要范围更广的影响和能力，并且要积极地帮助其他国家提高这些能力。要让不同的政府部门、私营部门和盟国投入到这种努力中。
- 有些盟友国家拥有更好的人力情报、装备和更广的影响范围，而且拥有传播者自身很少涉及或没有涉及过的领域相关专业知识。他们可能会乐意提供协助性的分析和反馈，甚至从事联合性的研究、发展、测试和评估、采购等。

基于阿富汗和伊拉克的经验，虽然美国为军事行动的计划做了大量考虑，但是战略传播计划既没有纳入程序，也没有加以考虑。就连信息环境的构成内容也没有很好地加以了解。战略传播效果计划需要融入打击行动之后的影响活动中去，而这方面的工作正是情报机构没有着手准备的。美国对事态发展处于被动或过高估计的情形，使得对手或对手的媒体继续"攻击"我们。更糟糕的是，官僚主义的存在制约军方行动。如果对手媒体利用蓄意制造的虚假信息而本方却不做出反应，那么就会让那些制作这些虚假信息的人员更加放纵。所以必须要尽可能快速、有力地对这些虚假信息进行反击。如果对这些信息的反应失败，那么就会让这些信息变得更加真实可信。

二、影响周期

美国空军上校约翰·博伊德根据朝鲜战争中的飞行任务经验发展了一个优越的决策概念，这一概念即OODA（观察、调整、决策、行动）循环。博伊德的观念认为任何决策系统，不管是单兵还是整体指挥结构都可以观察正在发生的事件，总结观察结果，决定如何行动并执行这一行动以赢得对抗。但是这个概念是针对短期的、迅速的决定。它是否可以影响到几十年的事件发展过程呢？

对这个问题的回答是"不确定"，但是这个概念本身是有积极作用的，而且提供了一个解决办法。在这个概念中，了解其信息环境非常重要，信息连贯性和传达这些信息的网络都起到重要的效果。“影响力周期”概念的基础是：假设每个受众，不管是个人还是全球伊斯兰教徒都持续地受到快速扩展的全球网络中承载的信息。有些受众会主动获得这些信息，有些人会收到别人发送的信息，而有些信息的传递只是“自然而然”地发生着。任何影响施加者和战略传播者的目标都是让受众对某些特别的主题感兴趣。而这个兴趣需要持续地加强和发展，以使其成为一套新的观念，从而产生新的观察动作。如果可以对这个行为进行观察并且发现同之前的行为相比有所改变，就获得了最有价值的成果：一个可以测量影响效果的判断标准。

图4–1　及时的视频信息对塑造感知和反应至关重要

任何专业的影响施加者都可以说出施加影响的必要步骤，从清晰了解施加影响对象开始并分析关键受众的文化背景，之后通过对信息进行公式化处理，选择最有效的传播媒体，评估工作效果。这些步骤中的每一个都很重要，通盘来看这项任务确实非常艰难。虽然有量化的方法进行必要的分析步骤，如投票调查和受众测试等，但是影响活动并没有一个标准来进行。

如果错误地理解受众及其文化，那么影响工作就可能让他们对传播者的敌视态度变得更加坚决。如果向他们传递错误的信息，那么一切努力就白费了。最为重要的信息传递方式是受众所看到的行动。选择错误的信息传播方式，会使早期所进行的任何步骤都成为浪费。最后，如果没有有效的衡量手段，就可能不知道自己是否成功了。但是如果把这些分析程序纳入“影响周期”，就可以给战略传播者和作战指挥员提供有效的计划和开展影响活动所需的手段。

同这个概念引入时不同，“影响周期”不可能快速显出效果，衡量其效果的时间不会是几小时或几天，而可能长达几年或几十年。它不是对短期危机施加影响的战术工具，而是一个用于长期活动的战略武器，如“观念战”。

三、建议

1. 每个作战指挥员都应该建立一个战略传播和反应部门，以便对宣传活动、错误信息和虚假信息进行反应。多国部队伊拉克战略传播部门的任务是整合、协调和整理信息工作，为不同的受众和不同的任务服务。但是规定只涉及了协作活动，没有提及如何应对为完成同样的目标而重复活动的情况。

2. 每个作战指挥员都应该建立一个联合部门情报协调“常务”委员会，委员会由反恐和情报行动策划者、政治顾问、特别顾问、公共事务官员、联合部队代表、法律顾问以及大使馆公共事务、政治官员、驻地领导、联合心理行动特遣队、盟军代表等组成。

3. 如果有战略传播政策指导，就加以利用。如果没有，那么就制定一个。在许多情况下，政策纲领虽然已经下达，但是没有进一步向重要的下级部门传达，而这些部门恰恰可能会对外国受众产生影响。政策的拟定需要有一个指导。提出些具体的问题也可以影响政策的制定。作战指挥员在引起各部门注意的影响力上要比其下属重要。

4. 情报部门应该按照战略传播的要求对情报进行不同的处理，以支持“影响活动”的持续性需要。包括进行先制性打击情报支持的影像、攻击细节和其他相关的指示性防御情报的传播。在考虑施加影响目标和战略及作战影响效果时，要对情报得失进行深入考虑，但是要记住，给予即时战术需要的考虑要比长期战术需要更多。

5. 每个作战司令部应该马上建立一个其行动领域内的媒体“战斗次序”，包括“敌对”和“中立/友方”媒体在内。这是作战环境中情报预备工作的重要部分。国防部的几个系统虽然还没有全面展开，但同样可以大幅改善战略、战役和战术信息环境。作战指挥员应该请求及时的投入来促进指挥部、前线总部和联合特遣部队中部署这些系统。包括地图测绘、情报战略决策支持系统、开源情报等。必须要维持每个国家的当地媒体和外来媒体可以通畅地向受众传播。内容必须包括播放频率、播放次数、主要的传播单位、新闻漫画等。作战指挥员要保证他们的下属及时追踪引起暴力活动的反面宣传的时间和发起人。

图4–2 新闻发布会是战略传播一个有效的方式

6. 作战指挥员要获取并区分其责任区内国家的流行文化。国防情报局的研究部门，以及国防分析人员都是这些信息的主要来源。这些数据可以确定通过任何渠道、形式和媒体传达特别的信息和主题，以“塑造”青少年的态度。这并不代表要忽略了精英人士、其他决策者、学者或高级军事领导；它只不过强调了可能在未来处于重要位置或可以产生重要影响的对象，一些可以通过长期的工作施加影响的对象。避免总是强调当今的决策者而忽视了未来的重要精英。青少年群体绝对不能忽略。

7. 每个作战指挥员都应该发展适当的外部情报，以对其部门情报工作进行支持，包括和平时期的活动、多国条约和现有的作战计划/概念性作战计划等。标准的作战计划和概念性作战计划需要包括到附录中，然后交由国家安全委员会审核调整。外部情报请求应该也包括作战指挥员所需要的政府成员、地区性专家和国际上认可的人物参与，来弥补经常被对手利用的当地媒体“信息真空”，对手会利用这些媒体宣传他们的信息而造成本方的被动状况。

8. 战地指挥所的演习和模拟中必须要纳入战略传播、作战和战术情报行动来找出其优缺点，同时确认盟友参与的可能程度。全面开展战略传播模拟，以在威慑、冲突和战后阶段中进行协调行动并确认不足。另外，作战指挥员需要提高模拟水平，融合信息作战效果并保证演习过程包括实战因素。

9. 每个作战指挥员都应该公布信息作战协同指导来同公共事务指导协调，然后在上述情报协调委员会会议上发布。部队公共事务处理的每一个步骤都应该同指导方针一致并在本国大使馆和使节团的传播指导中采纳。在许多情况下更需要主动性的指导。

10. 为了应对不断增长的网站上的“煽动性”内容，作战指挥员应该制定同国防部指导一致的网络措施，协助完成战区和国家信息目标。信息作战的所有因素包括计算机网络行动以及心理战。

11. 在同国防部和其他部门进行行动选择和应急演习时，各部门需要同国家安全顾问联络以保证同国家总体指导的一致。按照可能的结果来决定需要什么样的工作，在论点、语言、时间、联络人、传播手段和反馈渠道上达成一致。

12. 在每个作战司令部内部，通过修正联合作战计划和执行系统程序，同时进行条令修改，建立不仅仅包括动能攻击的更全面的措施。需要明确的一点是，“我们拥有打击过程需要的所有一切，而我们的对手（及其媒体支持）拥有打击行动后的一切”。战略传播需要反转这一趋势。大多数目标性工作和方针只有在炸弹丢出之后才进行，而传播必须预备并同炸弹一起“丢出”。

13. 准备好在“影响攻击”之后进行动能打击，甚至有时会提前进行动能打击。利用前置的信息支持本方行动，还必须要展示战斗力量以达到整体任务战略目标。如果本方处于攻击位置，那么敌人自然就是防御形势。

14. 大力提高对影像的利用以支持传播的表达。这需要无所不在的联合战斗摄影部队、心理战电子新闻搜集能力，甚至包括公共事务的预备役部门或其他摄影专业人士。保证有足够的系统可以上传和下载静态图片和视频，以便随时向预期的受众传播。保证卫星可以维持传播任务并为其提供预算投入。这点在“伊拉克自由”行动中显得尤其不足，虽然在“持久自由”行动中已经认识到了这个问题，但是依然没有提高。把图像快速向世界上公开是关键。如果图片的传播延误了，那么受伤害将是传播者自己。必须要快，就跟竞技比赛一样，谁也不会在乎第二名；来得晚的图片没有任何意义，再精确、真实也没用处。要事先安排好版权事宜，因为有时现场没有本方的摄影记者。

15. 参考美国中央指挥部的做法，在国防部的部门（如公共事务、工程和媒体等）中不仅纳入西方媒体，也包括一些如半岛电视台和阿拉伯电视台以及全球范围的印刷、影像、传播和网络媒体。这不仅可以把事实以声音传播出去，而且对受众来说更为可信，因为当地媒体和报告被受众看做是可靠的信息来源。把这些部门同信息反应部队以及适当的作战指挥员中心联系起来。

16. 拥有一个信息反应小组并第一时间赶到袭击现场。如果将要对一个重要目标进行攻击，就预先部署或预备战斗摄影小组和一些相应人员准备（由专用直升机运输）打击对手媒体，比他们提前描述事件过程。准备好“事件前后”的画面证明一直对目标进行监控，避免对时间地点真与假的争辩。

17. 部署媒体、建立事实并把受袭击的平民目标地点展示给他们。在敏感地点的爆炸发生之后媒体积极跟进。例如，美军把这类内容提供给半岛电视台和阿拉伯电视台，或让其他媒体取代它们抢先报道，就可以让美军想要表达的内容传达给当地受众。新闻的推进很重要，而传播者通常做得都不够好。一个积极的公共事务处理姿态远比保持被动要有利。

18. 按照对手的思维进行“红队”模拟。确认可能性的事件过程和适当的活动并进行训练。因为活动是最重要的传播方式，也最容易得到响应，活动范围应该包括公共事务、公关、信息行动和特别军事活动。成立专业的专家小组以备在对手媒体提供虚假信息时可以在媒体前辩护和解释其不一致和不可信之处。作为任何重大行动的风险评估和减小工作的一部分，就需要考虑设立一个影响施加单位，并做好预先反应计划，通过适当的传播渠道执行。在模拟中需要对自己严格要求，这样才能避免太过自满，以利于赢得胜利。

19. 同战斗“白热化”阶段向媒体进行战斗行动报告一样，在除了战争和低强度冲突外的行动中也用同样进行报告，抢先将信息提供给电视台并构建事实，以避免对手媒体和宣传对事件的不实报告。

20. 利用一个组织性的模块来协调动作。当把指导发送到行动部门时，各个部门可以利用各种形式的工具进行传播，这需要做好预先共享和作战安全之间的平衡。

21. 作战指挥员需要利用联合任务支持活动，来计划、协调和实施多国心理战行动。

四、总结

虽然各个国家和政治团体几个世纪以来都在运用这些规则和行动，但是信息环境，特别是网络空间都是新的概念。但很少有人未能有战略地，有组织地，或按程序地进行组织以便在这些领域中有效行动，特别是对比当前的对手来说，本方往往更显落后。没有投入足够的人员、组织性或财政性资源来赢得胜利，也没有建立重要的战略传播训练和教育机制来培养足够的未来战略领导层，以便于他们在这种环境中发挥作用。传播者必须把国际合作伙伴和盟友看做是必不可少的部分，并相应地将他们融入进重要的影响施加活动的计划和实施中。

第二节 美国对南美安第斯山脉地区的战略传播政策

几百年来，美国与美洲其他国家和地区之间的关系一直起伏不定。安全、经济和移民等方面的问题是双边关系发展过程中存在的主要问题。在这些问题上保持持续且有效的沟通是美国及其伙伴面临的挑战之一。蒂莫西·D. 霍奇发表题为“U.S. Strategic Communication Policy Toward the South American Andean Ridge”的研究报告，其中叙述了美国的战略传播政策，并以美国与南美洲安第斯山脉地区国家之间的沟通为例，说明了美国在实施战略传播中存在的问题。

很久以前，美国政府和人民就与西半球其他国家建立了联系。但几百年来，美国与美洲其他国家和地区之间的关系一直起伏不定。安全、经济和移民等方面的问题是双边关系发展过程中存在的主要问题。在这些问题上保持持续且有效的沟通（传递和理解信息）是美国及其伙伴面临的挑战之一。冷战结束后，时任美国总统老布什宣布世界有了新秩序。在这种世界新秩序中，美国一直处于领头羊地位，但偶尔也会向其他国家传递一些令人困惑的信息。本节概要叙述了美国的战略传播政策，并以美国与南美洲安第斯山脉地区国家之间的沟通为例，说明了地区合作伙伴对美国政策的制定和实施在认知上存在的问题。美国总统已经指定国务院来负责战略传播的协调，但战略传播的协调和实施仍然很随意，而且常常效果不佳。

虽然从中国的战国时代开始，通过战略传播和信息作战来打击敌人的观念就已经存在了，但美国政府直到快进入21世纪的时候才开始对战略传播进行规范。2003年，小布什政府成立了“全球传播办公室”，但该办公室成立不久就被撤销了。小布什总统还任命凯伦·P. 休斯担任国务院负责公共外交和公共事务的副国务卿，但她在跨部门协调美国的信息方面表现不佳。2007年4月，小布什政府在国务院之下成立了反恐交流中心，以协调各部门在反恐方面的信息和想法。后来，美国国会对战略传播产生了兴趣，于是在2009财年的《邓肯·亨特国防授权法案》中要求总统提交“一份报告，阐明有关公共外交和战略传播的跨部门全面战略”。奥巴马总统在向国会提交的报告中指出，实施战略传播是高级领导人的共同责任，尤其是部门负责人（部长）的责任，并且把协调战略传播的职责赋予了国家安全委员会下属的跨部门政策委员会。奥巴马总统还进一步明确，由国务院“副国务卿所辖的公共外交及公共事务暨政策及计划资讯处下属的全球战略接触中心为全球参与和战略传播提供跨部门工作方面的支持”。在美国国防部，由负责政策的副部长为美国国防部长提供战略传播方面的建议。

美国军方考虑战略传播的重要性已经有好多年了。2001年，联合出版物1-02《国防部军事及相关术语词典》给出了战略传播的定义。参谋长联席会议在联合出版物5-0《联合作战计划》中讨论了与战略指导和联合作战计划理论相关的战略传播。在联合出版物1-02和联合出版物5-0中，战略传播被定义为：

> “美国政府集中努力来理解并接触关键受众，通过与国家权力机构各部门的行为同步且协调一致的项目、计划、主题、信息和产品，来创造、强化或维持有利于实现美国政府的利益、政策和目标的环境。”

总的说来，美国战略传播框架的运作是非常流畅的，但有时也会出现问题，导致沟通不协调。在美国之外的国家和地区，人们对美国如何制定政策了解得很少，不了解内情的人往往会从“阴谋论”的角度来理解美国的政策。“事实上，这是复杂而又矛盾重重的美国官僚机构互相妥协、缺乏协调造成的恶果。”

鉴于美国与西半球国家在战略上接近且经济联系紧密，所以对美国如何与西半球的邻居进行战略传播进行思考就非常重要了。从1991年以来，美国历任总统都会向美洲国家说明其初期施政策略，但这些国家却发现美国总统在如何与拉丁美洲国家发展关系上总是闪烁其词，这是因为美国的国内问题以及世界其他地区的问题更加重要的缘故。克林顿总统要解决经济问题、科索沃问题和索马里问题。小布什总统要应付反恐战争以及由此带来的经济紧张问题。奥巴马上任时正值全球性金融危机，而且还要继续进行反恐战争。

从美国国家独立到现在，它在西半球国家中一直有着不同程度的战略利益。战略利益上的变化向西半球和整个世界传达了互相矛盾的信息。在冷战时期，为遏制共产主义在美洲地区传播，美国对军事独裁者持容忍态度，并且还经常与之展开合作。冷战结束后，美国在西半球发现了新的安全威胁，包括毒品走私、军事独裁者和经济壁垒等。美国对西半球的长期政策关注的是保持西半球的政治稳定和保护美国的经济利益，包括能够进入这些国家的市场并获得这些国家的自然资源，同时还要避免西半球之外的国家对该地区发挥巨大的影响力。美国与上述新威胁的有关方针符合其对西半球的长期政策。为应对这些新威胁，保护国家的长期利益，美国向西半球的地区政府提供了对外援助和军事援助资金。这些地区政府的政治精英们接受了美国的援助（尽管他们对美国援助项目的相关规定感到不快），他们常常会把国家资源用于为自己谋利或进行政治活动上。

冷战结束后，克林顿政府召集了多次美洲国家首脑会议。第一次美洲国家首脑会议于1994年12月召开，参加会议的国家签署了一项声明，声明反映出美国对该地区的政策一直持续到了现在。签署国申明如下：

“代议制民主是确保人权和法治得到尊重的唯一政治制度，它会保护文化的多样性和多元主义，保护对少数族裔权利的尊重并保护国家内部和国家之间的和平……我们认识到了有组织犯罪和毒品走私对经济、伦理价值、公共健康和社会结构的危害，因此将加入与消费、生产、交易和散布毒品以及洗钱和武器及化学品非法交易作斗争的行列……我们谴责任何形式的恐怖主义，并将团结起来运用所有合法手段积极打击美洲地区任何地方的恐怖主义活动。”

克林顿政府制定了在保护民主和美国利益方面能够发挥巨大作用的政策。在保护美国利益的战略中，克林顿总统认为，美国需要保持强大的前沿军事存在。后来，小布什总统对克林顿的政策进行了修改。他指出，美国要传播民主并要通过先发制人的打击来保护国家利益。奥巴马总统没有沿用小布什总统的将美国的价值观强加给其他国家的政策，而是采取了与克林顿总统相似的立场。

在战略传播上，美国关注的重点是政府援助的受益者。美国为美洲地区提供援助的主要目的是阻止毒品流入美国。美国提供的禁毒资金主要投向了南美安第斯山脉地区的国家。这些国家主要包括委内瑞拉、哥伦比亚、厄瓜多尔、秘鲁和玻利维亚。在这些地区，美国的政策开始变得不协调，被错误地传播，被受众误解。

正如美洲国家首脑会议的声明所指出的那样，克林顿总统的禁毒政策是老布什总统的禁毒战略的延续。冷战结束后，美国军方尤其是美国南方司令部认识到，受冷战胜利影响，美国为传统安全合作活动提供的资金正在减少。为了在西半球继续发挥作用，南方司令部不得不加入到反毒品战争中来。随着美国历届政府对战略进行完善，美国军方开始在通过为地区政府训练安全部队和提供技术援助及情报来支持这些政府开展禁毒活动方面扮演更重要的角色。

军方在禁毒上发挥了越来越重要的作用，这导致克林顿政府提出了在前沿建立基地的战略，使美军在厄瓜多尔和阿鲁巴岛建立了前进作战据点，并使美军在哥伦比亚的军事存在得到了加强。地区安全部队与美国紧密合作，在根除和阻断毒品走私上取得了更大成功。另外，迫于缉毒力量的压力，毒品工业也迁往了那些政府打击力度小的地区。例如，在20世纪90年代，“空中桥梁阻断计划”和安全部队的行动迫使古柯（一种可以出产可卡因的植物）种植者迁往了哥伦比亚。

在哥伦比亚，大型贩毒集团出现了分裂，政府也因叛乱不断而无力控制其大部分领土，这就为各种叛乱组织提供了机会，使他们可以将毒品走私作为资金来源，并最终将毒品走私融入了自己的思想意识。随着21世纪的到来，美国一些行政部门（如国防部和国务院）开始认识到，哥伦比亚革命武装力量、哥伦比亚民族解放军和哥伦比亚联合自卫力量控制着哥伦比亚的毒品走私。通过参与毒品走私，这些反叛组织获得了大量活动资金，并用这些资金购买武器，这导致反叛组织拥有的火力比政府军还要强大。

2001年9月那次针对美国的恐怖袭击发生后，美国的政治环境和立法环境使得美国政府可以把哥伦比亚的毒品走私与哥伦比亚革命武装力量、哥伦比亚民族解放军和哥伦比亚联合自卫力量的恐怖主义活动联系起来。2002年4月，美国南方司令部司令加里·斯皮尔斯少将在参议院作证时指出，毒品是针对美国民众的大规模杀伤性武器。他还说，2000年发生的损害美国利益的恐怖活动有86%发生拉丁美洲，其中大部分发生在哥伦比亚。斯皮尔斯少将请求授权哥伦比亚政府将美国以前在“哥伦比亚计划”计划中捐赠的装备用于打击哥伦比亚革命武装力量、哥伦比亚民族解放军和哥伦比亚联合自卫力量，这些装备以前只能用于打击贩毒活动。斯皮尔斯少将告诉参议院，这些恐怖组织与毒品走私之间的关系非常密切，因此共享毒品走私方面的情报必然会使美国了解到更多有关这些恐怖组织的信息。在接下来的6个月时间里，其他部门对斯皮尔斯少将的证词做出了回应，确认了毒品走私与这些恐怖组织之间的关系，并明确了涉毒恐怖分子这一概念。更重要的是，地区领导人在认识到毒品走私与恐怖组织有联系会使其政府得到美国的援助后，便在他们与美国官员的对话中讨论了这方面的内容。

为表明自身的价值并争取资金，南方司令部采用国务院的情报证实在其责任地域内有19个国家对美国构成了威胁。就安第斯山脉地区国家而言，这些威胁包括毒品走私带给美国的威胁。另外，哥伦比亚革命武装力量、哥伦比亚民族解放军、哥伦比亚联合自卫力量、秘鲁光明之路、哥伦比亚真主党以及在厄瓜多尔和委内瑞拉的中东恐怖分子小组也引起了该司令部的关注。南方司令部还表明，毒品交易导致了受影响国家治理混乱，并且还与洗钱及其他非法贸易有关联，洗钱和其他非法贸易可以为恐怖主义活动提供资金。南方司令部已经加入了全球反恐战争，该司令部针对这些威胁的军事行动在不断增多。

从2002年开始，美国认识到安第斯山脉地区越来越动荡不安，但是政策制定者们却没有认识到导致动荡的根本原因。将反恐战争与反毒品战争融合在一起以及新自由主义经济政策是导致该地区日益贫穷和人民越来越不满的原因。2004年3月在国会作证时，南方司令部司令詹姆斯·希尔上将把拉丁美洲地区的新兴威胁描述为因民主国家承诺的改革进展缓慢导致的激进民粹主义。按照希尔上将的观点，社会和经济的不平等激起了民众的反美情绪。尽管希尔上将的观点可能有一部分是正确的，但所谓的激进民粹主义很可能就是草根阶层拒绝不平等现象的一种表现形式，他们对地方官员腐败的不满和对实施反毒品战争的不同意见导致了民粹主义的上升。

21世纪前10年，美国真诚向往的民主引起了人们多次质疑。美国在2002年对委内瑞拉总统乌戈·查韦斯所言的“自动政变”做出的反应以及支持哥伦比亚总统阿尔瓦罗·乌里韦在2004年连任对安第斯山脉地区国家造成了很大影响。在查韦斯事件中，布什政府很快就表示支持所谓的政变策划者，结果却发现查韦斯很快又重新执掌了政权。在哥伦比亚，乌里韦成功地修改了宪法使自己可以再次当选总统，而美国对乌里韦的所作所为持支持态度。与美国此次做出的反应正相反，在查韦斯和埃沃·莫拉莱斯修改国家宪法并再次当选总统后，美国却给予了谴责。为便于美国行事就这般对查韦斯和激进民粹主义者如此反复无常，无疑是火上浇油。

作为对美国批评委内瑞拉的回应，查韦斯对美国的伊拉克政策采取了不支持态度。委内瑞拉表示，它支持反恐，但反恐必须要遵守国际法。在小布什总统两届任期的大部分时间里，查韦斯及其政府都在直言不讳地反对美国的政策和支配拉丁美洲的野心。委内瑞拉还对美国支配美洲国家组织的议事日程颇有微词。2005年，查韦斯叫停了委内瑞拉与美国联合进行的军事训练。美国的政策制定者驳斥了查韦斯的言论，指控查韦斯为哥伦比亚革命武装力量提供避难所，为玻利维亚、秘鲁和厄瓜多尔的本土暴力组织提供支持以及放弃本国主权为古巴特工人员提供便利等。

美国的一项反恐培训计划和一项有关保护军人免遭国际刑事法院起诉的政策给安第斯山脉地区国家的军队带来了压力，可能会使他们抛弃文官掌控军队的做法。2002年，美国国会通过了用于军官和警官培训的反恐助学金计划。进行反恐和情报培训的后果之一就是伙伴国的军方可能会收集并共享公民信息，这与美国在20世纪90年代制定的将军队和警察的职能分离的政策是背道而驰的。也是在2002年，为应对国际刑事法院成立，美国国会通过了《美国服役人员保护法案》。在认识到国际刑事法院容易被政治左右之后，美国发起了签定双边豁免协定的行动，以保护军事人员和雇员免遭国际刑事法院的违反人权诉讼。伙伴国如果不与美国签署这种协定，美国就会在军事合作方面对该国予以制裁。很多拉丁美洲国家的政府都认为，签订这种协定是对其主权的一种冒犯。2005年，美国南方司令部司令布兰茨·克拉多克上将告诉国会，《美国服役人员保护法案》的有关条款在无意中削弱了美国的对外军事交流，并有可能使美国与拉丁美洲大部分国家的一代军事人员失去联系。《美国服役人员保护法案》的有关条款还向该地区的军事领导人传递了错误的信息，鼓励他们涉足政治，迫使政府接受这种双边协定。也就是说，这些条款鼓励他们走向文官掌控军队的反面。

2009年，奥巴马上台不久便出席了在特立尼达和多巴哥举行的美洲国家首脑会议。在会上，奥巴马总统承诺与拉丁美洲国家平等相处，试图使美国摆脱多年来形成的傲慢的老大哥形象。不幸的是，奥巴马总统还要解决更为重要的问题，比如在伊拉克和阿富汗的战争、全球经济衰退和医疗改革等国内问题。2009年6月洪都拉斯发生政变后，奥巴马政府反应迟钝，态度不温不火，这使得拉丁美洲人民对奥巴马总统是否可靠产生了疑虑。后来，美国与哥伦比亚签订了国防合作协定，此举进一步加深了拉丁美洲人民的疑虑。包括查韦斯在内的很多地区领导人担心美国计划在南美地区建立新的军事基地。尽管美国与拉丁美洲国家之间的关系有些挫折，而且拉丁美洲人民也知道奥巴马尚未真正改变美国对美洲国家的政策，但他们还是认为奥巴马政府治下的美国要比小布什时期更有善意。

移民问题是安第斯山脉地区国家多年来一直关注的问题。美国的移民制度改革进展缓慢，加之亚利桑那州的法律要求警察对疑似非法移民的在留资格进行检查，这向安第斯山脉地区国家传递了混乱的信息。亚利桑那州的法律在国际上遭到了广泛批评，导致厄瓜多尔和其他国家纷纷加入了反对这部法律的合法斗争行列。

禁毒一直是美国与安第斯山脉地区国家间关系中的一个焦点问题。2011年，美国根据2010年的“国家药物控制政策”提出一种策略，该策略“要求综合采用预防、治疗、执法、禁止及国际合作等措施，在5年多时间内使青少年毒品使用率降低15%，同时还要使与长期使用药物和毒品有关的事故和非法行为（如毒品致死和吸毒后驾车）的发生率也降低约15%……这一战略重申了奥巴马政府在成立之初提出的策略中明确的目标、目的和行动，为奥巴马总统的药品政策奠定了基础并指明了方向……我们帮助伙伴国家打击贩毒组织和控制毒品消费就是在与跨国有组织犯罪带来的日益严重的全球安全威胁的一个主要驱动因素作斗争。”

很多伙伴国家把美国的毒品问题视为一个供求问题。如果美国停止消费毒品，贩毒分子就会停止供应毒品。美国将为毒品控制计划提供的260亿美元资金中的近1/3投入了国内吸毒的预防和治疗。过去几年，美国的毒品消费有了大幅下降。目前尚不清楚毒品消费下降与美国的吸毒预防和治疗项目是否有关。不过，随着美国修改禁毒政策，增加对国内预防和治疗的关注，减少对伙伴国家（如哥伦比亚）的国际援助，并使这些国家在本国的禁毒项目中承担更多责任，安第斯山脉地区国家就更有可能改善对美国的看法了。

不管怎样，今后每年对安第斯山脉地区各国参与合作禁毒的资格进行认定仍会很麻烦，部分原因在于美国没有接受与控制毒品消费和需求有关的一种认定程序。失去参与合作禁毒资格的国家很难从美国获得国外援助，同时也很难从国际货币基金组织获得贷款。另外，这种资格认定程序还受到了政治外交的影响。2004年，美国国务院推迟了对哥伦比亚的资格认定，原因是该国在禁毒方面表现不佳，而且该国军方与准军事组织还有联系。不过，在2005年8月哥伦比亚总统阿尔瓦罗·乌里韦访问美国之前，美国国务院对哥伦比亚做出了具备参与合作禁毒资格的认定，认为该国满足了人权条件并在努力减少毒品生产。2008年，小布什总统和奥巴马总统取消了玻利维亚和委内瑞拉参与合作禁毒的资格，不过两位总统都认为，支持与这两个国家实施双边项目对美国利益而言是至关重要的，并将豁免权授予了这两个国家。还有一种看法认为，如果这两个国家与美国的关系更好一点的话，他们就不会被美国取消资格。尽管美国两届政府都认为与玻利维亚的关系事关美国的切身利益，但这两届政府都依照“安第斯贸易促进和消除毒品法案”叫停了给予玻利维亚的税收优惠。

在乌戈·查韦斯于1999年就职总统前，美国与委内瑞拉的关系相对而言一直比较稳定。查韦斯直言不讳地反对小布什总统及其政府的政策，尤其是反对美国发动反恐战争。尽管查韦斯发表了措辞激烈的反美言论，并致力于建立一个多极世界，但委内瑞拉和美国之间有着非常紧密的经济关系，委内瑞拉依靠这种关系来向美国出售石油。奥巴马总统在上任伊始向查韦斯伸出了橄榄枝。查韦斯好像也暂时降低了反美调门。然而，在奥巴马总统任命由拉里·帕尔玛担任美国驻委内瑞拉大使后，查韦斯对这一任命表示了强烈反对，原因在于帕尔玛曾说过查韦斯与哥伦比亚革命武装力量有联系，还说委内瑞拉军队士气低落。后来，奥巴马总统收回了这一任命。在委内瑞拉拒绝接受美国任命的驻委内瑞拉大使后，美国也将委内瑞拉的驻美大使驱逐出境。这样一来，两国在对方国家就都没有常驻大使了。从2008年以来，美国在委内瑞拉就没有大使了，这次驱逐委内瑞拉驻美大使是2008年以来的第2次。

美国与埃沃·莫拉莱斯的关系在2005年后者当选玻利维亚总统之前就不太好。在2002年玻利维亚大选期间，美国派驻拉巴斯的大使曼纽尔·罗卡向玻利维亚人民发出警告，说莫拉莱斯会使该国再次变为一个主要的可卡因出口国，选举他当总统可能会使委内瑞拉失去美国的援助。虽然莫拉莱斯在这次选举中以微弱票数输给了竞争对手，但此后古柯生产者联盟却给予了他更大支持。后来，莫拉莱斯伙同玻利维亚社会上的其他心怀不满的群体一起制造了大规模国内动乱，迫使贡萨洛·桑切斯·德洛萨达总统在2003年9月辞职。2005年6月，莫拉莱斯又迫使接替桑切斯担任总统的前副总统递交了辞呈。2005年12月，莫拉莱斯以压倒性优势赢得了大选。

自莫拉莱斯上台以来，玻利维亚政府与美国政府之间的关系出现了一些波折。2008年是美玻关系最糟糕的时期，因为在这一年美国大使菲利普·戈德堡被莫拉莱斯以干涉玻利维亚内政为由驱逐出境了。美国国务院表示，这些指控是毫无根据的，会对两国及地区产生不利影响。与此同时，美国就做出了反应，将玻利维亚驻美国大使驱逐出境。同年，莫拉莱斯还将美国缉毒局的官员驱逐出了玻利维亚。

2011年11月两国的关系有所改善，玻利维亚和美国签署了一项框架协议，将双边关系建立在互相尊重的基础上，并在共同关心的问题上进行合作。两国还发布了一份协议公告，这份公告成为耐心实施外交政策和执行良好战略传播的典范。

2007年1月，拉斐尔·韦森特·科雷亚·德尔加多上台成为厄瓜多尔总统，此后美国与厄瓜多尔的关系出现了困难。美国担心科雷亚会与查韦斯走到一起，使用相同的反美论调。后来，科雷亚政府通过了新宪法，该宪法要求厄瓜多尔在2009年举行大选（科雷亚在这次大选中赢得了胜利）。此后，美国对科雷亚更加担心了。这部新宪法还使科雷亚在2013年大选中再次连任成为可能。在科雷亚拒绝美国继续使用曼塔空军基地（这处设施是美国用来起降禁毒飞机的）后，两国之间分歧变得势同水火。美国与厄瓜多尔之间有关使用该基地的协议是在2009年到期的。在希拉里·罗德海姆·克林顿国务卿2010年访问厄瓜多尔后，两国关系有所改善。两国政府认识到，“不能以意识形态划界，也不能使两国间的对话变得不正常”。

过去20年，秘鲁和美国间一直保持着一种积极的关系。两国间的经贸关系一直是积极的，2007年秘鲁和美国签署了自由贸易协定，两国间的经贸关系又得到了加强。美国对秘鲁打击贩毒分子和光明之路叛乱分子的支持对保持两国政府间的关系而言是有益的，即便是秘鲁国内很多人对美国的支持表示反对。目前，秘鲁国内的毒品交易再次有了回升，而且还有可能引发军事摩擦。2011年秘鲁总统大选前，美国担心不属于统治精英阶层的候选人奥拉塔·胡马拉会赢得大选，并将秘鲁带入查韦斯的反美集团。最后，胡马拉取得了大选胜利，希拉里·克林顿国务卿代表美国政府向他表示了祝贺。目前看来，美国和秘鲁的关系在胡马拉当选秘鲁总统后仍然是积极的。

在安第斯山脉地区的国家中，哥伦比亚与美国的关系是最好的。2010年，哥伦比亚总统曼努埃尔·桑托斯在就职后不久就对国家的外交政策进行了调整，以求在保持与美国的关系的同时改善与邻国的关系。与哥伦比亚革命武装力量有关的国内问题和毒品走私问题仍然处在哥伦比亚的国际议程之列。实施“受害者法”会给哥伦比亚政府带来沉重的财政负担，因此可能需要国际上的支持。该法实施后，哥伦比亚革命武装力量可能会利用恐怖主义和窃取土地的受害者向当政府寻求补偿的机会挑起暴乱。

美国针对安第斯山脉地区国家有一系列政策，这些政策关注的重点是经济问题和反涉毒恐怖主义。美国对该地区的移民问题、环境问题和民主问题也很关注。在安第斯山脉地区国家中存在着这样一种信念——美国是一个霸权国家，而美国向安第斯山脉地区和全世界传达其政策的方式可使这种信念具体化。正如联合出版物JP-05中战略传播的定义中所指出的那样，美国可以利用很多方式来传达其制定的政策。当美国总统发表重要演讲或者进行国事访问的时候，全世界人民都在关注。在2009年美洲国家首脑会议上的讲话中，奥巴马总统承诺会平等对待地区伙伴，这种承诺使地区领导人更加相信他们的国家与美国的关系并非是一成不变的，并使该地区对美国政府的看法有了好转。

2011年，奥巴马总统绕过安第斯山脉访问了南美地区的巴西和智利。访问期间，奥巴马总统与智利总统塞巴斯蒂安·皮涅拉一起发表了联合新闻公报。在公报中，奥巴马总统强调了应对“恐怖主义、跨国有组织犯罪、毒品走私和核扩散等威胁”的重要性。他们强调了国际社会在应对自然灾害上发挥的作用，肯定了美洲国家组织作为一个地区论坛所发挥的作用和“加大《美洲国家民主宪章》推行力度的重要性”。对美国的政策进行口头强调非常重要，但美国总统的行动向安第斯山脉地区国家传达的消息也非常明确：他们与美国的关系同巴西和智利与美国的关系不可同日而语。不过，如果考虑到秘鲁正在进行大选，美国与哥伦比亚的关系很好，不需要对其进行国事访问，而美国与其他安第斯山脉地区国家关系一直不太好，那么奥巴马在这个地区也就没有什么可以访问的国家了。

在2012年的国情咨文演讲中，奥巴马总统仅有两次提到了美洲。这两次都是奥巴马在谈及美国与世界其他国家不断改善关系时提到的。在最近这次国情咨文演讲中，奥巴马提到的国家大多是与美国有冲突的国家。因此，对安第斯山脉地区国家而言，没被提到也可以说是件好事。但即便如此，在国情咨文中被忽略也就意味着拉丁美洲在这一年里可能又与美国的善意无缘了。

在美国，还有一些人通过发言来阐述美国对安第斯山脉地区国家的政策。国会作证对安第斯山脉地区国家如何看待美国有着巨大影响。2011年10月，主管国际反毒品和执法事务局的助理国务卿威廉·R. 布朗菲尔德在国会作证时指出，"毒品走私和其他跨国犯罪组织仍然是该地区善治和法治的主要威胁"。与20世纪90年代相比，这些不法分子使用的手段以及美国做出的反应都有了变化，但他们仍然是一种威胁。2002年，斯皮尔斯少将在证词中指出了毒品走私和恐怖主义之间的关系，无论从立法角度看还是从地区伙伴如何说服美国政府提供支持的角度看，这份证词都在美国与该地区国家建立军事关系上发挥了作用。2004年希尔上将的有关激进民粹主义的证词为稳定查韦斯及其盟友与美国之间的分歧提供了帮助。2005年克拉多上将的《美国服役人员保护法案》有关条款会使美国与一代军事官员失去联系的证词表达出了很多地区领导人的观点，并对美国取消一项不利于与伙伴国家发展关系的政策发挥了作用。

国会立法使美国的政策成型，并影响着美国与合作伙伴之间的关系。从1998年开始，国会在来自佛蒙特州的民主党参议院帕特里克·莱希的带领下对《国务院拨款法案》进行了修改，修改后的法案要求通过审查来确保美国对外国军队的援助只能提供给未侵犯人权的单位和人员。这一要求提高了美国对人权的支持力度。相比之下，《美国服役人员保护法案》则削弱了美国对人权的支持，因为它试图使美国军队涉嫌侵犯人权时免遭国际起诉。尽管《美国服役人员保护法案》的本意是要保护美国军队，确保军人在美国法院得到公正的审判，但该项立法却向外发出了一条强有力的信息——国际标准不适用于美国。

美国驻外大使及其下属等人员对美国政策的运用可能是美国与伙伴国家进行日常沟通的最有效方式。政策用这种方式转化为行动。罗卡大使在2002年发表的评论在使玻利维亚陷入混乱状态上负有责任，这场混乱推翻了两任总统，导致了埃沃·莫拉莱斯上台及其政府与美国之间的摩擦。美国官员持续与其他国家接触，通过谈判签署条约（如“自由贸易协定”和”国防合作协定“）和不太正式的协议（如军事合作协议），这种接触缓慢地推进了双边和地区的议程。

有效的战略传播要求美国与地区伙伴之间所有级别的接触都要传达一致的信息。仅仅宣传美国的国家价值观尊重人权或者支持民主是不够的，因为美国在实行国家政策时表明了这些价值观是可以违背的。即使政府在战略传播的协调和同步上是成功的，立法部门也能自行地（通常是在不经意间）扰乱政府传达的信息。如果美国能够通过一种规范的程序来生成和协调向国内外受众传递的信息，那么美国将会从中受益。为有效运作，这一程序应当简单化，而且行政部门和立法部门都必须要参与其中。

国会与总统协调后可制定法律，要求行政部门对战略传播进行规范化的协调。《行政部门重组法案》扩大了国家安全委员会在强制实施跨部门协调方面的权力，该法案将会使政府各部门更有可能为实现共同目标而协调一致地工作。国会自身也要参与到协调中来。也就是说，如果国会要制定《美国服役人员保护法案》这样的法律，那么政府中高级成员要能有机会对计划中的法律进行讨论，以使法律颁布后可能产生的积极后果和消极后果凸显出来。在协调的过程中，行政部门和立法部门都不会受到限制，反而会了解到更多的情况，还能在政策实施之前就国家的意图进行更好的沟通。这种类型的政府重组将使整个政府能够作为一个整体采取行动，这与1986年的《戈德华特·尼科尔斯国防部改组法案》为美国军方带来的好处类似。除能使战略传播得以改善之外，这种类型的重组还可能使政府在追求国家利益时采取的行动更有效、更周全。

中国古代的战略家孙子认为，在追求国家利益的过程中，协调和运用政府的力量就可以取得胜利，而无需动用武力。他说：“百战百胜，非善之善者也；不战而屈人之兵，善之善者也。”对美国国家安全人员而言，合理运用美国政府所定义的战略传播实乃善之善者也。

| 第三节 | 如何开展对公共外交的防务支援

对公共外交的防务支援，将有效地促进战略传播活动的开展。美国海军陆战队中校詹姆斯·M. 甘农所著题为“Operationalizing Defense Support to Public Diplomacy”的论文，对于如何开展对公共外交的防务支援进行了探讨，认为其致胜的关键因素在于文化情报的获取、跨部门间工作的协调等，并以实例证明，人道主义援助在战略传播中起到了至关重要的作用。

一、概述

目前，在全球范围内，“思想战”正如火如荼地开展着。对公共外交的防务支援（DSPD）可以有效地推动战略传播活动，它通过强化战略传播目标，促进了国家安全战略的实施和区域性接触活动的开展，有利于打击恐怖主义在意识形态上的支撑。不过，这些分析都只是针对战略层面的，在作战层面，该领域的工作很难开展，尤其是当今是媒体环境和网络密集化的时代。在作战层面，对于防务应如何为公共外交提供支援缺乏理论、政策、“最佳做法”或共识。在打击恐怖主义的意识形态时，防务的作用涉及到五个要素：安全、信息作战（对公共外交的防务支援是与信息作战相关的活动）、人道主义援助、军事接触以及作战行为。这可能需要各部门间团结互助，齐心协力，而且，在任何程度上的胜利都有赖于国家政治领导人做出的政策、指导和可靠的信息“主题”。对公共外交的防务支援目前正面临着挑战，即缺乏一个明确的定义，使其在国防部内无法得到广泛的理解或重视；而且，政府的战略传播，在其它宗教国家和地区中很难有效地开展。大量的研究和文献资料表明，美国需要在国家层面对与战略传播相关的指导和资源部署进行全面的审查，在过去的4到6年里，曾出现了几次错误的尝试。目前，某些政策和组织刚刚开始发挥作用。在对当前战略层面的努力和举措有所了解的基础上，本节对作战艺术进行了分析，并提出了一些建议，对区域作战司令部、组成部队和联合特遣部队执行军事行动中的对公共外交的防务支援进行了探讨。信息作战活动以打击那些绝对不会受到影响的暴力极端分子及其忠实追随者为目标；而公共外交面对的是处于叛乱中的其他两个主要群体，（1）对极端分子表示同情，但不情愿为它们提供积极援助的人；（2）可能被说服支持和平、安全和稳定道路的人，即所谓的“温和派穆斯林”。他们在“穆斯林世界”中占大多数。通过讲述事实，令人信服地向“穆斯林世界”传达民主原则与极端意识形态相比所具有的优势，并最终赢取这场意识形态之战。

二、背景

（一）打赢思想战

自“9·11”事件以来，美国最为紧迫之事是要改善战略传播工作。这在美国国会、国务院和国防部发起的为数众多的文献中均有所体现。美国政府已经执行了多项政策、方案和举措，以应对美国政策所面临的敌意、美国消极的“形象问题”，以及因公共外交减少而引发的其他症候。虽然公共外交概念本身也不断受到批评，但它还具有积极的作用——“接触、告知、影响关键的国际受众，促进美国战略利益的实现。”

2004年9月，美国国防科学委员会针对战略传播而提出的报告，是围绕着敌对势力产生的过渡行为进行的研究，是总体计划的一部分。该报告强调，需要确立一项战略以预防危机，并且“在全球范围内，打赢思想战”，该报告还提出了9项重要建议。它强调，需要将国家政策进行统一，要对文化以及美国政策将产生的影响有所预期，要使战略传播重新散发出活力。并且，要在机构间、政府/私营部门间展开自第二次世界大战以来最为广泛的合作，运用国家力量中的所有元素打赢当前的思想战争。美国国防科学委员会的特别工作组报告，引用了大量的研究、文献和报告的内容，使其中所提建议更具说服力。

（二）美国政府的举措

2003年1月，白宫设立了全球传播办公室（Office of Global Communications,

OGC），以协调美国在全球范围内开展的公共外交活动，不过，据美国总审计局的资料以及其他文献显示，该部门并没有履行其预期的职责。以前的公共外交工作由美国新闻署主管，它负责制定国家之间的计划、传播战略和主题，对美国的外交政策提供支持。美国新闻署在1999年被废除，它所具有的使命都被转移到了国务院。从整个美国政策的角度来看，该机构垮台的原因是详细的规划与协调工作被分散化。其中，许多计划被各使馆的任务实施计划（Mission Performance Plans, MPPs）所吸纳。不过，1999年之前，缺乏可用的资源和专业知识也是其陨落的一个原因。2004年9月，美国国务院设立了一个新的职位——负责公共外交和公共事务政策与资源规划的副国务卿，以重振美国的公共外交工作。在爱德华·P. 杰雷吉安向国会递交的一份报告《改变观念，赢得和平：为美国在阿拉伯和穆斯林世界中的公共外交提供新的战略指导》中提出了许多建议，这项行动便是其中之一。在担任分管公共外交与公共事务的副国务卿这一新职务后，卡伦·休斯面临着执行三大战略目标的挑战，其中包括使美国所信仰的自由与希望的愿景得到传播、使暴力极端主义意识形态边缘化，并促进共同的价值观和利益观在全世界得以建立。大概是为回应杰雷吉安的报告，白宫发起了穆斯林外展政策协调委员会（Muslim Outreach Policy Coordinating Committee）和战略传播政策协调委员会（Strategic Communications Policy Coordinating Committee），侧重于执行报告中的许多主题和建议，并力求在国家层面解决对政策和指导的需求。不过，由于缺少一项国家传播战略的指导，部门之间的协调工作仍然难以开展。

（三）失败的计划

在过去的几年中，美国有些计划产生了事与愿违的结果，比如战略影响办公室，设立于2001年末，但于2002年遭解散。该机构被控为达到积极的宣传效果，操纵伊拉克媒体。此外，美国国务院的“共同价值观倡议”试图运用广告行业的做法促进对美国形象的宣传，改善信息传递的方式，尤其是在描绘穆斯林世界中的穆斯林美国人这一方面。夏洛特·比尔斯被任命为“共同价值观倡议”项目的负责人，该计划始于2001年10月，终止于2003年3月。通常人们在说起该项目时，都认为它是以失败而告终的，却没有注意到，当对公共外交提供防务支援时，可以将该项目中总结出的某些经验有效地运用于作战层面。

在2006年9月，美国国防部长发布了《四年防务评估战略传播执行路线图》（QDR Execution Roadmap for Strategic Communication），旨在“提升信息一体化，使其成为国家力量的重要组成部分……”该路线图在美国国防部内确立了一项行动计划和数个阶段性目标，使战略传播的过程、政策和组织得以制度化。其中包括将要为战略传播设定职责、制定理论等目标，涉及到将对公共外交的防务支援作为一项辅助性能力。

反恐战争单靠军事手段是打不赢的，还必须运用国家力量中的所有要素，展开对暴力极端主义的思想战，对此，已经达成了越来越多的共识。在思想战方面存在着诸多挑战，包括：无法就有效的公共外交的界定达成共识，缺乏总体的战略指导，在当今时代因存在大量传播而引发的复杂性，以及因以往举措的失利对美国信誉的影响，使得在继续大量投资新项目上犹豫不决。为了更好地促进美国的利益，美国政府一直在采取措施，以应对在组织、资源和政策方面存在的缺陷。这些措施总体来说具有积极作用，不过，如果不在思想上协调一致，并将其向外国受众传播，那么在国家层面，很难打赢思想战。在作战层面，更是如此。

三、详述

对公共外交的防务支援这一概念首先涉及到向正确的受众进行传播，以及对作战环境的理解。不过，在作战层面，没有一项文件专门界定了对公共外交的防务支援这一概念。大多文献中探讨的都是有关战略传播、信息作战、战区安全合作计划以及人道主义行动的内容。在相关文献和军事行动实例中发现，打赢思想战的关键因素涉及到全面获取与作战环境相关的“文化情报”，并调整军事行动，与该文化相适应。这些因素包括“能力建设”和创建经济激励措施，以应对人民的不满情绪。一些研究讨论到有必要使那些与美国和西方的价值观相关的、可信的主题更具说服力，运用适当的媒体应对与美国议程有关的误导性信息；通过适当的训练和教育等形式，将适当的规划进行告知。大多数建议强调了机构间需进行合作，以充分利用外交、信息和经济的力量。最后，当前的研究强调适当实施军事行动——美国或其盟军实施行动时必须坚持民主原则；以及在必要时适当使用武力。

实施对公共外交的防务支援应适用作战艺术规划的原则。分析对公共外交的防务支援活动，最关键的是要对反叛乱行动的重心和关键因素进行分析。例如，理解了叛乱活动背后的意识形态因素，才会发现该意识形态中存在的重要“漏洞”，并通过外交及经济手段加以应对。不同于纯粹的常规军事行动，在思想战中，要实现预期的效果可能需要更长的时间因素。因此，耐心、毅力，尤其是公众的支持是至关重要的。“适当使用武力”的重点，在于制止极端分子对本国军事存在做出新一轮的攻击。而大部分的“武力”将会转变成“软实力”的形式，以抵御意识形态造成的影响。在某些情况下，人道主义行动，与适用动能部队相比，可能会起到更好的效果。在运用传统的战争原则时必须谨慎，因为对公共外交的防务支援旨在改变个人的看法，以削弱或消除对暴力极端主义意识形态的支持。

（一）区分信息作战和战略传播

对于那些对恐怖分子和叛乱分子在思想上表示同情的人而言，政府需要做出极大的努力，来改变而非战胜他们的想法和意念。迄今为止，在战役中的作战层面上，与思想战相关的大多数文献都侧重于信息作战、公共事务与战区安全合作计划。然而，除了将对公共外交的防务支援列为战略传播的有效要素，以及信息作战的“相关活动”外，几乎没有任何指南或文献将这一概念与打击在意识形态上对恐怖主义提供支持这一问题联系起来。

若想制定一项战略，有效地应对意识形态问题，就必须认识到政府有必要将其信息向三个主要的目标人群进行传递。第一组人群是暴力极端分子，以及那些对他们表示支持或同情，且顽固不化的人。这组人群是信息作战所打击的对象——主要是在造势行动和作战行动中。信息作战针对的是对手的决策过程，本质上具有进攻性，重点放在对手的言辞上。相反，有效的战略传播和公共外交的目标，在于影响非敌对性的受众；这部分人群，包括消极地支持或推动暴力极端活动的团体和个人，以及那些可能普遍存在同情，但不愿意在行动上提供支持或不愿意热情地对待极端分子的人。就第二种目标受众而言，作战指挥官应将公共外交方面的努力重点放在削弱叛乱思想存在的基础上。向这类人群进行传播时，不应使用那些用来对付敌人的军事原则，不过，很多文献和军事术语往往将这类活动也归入到“信息作战”一类中。美国联合出版物3-13指出，信息作战的核心职能包括心理战、军事欺骗、作战安全、电子战和计算机网络作战。人们希望军方不会采取上述任何一种行动，来对付友好的民众或需要争取支持的民众。政府不应以任何方式向那些友好的或非敌对性受众传达信息作战的进攻性原则，或承受信誉上的风险、制造（额外的）敌对情绪。因此，军事规划人员有必要了解战略传播的原则，并将其应用在那些对公共外交提供支援的行动上。

（二）挑战

公共外交，美国一般被界定为“通过了解、告知、影响外国公众，拓宽美国公民和机构与相应的海外人员和机构之间的对话，促进美国的国家利益和国家安全”，从职能上讲，这属于美国国务院的职责。为公共外交提供的有效军事援助需要各部门之间在作战层面展开大量的协调工作，并提供支持。

美国军队在主要的穆斯林国家中规划或执行军事行动，支援全球反恐战争时，面临着诸多挑战，如当前美国在穆斯林国家中的形象问题，美国国家层面的公共外交缺乏主题，当前在为公共外交提供防务支援上缺乏相关指导。对于军事行动的规划者而言，困难在于如何判别形成有效军事战略的文化和意识形态因素，以及如何确立向正确的受众传达正确的信息以实现目标的能力。从在伊拉克和阿富汗的实践中可以看出反美情绪所带来的影响，以及受众对美国政策的看法。不过，在全球反恐战争中，美国正（或可能会）接触到许多其他国家，即所谓的“初始阶段”行动。因此，需要制定有效的、规划详尽的以及协调一致的接触战略。

（三）学术项目和研究结果

前文提到的美国国防科学委员会特别工作组就战略传播所做的报告，以及美国总审计局就公共外交呈送的报告中均在战略层面提出了一些建议，可以为作战层面的执行活动提供相关指导。2003年，杰雷吉安的报告《改变观念，赢取和平》对美国力求施加积极影响的穆斯林世界的意识形态和文化做了一个全面的分析。该报告向美国政府提出了许多战略性的建议，其中一些建议已得到实施。报告着重强调了公共外交和相关计划，其中大部分都是由美国国务院领导的。在各机构就公共外交所做的研究工作中，通常会涉及到一个主题，即着重强调加强部门间的合作；在该报告中，作者强调了美国国际开发署与国防部之间存在的紧密联系。国际开发署最近设立了军队事务办公室，该机构目前正根据杰雷吉安报告所提建议进行招聘和人员配置。这对于部门间十分必要的协调工作来说，起到了重要的推动作用。2004年，哈迪·阿姆鲁就美国对穆斯林世界的政策开展的布鲁金斯项目，针对阿拉伯文化，以及对有效传播的理解方面提出了深刻的见解，并强调了政策应以价值观为基础。在公共外交、与穆斯林对话、了解穆斯林世界、强调文化情报和理解作战环境的重要性方面，阿姆鲁对6项权威性的研究进行了分析。如同本文中所提到的其他报告一样，阿姆鲁得出的结论同样认为，公共外交与部门之间开展的大量协调工作都是取得成功的关键因素。目前，阿姆鲁提出的许多建议已得到执行，而且，在国防科学委员会特别工作组和美国总审计局的报告中，也对上述建议予以了认可。

戴维·贝克中校在他的论文《对公共外交提供军事援助的可能性》中，对使用信息作战——尤其是心理战如何影响外国受众这一问题进行了探讨。论述了在战区安全合作活动范围内“与军民联合行动和公共事务相关的活动”。他还对那些可以对公共外交目标提供支援的关键性战区安全合作活动（包括军民联合行动、人道主义援助，以及军队与军队之间的各种联络计划和培训交流）进行了审视。其研究结果似乎更倾向于信息作战方面，并“承认心理战和公共事务有时无法兼容。”其中，贝克中校轻描淡写地提到心理战与公共事务无法时刻保持一致。不过，二者的主题应保持协调，并相互审视，以避免出现意料之外的后果。贝克引述了在运用心理战时应遵循的官方限制规定，在美国国防部指令S-3321.1中，规定心理战的主题应由当地的美国使馆进行审查。如果在信息作战所造成的影响与公共事务和公共外交的目标之间未能保持谨慎、有意的协调，那么，美国的信誉度就面临着被削弱的危险。为公共外交提供防务支援的行动方式，必须极为谨慎地考虑到信息作战职能与公共外交之间的关系：信息作战往往需要故意误导对手，而公共外交则应注重以事实来赢取思想战的胜利，它强调的是民主原则。正如2003年参议员卢格在听证会上向参议院对外关系委员会所阐述的，“成功的公共外交并不是要控制民众违背他们的利益来支持我们。相反，是要通过展示我们民众所具有的仁慈和宽容，强调对共通性问题的理解来清晰且明确地阐释美国的观点，增加美国与外国民众之间互动的机会。”由于一直侧重于信息作战（比如心理战）方面，导致美国陷入了反宣传活动中。在因特网时代，这是不可能取得成功的。与其他文献一样，贝克在建议中也强调了部门间需展开密切的合作。

（四）作战层面的相关案例

对选定的文献、最近的军事行动及演习所进行的评估，在对公共外交实施防务支援的方式上提出了深入的见解，认为可以将其与打击在意识形态上对恐怖主义的支持联系起来。美国驻欧洲司令部实施了几项有效的战区安全合作计划，旨在通过对欠发达国家的能力构建，以及对具有反美情绪的关键受众潜在的消极看法进行反击，来促进稳定与和平。在驻欧司令部的责任区域内，一些针对东欧和非洲国家的网站，为大使们的公共外交活动提供了进一步的支持。网站和杂志（如《东南欧洲时报》）上的主要话题，强调民主的原则，如法治、公正的媒体、文官政府和强有力的机构。将极端主义意识形态确定为敌人的重心，这是驻欧司令部的信息作战与公共外交活动所关注的焦点。它们列举了一项成功应对极端主义意识形态的关键因素，即部门间的合作——尤其是驻欧司令部统率下的各美国部队间在主题与信息上的协调。

美国太平洋司令部（US Pacific Command, USPACOM）在政治顾问组设立了一个公共外交协调员。此外，太平洋司令部有一个强有力的“灾难管理与人道主义援助卓越中心”（Center of Excellence for Disaster Management and Humanitarian Assistance, COE DMHA），该部门为人道主义援助和灾难救济提供了独一无二的训练、协调和规划支持。它为战区作战层面的组织提供了一种模式和“最佳做法”，以弥补其能力上的欠缺，这在区域性作战司令部中，尚属首例。

（五）人道主义援助任务

在伊拉克和阿富汗民众中，曾形成了一定程度的负面认知，相比之下，已实施的两项主要人道主义援助行动成功地改变了穆斯林国家对美国和美国军队的看法。2004年12月，对印度尼西亚、斯里兰卡和泰国的海啸救助工作，以及2005年10月，对巴基斯坦西北部的地震救灾工作，都强调了对公共外交提供防务支援的概念——尽管冠以了其他名义——为检验成功因素和机遇，以改善其他军队公共外交行动提供了有益的案例研究。

（六）美国中央司令部实施的地震救灾

2005年10月10日，在巴基斯坦北部喜马拉雅冬季到来前夕，穆扎法拉巴德附近发生的地震，使73000人丧生，逾69000人受伤，近50万人无家可归。这是该国有史以来所经历的最大灾难。美国中央司令部立即部署了一支灾难救助特遣队，在远征攻击群（Expeditionary Strike Group）总部的领导下，由以下各部队组成：大规模的联盟直升机特遣部队、海军修建（工程师）营、陆军流动外科医院，以及配备了战地医疗小组和其他后勤能力的海军陆战队第三远征部队。在偏远山区，对于前期的救生工作，以及后期的生命维持工作来说，军队的高空作业能力、远征工程人员、指挥与控制，以及医疗能力都是至关重要的。直升机向偏远山区运送了20000多人和14700多吨人道主义援助物资。美国和澳大利亚的军事医疗工作人员为34000多名伤者提供了医疗服务，其中包括500台急救手术。

成功因素包括反应速度和能力，跨机构的、国际的和联盟间的关系，以及在以寒冬著称的严峻环境中开展军事行动的能力。除了行动所具有的人道主义性质外，还存在一项一体化的、总体性的传播战略，具体来讲，该战略旨在加强美国政府与巴基斯坦政府之间的相互关系。从驻阿富汗多国联合部队（Combined Forces Afghanistan, CFC-A）司令官卡尔·艾肯伯里中将的指示来看，本次行动是要实现两种战略效果，一是物理效果（人道主义援助），二是公共外交效果，“表明美国乐于且有能力向处于灾难中的巴基斯坦提供援助，加强美国与巴基斯坦之间的关系……如果行动执行得当，我们不仅尽量减轻了人类的苦难，同时，也体现了我们向战略合作伙伴所做出的承诺。”随后，艾肯伯里中将对词汇的重要性以及对信息作战与公共外交二者间差异的理解进行了评论，用他所谓的“温和的信息作战”对主题和信息进行了补充说明。他指示道，“不要认为军事存在和贡献将被知悉——制定一项一体化的传播战略是推动公共外交工作的关键，是在战役中赢取人心的关键。”此外，阿比扎伊德将军于2005年10月30日到伊斯兰堡视察时评论道：“就全球反恐战争而言，你们在这里所做的工作，与我们在伊拉克和阿富汗所做的工作同等重要。”美国皮尤研究中心与AC尼尔森公司针对公众对美国的看法展开了民意调查。调查结果显示，救助工作发生6个月后，亲美的公众从最初的23%上升到46%。事实上，对话的重点往往放在全面纠正那些与美国的价值观有关的错误信息，以及那些与民主和西方的其他议程相关的错误信息上。布雷·斯蒂芬在《华尔街日报》上发表的文章“契努克外交”，就赞扬了美国在赢取受地震影响的巴基斯坦人民的“人心”时所做的努力，并指出，在任何政府部门的对外援助中，美国国防部都是最大的贡献者。获取成功的关键因素在于部署任务之前取得文化情报，以及在习惯、礼仪和其他区域因素方面训练部队，并根据具体情况，制定相应的能力，以适应当地风俗。例如，出于对文化敏感性的考虑，第三医务营加派了几名女医生、护士和看护人员，来照料部落区域内的女性病人。利用军队翻译官，并雇用当地的翻译人员来帮助病人，这些都是获取成功的基本因素。在巴基斯坦联合救灾援助中心（Combined Disaster Assistance Center Pakistan, CDAC-PAK）的领导下，所有部队都要保持人道主义的姿态，因此，任何人都不得戴头盔，不得穿防弹衣，否则很可能被敌对势力用于对美国驻军做出的不利宣传。美国重新部署的消息传出去以后，很多当地人请求被美国医院收留，这使得部署期间超出了部署令所预期的时间范围。这可以被视为公共外交任务得到有效执行的一个指标。[a]

值得注意的是，尽管在该地区存在着来自于极端主义团体的高度威胁，但没有发生过任何针对盟军救援部队的安全事件。这主要源于巴基斯坦的防护措施，但该地区民众的支持也起到了重要作用。极端分子所制造的指责美国具有反伊斯兰偏见的任何攻击，都会取得适得其反的效果。

在此汲取的教训是，机构间和盟军在人道主义援助中的行动具有关键性的作用。“战略传播方案与美国拟在巴基斯坦实现的战略目标保持了协调统一。而且，它在推动公众对美国军方的救灾和重建工作提供支持方面，也起到了至关重要的作用。”另一个重要的教训是，需要将美国政府所做出的努力结合到一起，并予以进一步的强化，即在美国国际开发署和美国军方的行动之间、以及在其他合作伙伴（特别是美国提供资金的非政府组织）之间，以这种方式强调美国在经济实力上所做的承诺。在捐赠物的交付速度、类型、数量和质量上，应明确体现出美国在经济上的慷慨，以及美国为了实现安全与稳定，将尽最大力量去提升机构的能力。

a 这种亲善行为后来被迫终止，终止的原因一是丹麦报纸刊登了有关穆罕默德先知的漫画，随后引发了骚乱；二是据称一枚跨境导弹攻击重要目标时，致使联邦管辖的部落区域内18人丧生，该地区距美军的野战医院大约48千米。

（七）印度尼西亚的海啸灾难

2004年12月，印度尼西亚发生了严重的海啸灾难，并波及斯里兰卡和泰国等国。随后，美国迅速部署了一支大型的人道主义救援工作队，为穆斯林人口聚居地区提供人道主义援助。统一援助行动成功地改变了穆斯林对西方的看法，也改变了他们对美国所做出的援助承诺的看法。关键的成功因素在于文化情报的准备、机构间的统一努力，而不是塑造受众对美国军事行动的看法。就像美国中央司令部指挥官所要实现的目标一样，美国太平洋司令部也做出指示，向该地区的合作伙伴展示积极性的主题，因为印度尼西亚是世界上穆斯林人口最多的国家。1999年，东帝汶发生侵犯人权事件后，美国便中断了《环球安全合作计划》（Transglobal Secure Collaboration Program, TSCP），这使得美国与印尼之间的关系变得极为脆弱，因此，外交对于在印尼的行动来说至关重要。显然，这次海啸救援行动重新建立起了美国部队与印尼武装部队之间的军事关系。与其他行动类似，本次行动中的要点体现在有效地协调各项主题，强调部门间的合作上，某些报告将统一援助行动作为机构间合作的典范。关键性的成功因素在于文化规划、军队运用以及雇佣当地的翻译人员。根据斯里兰卡联合支援大队（Combined Support Group Sri Lanka, CSG-SL）司令官弗兰克·潘特准将所言，为增进国际开发署与军队之间的相互理解，进一步改善二者之间的关系，使二者对彼此之间的能力相互理解，从而，最大化地实现美国的国家利益，还需要做出更多的努力。

在联合信息作战中心的一篇文章中，理查德·乔斯滕引用国际政治分析师约翰·W. 伦东的话，指出，“美国海啸救助军事行动是四年反恐战争中唯一的一次胜利。”该文章指出，“救济工作本身便是有效的战略传播，这既表现在信息传递上，也表现在各政府机构几乎未经过事前协调、在临时通知的情况下采取的行动上。乔斯滕认为，“在全球范围内，我们通过竭诚努力能够做到如下事项：早期规划，与国防部、国务院、机构间和联盟合作伙伴保持持续的协调”。

军队根据《国防安全合作指南》对印尼海啸与巴基斯坦地震的救援做出响应，并使“反恐战争”即“反伊斯兰战争”这种说法不攻自破。《国防安全合作指南》鼓励“通过接触关键受众，对美国政府的公共外交努力提供支援，从而推动美国利益的实现”。

（八）思想战涉及的其他问题

两份著名的资料以其他方式对全球环境和暴力激进的伊斯兰意识形态的影响进行了阐述。它们围绕着类似的主题，向美国政府提出了一些建议。对这两份资料进行全面总结超出了本文研究的范围，但它们所提建议对于探讨军队该如何对公共外交举措提供支援来说，大有裨益。在托马斯·巴尼特的《五角大楼的新布局》中，对于美国国防部的努力提出了不同主张：创建两套防务能力——一种战法将部队集中于对抗大规模的传统军事威胁上，它称之为“利维坦部队”；而另一方面应对来自于世界上很大范围内的非对称性威胁，它们要么拒绝全球化，要么被全球化排斥在外，托马斯·巴尼特称之为“断层国家”。他认为，这种“以维和行动为导向的系统管理者部队”对于赢取大范围的军事行动来说是必需的，国防规划者们曾将这些军事行动定性为“次级”问题，所依据的假设是既然大型的“利维坦部队”能够应对苏联威胁，那么它就一定能应对较小的威胁。巴尼特主张，对于盟国之间的互动和“确保全球化的稳定发展”来说，专业化的知识和能力都是必需的。他认为，目前，联邦机构内正进行的跨机构合作与各军种之间的“联合”同等重要，着重强调国务院在推动“减少断层国家”（那些未融入全球化的国家）进程中应具备的能力。

在《为和平而战》一书中，退役的安东尼·津尼将军也认为，有必要在机构展开更多努力与协调工作，创设一个类似于“美国世界勤务队”的部队，具有类似于在灾难救助中提供人道主义援助的能力，或履行安全和稳定行动的能力，能够更好地快速部署，且能够与非政府组织和各盟国政府之间进行无缝衔接。他在战略一章中，坚决主张在区域作战司令部建立永久、强大的跨部门联合特遣部队/协作组（joint interagency task forces/coordination groups, JIATF/CGs）来管理和执行相关计划，预防危机发生。跨部门联合特遣部队/协作组的任务将包括在发展计划、人道主义援助和重建行动中，协调非军事领域的工作。

两位作者所强调的关键点是，要想在当前的环境中取得胜利，军队要么转变其部队性质，要么剥离出来，要么两者都需要，这样才能应对当今全球性威胁所带来的挑战。两份资料都强调，充分理解当前环境、文化，以及滋生激进主义意识形态的基本条件是极为重要的。它们都主张有必要在部门间展开比以往任何时候都更为普遍的强制性的协调工作。

四、结论

在目前的全球反恐战争以及打击激进极端主义意识形态的战争中，需要国家力量中的所有要素关注于共同的目标，遵循共同的主题，实现彼此协调。富于协调性与凝聚力的战略传播手段的运用，对于促成上述战略框架来说，是至关重要的因素。对公共外交的防务支援有助于提供某些方法和手段，用以应对在意识形态上对恐怖主义的支持，对此，应向作战层面进行说明。战略传播和对公共外交的防务支援若想充分发挥效能，还需要做出大量的工作，并需要得到军方的理解。而且，需要跨部门间展开大量的合作与规划。对美国来说，作战艺术必须运用战略传播和公共外交这种“软实力”来对待“温和派”穆斯林的思想倾向，对他们施加影响，使其支持稳定，远离具有破坏性的意识形态。在短期内，跨部门间的协调、战区安全合作计划，以及国务院强有力的影响已被证明是致胜的关键因素。从长远来看，适应具体情况的新理论、组织和其他体系可能会涌现出来，它们将促进民主原则的传播，对抗来自于欠发达地区、对和平与稳定构成威胁的激进主义意识形态。

五、建议

假定美国国防部的《四年防务评估战略传播执行路线图》中所列的使命将付诸实施，则本节在作战层面提出以下建议：

第一，国防部应向区域作战司令部分派任务，并指派部队承担为公共外交活动与计划提供防务支援的责任。虽然未来的国防可能会转型不过，目前区域作战司令及其组成部队仅有权向下级司令部部署任务，授权其推动公共外交活动。以美国为例目前，领导美国战略传播的国务院，并不具备履行其职责的能力与资源；而国防部，却具有加强美国公共外交的体系与资源，这一点不仅表现在军事实力方面，还表现在学术、情报、科学、后勤和官僚体系方面。根据美国《国防部指令3000.05》要求，规划重点应放在为稳定、安全、转型与重建行动提供军事支援上，并应提供资源，以支持在外国受众中展开的战略传播活动。区域作战司令部应设立一个资源丰富的公共外交小组，提供政策、训练，并在组成部队、美国其他政府机构、跨国组织和联盟组织之间开展协调工作。

在适当的情况下，应当对有效的战区安全合作计划增加资金供给，尤其是那些推动关系构建、改善信息流、促进国家目标实现，以及有助于建设安全和经济发展能力的战区安全合作计划。

第二，从整个理论、训练、政策与规划的角度，认真思考信息作战与其核心要素（包括心理战，军民联合行动的“相关活动”、对公共外交的防务支援以及公共事务）之间的关系和潜在的影响。目标应设定为利用事实和真相来对抗在意识形态上对恐怖主义的支持，强调倡导民主原则的意识形态所具有的好处。由于人们普遍认为心理战意味着欺骗和宣传，因此，从职能上将其与公共事务分开。但主题和信息必须协调一致。强调价值观的重要性，获取公共信息，进行民意调查，为对话和方案交流创造机遇。国家传递的信息必须具有可信性，在选择传播场所方面，必须以对受众的尊重为前提。信息作战涉及到向敌对势力施加影响；而为公共外交提供支援的军事努力则与所有其他受众相关。

第三，强调部门间的合作和统一的努力。对国家的援助和军事组织之间的活动与信息应进行整合与强化，尽可能提升机构的能力，实现安全与稳定。军事行动的重点应放在高价值、高回报的人口密集区域，这样，努力就有希望产生积极的效果，影响受众观念，使其接受传播者的善意，并使原则更具说服力。

在特定国家内，由于在跨部门机构、信息或路径上存在着局限性，使得军事方面除战区安全合作计划以外的接触几乎不可能发生，跨部门联合特遣部队应为此发掘机会。跨部门联合特遣部队的定期联络对象不仅包括使馆中的国防武官/国家工作组，还包括各组成部队参谋部的关键规划人员，以及其他区域性的国际论坛（北约、东盟、联合国人道主义事务协调办公室等）。最理想的人员配备是从每一机构中抽调“特遣队”成员。

第四，国防部继续在培训与教育方面投入资金，以支持公共外交。被部署的部队应继续接受文化意识方面的培训，而且还应定期强化其“原则”。通常情况下，年轻的士兵、海员、飞行员和海军陆战队队员往往是外国受众所见到的第一个象征国家的面孔。展现出国家的最佳形象是极为重要的。当军队中缺乏文化专家和语言学家时，各军种应加大力度从当地招募和培养人才。应积极运用奖学金和军官晋升计划，就像学术界从主要国家选拔人才一样。对从目标区域招募的合格人员进行培养，担任更高的领导职位，将产生深远的影响。

第四节 叙述是信息作战的一个有力战术

美国科学应用国际公司的高级战略家艾米·扎尔曼在《信息作战杂志》2010年8月刊上发表题为“Narrative as an influence factor in information operations”的文章认为，“叙述”，也就是讲述故事，能够在信息作战和公众外交中起到一系列作用。其中说明了叙述的几个基本要素，包括叙述者和听众、背景、故事情节和人物，以及这些要素的作用和如何应用。

对于当代国家安全部门的旁观者来说，不经意之间就可能会推断出“叙述”是其最为关心的问题之一。美国陆军野战手册FM3-24《反叛乱》中，就提出“叙述”这种以故事形式表述的有组织的阴谋是叛乱的核心。按照陆军野战手册FM3-24所述，“叙述”起到一系列作用，包括引导意识形态，表达集体身份，规范行为举止，提供作战行动的理由和促进理解。《2010联合作战环境》确定，在全球的“叙述之战”中，美国必须取胜，否则就有失去对其政策和军事行动的支持和毁坏其在世界上的声誉和地位的危险。2006年，美国国家安全专家迈克尔·沃霍斯号召进行战争叙述，通过讲故事来帮助国内听众明了作战的意义，这是所有政策、讨论和作战行动的战略基础。然而，尽管这种号召相当紧急，部队方面还是很难创造引人注目的叙述或者故事来表述其总体战略目的或就一些平民死亡之类的孤立事件进行沟通。如果防务部门能够更好地抓住叙述，充分发挥叙述的作用的话，情况就会改善。现在，虽然到处都在说“叙述”，但是其所代表的概念并没有被很好理解。

在最近几年里，论述叙述的军事功能的文章中都是在一个相对较大的信息作战系统中讨论叙述，信息作战系统包括信息的收集和信息的国内外传播。这些文章为了阐述叙述应用在防务目的中的总体价值，从叙述学和人类学的角度提出了叙述的学术理论。对于“叙述”的概念如何运用在关于防务问题的流行博客和网络论坛之中的调查表明，“叙述”作为手段和做法来说是一个模糊的概念。总的说来，参与讨论的人采用历史方法使用“叙述”概念的时候比较轻松，可以用它来解释过去的事件或者比较冲突的理由。“关于恐怖叙述的战争”“Anbar叙述”“浪涌叙述”之类的词语都已经普遍使用。“叙述”已经成为“解释”或者“事件的版本”的同义词。

当把叙述作为信息作战和公众外交的有效功能时，防务界的人们就会变得更加模糊不清了，叙述被表述为像“民主”和“自由”一样的无形的概念。抑或，写作者会在可能使用“宣传”或“消息”的时候使用“叙述”。事实上，正如罗伯·索顿在一篇极具争议的小型战争委员会博客评述的那样，“当我们在战术层面讨论‘叙述’的时候，常常会考虑到‘论据’，要向媒体说明的事项以及诸如此类的方面”。普遍认为故事是“简单的”，因此应该简单表达。当评论员提供可能的叙述时，经常都会带上声明或将来的意图之类的框框，譬如说“我们会修理这个水库”或者“我们会给你们提供帮助”。虽然叙述性的语句和那些说什么不说什么的指示有一定的作用，但是将这些行为与“叙述”相混淆会损害在战场编造故事、讲述故事和听故事对于确定事件的方向的潜力。当在粗糙的宣传中反复使用叙述这一个术语时，就会浪费它的真正能力。

一般说来，考虑故事时，都将故事看作离散的对象，包含的意义客观并获得普遍认可，而故事讲述者只能简单而原封不动地将其传递给听众。这个前提保证了“9·11”袭击以后美国在许多公开外交上的努力。在防务部门普遍流行的话是，“不在于你说了什么，而在于他们听到什么。”这只是证实了这样一种说法——故事如同一个密封的球，不是被听众接住就是掉了下来。由于听众会听到他们想听到的东西，因此传播者原来说话的本意就无关紧要了。

如果讲故事的人说的都是真的，听众也相信都是真的，沟通的效果就会更好。最好所讲述的故事是客观事件，就是两人或更多的人都体验的事件。叙述只是在叙述者和听众会面的时候进行的。简单地抹去别人的故事或者压过别人的声音绝不能赢得叙述之战的胜利，被压制的声音最终会在其他地方或在其他时间出现。更准确地说，叙述的成功要求懂得叙述的意义何在以及如何达到叙述的意义，还要利用机会使听众了解已经存在的事件中的新含义。

本节的其余部分简要地回顾有关叙述的几个基本要素，解释这些要素如何起作用，并且为这些要素的应用提供初步建议。这些要素包括叙述者和听众、背景、故事情节和人物。

一、叙述者和听众

虽然在交流者开始构思叙述时常常将“听众”放在最后考虑，但是笔者认为应该放在第一的位置，因为没有听众的故事是不完整的。在叙述这个舞台上，公众外交和信息作战都取得了实质性的进步，认识到不同社会阶层由于具有不同的语言和文化习惯，听故事的方式也就不同，这是一个好的开头，但是还不足以解释听众在确定叙述的意义方面积极参与的程度。

20世纪60年代后期，文学理论家们开始质疑一首诗或一部小说在其原文中本身有多少意义。文学理论家们根据他们对于文学作品的考查和对于人们如何从他们所读的内容引申出意义的经验研究得出的结论是，读者对于文学作品补充了大量的意义。为了解释整个文学理论家团体何以对于一部文学作品达成类似的结论，文学理论家斯坦利·费什开发了叫做“解释界”的概念，并将“解释界”描述为“由分享解释策略的人们组成的团体，分享解释策略的目的不是为了通常意义上的阅读，而是为了写作，为了构成他们的特性和为了确定他们的意图。换句话说，这些策略在阅读行动之前就已经存在，因此确定了所阅读的作品的形态而并非通常所假定的其他方式。”不少文学批评家认为费什的主张是激进的，因为他的主张暗示着读者阅读的目的并非单纯从作品中萃取含义，而是为了实施再创作的策略。他的主张也是在鼓吹无政府主义——要是读者能够轻而易举地推翻作品建立的权威的话，岂不会出现社会的无秩序状态？尽管如此，自从20世纪70年代中期以来，读者和听众积极参与为他们所读和所听的东西创造意义的普遍原则，这在整个社会科学和人文科学的范围内都已成为平常的事情。在销售业、广告业、公共关系、危机传播和类似行业的从业者都越来越多地将沟通看作是公司和其消费者之间的双向对话。分析人士使用解释界的概念来说明像司法系统那样的公共政策部门和公共机构如何起作用。

对于交流者来说，有几个有用的指导原则都是源自于承认听众就是叙述的创作者和接受者。第一个是最为基本的指导原则为，听众的历史经验和文化见解都是他们的世界观中真实的和不能减缩的部分。听众会无一例外地用他们的说法来解释故事。

听众的世界观是他们“书写”传达给他们的叙述的基础。倘若交流者可以学会观看和欣赏他们自己的文化偏见和意识形态偏见的话，他们也就可以学会观看和欣赏听众的叙述风格。这种学习具有几个方面的挑战性，首先要求传播者在看待其他人的时候去掉限制传播者的世界观的文化和意识形态眼罩。同时也要求传播者对于确实听到的东西暂时不做判断，这样违反传播者的基本价值观或者似乎背离合乎情理的实情是很难做到的。举例来说，正如哈罗兰在《限定因素》（Parameters）中所述，伊斯兰极端主义者将美国在中东推进民主的目标完全理解为又一次将外来价值观强加给穆斯林社会。确实，西方人很难想像会有人不赞同他们的目标。之所以难以理解是因为美国没有认真地从其他人的观点看世界的问题，而要以不同的观点看世界就需要扩展想像空间并且悬置判断。伊斯兰极端主义者的主张存在一个实际的基础，就是天主教派在11世纪至13世纪发动的十字军东征。可是，其他人的解释则是，十字军东征是发生在与现在完全不同的历史背景中，11世纪时的外来价值观也不是21世纪的外来价值观。如果接受听众的世界观的话，就会有不一样的叙述。例如，欧洲基督徒和穆斯林遭遇的结果，西方人得到了浩瀚的知识，所涵盖的领域从建筑学，化学到纺织技术不等。正如极端主义者所说，穆斯林不仅是西方人的受害者，更是他们的恩惠者。要是没有对于西方贡献给世界的创新和知识的破坏，或者没有对于西方帝国主义这一近代史实的粉饰的话，就不可能讲述外国统治者和穆斯林受害者处于戏剧中心的故事了。

图4–3 美国国防部照片，Dayton Mitchell参谋军士摄影，美国空军发布。图为在阿富汗Sarwar Kariz执行联合战斗巡逻任务时，阿富汗国民军的士兵提供安全保障

二、背景

一个故事的发生必然是在一个特定的地点，并在一个特定的时刻。要是没有时间和地点的话，故事就会漂泊不定，就会坍塌，没人关注。时间和地点会产生多种作用，会使故事生动，令人难忘。一个故事锁定在一定的时间和地点内，就会以非常相似的方式重复，就会在人与人之间，甚至代代相传。发布一则公告，宣布一支重建队伍将在阿富汗的一个省重建一座水库，难以给听众提供激励，以认同并且支持水库修建工作。相反，讲述一个生动的故事，将水库的破坏设置在一个特定的时刻和一个特定的地点，从开头就会抓住听众，使他们有理由投资水库重建。从听众的观点出发，一个重建水库的故事可能就以这样的方式开始："在我父亲那个时候，这里是个富饶的地方。地里生长着我们所需要的各种作物，我们的牲畜有足够的牧场。而现在，干旱使得我们缺水，我们的水还不够自己饮用，更谈不上提供给我们的牲畜。我们的水库早在战争之前就已经摧毁。政府没有为我们提供帮助。如果我们无法解决干旱问题的话，恐怕只好离开这个地方了……"

那些展现故事的事件随着时间而重复的时候，就有了依附于其上的象征意义。美国革命就是林肯总统在盖茨堡讲述的故事的开始，他说："87年以前，我们的父辈为这片大陆带来了一个新的国家，它孕育于自由，致力于人人生而平等的主张。"今天的美国人一听到这些言辞，就会听到美国革命带来的变化，南北战争带来的变化以及解放美国黑奴带来的变化。

故事的开头形式可以是传统的神话或者民间故事，其背景是遥远的过去和遥远的地方。民间故事的影响力在于没有特异性，对于听众来说，就是包含永恒道德或永恒真理的标记。民间故事通常都包含一般的人物类型，例如英雄和坏人。这样的人物通过演示如何正确行动和如何防止错误行为来表现和强化共同的社会价值。例如，阿拉伯游牧民族贝多因人的许多民间故事通过奖赏阿拉伯游牧部落的慷慨大方行为和惩罚吝啬贪婪的人物来赞美慷慨的品格。民间故事也通过给出和增强共同规范的虚构表达来发挥微妙的社会管理作用。灰姑娘原本是17世纪法国故事中的人物，早就在西方流传开来，并且在许多文化中都有不同的角色。灰姑娘的故事是说一位少女尽管受到她的继母和异母姐妹的残酷虐待，但是由于她可爱温顺，最终赢得了王子的爱情。原来的故事形式是告诉姑娘们通过赢得王子的爱情来得到幸福，只要举止得体都是可以得到幸福。可是，随着时间的推移，灰姑娘的故事也发生了灵活的弹性变化。在20世纪70年代，灰姑娘在故事中曾由女权主义作家构想成一个不受约束的甚至反叛的女主人公。由于传统的故事形式可以为听众所认识和接受，可以随着新环境而更新，赋予新的价值，因此是能够用来产生影响的手段。

将故事的时间设置在遥远的过去也是一种传递当代价值观的方式。民间传说形式可以将历史事件转换成对于今天有用的教材。例如，在阿富汗，讲故事是一种宝贵的艺术形式，人们用各种各样的民间传说形式来叙述历史。几种阿富汗语言中都通过“讲述”故事来传承历史。“这些故事让人们记住特殊的历史事件和它们的意义，并且有一定的讲述模式来确保历史知识的传承。涉及讲述流派在过去如何成功地保存文化记忆使之成为今天的历史的故事也都是意味深长的。”在塔利班倒台以后，民族志学者卢茨·赫扎克要求阿富汗人讲述他们在塔利班统治时期的经历，有的阿富汗人就将他们的经历组成了传统讲述形式的故事。

有一个人讲述了他的朋友在塔利班统治时期打算在礼拜五下午去看望他的女儿的故事。他的朋友做完礼拜五祈祷以后就上路了，但是在一个尚未做完祈祷的清真寺附近站岗的塔利班份子阻止了他（不同清真寺的做法有所不同，有的清真寺的祈祷仪式时间要长一些）。尽管他说明已经做完午间祈祷，但是站岗的人还是威胁他说，他不参加祈祷就要打他。不得已，他只好同意参加祈祷。做完第二次祈祷后，他又上路了，但是他又一次在另外一座清真寺附近被拦住了，塔利班份子命令他参加祈祷。这一次，他拒绝了。被打了一顿之后，他被带到一位塔利班头目那里，头目问他每回祈祷要屈身多少次，他回答说一个穆斯林要屈身10次，一个塔利班成员则为30次。头目又问他何以如此，他就解释他如何被塔利班成员命令多做两次祈祷，多屈身20次。正如赫扎克所说，虽然这个故事中的某些元素不适合“讲述”模式，但是其主要部分嘲笑了塔利班分子严格得过分的虔诚，适合于“讲述”模式。这种形式可以成为创作阿富汗塔利班形象的一部分。

故事的开头有助于提供关于打算讲述何种类型的故事的信息，因此会对听众产生一定的影响。了解其他人的故事是从什么时候开始的，会增加自身对于感到困惑不解故事讲述者和自身的理解。例如，对许多美国人来说，美国在阿富汗存在的“故事”是从2001年的“9·11”事件开始的，而这个特殊的事件深刻地影响着对后续的事件和动机的理解。可是，许多阿富汗人可能没有看到从那个时刻开始展开的各种事件。对于阿富汗人来说，当前所发生的各种事件不过是外国人力图征服阿富汗这个漫长故事的最新篇章。美国人的紧迫感和去阿富汗执行任务的理由不会引起阿富汗人的共鸣，因为他们不会将最近发生的各种事件放进相同的历史叙述之中。

故事的开头和背景可以采用多种方式来增强交流者的影响。在与人们的互动中，引出故事和听故事以及提供信息都是重要的。各种故事反映出人们如何将价值和规范相互联系起来，人们如何感知历史，以及人们认为什么样的历史会为现在提供相关的教训。注意故事的形式，关注故事何时开始，何地开始和如何开始。这些元素在讲述的故事中可以复制，以便继续传播新信息和新价值。

图4–4 2008年8月21日，指派到第二斯瑞克骑兵团作战部门的美国陆军军士长Ruth Eggert和联合作战照相司令部的美国海军中士Angela McLane观测和记录一次在伊拉克的情报走访任务。走访任务提供了一个与伊拉克小村庄居民进行沟通的途径，增加了对于当地的信息感知

三、故事情节

故事情节，也就是故事中发生的事件，为每个叙述提供了基本框架。许多关

于戏剧性情节的思想都源自于亚里斯多德的《诗论》，这部写作于公元前3世纪的论著从萨福克里斯的《俄狄浦斯王》以及其它剧本出发，推断出悲剧的普遍原则。亚里斯多德认为，好的情节有几个确定的性质，必须具有由一系列事件构成的开头、中段和结尾。这些事件必须有一定的因果关系而相互接续，事件发生的前后顺序也必须有一定的合乎逻辑的意义，这些事件都应该是极有可能的或者可能发生的，虽不一定发生，但也好像是真实的。这些事件的环境为适应人物而发生变化，有可能是因为人物所处的境遇突然逆转，或者是因为出现了新的一幕使故事的主角从无知的状态变成具有新认知的状态。无论怎样，命运发生令人惊奇的逆转都会使那些陪伴着故事中人物行走在从无知到启迪的旅程中的听众产生强烈的感觉。大体上说，通常由苦难和奋斗产生的戏剧性情节都是情节的核心。

亚里斯多德为今天的反叛乱战士理解敌人的叙述和消除敌人叙述的影响提供了许多有用的东西。美国防务部门将注意力集中于本·拉登给他的追随者讲述的故事中的意识形态内容，遮蔽了同样突出的事实，即本·拉登的故事是围绕壮丽部分的戏剧组织的，决定的不仅是个人的变化，更是整个社会的变化。反恐专家胡安·扎哈特在最近的国会证词中，将本·拉登的故事说成是“简单的叙述，自称能够为年轻人提供有意义的英勇出路，以一种简单的关系来解释他们在电视和互联网上看到的弊病和地缘政治冲突。”当扎哈特和其他反恐专家引领着拒绝相信本·拉登的意识形态的时候，他们失败于没有讲述一个更好的故事。更为糟糕的是，美国将自己的努力叫做“叙述之战”（Battle of Narratives），强化了在两个互相排斥的故事创作者之间展开规模宏大斗争的基础。

更好的情况是实际上有许多故事，每个故事都植根于故事主角的背景和世界观中，这些主角可以是被剥夺了公民权的第二代美国人，可以是在法国的北非移民，也可以是由于恢复秩序的步调缓慢而受挫的伊拉克人。每个听众都有截然不同的历史和独特的经历背景，都希望以不同的方式“重写”基地组织的叙述。虽然本·拉登可能会根据选择性阅读伊斯兰历史提供单一的主要情节，但是并不意味着这是听众可以采用的唯一的解释策略。交流者应该利用这样的共识，即基地组织只是服务于当地通过圣战来解释基本的复兴情节的团体所发出的遥远的感召，开始注意了解各个社会如何用自己的话语“重写”基地组织的叙述。正如安娜·彼德森在20世纪80年代谈及动员萨尔瓦多的天主教徒的殉教叙述中所述：“一旦叙述成形，要有效就必须传播，意味着必须引人注目，为人们所乐于重讲。叙述在传播的过程中差不多都会变化，即便是具有神赐能力的领导所阐明的叙述，其他人乐于传播甚至据之行动，但是其他人所重讲的故事也少有与他们所听到的完全相同的。因此，我们必须对于发生变化的方式和原因加以调查研究，考察听众对于叙述加以选择和拒绝不同成分的过程。这样叙述才会在听众的生活中引起共鸣，听众才会明了叙述的意义，叙述才会为听众的生活提供安慰和希望。”

交流者为了形成有效的反制策略，必须同样评估不同的听众如何动员圣战者殉教的故事。举例来说，2009年底，一个由年轻的美国索马里人组成的小团体离开他们在美国明尼阿波利斯市的家，创立了一种圣战者戏剧，企图解决他们作为索马里难民明显无法解决的复杂的身份问题。这种事情反映了他们这样的弱势社会群体和他们这样的年轻人所面临的挑战。

20世纪90年代初，这些索马里年轻人开始作为难民来到美国。在孩童时期来到美国的年轻人虽然迅速地被美国的文化和价值观所同化，但是也面临着融入社会的重大挑战。对于有些人来说，进入成人期所面临的更为复杂的挑战对他们提出了严厉的要求。那时，美国支持的埃塞俄比亚和索马里的伊斯兰联盟在20世纪90年代中期开始了边界战争，这使得这些美国索马里人就其自身的美国身份和索马里身份戏剧性地打起了内战。当索马里造反者加强其在当地的争斗并宣称是在进行全球圣战的时候，他们就容易摇摆不定。对于这些索马里难民来说，圣战叙述就构思出来了，并且很容易将他们在美国遭到驱逐解释为作为美国代理人的埃塞俄比亚和索马里之间的战斗。这种境况和动机是这些索马里人所特有的，证明这样的社会问题需要特殊的叙述和调解。虽然这个索马里人的故事具有一些与其他移民问题共有的特性，但是每个社会都有其独特的情节和中心冲突，也就有其唯一的叙述来解决问题。

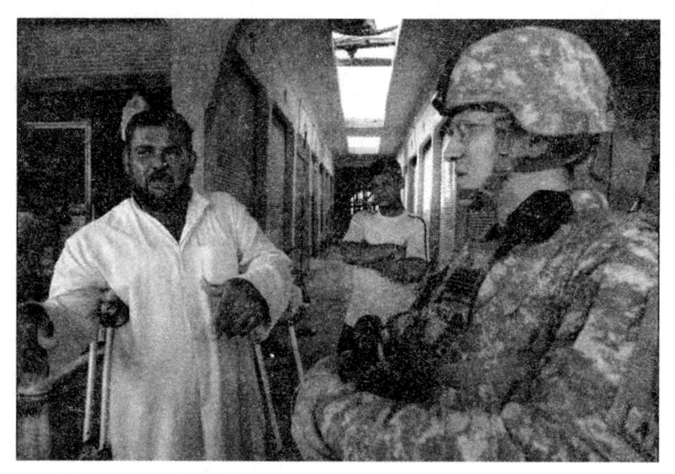

图4-5 2009年10月9日，在伊拉克Al Quarnah，第17消防队第305心理战连的美国陆军参谋中士Adam Vinglas在外出联合巡逻时与当地的伊拉克商人交谈。巡逻的目的是评估伊朗人在社会中的影响

四、人物

引起人类情感相通的人物是传播者进入故事的路径，而情感相通就是“使我们自己处于某个其他人的位置”。受到强烈认同的人物具有影响他人的潜能，因为听众感觉他们就像他们自己，会分享他们的幸福和他们对事情的反应。

对于人们阅读小说之后的感觉进行的试验表明，小说也会教人们如何鉴别其他人。在一次试验中，给受试人群提供对于同一事件的两份报告，一份报告写成小说，而另一份写成非小说形式的法律简报。然后发现，相对于阅读非小说形式的报告的人来说，阅读小说的人比较善于通过面部表情等来猜测其他人的情感状态。于是，研究人员的结论是，与小说人物的情感投入培养了我们的情感相通，“我们只是阅读令我们感动的故事和小说，观看令我们感动的电影和戏剧。小说提供给我们的社会比我们在日常生活中的社会更加多样化，小说的人物对于社会的认识比我们直接遇到的大多数人都更为透彻。在小说里，我们可以通过探索我们在小说人物所处的环境中的情感来体验情感相通，从而理解这些人物。”

这样的人物不能简单地写成为规范不同行为的“英雄”，可能就是潜在的恐怖份子的。向想要成为自杀式炸弹的人进行劝诱的人物就是一个在类似环境中的想要成为自杀式炸弹的人，对这样的听众进行劝诱的情节可能包含圣战选择和故事主人公确定正确行动的真实的情感斗争。通常引证的事实是伊斯兰主义者的暴行杀害得更多的是穆斯林，在表现潜在的信徒所进行的斗争的小说故事中，这个事实会成为强有力的情节，他的命运逆转可能就来自于他看到这样惊人的事实。然而，要使这样一个人物引人注目，他就不能是一个宗教狂热分子的卡通形象，而必须是一个真实世界的人，可能有各种各样的令其烦恼的问题，如个人关系和家庭，财务状况和文化特征。同时，也不能指望他的转变超出合理的范围。要使人物显得真实并不需要模仿实际的人，但是必须呈现高度的内在一致性。他们说话的方式，行为举止和对于事情的反映相对于他们的其他特征来说应该是可以接受的。

当人们与故事的人物分享其奋斗和转变的时候，就会更加深刻地卷入故事之中。当在外交政策的舞台上构思叙述的时候，传播者应该戏剧性地表现他们的奋斗和描写他们的决心。对于复杂的平民死亡问题，做出道歉和赔偿，表明歉意和悲痛。关于幸存者，部队并没有做出什么提议。写一个故事来描述一个人物体验这次巨大的损失，以这个人物的视角来讲述这个故事，可能会起到情感相通的作用，引导这种体验。这样的故事会把人物置于死亡、家庭和战争所带来的复杂的情感领域。故事要真实，就必须完整地保留这种复杂性，但是故事可以给其主人公提供机会，用他们的话来反思事件的含义。

如果没有让士兵了解武器的不同机理和使用环境，通常是不会以使用自动武器的命令将他们送入战争的。基于同样的理由，如果没有让战士知道叙述是什么和如何使用叙述的话，要求他们参与“叙述之战”也是不公平的。

第五章

美军与社交媒体

我们必须在思想上保持警觉，并迅速地接受前所未见的方法和武器的应用。赢得下一场战争是在将来，而不是过去。我们必须继续前进，否则我们就会失败。

——美国陆军上将道格拉斯·麦克阿瑟，1931年

第一节 社交网络：美国军方的一把双刃剑

美国海军陆战队上校罗伯特·科特在美国陆军战争学院发表题为“The Strategic Paradox of Social Networks”的论文认为，社交媒体网络的飞速发展引起了美国军方的高度重视，美国国防部认为社交媒体网络可以成为一种有效的战略传播工具，快速有效地向大量受众传送信息，但反过来社交媒体也给美国军方带来了巨大的挑战，如缩短了军方对有关事件做出反应的可用时间，使网络更容易遭受攻击。

在过去的几十年时间里，社交媒体从一开始的默默无闻发展成为了人们用来交流的主要工具。与普通百姓一样，军方的机构和人员也发现Facebook、MySpace、LinkedIn和Twitter等社交媒体会带来一定好处。美国国防部认为，社交网络的价值在于它是一种可以用来进行战略传播的工具，国防部甚至允许在政府计算机上使用社交媒体网络。不过，使用社交媒体网络也给军事领导人带来了风险。尽管采取控制措施可能会解决一些问题，但军方一方面要利用社交媒体的高效率，一方面也在试图去控制网络信息，这真是具有讽刺意味。

社交媒体的快速发展使美国军方在伦理道德、法律和安全等方面面临着许多突出问题。个人或私人团体内部的会话内容现在可以无限期地保留在网络空间上。简单地在互联网上发布信息可能会使社交媒体用户成为自己冲动行为或判断失误的受害者。令人尴尬的信息每天都会出现在社交媒体网络上。军队或其他政府机构的人员必须要防止在网络上发布可能违反官方规定或指令的评论和信息。同时，社交媒体网站上的大量公开来源信息也加大了计算机网络在网络攻击、网络犯罪或泄露隐私方面的脆弱性。此外，社交媒体网络提供了一条开展战略传播的新途径，这反过来也给军事领导人带来了新挑战。信息在互联网上高速流动减少了军方用于做出反应的时间，尤其是在目前24小时滚动播出新闻的情况下解决危机的时候。鉴于社交媒体网络仍在继续扩张，国防部及其下属部门要继续完善对官方和个人使用社交媒体网络的指导。不过，社交媒体网络本身存在的模糊性将继续使军事领导人面临挑战。

技术上的创新很少有被视为革命性的。想想打字机、电报或者电视机，可以看出信息时代的交流方式有了显著变化。在几十年里，人们看到计算机局域网发展成了很多全球性网络连接，这种连接几乎消弭了世界在文化和地理上存在的界限。在《世界是平的：21世纪简史》（The World is Flat: A Brief History of the 21st Century）一书中，托马斯·弗里德曼将这种现象描述如下。

> “……个人计算机（可以使人们以数字形式迅速发布信息）、光缆（可以使人们迅速访问全球范围内越来越多的数字内容）与工作流软件兴起（可以使世界各地的人们在相同的数字内容上展开合作，无论他们相距多远）融合的产物”。

全球互联网用户已经从2003年的8亿人增长到2009年的18亿人（大约占世界人口的27%）。随着基于计算机的系统越来越容易获得，价格越来越低，在线社交网络已被人们视为一种便捷的交流手段。Web2.0软件的引入也很重要，这改变了用户与互联网的交互方式。在线社交网络有多流行呢？Pew研究中心的互联网与美国百姓生活项目（Internet & American Life Project）对青少年和青年使用社交媒体的情况进行了调查，结果显示在线社交网络正在日趋繁荣。2010年5月的统计数据显示，年龄18到29岁的人群中有95%使用互联网，30到49岁的人群中有87%使用互联网，50到54岁的人群中有78%使用互联网。在互联网用户中，有73%的青少年人、72%的青年人和40%的中年人访问过社交网站，这些网站主要是Facebook、MySpace和LinkedIn。还有一些统计数据凸显了社交媒体带来的文化影响。例如：在2009年，有1/8的美国夫妻声称在网上进行过会面。在2010年，Facebook宣布用户突破了5亿，这意味着该社交网络在为世界人口总量名列第三的“国家”（仅次于中国和印度）提供服务。

社交网络技术是一种强大的交流工具。例如，很多执法部门在利用在线社交网络向媒体和民众发布最新消息（如“黄色警报”），为犯罪记录提供实时信息，发布嫌疑人的照片，或者接收匿名的举报。卧底警察甚至在社交媒体网站上假扮成帮派分子以渗透进犯罪网络。使用社交媒体使执法部门提高了效率并改善了与民众之间的交流。

基于互联网的信息能够更快传递到更多（或更集中）的受众，因此社交媒体网络的发展意味着人们的交流方式有了根本改变。1960年，4名非洲裔美国人在北卡罗来纳州格林斯博罗的一个小餐馆里静坐，抗议种族歧视行为。有关该事件的新闻通过当时的主要技术手段（电视、广播和电话）进行了传播。在几天时间里，就有数千人聚集起来在美国南部游行了。如今，在线社交网络已经成为传统交流形式的补充。2009 年发生在伊朗和摩尔多瓦的抗议活动被称作“Twitter 革命”，因为组织者通过社交网络表达不满并召集游行人群。事实上，社交网络在伊朗大游行期间发挥的影响导致美国国务院要求Twitter 暂停对其网站进行定期维护，以确保服务不中断。在2011年的埃及大游行中，埃及有超过8万的民众登录Facebook加入了抗议活动。可以设想一下，如果1960年有今天的社交网络，那会对抗议活动产生多大影响。

美国国防部认为社交网络是进行战略传播和信息管理的重要手段。美国军方的高级官员经常在社交网络上发表时事评论，或者把注意力集中在了特别感兴趣的领域。大部分军事单位、组织和附属机构都有各自的社交网站，这是对传统的信息散播方式（如电话联系多人或出版时事通讯）的改进。社交媒体的信息流加强了人们之间的沟通交流，即使这些人已经调离了原岗位或者退出了现役。互联网上还有一些针对不同人群的网站，这些人群毕业于同一所学校，有着相同的军种文化或者职业特点，这些网站改善了这些人群的内部关系。

社交网络的一个弊端与个人隐私保护有关。例如，Facebook因向营销机构和商业网站提供用户的隐私信息而遭受了强烈批评。2007年，Facebook发布了一款名为“Beacon”的应用，该应用会追踪用户的网络购物情况，而后向其他Facebook账户转发销售信息。但是，有些网上购物行为最好还是不要让别人知道为妙。几年前，一名年轻女子收到了Facebook发送的一条信息，从而得知其男友马上就要向她求婚了，因为信息显示她的男友购买了一枚钻石订婚戒指。最近，两名国会议员就Facebook“近期宣布向第三方网站和应用开发商提供用户的住址及手机号码的计划而后又将该计划推迟”向该公司CEO提出了质疑。从社交媒体网络很容易获得生日、住址、手机号码以及亲友名字等信息，这值得高度警惕。Facebook在美国有超过1.5亿的用户，在全球范围内的用户超过了5亿人。公司可以通过收集个人信息获利，当用户在网上发布信息时，他们会在不知不觉中为营销资料贡献第三方数据。以特定的消费群体为客户目标的公司可以利用这些信息来制定有效的营销策略。

社交媒体的流行增加了互联网上的个人信息数量，有些信息可以产生持续影响。例如，凯业必达公司最近的一项调查发现，2008年有22%的雇主利用社交网站来选拔求职者，而到2009年这个比例上升到了45%。该调查还发现，35%的雇主在社交网站上得知面试者交流能力弱、有不当或诽谤性评论或者上传有挑逗性照片后会认为其不符合要求。

即便不是社交媒体的用户，其信息也很容易被第三方发布到网络上。2009年，有新闻报道说英国秘密情报局（Secret Intelligence Service）下任局长的妻子将他的个人信息发布到了自己的Facebook页面上。由于她没有使任何隐私保护措施，所以她的信息可以被任何在当地网络拥有Facebook账户的人看到。她在网上发布的信息包括家庭住址、子女活动以及家庭照片，这些都可以被恐怖分子或者其他情报机构轻而易举地加以利用。这个例子说明社交媒体网络是可以影响到非社交媒体网络用户的。

了解社交网站上的个人信息可以使军事领导人获得对其所属人员的宝贵洞察力。但是，把社交媒体当作一种调查工具道德吗？比如，有的人会有些个人问题或者涉嫌不当行为。在什么情况下通过搜索一些人的个人站点来收集信息才是可接受的呢？决定是否要搜索这些站点的最终权力属于谁呢？一方面，有人可能认为利用互联网收集第三方信息与传统的信息收集方式没有什么不同。另一方面，宗教信仰、性取向等隐私信息（做决策时通常不会考虑这些信息）可能会成为调查时的障碍。

社交网站是个人信息的“宝库”。不过，这些信息往往是不准确的、被曲解的或者断章取义的。与凯业必达公司的调查相呼应，军方的一些指导准则警告说，社交网站上的用户信息可能会对背景调查或忠诚审查造成影响。

互联网上的开放来源信息越来越容易获得，这使得一些法律和伦理道德上的问题突显了出来。军事领导人应尽力定义明确的界限来处理把社交网络用作调查工具的问题，而且每个用户在决定网络会出现什么信息上都负有责任。

对于社交网络的另一个担忧是它可能会模糊职业关系与私人关系之间的界限。社交媒体网站会促进产生一种轻松的气氛，这可能会使人觉得某人对某人有偏爱或者他们有深交，从而破坏单位的纪律和士气。正如著名寓言家伊索所言："人们通过你与谁保持密切关系来评判你。"尽管伊索生活在古希腊，但他的名言至今仍引起人们的共鸣。社交媒体并没改变军队的专业化性质。

军队使用社交媒体的效果可以用"粉丝数量"来评估，这一数据反映出了某个站点的受欢迎程度。2010年3月，强生通信公司进行了一次"Facebook军事研究"，目的是研究"Facebook的发展趋势、话题以及Facebook用户与站点所有者之间的共同点"。作为研究的一部分，强生公司对最高军事机构的页面进行了排名，结果显示美国海军陆战队的粉丝数量最多（241515人），紧随其后的是国民警卫队（224623人）和美国陆军（152958人）。强生公司所做研究的一个重要观点是军方可以把社交网络作为一种战略传播工具来有效地向大量受众传递信息。例如，国防部想要提高民众对于合成大麻危险性的认识，它的"毒品需求减少项目"（Drug Demand Reduction Program）就在社交网络上发布了视频信息。同样，美国空军制作了"勇士画像"系列视频发布在了几个社交网站上，该系列视频宣扬了空军士兵鼓舞人心的故事。网民可以转发信息，迅速提高故事的传播速度。

社交网站提供了一种有效的战略传播手段。但有一点需要注意，即信息的真实性问题。一般用户很难区分官方网站和假冒网站。强生公司的研究指出："很多军方的Facebook页面并没有清楚地标明'官方的'，因此很容易与看起来与政府开设的页面非常相似的非官方或者'克隆'的页面混淆，这些页面中可能有不准确或者不恰当的内容。"难题之一是非官方网站中经常会有一些不恰当的帖子，比如会讨论具有政治敏感性的话题（如有关废止"不问不说"政策的讨论）。有些网友甚至会错把不恰当的评论当成了有约束力的陈述。使情况变得更为混乱的是一些人在参与讨论时表明了自己的军人身份（他们经常使用一些与特定的军种、单位或专业有关的图片），并且发表了具有煽动性的或者不恰当的评论。对于官方网站，强生公司的研究建议军方"做好页面的管理，确保不恰当的帖子能被迅速发现并被管理员删除"。

军人在社交网站讨论政治话题会很快吸引许多负面关注。2010年3月，海军陆战队中士加里·斯泰因决定在网上表达自己对奥巴马总统国内政策的关注。出于对奥巴马政府医疗保健改革立法的担心，斯泰因在Facebook上开设了一个站点，名为"军队中的茶党爱国者"（Armed Forces for Tea Party Patriots），并且还表明了自己是现役美国海军陆战队队员的身份。这个站点很快就受到了大量网民关注，斯泰因与海军陆战队的关系使得人们认为他发布的信息是真实的。不久以后，MSNBC电视频道邀请斯泰因到该频道的新闻栏目讨论对医疗保健问题的看法。但在接受采访之前，他的上级建议他再去看看国防部有关政治活动的政策。国防部的指示明确规定现役军人不得"在任何电台、电视或其他节目以及集体讨论中支持或反对政治党派、党派候选人或党派的目标"。受到训斥之后，斯泰因谨慎地取消了电视采访并把引起麻烦的站点关闭了。但是斯泰因拒绝远离公众视线，他公开表示"认为签订合同自愿服役后就失去了畅所欲言的权利是一种错误的想法"，这反映出他不熟悉国防部的规定，更别说什么《军事审判统一法典》（Uniform Code of Military Justice）了。不出意外，斯泰因引起了美国民权同盟（American Civil Liberties Union, ACLU）的注意，该组织支持个人享有"讨论和批评政府政策和行为"的权利。美国民权同盟的一名发言人在提及斯泰因时说："我们认为军人应该和普通百姓拥有差不多一样的自由发表言论的权利，只有在作战需要时才会有非常有限的例外。"斯泰因后来又开通了另一个Facebook站点，仍以"军队中的茶党爱国者"命名，该站点目前拥有17,000名粉丝。这一次，斯泰因没有在网上把自己与海军陆战队联系起来。

尽管美国民权同盟和其他民权组织认为军人与普通百姓同样享有宪法第一修正案赋予的权利（仅有有限的例外），但《军事审判统一法典》对军人可以发表什么言论有明确的规定。例如，《军事审判统一法典》第88条告诫军官不得"对总统、副总统、国会和国防部长使用侮辱性语言"，对联邦和州政府的其他杰出成员也应如此。第89条将对上级军官的不敬定义为无礼的"行为或语言，不管其表达方式是什么，也不管是针对上级的职位还是上级个人的。语言上的无礼可以是辱骂性的绰号或其他侮辱性、攻击性的言辞。即使有不敬言行的人本身正确也不能这么做。"在网络上发布的信息会在公共领域无限期地保留，即便信息是针对有选择的受众的。军人以善于发出自己的声音著称，不过，如今他们说的话却可以无限期地保留在网络空间上。

至少美国国防部对现役或后备役人员有着法律权威。但那些不在国防部管辖范围之内的人也能在互联网上发布敏感信息。例如：在某飞行中队最近离开阿富汗重新部署期间，有人通过访问该中队指挥官妻子在Facebook开设的站点了解到了重新部署的最新情况。在这个案例中，指挥官的妻子通过电话从她丈夫那里了解到了部队的动态，而后又把信息发布到了网上。虽然这是个小事件，但却显示出了敏感信息出现在互联网上是多么的容易。

随军记者也在有效地使用社交网络，通过网络迅速把他们的感受传送给庞大的受众。迈克尔·琼是一位深受欢迎的“博主”，他从美国陆军特种部队退役后就开始了写作。琼的受欢迎程度（他在Facebook的站点拥有42500多名粉丝）证明了他在读者眼中的可信度非常高。琼的坦率在2010年清晰地表露了出来，当时他在驻阿富汗的国际安全援助部队（International Security Assistance Force, ISAF）里做随军记者。琼在文章中写道，斯坦利·麦克里斯特尔将军是“……一个伟大的杀手，但他没有能力应对这场战争。他应该被看管起来。”后来，麦克里斯特尔被任命为国际安全援助部队和驻阿富汗美军的指挥官。在琼发表了更多的诋毁性评论后，国际安全援助部队将他扫地出门了。琼却将他被解职称为一个“……非常不好的迹象，使人们怀疑麦克里斯特尔自己都在认为我们正在输掉这场战争。麦克里斯特尔曾有过掩盖事实的先例。这引发了人们对麦克里斯特尔是否会误导国防部长和总统的担忧。国防部长和总统能够了解到实际情况吗？”在《滚石》杂志对麦克里斯特尔将军进行的那次使他声名狼藉的采访后，琼继续在网上发表评论，说“如果麦克里斯特尔将军手下的某位上校在某个主要杂志上公开驳斥麦克里斯特尔将军，麦克里斯特尔将会使这位上校离职，或者显露出虚弱的一面，失去控制。”尽管琼的评论对与使麦克里斯特尔将军离职有关的具体事件没有产生影响，但有数以千计的读者知道了他的观点，其中很多人是现役军人。虽然琼并没有带着明显的敌意来看待军队，但他影响民众意见的潜力不能被低估。

还有些记者对军队有负面的、带有偏见的描述。米勒在一些网站上发表了评论和图片，这些网站包括个人博客和Facebook站点，在博客和Facebook站点上他详细描述了近期阿富汗和加沙地带的冲突、肯尼亚的饥荒以及墨西哥湾的石油泄漏。2008年8月，米勒在网上发布图片，展现了伊拉克自杀性炸弹爆炸后的惨状，他因此一炮走红。在伤亡人员中有几十名伊拉克平民和几名美国陆战队员，其中还包括一名营长。因为米勒拒绝删除这些煽动性图片，海军陆战队把他赶出了部队驻地。2008年11月，米勒发布了数十张照片，并称这些照片是在伊拉克和科威特的美军营地内部拍摄的。这些照片拍摄的是以诋毁当时的布什总统以及美国在伊拉克为内容的涂鸦。琼和米勒事例表明了社交媒体是如何游离于国防部的规章制度之外保持影响力并能对民意产生影响的。

在阿布格莱布监狱虐囚事件中，美国官员在虐待伊拉克囚犯的照片泄露之前是有时间来制定公共关系策略的。事实上，在显示犯罪的图片发布之前，军方的官员就向媒体机构提供了调查的详情，甚至还接受了哥伦比亚广播公司的初步采访。有了社交媒体，具有煽动性的材料可以在一夜之间出现，产生一大批感兴趣的读者，这就迫使官员们要比预期更早地面对媒体。2010年8月，以色列新闻网站刊登了一篇报道，内容是一名前以色列国防军士兵“在Facebook上发布了紧挨着蒙着眼的巴勒斯坦囚犯拍摄的照片”。这些图片在互联网上迅速流传，并被其他博客和网站转载。以色列一个非政府组织在Facebook上发布了另外一些图片，图片的内容是“……一名以色列国防军士兵用枪指着一名蒙眼男子……一名士兵蹲在厨房里，厨房里还有两名头戴希贾布（穆斯林妇女戴的面纱或头巾，译者注）的女子在做饭”以及“一名士兵在用希伯来语涂鸦”。这个名为“打破沉默”的非政府组织的目标是“……展现很多秩序混乱的地区的巴勒斯坦平民形形色色、暗无天日的生活画面”。这名饱受围攻的士兵的支持者们在Facebook上开设了自己的站点，并发布了其他以色列士兵挑衅行为的照片，甚至还张贴了一些来自阿布格莱布监狱的照片，照片的说明写道：“这就是美国人对伊拉克士兵的所做所为。各位，我们能和他们比吗？！（我们这名士兵）仅仅是挨着囚犯拍摄了照片，她并没有羞辱他们或者做些其他的。”社交媒体上的突发新闻会出乎意料地将军方官员牵扯进来，并且很快就会失控。

美国的官员拥有足够的时间对在阿富汗执行任务的第5斯瑞克旅战斗队的几名士兵的指控做出反应。在早期调查中，调查人员拼命地寻找在阿富汗拍摄的据称能反映出犯下战争罪行的数字照片。如果这个事件或阿布格莱布监狱虐囚事件的照片首先出现在网络上，军方官员将没有任何机会来抢先应对媒体并尽力去控制公众信息。如果处于被动应付的局面的话，媒体的愤怒和公众的强烈抗议对美国、对美国在伊拉克和阿富汗政策以及民众对军人这一职业的看法造成的损害要比事件本身造成的损害大得多，这是确信无疑的。

而且，有证据充分的案例显示敏感信息出现在社交网站后会对军事行动造成损害。2010年3月，有消息说以色列陆军一名士兵在Facebook站点“泄露了战斗单位的名称、行动地点和开始行动的时间”，随后以色列陆军取消了这次行动。这名士兵在Facebook上写道：“周三我们将清洗Qatanah（靠近拉马拉市的一个村庄）。如果一切顺利，我们周四就回家了。”幸运的是，这名士兵的同事在事态无法挽回之前发现了这一安全漏洞。但军方不能依靠监管机构来监督互联网上发布的所有信息。对手们也在浏览社交网站，并能把那些会对美国国家安全造成严重后果的信息一点点拼凑在一起加以利用。

2010年12月，在朱利安·阿桑奇因泄露数千份美国国务院的保密文件遭到逮捕之后，美国数个金融网站遭受了阿桑奇支持者发动的“拒绝服务”攻击。这一事件进一步证明了计算机网络在安全漏洞方面的脆弱性，社交网站也面临着同样的威胁。黑客的攻击手段越来越先进，进行攻击的目的是非法获取密码等个人信息，或者找出与目标个体或团体有关联的信息。例如，社交工程玩弄“心理骗术，欺骗计算机系统的合法用户，以获取进入系统所需的信息”。社交网站的用户还存在这样的危险，即“下载到与email病毒工作方式类似的病毒，有时病毒会立即攻击用户的系统，有时则会在破坏被察觉前潜伏几个月时间”。

2010年的《美国国家安全战略》警告说：“……网络安全威胁是我国在国家安全、公共安全和经济方面面临的最为严重的挑战。”我们对计算机网络依赖程度的提高使对手拥有了更多机会以美国国家利益为目标“……相对容易地以很小的代价直接或间接实施跨国犯罪活动、恐怖袭击或武装侵略”。例如，中国“在美国开展认知管理活动，藉此来操纵美国和国际民意并提高其相对于美国的地位。中国还在研究美国重要军事中心和经济中心的网络防御，以找出存在的网络漏洞”。社交网络系统的安全漏洞为网络攻击提供了一个额外入口。

美国国内情报部门也在寻找新的方式来分析和利用互联网上的开放来源信息，包括社交网络上的这种信息。美国中央情报局认为私人公司在技术创新上一直领先于政府部门，于是在1999年成立了一家非盈利性公司In-Q-Tel，目的是在网络技术上保持竞争优势。作为美国唯一一家由政府出资成立的风投公司，In-Q-Tel向高技术公司进行投资，并向能为美国情报部门提供最新技术的私人研究提供支持。

2009年，美国国防部曾发布禁令，禁止个人在政府电脑上访问社交网站，原因在于“信息泄露的风险非常高，用户会在网上发布信息并被敌人锁定”。但仅仅过了一年，国防部就取消了这项禁令，决定允许“……在不干涉的基础上……个人有限地使用联邦政府的资源。当以经授权的个人或非官方身份使用联邦政府的资源访问互联网时，个人应当采取可靠的安全操作措施……并且不应代表国防部的政策和官方立场。”这一决定为在外部署的军人保留了访问社交网站的权利，因此可能会受到低级别人员的欢迎。但这一决定存在着两方面的问题，首先，允许在工作场所访问个人社交网络账户降低了使用者和管理者的工作效率，因为使用者会被吸引花费时间来访问互联网，而管理者将不得不花费更多的时间来处理额外的干扰，同时还要尽力像平时一样完成工作。其次，与政府网络越来越易于遭受网络攻击有关。在网上更多的暴露增加了遭受与2008年那次网络攻击类似的攻击的可能性。当时，在中东地区，美军有一部笔记本电脑感染了一种“流氓程序，该程序在电脑中悄无声息的运行，准备把作战计划传送到未知的敌人手中”。使用社交网络的其他方式还有很多，采用这些方式能避免对工作造成干扰，而且还不会使政府网络承担不必要的风险。

与在线社交网络有关的最大的危险是来自流氓黑客（他们为了自身利益而采取行动）或更为复杂的集团（他们的目的是获得相对于美国或其盟友的竞争优势）带来的威胁。美国现行国家安全战略强调了美国对计算机网络的依赖性，认识到了网络战的威胁，并且认为有必要保护网络空间以挫败未来的网络攻击。为应对这些威胁，美国应该继续与私营部门和盟友合作制定强有力的网络政策。2010年11月，美国国土安全部与美国网络司令部签订了谅解备忘录，目的是加强部门间的合作并提升整体网络防御能力。这样的合作仅仅是个开始，要制定有凝聚力的网络战略还需要更多国内和国际合作。在面临各种程度的网络攻击时，立法问题、伦理道德问题和国际方面的问题就会大量涌现，因此各个方面的协调对于我们在这些问题中间前行是至关重要的。

社交媒体网络将继续吸引人们关注美国宪法第一修正案关于言论自由的讨论。越来越多的社交媒体网站的管理者开始迎合人们对网上有争议内容的担忧。在国会议员安东尼·温纳对穆斯林神职人员安瓦尔·奥拉基发布的视频表示反对后，YouTube就将这些视频从其网站删除了。奥拉基目前居住在也门，他在网上发布了招募基地组织恐怖分子的视频。YouTube网站的官员说，他们将会删除任何鼓励“危险或非法行为的内容，比如制作炸弹、仇恨性言论以及煽动实施暴力行为等”。但愿这一事件标志着社交网络越来越愿意与军方官员配合来处理发布在网上的存在问题的信息。

目前，美国国防部有关社交网络的指导是教育性的，但其中也包括将大部分训练和监督责任委托给下级指挥机构的一般性条款。军队的不同部门制定了不同的指导准则，这似乎都是在效仿国防部的做法。随着社交媒体网络在公共及私有网络上进一步扎根，与使用社交媒体网络相关的危险就不能仅在口头上说说了。

第一，法律上定义应该明确。服役人员应该了解他们的隐私权，了解对发布在网上的内容所负有的责任，了解有关密切交往的规定，还要了解那些可被视为损害名誉或破坏秩序和纪律的行为。国防部规章制度应该与当今的技术保持同步。

第二，美国军方应当采取更积极的措施来应对信息在网上传播的高速度，这种高速度往往会使军方被动地做出反应，这是不可取的。在撰写一条媒体消息的时间里，某个事件就可以像病毒一样在新闻圈很快传播开来。发布有效信息拖延的时间越长，其对读者的影响越弱。通常，官方军事发言人是第一个做出反应的，但他们的级别和头衔常常会给人以位卑言轻的印象。

改善军方反应时间的措施之一是在使用社交媒体带来的风险与允许军事人员使用这种技术之间做出折衷。“无差错”思想的存在使得很多人因担心受到训斥而不想参与其中。鼓励军事人员利用他们的职务级别或职业资格来增强可信度是提高军方的反应能力的一条途径。民众相信低级别人员在新闻节目中的坦诚，而且常常会欣赏这样的坦诚。美军在作战行动中早已接受了“战略下士”这一概念，毫无疑问，这一概念也能用在社交媒体上。

第三，军方应当限制私人使用政府计算机访问社交媒体网络。撇开公务用途不论，私人使用政府计算机访问社交媒体网络只能视情况而定，比如在部队部署期间或无法使用其他电脑网络的时候可以使用。考虑到人们目前已经可以通过多种私密手段访问社交媒体网络，使用政府计算机访问社交媒体网络弊大于利，因为这会进一步把网络暴露在安全威胁之下。

最后，社交媒体培训必须及早进行，而且通常要贯穿军人整个职业生涯。鉴于军人的培训时间已经弥足珍贵，因此以人际教学培训的名义引入社交媒体培训可能会打消人们的疑虑。社交媒体培训可与伦理道德、公共事务或军事专业等方面的培训一起进行，从而有创造性地完成。国防部有大量的指导准则，各军种以及很多下级司令部都发布了各自指导准则，这些指导准则阐明了保护行动安全的重要性，具备正确地判断，并且在表达个人观点时使用了免责声明。

在线社交网络从默默无闻发展壮大成为文化上的中流砥柱是非常了不起的。伴随着人们对社交媒体的接受，军人们发现社交网络可以缓解因流动且简朴的生活方式所带来的压力。美国国防部及其下属单位发现了社交媒体作为一种传播工具的价值。随着时间流逝，社交媒体已经从“期望膨胀期”发展到了“生产力成熟期”。换句话说，社会正在继续解决互联网上的自由与现有的伦理、法律、法规相容的问题。对美国国防部和美国军队来说，社交媒体之所以是把双刃剑是因为他们对网上信息的控制能力有限。军事领导人面临的挑战包括保护行动安全、保持良好的秩序和纪律、管理战略传播和防护网络攻击。军事领导人要了解社交媒体对社会越来越大的影响，还必须要了解社交媒体的局限性，这样才能从这种技术中充分受益。

丨第二节丨社交媒体与美国陆军

毕业于得克萨斯州立大学的美国陆军公共事务实习生康德拉·佩里女士在美国陆军《军事评论》杂志2010年第3-4月刊上发表题为“Social Media and the Army”的文章认为，美国国防部近来放宽了对YouTube和MySpace这类社交媒体的控制，但指挥官出于安全考虑仍然可以限制使用或限制带宽。该文通过比较几个社交网站之间的类型和特点，论述社交媒体这一新兴事物对美国陆军带来的风险和挑战，军方应针对社交媒体制定专门的应对策略。

随着全球通信技术多年的发展，当今的科技开启了交流资讯和思想的新方法，并能带给人们更新的体验。美军利用社交媒体的力量使通信方式出现了新的转变。打字机、固定电话和寻呼机早已成为落后的通讯工具。新一代的社交媒体工具的大爆发，创造了鼠标之间的对话与互动。

遍及世界各地的社交媒体已经深入到美军的工作和生活中。由于在军事机构中有绝大多数用户利用社交网络的渠道保持联系并传播他们的故事，军事领导人意识到社交媒体的重要性，正采取措施将其纳入军队的组织文化中。Facebook是一个社交网站，已注册用户超过250万，其中超过120万用户每天至少登录一次。每分钟就会有一个YouTube的用户上传10分钟的视频供上百万人欣赏。社交媒体推出了全新的语言，在那里一句完整的话已经演变成一个字母或者纯笑脸表情图标来表达情绪和感受。这股不断发展的科技浪潮将宝贵的时间和虚拟的社交圈汇集成了一种独特的文化。

电脑用做社交传媒的想法并不是新生事物，实际上这项技术已经发展了20年以上。第一个在线聊天系统在1980年出现，当时被称为“Com-puServe”控制模拟器。该模拟器通过网络连接美国各大公司。1986年这些服务扩展到欧洲，使网络开始遍布全球。万维网（World Wide Web，不要与互联网相混淆），在1991

年对公众开放，并诞生了dot.com热潮，使各类机构和公司获得更广泛的目标受众。今天，这些相同的概念已经融入到个人和集体的社交网站中，如在MySpace，Facebook，YouTube以及Flickr和其他一些共享信息源的社交网络。

Web2.0应用程序更容易拉近你与远方家人和朋友沟通的距离。军事领导人开放Twitter和博客这样社交网络工具给士兵、平民和家属使用。这种类似市政厅会议的交流形式，使更多的个人能够参与即时讨论。

美国国防部负责研究新兴媒体的资深专家杰克·霍尔特将社交媒体定义为："它营造的民主化环境，让每个人都可以将自己的声音发布到网上……它对外表现为每个人都有机会参与其中。"国防部理解社交媒体所起到的作用，增加透明度以及鼓励和社交媒体对话。

一、社交媒体在陆军

社交媒体可以增进对话，由此影响你与朋友或粉丝之间的关系发展。任意一天的互联网用户通过谷歌网站搜索"Army"这个英文单词的数量都超过了2.28亿次，其中一些出自非官方的信息令人难以置信。军方最初努力建立起来的Facebook上有大量的不隶属军方的网页。领导人担心会有不明身份的人在Facebook上讲述故事，以及这些人是否获得其他政府的支持。在当时负责公共事务长官凯文·J. 伯格纳少将的领导下，陆军于2009年1月新设了网络和社交媒体部公共事务办公室。陆军决定是时候开启在线交流和远程会议。网络和社交媒体部主任凯文·阿雷塔说："陆军参与社交媒体主要是因为因特网使个人获得了解陆军相关信息的途径。很重要的一点就是在与公众接触时，军方要接触各个时代的人和各个群体的人，也包括士兵；所以社交媒体是一个很好的接触途径，因为它没有年龄代沟和种群之间的歧视。"

各种社交网站上关于美国陆军的内容和新闻基本都来自于传统的美军网站，美军的目标是建立一个交谈和对话的交流中心。社交媒体联系部的公共事务专家林迪·凯泽表示，该部已经能够使用这些网站进行无缝集成军队网络图象和促进对话，用户也能提供自己的经验和反馈，由此吸引访问者的兴趣。

领导人最大限度接受社交媒体并使其成为机构的一部分。美国陆军部目前没有制定针对社交媒体的相关政策，但是其领导人必须考虑下列跟社交媒体有关的基本事项：

- 存在。如果你不传播自己的信息，别人也会为你传播。
- 关联。保持在社交媒体的存在是必要的，但也有不足。媒体需要更多有价值的内容。我们应探索自己的平台和发展通信战略。
- 突出。当你发展了更多人加入社交媒体，应考虑如何突出适当的形象以及相应的参与，从而得到你想要的结果。

平民、士兵及其家属应该记住两个基本原则：确保行动安全和军事司法统一法典（Uniform Code of Military Justice）。美国陆军发展出一套最佳做法，其中包括认识和控制一些接触社交媒体的基本规则。用户在加入社交媒体时应牢记美军的形象，并保持良好的秩序和纪律。

二、社交媒体的类型

美军已经积极参与了几个社交网站，包括Facebook、YouTube、Twitter和Flickr。

Facebook是一个社交网站，允许个人连接和通过配置文件共享与朋友和家人的信息。2009年6月，陆军09-01号作战命令（OPORD）指示不再阻止士兵使用Facebook和其他社交媒体。虽然陆军作战命令在相关业务领域具有权威和应用基础的限制，但其目的非常明确，即让社交媒体参与军队。陆军可以利用其网站的信息共享机制传播最新的军事新闻。Fackbook的有效性可以让领导人在一个更宽广的平台上向听众发表关于现在生活和展望未来发展的演讲。Facebook的基本原则是适合军方透明的态度和对其最重要财富——人的承诺。

YouTube是一个允许个人上传和共享视频的论坛。用户自己发表或通过其他用户的发表的留言分享彼此的创意。企业也将YouTube作为教学和培训工具，用于培训员工和扩大对公众影响力。美国陆军利用YouTube传播军队多样化的机构和在全球的成就。高级领导人成为看得见的视频，吸引士兵发表自己的意见，由此产生的对话和留言激发大家对美国陆军的兴趣。军事爱好者可以在YouTube上看对伊拉克或美国部队战斗场面的视频，也能看到在大街上进行人道主义救援的视频。这些视频在屏幕上真实再现了陆军的故事。

战地摄影师把多国部队在伊拉克的视频短片汇集到YouTube网站，将美军生死与共的信念传播到全世界。在此之前很少有军事行动进入公众的视线，而现在这些视频短片却可以让公众看到士兵每天的工作生活状况。订阅者可以获得第一手资料，这类记录美军的故事真实且具有时效性。

YouTube使征兵方式呈现新的形式，征兵人员可以通过YouTube视频这个渠道在更大的范围内征募新兵。美国陆军司令部认为发布视频到YouTube并不是为了宣传陆军，他们正努力让军事“参与到YouTube社区”，引导舆论反击一些误传陆军信息和歪曲陆军生活的网址。领导人实时提供真实的陆军相关信息，扭转部分公众基于不准确的资料形成的错误认识。

Twitter是一个微博网站，允许用户在同一时间内向大量用户发送信息，每次可以发送不超过140个字符数，经常用于回答“你在干什么？”这类简单的问题。Twitter允许你控制和发布信息以及选择谁能接收你的信息。这对于指挥官是一个很好的消息，因为它允许指挥官将实时更新的消息推送给他们的追随者。Twitter的用户可以连接到他们的手机，无论身处何地都能发送和接收任何消息。美国陆军使用Twitter的影响力，将15000多名追随者提供链接的故事和内容放在Army.mil网站。

Flickr是一种在线剪贴薄，它提供一个空间让用户存储照片，允许用户张贴照片或录像以供他人查看，并且让普通公众能通过这样一个窗口深入了解官方的机构。他们不但可以查看官方的照片，也可以提出意见、留言和添加标记。

允许美国陆军或美国国防部（DOD）下辖的任意机构核实图片中的故事。将照片上添加的评论提供给国防部官员，用于审查普通公民的照相簿。在使用Flickr的时候需要遵守一些基本规则：

- 请勿上传任何不是你拍摄的照片；
- 不要忘了可能会有未成年的孩子观看；
- 请勿上传非法或违禁的内容；
- 不要公开发泄你的挫折、愤怒和他人给你带来的麻烦；
- 不要在你的帐户内容里附带个人网络标志或用于商业的横幅广告。

这份清单并不完全包括用户应当知道并在使用前了解的重要事项。网络和社交媒体部的陆军公共事务办公室负责管理陆军的Flickr网站，建议其订阅者：

- 禁止使用亵渎类语言，在留言中发表亵渎上帝的内容或脏话会被立即删除；
- 禁止使用人身攻击或对别人不敬的语言；
- 多次重复的发言可能会被公共事务办公室作为垃圾邮件予以删除。

这里并没有列出所有该做和不该做的事。毕竟这只是一个社区论坛。

三、社交媒体战略

当组织和个人了解社交媒体的好处和使用原则时，他们自己也能精确制定规划。规划可以包括：

- 你的战略。在决定形成一个适应你所属机构需求的轮廓前思考每一个要点。这是因为你的机构没有必要覆盖每一点。
- 人力资源。你有足够的资源来管理和维护网站吗？如果你不能保证至少每周一次更新你的社交媒体网站，或提供足够的新内容粘住用户，那么这个平台可能对你的机构来说并不是一个好主意。
- 消息。社交媒体一般要求把关于你的身份和信息控制权提交到虚拟社区。脸谱墙（Facebook wall）和Flickr注释流（Flickr comments stream）是一个正面和负面留言汇集的地方。如果你不愿意失去对信息的控制，或让出一些权利给社区，你就不能使用社交媒体。你应该问自己："我能否共享我的消息而不会成为主流媒体关注的焦点？"一旦机构致力于做好这项工作，领导人就应当持续评估计划和在需要的时候做出调整。

不是每个网站都适合所有的组织。领导人必须仔细分析他们的组织以及他们的努力获取最大的变革。美国有超过80名军事组织领导人在其社区中参与了对话。Army.mil网站在"为效果而创建"（create for effect）页面提供评论资源，根据用户的提议，复制到"看得见摸得着"（look and feel）的陆军官方主页上。网站设计师、开发者和协助内容编辑人员帮助公众建立对陆军机构的正面印象。

使用模板工具需要预测并获取未来那些能得到良好发展的网站，这是成功的一半。一个规划差的网站很快就成为订阅者的障碍。

当支持公众和组织兴趣的原则和组织目标一致时，功能性的媒介机构就很有效力。其关键在于个人可以传达真实的故事。社交媒体成为营销工具，显示美军的价值观，记录这些军人的工作和生活。传统媒体并没有一个能将观众的讨论意见即时发布的反馈机制，社交媒体的出现使陆军可以改用更为开放的沟通渠道。

四、风险与挑战

改变并不意味没有风险和挑战。美国陆军部对于社交媒体还没有一个简单的执行规范。当用户在一个公开论坛自由发表他们的意见时，领导人首先关注的却是安全问题。应当保护信息不经过坏人之手，以免对我们的武装部队形成损害。事实上看似无害的博客上记载的信息可能会让人付出生命代价。

如何平衡军事行动的安全性和公众的知情权是必须应对的挑战。军事行动的安全等级分为敏感的、必要了解的和只有陆军系统内士兵知道的信息。社交媒体的出现带来了新的挑战，要求所有用户更新行为规范。

一些常见的信息显示，美国的对手正在搜寻关于美国的一切情报，包括：当今美国和未来的实力、美国周边的外交新闻、重要人物的姓名和图像、动员效率以及当前政策。

如果没有适当的训练，一些人员可能会在不经意间把敏感信息释放到社交媒体上。应确保重要的士兵及其家属了解到行动安全的重要性，以及他们是否可以发布这样的内容。比方对士兵说，你会把自己银行账户和个人身份识别号码信息传到网上吗？政府的资料也同样敏感。如果一些信息因此而上了新闻，你会高兴吗？这两个简单的问题可以帮助领导人教导他们的士兵在传播自己故事的同时也要加强保密意识。

另一个问题是效率，以及如何引导社交媒体的注意力。美军09-01号作战命令启动了安全计划，使得社交媒体能够进入办公室获取官方信息而不是到街头巷尾搜寻非官方信息。许多用户没有意识到隐私设置根本无法保护信息安全。不管用户的意图是什么，在共享信息的时候需要承担一定程度的责任。因为现在全世界都可以通过简单的鼠标点击阅读和复制信息。

尽管存在风险和挑战，但社交媒体开放交流的能力使陆军变得更为强大，陆军也肯定了社交媒体所起的积极作用。信任使得领导人将他们的机构公布于众，训练为政府社交媒体所使用的方式提供了保证。制定危机处理预案很重要，但是即使是最完美的预案也可能会遇到问题，不能冒险让他人采用有预谋的观点和错误的数据报道美军的故事。

人作为社会的一分子仍然需要与家人、朋友和邻居闲聊。科技的进步将这种沟通方式从你最喜欢的场所或后院聚会扩展到整个世界。互联网的分享、表达和信息管理，正积极促使着军队管理社交媒体发展暴露出的问题。士兵们有故事要说，公众也想听到。这并不只是因为故事很重要，而是它塑造了军官和士兵的生活，保卫了国家和民主。

第三节 指挥官的社交媒体战略

美国陆军欧洲司令部计划处处长托马斯·D. 梅菲尔德三世上校在美国国防大学《联合部队季刊》2011年第一季上发表题为“A Commander's Strategy for Social Media”的文章，以以色列国防军2006年在第二次黎巴嫩战争中与2008年底、2009年初在“铸铅行动”中使用网络社交媒体的情况对比，2009年伊朗总统大选后抗议活动信息在互联网上传播，美军2006年在伊拉克的“瓦尔哈拉行动”中对叛乱分子在互联网上发布丑化美军的虚假新闻反应迟钝等事例，论述了应该制定并实施社交媒体战略，以适应社交媒体给冲突和战争的特点带来的变化。本节从目的、途径和手段等方面对社交媒体战略进行了比较详细的阐述。

1931年，麦克阿瑟将军无法想象许多战争形式会应用到几年后的第二次世界大战之中。但是，他认识到了，方法和武器的变革可能会改变冲突的特点。正如机枪、坦克和飞机改变了冲突的特点，电报、无线电、电视、最终还有互联网都做到了这一点。当今信息世界的进步，特别是随之出现的社交媒体和新媒体，也许会像上述那些发明一样具有深刻的影响。因此，现代军队必须关注并调整自己的信息作战战略，以免“失败”。

指挥官现在面临的一个挑战是制定一些体现了社交媒体给战争特点带来的转变的战略。目前已经有一些军队忽视了这种现实而遭受损失的先例。有效地利用社交媒体可能会帮助武装部队更好地了解其作战环境。社交媒体使军方支持作战时可以更加灵活地利用信息。此外，社交媒体可能受到管理，以帮助冲突中各个伙伴形成合力。寻找聪明和创新的方式来帮助实现预期的目的可能是在一个不断变化的社交媒体环境中成功的关键。

社交媒体正在改变着信息在整个社会和世界各地的传递方式。博客，社交网站和媒体共享技术（如YouTube）的迅速蔓延，借助移动技术的扩散，也正在改变美国实施军事行动的条件。信息的传播速度和透明度已经显著增加。仅仅在几年前还可能会作为国家秘密无限期地被保密的一些事件，几分钟之内就会在世界各地报道。由于数据传输技术无处不在的性质，媒体的传统角色正在发生变化。市民只要用有照相功能的手机打一个电话，就可以在事件发生的同时，把非常不利的图像不经过滤地传送到世界各地。人们可以利用网络来动员各种群体支持某种目标，而不必使自己冒以前那种与激进主义有联系的风险和成本。作为回应，政府和机构想要有效地阻止这种行为，几乎是无能为力的。伊朗2009年6月选举的结果，提供了一个社交媒体会如何改变政治话语和世界上的冲突的特点的例子。

一、德黑兰，2009年6月20日

内达·阿迦·索乌坦开着她的标致206行驶在德黑兰Kargar大道上。车上还有她的音乐老师和密友——哈米德·帕纳西，以及另外两个人。他们四人正在去参加抗议2009年伊朗总统大选结果的活动的路上。车子的空调工作不正常，所以内达把车停在离主要抗议队伍不远的地方，走出来乘凉。她正站在那儿，观看这一片的零星抗议活动，忽然被子弹击中胸部。据说是一名巴斯基（Basij，亲政府的伊朗民兵）成员开的枪。当被业余拍摄者拍到视频时，她倒在地上，一名医生和人群中的其他人在救护她。人群中有人喊道："她中弹了！快来人啦，快来救她！"这段视频像病毒一样传遍了互联网，迅速赢得了国际媒体和观众的关注。在Twitter网站上对这起事件的讨论成为当天世界上最受关注的主题之一。

接下来发生的事情揭示了社交媒体的潜在力量。在几小时内，多个版本的视频被张贴在YouTube网站上并被链接到其他各种网站上。这些视频播放时，数百万人都看到了内达死亡时令人恐怖的照片。这些图像突出了伊朗政府的粗暴反应，并为德黑兰后来10天的暴力抗议火上浇油。世界上许多人开始对抗议活动和伊朗政府的镇压行动发表评论。Twitter报告有数百万人发表意见，大多数人都谴责伊朗政府及其支持者。伊朗学生开始使用Twitter和Facebook，以及Flickr，这家社交网站允许用户张贴和共享照片，向伊朗观众传达下一次抗议活动将在什么时间和地点进行，需要绕过哪些街道，以避开警察或民兵的检查站。

图5-1 业余拍摄者上传到YouTube网站的视频，目的是展示伊朗反对派的支持者在德黑兰Ghoba清真寺外面示威

内达这个例子表明，社交媒体不是能轻而易举控制的。尽管伊朗政府采取了所有措施，但抗议活动的图像和政府粗暴对待示威者的报告不断传到互联网上。示威者很快想出办法绕过了政府对网络的封锁。伊朗政府最终成功地控制了许多在线流量，但为时已晚，政府无法阻止社交媒体的影响。德黑兰受到了大量来自其他国家政府的外交压力和来自世界各地媒体的谴责，要求结束选举后的暴力行为。

在世界范围内，社交媒体正在成为普遍的政治和社会活动的工具。如果军事领导人不完全了解这些工具，他们可能不理解这些工具对未来冲突的特点所产生的重大影响。美国的潜在敌人现在正在利用这些技术，以加强他们的工作。美国军队既可以认真地参与到社交媒体环境之中，也可以将这个地盘让给敌人。制定考虑到社交媒体的影响的战略将是在未来作战中取胜的关键之一。

一个与之有密切关系的问题是：一个有效的社交媒体战略如何才能对军事行动的结果产生影响?《军事评论》杂志有一篇文章介绍了以色列军队和真主党2006年进行的第二次黎巴嫩战争中新媒体工具的使用情况。这篇文章将第二次黎巴嫩战争中新媒体工具的使用与以色列军队于2008年12月至2009年1月袭击加沙地带的“铸铅行动”（Operation Cast Lead）中的做法进行了对比。以色列军队采取的不同操作方式，突出反映了一种有效的新媒体战略是如何影响战略的结果的。

2006年夏天，真主党有效地整合了信息作战，将社交媒体纳入了他们打击以色列的战术行动中。真主党将照片和视频嵌入博客和YouTube以提高积极的自我形象，并突出对以色列作战行动的消极看法。真主党有效地利用信息来限制以色列的战略选择。经过33天的战争，双方宣布了停火，真主党宣称取得了胜利。该组织成功地创造了一种对以色列的“失败的观感”，而以色列忽视了新媒体这个现实，仍然依靠传统的宣传政策。以色列不如真主党灵活，无法适应信息作战。与此相反，在“铸铅行动”中，以色列军队设计了更为有效的战略来利用社交媒体和新媒体。他们制定了一个积极的信息作战策略，纳入了社交媒体工具，同时征募以色列在线社区来支持，来引导媒体并控制对战争的看法。其结果是，以色列人有效地使用信息来保持使他们能够实现其目标的战略选择。

二、社交媒体的目的

美国陆军战争学院使用的战略框架将战略定义为目的、途径和手段的关系。要制定一项战略，必须首先想到目标或目的。目的是指挥官制定战略时所追求的目标。关于社交媒体，指挥官可能想到的是哪些目的?

也许指挥官在确定战略时，首先应该考虑到的是，通过有效地利用社交媒体，更好地了解环境，更好地感知态势。通过系统地观察责任区域（AOR）内的网上社区，指挥官可能能够形成一个对所考虑的社会的不断认识，以及这个社会的关切点和利益，指挥官可能能够识别新出现的趋势和格局。博客和社交网站能提供对一个重要在线社区社会的深刻理解，尤其是一个有相对年轻人群的社会。美国国务院已有效地使用社交网站，以了解人们在社会中的情绪。美国在许多国家的大使馆正在有效地利用Facebook和其他社交媒体工具，如波德戈里察、大马士革、金边和巴拿马，以保持与当地文化，特别是更可能利用社交媒体的年轻人的关系。

图5–2　海岸警卫队人员使用社交媒体监测系统协助救援和医疗后援

保持社交媒体在部署地点的存在也可让指挥官了解潜在的威胁和其责任区域内的新趋势。在线社区可以提供普遍流行的情绪和新出现的问题指标。许多发出反对声音的群体，会使用社交媒体公开发泄不满。2008年秋，彼得雷乌斯上将为《军事评论》杂志撰写了一篇文章，题目是“多国部队和伊拉克指挥官的反叛乱指导意见”。在文章中，他列出了他属下的指挥官在伊拉克的主要任务。尽管列出的任务旨在打击伊拉克的叛乱，但其中许多是普遍适用的。例如，他强调，“理解邻里”和“生活在人民之中”对指挥官来说是非常重要的。网上社交媒体的存在可以是了解一个邻里或社区的问题和态度的组成部分。在一个有重要在线社区的社会中，网上存在可以在“生活在人民之中”这方面发挥重要作用。社交媒体当然不会是指挥官使用的唯一工具，然而，社交媒体可以使指挥官了解环境，让他们对这些环境有更好的态势感知。

在一个战区中，有关社交媒体的第二个期望的目的可能是协助司令部提供责任区域内更好、更灵活和更可信的公共信息（包括战略沟通和当地/战术信息）。正如以色列国防军的上述例子表明，积极参与到社交媒体环境中可以帮助指挥官打赢信息作战。彼得雷乌斯上将的指导意见强调了几个相关任务的重要性。他指示我们“无情地打信息作战”和“第一个掌握事实真相。”显然，一个社交媒体计划可以在完成这些任务中发挥关键作用。了解社交媒体已经改变了新闻报道的方式和速度，指挥官们如果积极参与并融入这个新的环境中，他们将得到更好的服务。凭借积极的网上存在，当事件发生时，指挥官们可以更好地准备应对虚假和负面报道。如果在事件发生时，他们已经参与并理解了责任区域内可能继续的报道方式，他们就能够更好地阻断坏消息并对坏消息做出反应。最后，只要是积极进取，指挥官就可避免让敌对分子通过第一个掌握事实真相来起到主导作用。正如“铸铅行动”表明的那样，指挥官可以利用社交媒体，以一种对战略有利的方式来帮助发挥主导作用。

指挥官使用责任区域内社交媒体的第三个目的，也是最后一个目的是加强工作的合力。在他的指导意见中，彼得雷乌斯上将认为，指挥官应该努力与美国大使馆、跨部门伙伴、当地政府领导以及非政府组织（NGO）协调工作，以确保各方都正在努力实现一个共同目标。前面讨论的、与社交媒体协助组织动员的能力有关的特点可以用来加强与战区内合作机构的工作协调。以色列国防军使用新的媒体方法，争取以色列“博客空间”（blogo-sphere）的支持，以帮助在“铸铅行动”过程中实现一个共同目标。利用社交网络、博客和Twitter能力的、积极和创新的社交媒体战略，可以帮助指挥官确保战区内所有有关单位分享到必要的信息，朝着一个共同的目标去工作。

三、途径

制定战略的第二个要素是确定途径，即如何去组织和运用各种资源。实现指挥官阐述的目的所需要的组织上的计划和方法是什么？

第一种途径是，必须以指挥官“社交媒体计划”（Social Media Program）的形式利用社交媒体。这就是说，社交媒体应该得到指挥官及其主要参谋人员的支持并关注他们的利益。社交媒体还应该被纳入一项计划，该计划赋予了指挥官的参谋人员相关的职责。指挥官应将社交媒体视为一种资产而不是威胁。社交媒体规划应纳入整个冲突频谱之中。指挥官应该阐明其对所传达的信息要产生的影响的意图，明确指出社交媒体应发挥的作用。这使得他的参谋人员制定的选择方案与其他战斗倍增器发挥作用的方式几乎相同。积极参与已经纳入指挥官作战计划的社交媒体可能会提供最佳的结果。

肯定会有人对需要有一个司令部社交媒体计划持怀疑态度。在链接到美国国务院社交媒体中心的一篇题为“破坏你社交媒体战略的8种方式”的文章中，被列为头号错误的是“假装你可以没有它。”正如在以色列国防军经历的事例中看到的，忽视新媒体是给自己带来危险。

利用社交媒体优势的第二种途径是为了取得成功而制定社交媒体计划。美国军方过去几年已经试验了成功进行战略传播（SC）的组织方式。在组织战略传播中所取得的经验可能为成功地组织社交媒体提供一些见解。《联合作战中心指挥官战略传播手册》规定了5个已经用于组织战略传播的模式。这些选项包括：

- 增加控制重点（成本最低）；
- 给现有的参谋长或参谋部门分配任务；
- 整合一个指导计划的团队；
- 将与战略沟通有关的所有活动置于一个专门委员会的集中控制之下（成本最高）；
- 任命一名统辖一个小型协调人员班子和支持工作小组的战略沟通主管。

最后一个选项在该领域最有吸引力，因为有几个作战司令部都采用类似的结构。这种选项提供了综合其他选项的最佳属性，并将战略传播的控制重点维持在适当水平的能力。尽管指挥官可以选择采用一种针对社交媒体的类似方法，但把社交媒体计划整合到现有的战略传播结构之中也可能是确保成功的一种有效途径。指挥官则必须将特定情况下的潜在好处与其成本进行比较。

许多指挥官自然的反应可能是指派一个参谋部门作为社交媒体的支持者，把整合的职责交给他们。虽然这种做法可能会比其他一些选项更容易实现，该方案的风险是社交媒体计划将被视为一种特殊的计划，因而可能得不到应有的重视。此外，这种社交媒体计划可能带有被指派的参谋部门的天然偏见，会降低其广泛的成效。例如，如果负责指挥、控制、通信和计算机系统的参谋部门（J6）是支持者，它可能带来技术上的偏见。同样地，负责公共事务（PA）的部门可能倾向于把社交媒体仅仅作为宣传工具来打发。因此，广泛的整合可能提供实现理想结果的最好机会。

受益于社交媒体的第三种途径是建立一个社交媒体监测小组，充当战略工作小组的眼睛和耳朵。监测小组的成员可以被看作是“社交媒体侦察兵”，观察、监测并收集责任区域内网络社区状况的有关信息。监测小组充当利用社交媒体内容和趋势的优势的系统性途径。如果没有一个系统的方法，基本上不可能准确地观察责任区域内的网络流量并得出正确的结论。如果每一个参谋部门都要独立地监视“脸谱”、“推特”、YouTube或社会网络和博客的当地语言版本，而没有参谋人员内部的横向协调，在监视社交媒体环境方面就可能存在显著差距。

监测小组应包括各类参谋人员，以实现有效监测。该小组成员应当掌握当地语言技能，了解当地文化，并相当熟悉社交媒体工具和协议。为了有效地监测，他们需要在责任区域内进行现场研究。他们还需要观察责任区域内的网吧和当地的习惯，逐步熟悉在当地文化中流行的社交媒体平台。

确保社交媒体战略成功的第四种途径是在安全和共享之间找到一个平衡点。在美国国防部的计算机上试验社会性软件引起的信息安全方面的担忧不是微不足道的事情。安保官员往往不同意在用于公务的网络上广泛使用社会网络。美国国防部内部对这个问题有相当多的讨论。各军种对适当级别的网络接入权一直存在着显著分歧，也一直在寻求这种权力与安全需要之间的平衡。美国国防部2010年2月25日发布的政策指示说，“非秘密互联协议路由网（NIPRNET）应配置为可以规定国防部所有组成部门和单位接入基于互联网的能力的权力。”这项政策进一步给各组成部门和单位在限制接入权方面相当大的自由，以在需要时防御恶意活动。还可能有使用防火墙或隔离网络来确保信息的安全，同时能够从社交媒体的使用中受益的一些途径。每个司令部将必须权衡这种平衡，并在其需要的基础上作出决定。

由于速度和敏捷性是成功的社交媒体战略的关键要素，提高战略成功的可能性的第五种途径是制定政策，使社交媒体的行动计划变得很敏捷。具有制约性的和繁琐的审批程序可能抑制操作人员达到效果的能力。也许最好的方法就是允许集中规划和分散执行。敌人在互联网上发布信息将不受繁琐审批程序的限制，因此有能力非常迅速地行动。2006年在伊拉克的“瓦尔哈拉行动”（Operation Valhalla）就提供了一个例证。

在一次成功打击迈赫迪军（Jaish al-Mahdi，JAM，驻伊拉克美军称其为“果酱”）的作战中，美国特种部队和伊拉克部队击毙了许多敌方士兵，救出了1名人质，并摧毁了一个武器库，不管怎么说都是一次非常成功的作战。当美国部队和伊拉克部队返回自己的基地后，有人重新移动了尸体，并取走了迈赫迪军战士的武器，这样看起来好像他们都是在祈祷时遇害的。这些人把重新摆了姿势的尸体拍成了照片，并上传到互联网，还配了一份新闻稿，说是美国士兵打死了这些在清真寺的男子。敌人做这一切事情花的时间还不到1小时。可以预见，公众的反应是负面的。美国部队在这次作战中有战地摄制组随行，并且有一些士兵还戴着头盔照相机。美国部队掌握了反驳这些指控的证据，而一个烦琐的、高度集中的发布信息过程使媒体在将近3天之后才了解到真实的故事。当美国部队发布“瓦尔哈拉行动”的真实情况时，战略上的损失已经造成了。在上例中，无法对敌人的指控立即作出反应，主要是出于政策原因。为了促进灵活性，美国军队的政策必须允许涉及新媒体的行动分散执行。

但是，分散执行可能迫使部队指挥官接受令他们不太舒服的风险水平。指挥官基本上会将对信息发布权限的控制权交给下级。将明确的交战规则分发给所有潜在的社交媒体运营者，也许能够减轻风险。对于敏捷性的需要则经常与谨慎控制战略信息的需要相冲突。

提高指挥官在其社交媒体计划中敏捷性的一个关键因素是，允许和鼓励部队甚至最低级别的部队实施社交媒体行动。许多在责任区域内建立的最密切关系，都是在营级和营级以下部队形成的。当地政府领导人、部落首领、警察和民兵都在最低级别发展关系。这些单位的领导人会知道如何以最好的方式与民众接触。网站、博客和“脸谱”的网页的链接可用于附近的活动。在非洲，有当地群体在国务院小组建立的网站上报告诸如路障和伏击之类的战术信息的一些例子。该网站后来将这些信息整合到一张地图上，使当地人在旅行时可以核对。通过在其部队这一级组织上积极利用社交媒体，指挥官或许能够加强与当地的关系。

指挥官可以利用社交媒体优势的第六种途径，也是最后一种途径是建立一个社交网站作为加强共同努力的宣传工具。正如彼得雷乌斯将军在他的指导意见中提到的，有许多战区中的部队必须与之合作的重要伙伴。例如建立一个“脸谱”页面这种看似简单的工作，就可以让伙伴机构更好地了解指挥员的意图。在2010年1月地震后支援救灾行动的赴海地联合特遣部队，有效地使用了社交媒体，将其作为与参与这个行动的其他组织沟通的工具。

在责任区域内有大量与社交媒体战略有关的重要关系。最明显的关系是当地政府、媒体、民间组织和一般民众，以及在该地区活动非政府组织。指挥官也应该考虑扩大到博客社区（如果有的话），企业，互联网服务提供商和移动网络供应商。这些关系将更好地使社交媒体计划变得有效并适应变化。

四、手段

制定一项战略的最后一个组成部分是确定手段。这些手段是追求目标时可以利用的资源。幸运的是，在美国军队中，实施有效社交媒体战略的手段都是现成的。运用上述战略，可能要求按照关于途径的讨论中所阐述的，在已经部署的总部内重组和重新排序资源，但不会要求全新的技能或装备。

有些关键手段正是军人独有的才能和技能。熟练的信息运营商，公共事务专家以及情报收集和分析人员已经在各级队伍和军种开展业务。语言和文化技能将继续是我们全球作战能力中的关键因素。当与社交媒体合作时，经过培训、能够在我们作战的文化环境中有效发挥作用的操作人员将是至关重要的资产。“数字天才”对在社交媒体环境中取得成功也将是至关重要的。在美国陆军战争学院举行“新媒体与战士”研讨会上，一份报告的作者，将数字天才定义为“精通新媒体的设备、平台及其可能用途的年轻军人，他们是在打击新敌人的信息主导的战争中没有被充分开发利用的资产。”在将产生战略影响的任务中使用这些年轻的、更精通技术的操作人员，需要改变一些传统的等级观念。聪明和有天赋的人才将继续是成功的基础。

但是，这些数字天才可能缺乏更高级战略家和规划人员的战略洞察力和理解力，这些高级战略家和规划人员必须提供明确的指导和监督，以确保数字天才们的行动符合指挥官的战略意图。要使领导者与操作人员有一个正常的工作关系，高层领导人必须了解社交媒体的能力和局限性。社交媒体可能是一个例子，高级领导人必须接受培训才能理解的东西，而士兵和下级军官已经掌握了。将有关社交媒体的介绍纳入指挥官的课程，可能是一个适当的倡议。

最后，军队与学术界和产业界的联系将会比以往更加重要。这些关系已经建立起来了。美国国防部已经与博客群体和许多介入到整个社交媒体社区的公司建立了一些有效的联系。为了确保各种社交媒体战略的成功，美国国防部今天的这些关系将继续发展。

社交媒体和新媒体正在改变着信息在世界各地传递的方式。信息的速度和透明度提高了，传统的和新的媒体的作用正在发生变化，而且社会网络工具允许协作，这是前所未见的。其结果是，无疑会有一些涉及冲突特点的变化。成功地适应这些变化的一个关键所在是指挥官具有制定一种能够充分利用这些变化并拒绝仅是敌人如此行事的战略的能力。美国军方已经有可以利用工具来执行一种战略要求的能力，这种战略使美国军方能够利用信息领域的新趋势。一种已纳入了从社交媒体环境中吸取教训的创新战略将使武装部队提高认识环境，更有效地沟通，并在整个战场上形成合力。

第四节 社交媒体在外交政策中的应用性初探

美国海军分析中心分析师克里斯托弗·斯坦尼茨与希拉里·扎林在题为“An Initial Look at the Utility of Social Media as a Foreign Policy Tool”的论文中认为，在过去几年中，美国政府开始将社交媒体用作外交政策工具，但在该领域中，还存在着诸多问题有待解决。

2009年，少数国家中出现了严重的抗议活动。虽然抗议活动很常见，但是在这一年里，当持不同政见的人们纷纷走上洪都拉斯、摩尔多瓦和伊朗的街头时，出现了一种新现象：民众们首次使用社交媒体来组织抗议活动，以传达他们对外部世界的不满情绪。当抗议活动在2001年蔓延到突尼斯、埃及、巴林和其他阿拉伯国家后，社会动荡与社交媒体之间的相互作用引起了更多的关注。世界各地的人们可以实时看到这些事件的演变，或许这本不是什么新鲜事，有线电视和卫星电视在几十年前就已经做到了这一点。不过，这次却有所不同。事实上，他们可以通过“加好友”或“关注”的方式参与到抗议者中，这迎合了大众的喜好。世界各地的人们坐在沙发上，沉浸在推特传播这种媒介中。此前，他们主要利用这种方式来分享家里养的小猫的照片，现在它却成了动员民众的手段。

在2011年阿拉伯革命中，美国的社交媒体所起到的重要推动作用不容忽视。事实上，许多专家和政策制定者们同样陷入了兴奋之中。在一些国家中，媒体声称出现了“Twitter革命”，并赞扬Facebook，认为它是青年人的“解放广场”。显然，在这些运动中，社交媒体扮演了重要的角色，尽管对这一角色的性质还存在诸多争议。社交媒体平台的突出性以及它明显具有的效用，刺激了美国政府内的许多人士去探求将其用作外交政策工具的可行性。这些工作已经展开，并且获得了大量的资助和鼓励。

毫无疑问，在美国政府的外交工作中，社交媒体已开始发挥作用了。当前，许多跨部门的办事机构将社交媒体平台用于外交、军事和情报领域，以推动美国外交政策和国家利益的实现。然而，这一领域相对较新，而且处在迅速变化中。于是，针对将社交媒体平台用作美国政府外交政策的工具这一问题，海军分析中心展开了调研活动。本节将对这些努力进行研究与探讨，以便从中获得有益的经验教训。对于将社交媒体用作外交政策工具的实践者、政策制定者，以及那些意识到了社交媒体平台的效用，但还尚未将其用于实务中的人们来说，本节将指引他们看到社交媒体所取得的成就，以及其中潜藏的陷阱。

一、什么是社交媒体

Facebook、Twitter、Blog以及各种微博是最常见的社交媒体形式。社交媒体一直被定义为一组基于互联网的应用，它建立在理想和技术的基础上，鼓励协作，允许内容的创建者进行创作和交流。简而言之，社交媒体以在线参与者的交互传播为特征。这对“广播”媒体的概念构成了挑战，就其本质而言，“广播”只是单向的、投射性的传播。在社交媒体环境中，原始信息只是快速反应、转发和派生性对话的起点而已。但从本质上讲，社交媒体是一种传播媒介。因此，任何一种社交媒体平台都可以被用于提供信息，或接收信息。作为一种外交政策工具，美国政府运用社交媒体平台进行传播，以实现告知、影响和劝导的目的。作为社交媒体传播的接收者，美国政府同样利用这些平台去聆听、观看、观察和理解受众。

二、现有的社交媒体

外交政策机构使用社交媒体的一个最常见的方式，是在Twitter传播和Facebook上注册一个社交媒体账号，将在上面所创建的内容进行传播。通常情况下，这类网站被用来执行公共事务和战略传播职能。美国白宫（@whitehouse）、美国国务院（@StateDept）、美国国防部（@DeptofDefense）和国防部长办公室（@PentagonPA）都注册了推特传播账号，用来向媒体和公众发布消息。他们发布的内容可能会被转发，这样就使有关公共事务的信息得到广泛传播。Twitter平台还允许这些账号去发布其他机构或组织的网站链接，适当时，还允许他们转发其他人所发布的链接。脸谱所提供的内容与推特不同，它允许用户张贴照片、视频或语句，而不仅限于链接。

一些办事机构具有某种战略传播职责，为打击暴力极端主义，需要进行信息传递。目前，两项并行开展的工作已经引起了公众的极大关注，一是国务院的数字外展小组，另一个是中央司令部的数字参与小组。开展这两项工作的真实想法是要以巧妙的方式参与到网络社区中，以打击那些助长了极端主义意识形态的谎言和误导性信息。这两个小组雇用了许多语言学家，开展工作将要运用到的这些战略语言（如阿拉伯语、波斯语和乌尔都语）是他们的母语。他们都是公开活动，并且与美国政府保持一致。中央司令部小组的任务被限定为打击那些与中央司令部责任范围内的军事行动直接相关的叙述，而美国国务院小组的任务与此不同，除任务范围，二者在方法与战略上极为相似。

在各部门间，一些部门也正将社交媒体作为全源情报收集和创建势态感知的一种手段。无可否认，社交媒体为了解当代世界提供了一个独特的窗口。据一位美国政府官员所讲，情报报告比媒体报道滞后数小时到数天，但媒体报道却又比社交媒体上的传闻滞后数小时。在Twitter上发微博以及在脸谱网上发布的内容，以更高的解析度向人们展示了2011年利比亚当地的局势。从这个意义上讲，社交媒体在战术层面上提供了大量信息，必须花费一定的时间对其加以分析，以便了解到更全面的景观。

社交媒体最大的优势之一，在于它所提供的数据的品质。现今，政府及私营部门都具有各种各样的工具，可以对社交媒体数据进行分析。对影响进行评估，以及对内容、观点、热门话题和社交网络进行分析的工具很受欢迎。而且，在市场上也越来越容易见到。一个被称为Klout的网络服务商承诺，通过对一个人社交媒体账号上的追随者、评论数、转发数，以及人们对他/她的喜好程度进行分析，来评估其网络影响力。当然，也存在一个问题，社交媒体的数据并不一定能反映出这个人在社交媒体之外的影响力，这也是为什么Klout给著名的流行偶像贾斯汀·比伯的评分会高于奥巴马总统的原因了。虽然对社交媒体的分析仍在不断改善，但在结果的实际效用上，仍存在着明显的差距。

对于社交媒体分析来说，难以实现的理想状态是实现预测性分析。在突尼斯和埃及革命期间，社交媒体的作用突显出来。当时，在社交媒体平台上，很明显地出现了革命的信号，因此，很多人，包括美国的高级领导人，都在质疑情报机构是否已经捕捉到了这些信号。不过，当地的激进主义分子往往对社交媒体能否将电子宣传转变为实际行动表示怀疑。瓦伊尔·高尼姆曾在Facebook中以“我们都是卡力·萨伊德”这一账号动员了成千上万的埃及人，但从他就2011年事件所写的回忆录中我们可以看到，他对这一网页是否能发动大规模的街头抗议曾持怀疑态度。

像其他形式的预测性分析一样，利用社交媒体进行预测分析同样面临着诸多困难。然而，极具诱惑性的是，人们认为网络上的数据量如此庞大，或许它真的能够提供一种预言方法。《纽约时报》的一篇文章曾刊载了一个在预测技巧方面被广泛引用的范例，其具体表现为，塔吉特公司预测到一个十几岁的少女已怀孕，而她的父亲当时还尚不知情。一些大型的公司，如塔吉特，沃尔玛，西尔斯等，经常从社交媒体资源中收集与个人用户相匹配的信息，创建个人档案。这样，便可以展开更为精准的营销，实现更高的用户满意度。不过，对孕妇的判断与对暴发大规模骚乱的预测是两种完全不同的挑战。前者依赖于为个人客户创建的档案，这一过程在很大程度上取决于客户频繁且自愿地向商家提供的信息。这些个人档案又有助于做出更广泛的趋势分析。另一方面，在情报界，并不存在创建个人档案的需求、欲望或资源，更不用说涉及到法定权限或涉及串通一气、故意隐瞒的情况了。而这些数据，他们很愿意频繁地向商家提供。与个人数据不同，在其他情况下（如通过传统媒体和外交电文）提供的信息有助于预测事件的发生会对美国的国家安全造成什么样的影响。就像一个观察员所指出的，“突尼斯人之所以走上街头，是缘于几十年来的挫败感，而不是对维基解密电报、拒绝服务攻击或网上的某个更新做出的反应。”

简而言之，在许多信息来源中，社交媒体只是其中之一，但它并不是对开源信息进行分析的核心所在。对社交媒体报道的分析必须依赖于在其他途径收集的信息。它往往伴随着传统媒体（如电视、电台和报纸）的报道而出现。仅有社交媒体，无法在更广泛的范围内将媒介产生的海量数据组织起来。此外，互联网上的匿名性往往使社交网站上的信息难于验证。美国情报机构对上述情形有所了解，并克服了社交媒体在使用方法与信息收集方面所面临的内在挑战。今天，开源中心对社交媒体平台进行研究时，只是将其视为一种与报纸、电视和电台广播这些研究对象一样的信息源。

三、对使用社交媒体的思考

通过对一系列文献和访谈的回顾得出许多经验教训，可供那些可能会运用到社交媒体的政策制定者和实践者们参考。

不要过分强调对效果的度量 尽管通过社交媒体平台获得了丰富的有效数据，但仍难以将这些努力与成功的影响直接关联起来。如上所述，对社交媒体数据的分析仍然有待提高，用于检验效果的很多标准还过于简单。私营部门的营销专家们仍在努力寻找方法，以衡量在社交媒体方面的投资回报。在业界，衡量在社交媒体方面的努力是否有成效，可参考的基本因素包括“独立访客、停留时间、每次访问页数、跟随者数量统计、社会参与度和情感。”从本质上来看，这意味着，虽然活动可以被量化，但效果却仍难以量化。因此，政策制定者不应过分强调对效果的度量。将社交媒体用于传播与分析时，其投资回报仍难以量化。据全国公共广播电台的一位业内分析师所讲，“至于社交平台是否具有实际价值，某些大企业仍持怀疑态度。”

精明购物，因为很多产品存在瑕疵 经过多次证实，出于对社交媒体分析的目的而与承包商之间展开的合作很难进行下去。一个办事机构负责人指出，她的小组负责对公共事务进行媒体分析，他们曾测试了多种商品，这些商品都大言不惭地吹嘘能够搜索到社交媒体网站的热门话题。但它们虽然畅销，却无法充分提供告知性的服务，或搜索到的结果仍需要进一步的过滤。因此，这些产品和馈纸式的手动扫描相比，并没有多大的优势。另有消息指出，一位工作人员所接触的承包商一直在以专有方法向他提供分析结果。虽然不具备研究和理解这种方法的能力，但是，他发现这些分析结果值得怀疑。

不要作假 商业和市场营销指南强调，应避免使用各种花招，因为这样可能会产生适得其反的效果，其负面影响远大于潜在价值。通过制造假身份来努力影响公众舆论，这很有可能被揭穿，因为社交媒体的很多用户都是精明的技术用户。采用这种欺骗手段的最好情形，是在对话中加入一个支持性的声音，不过，这种手段若想取得成功，其提前条件是用户都很愚蠢、不专业，而且充满渴望。显然，这是不可能的。美国政府的一个社交媒体分析员报告说，经过证实，叙利亚的推特用户能够快速识别出冒名顶替者，并将他们标记为“夏比哈”，或忠贞的暴徒。

需要克服的挑战是要对资源进行协调，而不是获得许可 社交媒体的力量在于能够创建内容，并且，可以在网络间进行协作与交流。在政府官僚架构的任何单一节点上，针对传播媒介期望达到协调一致，是有些出人意料的。不过，在最近几年里，政府公共事务局已经慢慢学会了权力下放，对参与社交媒体来说，应避免出现一个漫长的审批过程。需要做的，是协调资源的分配。在阿拉伯起义之后，大量资金被分配到促进和加强美国政府在社交媒体方面的努力中。随着政府进入紧缩时期，将会对资源进行整合，并会对一些不必要的冗余方案及合同重新审议。因此，至关重要的是，跨机构间的社交媒体用户应充分利用现有的社交媒体资源，如开源中心和国务院所提供的资源。

有时，社交媒体不一定是合理选择 无可否认，对于外交政策机构来说，社交媒体已经成为一个重要的传播工具和数据来源。然而，在很多情形中，美国政府的目标用户们还从未见识过社交媒体。特别是对于外交政策的专业人员而言，意识到社交媒体平台还尚未普及到世界上的大多数公民这一点是非常重要的。在世界范围内，电视和电台仍然是进行大众传播的主流形式。一个优先考虑覆盖面和受众访问的公共外交机构广播理事会确立了一个目标，即，到2016年，将其受众人数扩展到5000万，但从预期来看，其中80%以上的目标要通过电台、电视和其他传统的、非数字化媒体来实现。鉴于社交媒体活动范围的广泛性，在考虑推行一项社交媒体计划时，必须要考虑到目标受众和/或所需的信息。

第五节 美国陆军社交媒体手册

作为传播者，是在一个24小时的新闻周期中行动，并且新闻传播的速度比以往更快。为了成功地讲述自己的故事，必须充分利用所有可供使用的传播工具。

重要的是，要尽可能地透明。作为传播者，首先需要的是真相，无论是好是坏。

有关日本地震、夏威夷海啸、中西部地区的龙卷风和洪水等事件的传播，都受益于美国陆军传播者使用社交媒体向公众和社会通报和更新情况。

在当今的媒体环境中，了解社交媒体。人们希望通过社交媒体平台找到他们期望的新闻，这样在有突发新闻时，他们可以看到的地方之一就是社交媒体。社交媒体可以帮你的组织建立可信度、亲和力和可靠性。

本节收集了有关美军《社交媒体手册》中有关社交媒体作战保密培训的细节，以及如何有效使用新型Facebook大事年表。还详细说明了建立社交媒体存在所需的全部步骤，以及如何在社交媒体目录上注册存在。

社交媒体是不断发展的，它不会消失。军人们一直并将永远是最好的故事讲述者——他们是国家的力量。

一、概述

（一）什么是社交媒体

社交媒体反映了人们文化传播方式的一种转变。社交媒体通过使用基于因特网的平台，例如Facebook、Twitter、Flickr及YouTube，提供了一种联系、互动和学习的新途径。人们不再去寻找新闻，而是新闻找到他们。在社交媒体世界里，认识真相可能与真相本身一样强大。无论是好的还是坏的信息，因特网都会将其迅速传递。各种可用平台上的社交媒体能够即时把全球网络中的用户连接在一起，使信息的传输更为普及。今天，社交媒体的使用如此广泛和透明，以至于你即使未积极参与也会置身其中。它是大量社区和受众触手可及的一种高效传播工具。但这种连接大众的重要能力并不是没有风险。使用社交媒体来散布信息正成为一种潮流，因此了解与使用各种平台有关的影响力、好处和风险是非常重要的。

（二）美国陆军社交媒体

美国陆军认为，社交媒体可以让人们有能力用新的途径与更多的受众更快地进行沟通。它已经成为美国陆军传递消息和超越范围的一种重要工具。美国陆军使用多种多样的社交媒体平台，这些平台支持各种媒介，包括文本、音频、图片和视频。

（三）为什么要使用社交媒体

今天，美国陆军社交媒体能使各城镇、国家和全世界的陆军家庭保持联系，散布陆军的关键主题和消息。陆军大家庭成员每一次加入到陆军社交媒体，都会加快信息及时和透明的传输。它可以确保让美国人在可以看到、读到或听到的地点和时间，坦诚和直接的分享陆军的故事。社交媒体可以让每一位军人成为陆军故事的组成部分，可以让美国人与其陆军联系在一起。社交媒体是一种廉价的、高效的和可量度的传播样式。美国陆军不但可以使用社交媒体来讲述陆军的故事，而且也可以使用社交媒体来倾听。

（四）美国国防部对社交媒体发表的看法

2010年2月25日，美国国防部重新发布了一份指令性备忘录，对社交媒体的军事运用提出了指导，并认为“基于因特网的能力是国防部各种行动的必要组成部分”。2011年3月1日，美国国防部副部长威廉·林恩三世重新授权发布指令性备忘录DTM09-026《响应性和高效使用基于因特网的能力》。此举在2012年5月得到了通过，并规定了应如何设置该指令性备忘录以便国防部所有部门使用基于因特网的能力。所有的军种部门都不同程度地正在使用社交媒体，但此指令性备忘录也表明，在美国国防部内使用社交媒体应得到批准。扩展并不是一个永久的解决方案，但是它允许陆军继续使用社交媒体，直到建立一个持久不变的规章制度列表。

（五）未来发展

助理国防部长办公室目前在正制定包含诸多事物的政策，其中包括DTM09-026所列出的数据点，以及对美国国防部1998年网络政策的更新。自该政策形成草案以来，就开始制定美国国防部指示。只要得到审查和批准，该指示就会成为使用基于因特网能力所需的一种纲要，其中包括有关伦理、作战保密和信息保障等方面的内容。

二、美国军人、陆军家庭和陆军人员的社交媒体

（一）加入社交网络

如果军人们没有社交媒体平台，自然会寻找这些平台。社交媒体可以用相似的兴趣连接和互动来帮助个人。得到授权的美国军人只要不违反部队的政策和《军事审判统一法典》的基本指导方针，就可以使用各种各样的社交媒体平台，并成为其成员。

（二）制定指导方针

所有的领导人应与其士兵沟通社交媒体期望值。重要的是，要规定部队的政策并确保所有的军人在使用各种社交媒体平台知道能干什么和不能干什么。

（三）遵守《军事审判统一法典》

使用社交媒体的美国军人在任何时候都必须遵守《军事审判统一法典》。严禁评论、张贴或链接违反《军事审判统一法典》或军人基本行为准则的材料。社交媒体为军人们提供了自由谈论其活动和兴趣的机会。但是，即使在不当班时，军人们也要遵守《军事审判统一法典》，因此有关监管者的负面讨论或发布敏感信息都会受到《军事审判统一法典》的惩罚。重要的是，所有的军人要知道只要他们登录了某个社交媒体平台，他们就代表了美国陆军。

需要考虑的保密事项：

- 密切注意隐私设置。设置保密选项可以“仅好友”可见。
- 不要暴露有关你自己的敏感信息，例如记事表和发生事件的地点。
- 问问“错误的人得到此信息会干什么？会危及到我自身、家人或部队的安全吗？”
- 地理标签是会把你的位置暴露给网络中其他人的一种特征。要考虑把智能手机和数码相机的GPS功能关闭。
- 照片和视频能够迅速病毒式扩散。在张贴之前进行认真的审查，如果被发布会产生危险，则要确保它们不会泄露敏感信息。
- 与你的家人谈论作战保密。确保他们知道哪些可以发布和哪些不可以。

（四）阵亡人员和失踪人员

社交媒体是人们日常互动的重要组成部分，因此当有军人在行动中阵亡或失踪时，是很难避免信息在社交媒体平台中传输的。尽管难以对悲剧做好准备，但重要的是，要知道社交媒体在处理阵亡和失踪人员情况中会发挥（好的或坏的）的作用。

在出现阵亡或失踪人员情况时，媒体成员可能会查看军人的个人Facebook文档或其家人的文档，以便获悉更多的情况。在被俘的情况下，捕获者可能会把被俘者家人的信息推送到社交媒体上，以达到谈判的目的。这里最为重要的是，军人和军人的家人要尽可能地严格设置隐私权。

美国规定，在通知阵亡人员近亲属24小时后以及国防部发布信息之后，才可以发布有关阵亡军人的详细信息。但在的社交媒体文化中，这已经变得越来越难以执行。重要的是，所有的朋友、家人和同胞军人在近亲属被告知阵亡信息之前，都不能发布个人信息。在遇到人员阵亡和失踪情况时，总是很难要遵守部队和陆军的协议。

三、美国陆军领导者的社交媒体标准

（一）在线关系

社交媒体都是互连的，因此陆军领导者可以很自然地在同一社交媒体空间内与其下属进行互动并发挥作用。他们如何与其下属连线和互动是由他们自己决定

的，但建议在线关系功能要与其职业关系保持同样的方式。

（二）领导人开展连线

当处在领导位置上时，开展连线应是专业化的。领导人通过使用社交媒体，在本质上就能提供他们所说的永久记录，这样，如果在部队面前没有说什么，那也不要在线上说。

作为领导人的一项责任就是监控军人在社交媒体平台上的行为。如果发现有证据表明某个士兵在社交媒体平台上违反了司令部政策或《军事审判统一法典》，那么应该像目睹了在任何其他环境的中违规一样的方式做出回应。

（三）军人应“跟帖”其司令部的其他人吗

最终来讲，这取决于领导者如何使用社交媒体。如果领导者正将社交媒体用作为接收司令部和单位信息以及设施更新的途径，那么在领导人司令部成员后跟帖是适当的。但如果领导者正在使用社交媒体与家人和朋友保持联系，那么在领导者指挥系统内人员后跟帖就没有意义了。领导人不能要求其单位的成员接受其个人档案账户的好友请求。

（四）自我提升

为了提升自己的个人在线等级或经济收入而使用军衔、工作和/或职责是不恰当的。此类行动可能会损害陆军和单个司令部的形象。

（五）付费提交

把来自非政府博客的博客帖子作为一种媒体请求，并与军队的公共事务官进行协调。

四、作战保密和安全的社交网络

（一）安全的社交网络

社交媒体已经成为军人生活的重要组成部分。它帮助组织分享信息，并让士兵、家庭成员和军队文职人员连接到所爱的人。在使用社交媒体时，作战保密和个人隐私问题应该是首要的。

（二）日常互动中的作战保密

由于社交媒体在日常交互中使用的非常普遍，所以，使用者很容易变得自满。为了保持作战保密，重要的是要时刻保持警惕。在线共享看似琐碎的信息可能会危及亲人和其他士兵的安全，甚至可能使他们被杀害。比如，美国的敌人会搜寻博客、论坛、聊天室和个人网站来拼凑信息，从而可以伤害美国及其军人。在接受好友请求和与人在线互动时要小心谨慎。请不要接受你不认识的人的好友请求，即使他们认识你的一位朋友。不要共享让你成为公众人物的信息。谨慎列出你的工作、军事组织、教育和联系信息。在资料里提供太多的信息会把你暴露给那些想要窃取你的身份或敏感作战信息的人。

（三）隐私设置

了解你在社交媒体平台上可以和不可以发布哪些信息能够很好地保护自己的联线，但更多地是通过调整你的隐私设置来做到的。许多平台默认隐私设置为公开，但它们也提供了各种选项以帮助用户控制他们的隐私设置。这些设置是易于掌握的，但诀窍就是定制它们来满足您的隐私需要。

（四）地理标记安全

地理标记是指在照片、视频、网站和短消息上添加地理识别的过程。这相当于在因特网上所发布的每个信息上都添加一个10位数的网格坐标。一些智能手机和数码相机自动在照片中嵌入地理标签，许多人会不知不觉地将包含位置信息的照片上传到因特网。

各种各样的应用程序正在利用用户传播他们的地理位置的欲望。日益流行的基于地点的社交网络正在改变着我们的对个人安全和隐私的看法，并产生了陆军级的作战保密问题。位置暴露的军人会影响整个任务。在保密地区的已部署军人或正在遂行作战的军人，不应该使用基于地点的社交网络服务。这些服务将会把敌人带到陆军的家门口。

（五）ALARACT——美国陆军对外官方存在网站作战保密培训

2011年，美国陆军审计署确定，并不是所有的社交媒体管理者在向对外社交媒体存在发布内容之前，都受到适当的作战保密培训。ALARACT——“陆军对外官方存在网站的作战保密培训”操作员指出，所有的指挥官将确保那些负责对外在线存在发布信息的人员，接受强制性作战保密培训。

（六）美国陆军官方网页作战保密列表

- 指定团队成员负责发布内容到官方在线存在，并确保这些个体都受到所有的作战保密培训。
- 确保所有提交给指挥官和组织的内容在公布前得到指挥官或组织发布权的批准。
- 确保所有内容是按照组织的公共事务指导和美国陆军规章进行发布。
- 监控社交媒体存在，并确保外部社交媒体用户不会在上面发布敏感信息。
- 制作培训材料并与团队以及组织中的其他单位开展定期的社交媒体作战保密培训。
- 向军人家属传达社交媒体作战保密培训。重要的是把军人的最新情况通报给他们。
- 保持警惕。在提到作战保密时从不要自鸣得意。检查组织内社交媒体存在是否违反了作战保密。永远都不要停止保护作战保密的工作。一旦泄露了这些信息，就不可能把它弄回来。

如何让可能存在危险的社交媒体更安全	
这样会很危险	这样更安全
我的士兵在阿富汗×××市×××营地的×××	我的士兵部署到了阿富汗
我的士兵三天内将离开科威特并前往伊拉克	我的士兵在本周部署
我的士兵在×日×时回来	我的士兵将在这个夏天回家
我的家在伊利诺伊的爱德华兹威勒	我来自中西部

五、建立和维护军队社交媒体账号

（一）管理社交媒体的账号

今天，美国陆军了解到社交媒体已经提高了信息的传输速度和透明度。更多的军队组织正在使用社交媒体进行战略性在线接触。社交媒体可用于驻地环境、作战环境和家庭战备群中。发展一个成功的社交媒体账号不会在一夜之间发生。这是一个详细的过程，需要广泛的计划和执行。这一切都始于该组织的任务、消息和主题。

（二）制定策略

一旦某个组织建立了一个方向，就可以开始制定详细的社交媒体传播策略，向得到组织支持的所有社交媒体平台提供输入信息。使用社交媒体的目的，就是将单位的消息置入社交媒体空间内。但为了让人们回到页面，单位应该制定一种策略，将消息与受众所发现的有趣项目混合在一起。语言应该是口语化的、有趣的和吸引人的。同时，官方使用的社交媒体平台必须符合军方公共事务的政策。内容必须在公共领域发布或者得到指挥官的批准。司令部是最终负责其平台上所发布的内容。

（三）联系信息

最重要的是要在社交媒体平台上提供最新的单位联系信息。

（四）使用条款声明

每个社交媒体的存在都必须有一个使用条款声明，告知来访者在平台上交互的授权。这种使用条款声明应该包括一般免责声明、隐私和安全免责声明、版权和商标免责声明、适度存在声明和相关法规注意事项。

（五）执行发布政策和监控评论

最好有一个发布政策，但仅仅因为有一个适当的发布政策并不意味着每个人都将遵守它。确保经常性地审核帖子并删除违反发布政策的帖子。社交媒体是周末不休息的。在某些情况下，社交媒体上的周末活动可能比一周都忙，所以要观察组织的帖子，甚至在每一个休息日、节假日和周末。

（六）接触受众

社交媒体不仅仅是一个推送司令部消息的平台，还是一个社区。这样的平台可以帮助人们在地理沟壑间架起联系、对话和互动的桥梁。将社交媒体用作有价值的传播策略，但它更多地需要成为组织信息的宣传媒介。社交媒体应该用来促进对话、接触平民并让人们有兴趣讨论。

（七）聆听受众

通过阅读帖子上的评论，社交媒体管理者就可以了解在线社区想听哪些内容。它还用于直接与受众进行沟通。要求反馈和建议，然后针对他们的反应采取行动。如果受众对所说的没有兴趣，那么社交媒体存在的意义就没什么了。

（八）丰富内容

发布司令部消息和组织信息是重要的，但尽量保持精彩的页面，这样人们愿意跟帖。不要担心发布有趣的链接或者问一些琐碎的问题。试着每天发布一张照片或每周提出一个问题。社交媒体是社会的，所以重要的是不要落入受众所设下的谈话陷阱。

（九）回答问题

一旦某个社交媒体账号成长到一定规模，民众将可能把它用作提问的资源和论坛。花时间回应问题以便与用户建立起宝贵的关系是重要的。一对一的对话将表明社区的声音正被倾听。

（十）衡量

10年前，新闻故事的成功和影响力是依据报纸发行量或网站的点击量进行衡量的。今天，衡量此项不仅仅是依靠数字。它是一种趋势和人性的反馈。社交媒体网站自己就可以提供免费的分析工具，允许管理员跟踪观点、印象和评论。通过使用与评论和读者反馈有关的数字，就会比以往更容易确定组织如何收到消息，以及受众会对内容做出何种反应。一些分析工具提供图形和图表，但信息的呈现最终取决于平台。这些不同信息显示使统计分析更为丰富。使用免费的分析工具可以帮助某个单位展示社交媒体平台的实用性，甚至会突显某项具体社交媒体活动的成功。

六、社交媒体注册和社交媒体目录

（一）注册

根据指令性备忘录DTM09-026《响应性和高效使用基于因特网的能力》，美国官方连线存在必须在外部官方存在清单上注册，该清单由负责公共事务的助理国防部长维护。

注册社交媒体账户十分简单。以美军为例只要士兵已经研究了“标准化官方美国陆军外部官方存在（社交媒体）（附件2）的标准操作程序”，并且士兵的社交媒体网站符合所有的要求，就可以使用“社交媒体目录”右上方提交给用户的链接。只要提交了链接，“网络和社交媒体处”将会审查提交，确保遵守标准作业程序，并具备陆军社交媒体网站所要求的全部要素。

（二）目录

美国陆军社交媒体目录数以千计的陆军官方社交媒体站点。该社交媒体目录易于陆军社交媒体管理机构提交社交媒体站点。它也可以让用户搜索当前存储在目录中的社交媒体站点。每个社交媒体目录项都有其各个社交媒体站点的图标。这更便于搜索属于特定陆军组织的所有社交媒体存在。

七、军方需要社交媒体吗

社交媒体是一种强大的传播工具。当得到正确使用时，社交媒体能够帮助军方组织联络大量的受众。社交媒体可以帮助组织进行对话，同时促进对该组织主要传播优先事项的了解。但并不是所有的军方组织都能有效地使用社交媒体。大多数的社交媒体的失败可以归因于在组织确定使用社交媒体实现何种确切目的之时就涌入了社交媒体。有效地使用社交媒体是一个过程，它需要有策略、目标、人力和远见。这里有一些步骤，这将有助于军队组织开始使用社交媒体。

步骤1：

确定运用社交媒体要实现的目标。确保有可行的方法和一组目标。制定社交媒体推广计划需要有大量的思考，所以确保决策者知道该计划如何使用社交媒体进行沟通。

步骤2：

审查所有已经可用的军方社交媒体内容。

步骤3：

完成基础研究后，传播团队的工作就是制定一个社交媒体策略。在这个阶段的规划过程中，也可以看看其他组织是如何使用社交媒体的。

步骤4：

一旦已经做过调查研究，就确保按照军方的社交媒体标准作业程序建立官方和士兵的社交网站。

步骤5：

一旦完成页面，需要到军方登记。只要网站得到批准，它会在数周内被添加到军方社交媒体目录中。

步骤6：

经常发布更新社交媒体内容，一个毫无生气的社交媒体存在是一个无效的社交媒体存在。

八、美军建立陆军官方社交媒体账户的清单

美军在建立陆军官方社交媒体账户之前，有以下注意事项。

● 得到司令部批准——见授权备忘录。

● 研究陆军社交媒体政策并阅读陆军资源—在开始使用社交媒体之前，重要的是要理 解陆军社交媒体政策。

● 确定目标——想获得/传播什么？它可能包括分发指挥信息、连接到某个社区等。

● 确定受众——这可以包括军人、家庭、退伍军人、陆军文职人员和普通民众。受众还将包括利益相关者、政客、社区领导人、对手或敌人。

● 研究和选择社交媒体平台——确认最适合组织需要的社交媒体平台。并不是所有的平台对一些组织都管用，所以确保了解使用每个平台达到什么目的。可以看看其他组织都正在做什么并从中获得思路。

● 选择名称和品牌——阅读陆军的社交媒体平台标准作业程序获得详细的品牌命名过程。

● 草拟内容策略——在确认受众、选择平台和批准品牌之后，开始起草一份发布策略。这有助于改善组织的社交媒体目标。

● 确定网站管理策略——确认团队的社交媒体管理员。

● 确保有应急计划以便其他成员在必要时执行现有的职责。

● 制定政策和培训——社交媒体团队负责开发特定组织的社交媒体政策，包括发布和评论的政策。也要确保制定培训资料来帮助教育和培训有关的社交媒体及其用途。

要求面向司令部社交媒体存在正式公开的内容（这意味着是一个公共网站，而不是在防火墙后面）。

● 指挥官或公共事务官批准——存在须经权威发布后才能注册。授权—批准外部官方存在。

● 每次组织提交审批的联系点必须包含一个有效的地址。

● 存在必须有一个至陆军网站的URL——司令部网站，或者组织没有网站时就用陆军网站。

● 存在必须发布免责声明文本——免责声明要确认页面是作为一个“官方”的陆军社交媒体存在并放弃任何违规。

● 存在必须清楚地确定为“官方的”网站，必须在页面的某处确认存在是

"官方的"。

● 存在必须是解锁的并向公众开放——这主要适用于Twitter，但也意味着私人Facebook群不应该在陆军的社交媒体目录注册。所有的官方存在都要向公众开放。

● 在Facebook只能注册官方存在并应该被贴上"组织-政府"的标签——Facebook个人资料的使用、社区和团体页面的官方用途违反了政府与Facebook的服务条款协议。

● 提交社交媒体帐户以备审批并注册。

● 设置默认的视图以表明只能由你的组织才能发布信息。

● 确保将社交媒体频道设置为某个政府帐户。

九、社交媒体的危机管理

（一）危机管理

在危机期间，由于社交媒体传输速度快、触手可得和可直接存取，从而证明使用它与利益相关者进行沟通是有效的。在最近的危机中，社交媒体已经帮助向关键的受众和媒体分发司令部信息，同时也与受影响的利益方之间提供了对话方式。

（二）及早建立一个社区

开始使用社交媒体的时间并不是危机的中期。为了建立信誉，需要在危机之前在社交媒体平台上建立存在。一个大型社交媒体不可能一夜建立，所以按部就班地执行既定的社交媒体策略。向受众提供更好的信息以及更好地接触受众，后面跟帖就会越快。

（三）提升组织社交媒体存在

告诉社交媒体社区你在那里，这是一件重要的事情。组织应该在其即将发布的新闻稿、电子邮件签名、网站和在与记者的谈话中宣传他们社交媒体的存在。对社交媒体存在宣传的越多，那么社区的跟帖量也会增长越快。确保公众知道组织的社交媒体帐户。

（四）不能强迫信任

危机期间最好的行动方案就是利用现有的社交媒体存在。如果在危机到来之前你有一个定期更新的交流渠道，那么受众将会知道在哪里找到在线信息。

（五）经常向社交媒体平台上发布内容

一个静态的社交媒体存在是无效的，因为访问者会很快失去兴趣并停止浏览页面。社交媒体平台被设计用来支持各种形式的内容，通过发布组织任务有关的故事、视频和照片等内容来达到使用效果。

（六）发布得到核准的信息

社交媒体比以往更快传递信息，所以当危机来袭时，不要等待正式的新闻稿。当你拥有可靠的、得到批准的/核准的信息时，就可以发布它。其中也包括负面新闻条目的信息。在危机期间，不发布最新的信息，或不告知社区信息可能会损害该组织的可信度。

（七）监控内容和对话

避免只是在某个社交媒体存在上发布信息。监控用户发表的内容可以更好地了解他们想要/需要什么信息。使用搜索引擎和其他监控工具来跟踪有关各种话题的讨论。

（八）回答问题

只是聆听受众正在谈论什么是不够的。准备好参与并回答问题。要尽可能通过最合适的通信手段快速做出回应。这是阻止谣言泛滥之前的最好方法。

（九）共享信息

与可信任的社交媒体站点分享重要信息，如其他的陆军司令部网站、政府和正式的非政府网站等。社交媒体社区是大型的，可以在通过社交媒体空间内扩展的网络接触到很多人。

（十）鼓励在现场的人发送信息

组织在现场的人员使用他们的个人账户来发送信息，或者提供信息以便发布到正式的司令部社交网站上。无论如何提交信息，司令部网站应在适当的时候推广这些信息。它还有助于跟随趋势和相关的页面，这样就可以重新利用信息。

（十一）使用移动设备

如果有必要，通过使用移动设备来保持最新的社交媒体存在。今天大量可用的移动设备允许更新社交网站，不需要绑定桌子上的电脑。在整个危机中，都要做好准备。无论设施是处于封锁中，还是等待一场风暴，或者处在偏远的现场，都可以使用移动设备迅速分享更新。确保移动设备的电力是充足的，并创造性地在工作场所找到电源解决方案。

（十二）分析结果

一旦危机结束，就要分析发生了什么事。评估指标和跟踪用户的反馈。重要的是评估社交媒体存在在危机期间是如何执行的，这样可以为未来进行调整。

十、美军如何使用其陆军品牌

（一）陆军品牌

品牌不仅仅是一个标志或象征，它是某个组织的身份。美军在使用社交媒体网站上的陆军品牌时，重要的是要使用正确的颜色、标语和图像。一个品牌通过独特的视觉要素代表了组织，因此所有的传播中都要始终正确地维护品牌的完整性。

（二）支持强大的陆军

“强大的陆军”是一种独特的品牌力量。每个人都熟悉美国陆军的有形力量：“阿帕奇”直升机、悍马、武器和俯卧撑。这种活动突显了美国陆军的实力系于每一名士兵的力量。难以看到的是，正是这种力量使美国陆军成为地球上的主导性地面力量。因此，保持所有陆军网站（社交媒体或其他）一致的品牌是至关重要的。

（三）美国陆军品牌门户网站

美国陆军品牌门户提供了品牌要素，如陆军标志、伪装的背景、颜色调色板、排版和公布的陆军摄影。该网站还提供有关如何使用那些要素的指导。人们从同一网站获得品牌要素和指导方针，就可以确保他们使用符合陆军自己设计的陆军品牌。

（四）创建ARMY.MIL

创建某个单位特有的品牌同时遵循陆军的风格似乎是势在必行的，陆军Army.mil创建网站可以帮助你开始工作。在那里，这些单位会找到设计师、Web开发人员和内容编辑提示，指导创建自己的品牌。甚至有一个社交媒体工具包供你的团队下载。

十一、发博客

（一）什么是博客

博客是一种通常由个人定期用评论条目、事件描述或其他如视频或图片之类进行维护的网站。条目通常按时间倒序显示。“博客”也可以被用作一个动词，意思是维护或向博客增加内容。许多博客专注在特定的课题上提供评论或新闻，其他则被作为比较个人化的日记。一个典型的博客结合了文字、图像、其他博客或网站的链接及其他与主题相关的内容，能够让读者以互动的方式留下意见，是许多博客的重要要素。大部分的博客内容以文字为主，仍有一些博客专注在艺术、摄影、视频、音乐、播客等各种主题。

（二）美国陆军生活博客

美国陆军的官方博客为军人、退伍军人和家庭提供机会，以便在更个性化和非正式的平台上与陆军大家庭分享其经验。此外，它可以让美国陆军分享可激发思考的信息和新闻并进行对话。

（三）分享计划

“Army Strong Stories”是陆军的博客和故事分享计划，为士兵、家人、朋友和支持者们提供了一个在线社区，以便分享有关陆军生活和军事服役的陆军故事。数百名军人和支持者每天都会提交新的视频和撰写故事。“Army Strong Stories”有两个主要特征——军人博客和陆军故事。军人博客专指士兵、学员、退伍军人和陆军文职人员，但任何人都可以分享视频或通过陆军故事提交书面意见。

十二、社交媒体假冒

（一）社交媒体假冒

偶尔，社交媒体用户声称自己不是某人。当用户声称自己是陆军官员或士兵时，这种做法可能成为一个问题。一些人冒充认识他人，而另一些人是为了经济利益。冒充军人获取经济利益的做法是常见的。当骗子账户得到确认时，重要的是要把该账户报告给主机平台。如果骗子账户表明他们是“非官方的”或“粉丝”账户，社交媒体平台往往会允许他们存在。

（二）报告假冒账户

骗子账户违反了使用条款协议，并可能会伤害到某个士兵以及陆军的声誉。大多数社交媒体平台有一个报告系统，可以让用户报告某个冒充别人的人。

十三、案例研究：作战环境

（一）战斗中的社交媒体

在战斗中，会有很多机会在多个平台上进行战略在线接触。

（二）战斗连线

越来越多的指挥官看到在战斗使用社交媒体的价值。社交媒体可以让公众知情，与家庭保持联系，并帮助解决负面新闻故事和不准确的报道。

（三）案例：联军第82联合特遣部队

被派驻阿富汗的联军第82联合特遣部队在帕克蒂亚省用空中武器小组打击并消灭了正在袭击小巡逻队基地的叛乱分子，并将视频发布到YouTube频道。而塔利班则声称美国人杀害无辜的平民，这段视频让联军第82联合特遣部队向世界准确描述了此事件，从而纠正了错误信息，树立起公众对陆军的信任和信心。

（四）案例：雷・奥迪耶诺将军

当谈到使用社交媒体来赞美他的推广策略时，美军雷・奥迪耶诺将军是一个雄心勃勃和热情的领导者。在他多次赴伊拉克期间，雷・奥迪耶诺将军用他的社交媒体页面作为一个信息准备的来源，并有机会与他的追随者和其他感兴趣的读者进行讨论。他的页面提供了来自战区的情况更新，并在部署期间与家庭成员保持联系。

（五）作战环境

2011年9月，国际安全援助部队向YouTube上传了一段视频，显示美国陆军士兵和海军陆战队击溃了塔利班叛乱分子对驻阿富汗喀布尔美国大使馆的袭击。这使得国际安全援助部队走在新闻的前面，表明与美国部队共同努力打击敌人的力量。

十四、案例研究：驻地危机管理

（一）布拉格堡龙卷风

2011年4月16日，布拉格堡遭受了恶劣天气和大风，造成多个建筑物损伤和整个设施的电力供应中断。除了关键和必要的人员外，布拉格堡被迫对外关闭。在设施恢复电力供应之前它仍然是关闭的。随着电力中断和设施关闭，布拉格堡周围的社区很难获得信息。设施转向使用社交媒体传播信息和提供更新。一旦恢复电力，布拉格堡继续使用社交媒体来记录清理设施的工作，直到它回到运行状态。

十五、案例研究：家人准备

（一）社交媒体和陆军家庭

对于美军来说，社交媒体正在成为维持家人和军人联系的一个有价值的工具，这对于单位的福利是极其重要的。家庭战备群（FRG）是实现社交媒体利益的关键组织，可以提供支持、援助和社区资源的场所。家庭战备群社交媒体网站已成为替代物，运行于不同的物理位置，以此了解军事设施内正在发生的事情。他们还提供讨论小组，军人和家人可以在此发布有关军事设施新闻与活动的信息与照片。

（二）哪些信息不能发布

- 具体部队的调动信息；
- 某个家庭何时/是否在度假或家中无人；
- 流言蜚语；
- 在官方发布之前发布有关伤亡人员/失踪人员信息。

（三）哪些好的内容可以发布

- 服役、单位、专业项目和军种成员值得骄傲的事和得到支持的事；
- 有关服役或职责的概述；
- 单位位置的一般状况（在阿富汗南部作战，而不是南部阿富汗的阿格汗达布区的哈加诺卡里村作战）；
- 连接到所发布的有关单位或军种成员的内容；
- 任何公开领域已存在的信息。

（四）加利福尼亚国民警卫队家庭战备计划

《加利福尼亚国民警卫队家庭战备计划》成功地使用Facebook让家庭成员了解感兴趣的最新活动。跟帖者非常活跃，经常到公告后发布信息。在这个页面上的交互，就像其他家庭准备团体页面那样是动态的、有趣的和翔实的。初到单位的新人可以去此页面来获得问题的答案，例如有关其新单位或位置的信息。在线连接往往可以放松调到新单位所面临的压力和焦虑。

十六、案例研究：美国陆军领导人和社交媒体

（一）行动中的领导人

前面的案例研究说明了美国陆军领导人如何在驻地和作战环境中使用社交媒体，但是社交媒体的使用远远不止这些。它可以进行每天的互动，一些美国陆军最高级别领导人利用社交媒体平台与大量平民进行交流。

（二）推广

整个美国陆军领导人都明白，社交媒体是联系各种受众的一种新方式。通过视频、Facebook、博客进行推广，军队领导人正在接触一个新的个体群，而他们正用新闻对社交媒体平台产生冲击而不是传统媒体。社交媒体有助于把消息带给用户，而不是迫使陆军领导人等待用户的到来。

十七、美国陆军公共事务门户网站

军队公共事务门户网站俗称PA门户网站是陆军的一个一站式传播产品和资源。这个AKO门户网站通过将产品用于整个陆军的同步与协调，从而综合各种传播工作。陆军传播者通过使用公共事务门户网站，就充分理解了陆军传播的目标，从而成功建立信任和信心，并在各种受众中扩大理解和宣传。

陆军公共事务门户网站提供美国陆军范围内最新的和OCPA传播产品与资源，其中包括：

- 陆军部总部的资源/PAO花名册；
- 陆军传播工作组（ACWG）；
- 社区关系和推广资源；
- 媒体分析产品；
- 高级领导人听证会和演讲文稿；
- 陆军传播接触日程（ACEC）；

● 在线资源和社交媒体资源。

十八、填写组织Facebook记事表的8项提示

2012年3月30日，所有的Facebook页面被转换成新的Facebook页面设计，也称为记事表。许多组织已经利用新的记事表的特性，如封面图片和突出显示的文章。但或许新记事表设计的最有趣特性就是能够让社交媒体管理者使用重要事件来筹划其组织的历史。以美军为例，这里有8种方法填写组织的记事表，以此来创建对组织的丰富的、历史性概述。

（一）添加组织的成立日期

许多组织并没有在其记事表上添加这条重要的信息。这样就可能需要一些挖掘才可以确定确切的日期，但这条信息应该明确成为组织的记事表的一部分。如果不能确认成立的时间，那你怎能表明组织成立多久了呢?

（二）包括主要的战斗

“马恩河之石”之类的部队绰号与历史上的战斗直接关联在一起。在第一次世界大战期间，第3步兵师在第二次马恩河战斗中获得了“马恩河之石”这样的绰号。像这样的重要战斗都应包含在部队的记事表中。虽然不是所有部队都参与了第一次世界大战或第二次世界大战中的历史性战斗，但这样可以深入表明这支部队在主要冲突中的作用。

（三）注意领导层的变化

领导人对组织是很重要的。

找到历任领导人上任的确切日期可能是具有挑战性的，但是至少要在社交媒体上包含组织的现任领导人。像所有Facebook帖子一样，重要的是要包括与各个新发生重要事件有关的照片。虽然在记事表中确认领导人时使用官方的照片会很好，但也要考虑使用来自指挥系统或职责变更仪式上的照片。

（四）提到部队军旗的改变/移交

陆军偶尔会重新组织其部队并将他们移交给不同的组织。陆军各部队也会根据陆军的需要，从一个设施转移到另一个设施。变化军旗的仪式和设施移交对部队的历史都是重要的，所以要确保将这些包含在组织记事表里。如果得不到有效存档，部队的历史就可能会缺失，所以确保你的老部队在记事表里，这样在该部队退出历史舞台后，其历史仍能延续下去。

（五）记录部队/个人的奖项

重要的是，要记录下组织何时和因何获得奖项。其中包括部队表彰和奖项，但它还可以包括组织在军事竞赛中获得的奖项。同样重要的是，把主要个人奖项也要记录在组织的记事表里。如果某位士兵赢得了荣誉勋章，同时他又分配到部队，要确保在组织记事表要提及他。甚至可以在重要事件的描述中对其进行褒奖。

（六）部署

美国陆军已经打了10年的仗，动员和部署是陆军生活的重要组成部分。记录下组织的部署和返回时间。这些都是重要的事件，可以展示组织如何在阿富汗和伊拉克的冲突中得到支持。如果部队将要部署或即将从部署中返回，要确保不会发布违反作战保密的信息。要等到部队到达目的地之后才记录具体的日期。

（七）记录装备的变化

陆军的装备发展与时俱进，每个部队都有其独特的装备需求。记录下组织开始列装特种装备、车辆或飞机的时间。组织收到第一辆斯瑞克或第一架“基奥瓦勇士”直升机的那一天，都是一个重要事件，所以值得记入记事表中。

（八）包括训练演习

训练是军队作战中非常重要部分。虽然训练组织内的军人和文职人员似乎是司空见惯的，但外部公众并不熟悉陆军的训练。为了作战保密，避免谈论战术、技术和程序是重要的，展示拍自重要训练演习的图片是可以接受的，例如在韩国举行的年度接收、分段运输、向前运动和整合演习，以及在泰国举行的年度“金色眼镜蛇”演习。

十九、Facebook快速查阅指南

（一）可以做的：

- 启用某项策略？社交媒体与整体传播目标融为一体吗？
- 整天、整晚和整星期都散播组织公告；不要挤在一起；
- 在周末和晚上评估时间效果最好；
- 在可能或适当时，每次发布都试着至少在一个其他页面做标签；
- 如果可能，每次发布都问一个联系问题；
- 及时回答问题；
- 发布评论政策和执行它；
- 记得用友好的语气发布，不一定要专业；
- 发帖前检查每个帖子的拼写，否则会危及军方的声誉；
- 谢谢跟帖者并经常表扬他们；
- 内容丰富多彩：照片、问题、视频、分享别人的内容、新闻报道等；
- 使用大量高质量的照片（一定要尽可能多添加详细的照片，或者要你的受众添加详细的交流项目；还可以要求他们标记自己或他人）；
- 使用简短、原始的和动人易记的视频；
- 添加个人接触；联系受众；
- 设置默认只显示自己帖子是第一；
- 欢迎参与、协作和反馈；
- 获取一个简短的、智能的URL；
- 经常更新前五张照片（显示各种活动、角度、人员等）；
- 在发布前让别人读一遍文章（看看是否有意义）；
- 跟踪指标和评估内容执行情况。确定哪些指标在接触前是重要的，设定一个基准并随着时间进行跟踪；
- “喜欢”同类或类似的组织，并经常标记它们；
- 在其他页面发布信息或评论，同时使用组织的页面；

- 在发帖时总是留心作战保密；
- 确认/查找主题专家来回答人们在页面上提出的问题；
- 避免使用自动发布服务向多个网站发布相同的内容；
- 问跟帖者他们在页面上所希望看到的内容；
- 在信息选项卡上列出与其他网站的链接。

（二）不可以做的：

- 一天多次发布（你会失去跟帖者）；
- 所有帖子杂乱无章或看上去一团糟；
- 太过促销；
- 使用样板化消息或目中无人的新闻稿，除非有必要；
- 在专业公告中使用社交媒体语言（如孩子话）；
- 使用地理标记程序；
- 发布的链接没有某种引导、描述或行动呼吁；
- 删除内容只是因为你不喜欢它。如果它并不违反评论政策，那就留下它。

二十、Twitter快速查阅指南

（一）可以做的

- 有创意地发布不同类型的信息；
- 使用URL；
- 在每个微博中使用#号标签，以搜索建立的#号标签并创建自己的；
- 微博内容链接（文章、照片、网站）；
- 与单位有关的微博突发新闻；
- 微博中援引陆军高级领导人的话；
- 现场微博事件；
- 为事件创建自己的#号标签；及早和经常解释和宣传这些标签；
- 在危机期间使用Twitter沟通；

- 跟随其他陆军和国防部的Twitter账户；
- 经常检查新Twitter账户并认识、跟帖、分享等；
- 转发其他账户的微博内容，同时添加组织的话；
- 通过提问和转发答案来接触Twitter受众；
- 把其他账户的用户名包括在微博中，以增进了解和跟帖关系；
- 倾听粉丝正在谈论什么；
- 发微博之前问问自己：我想转发这个吗？
- 检查日常私信和说起的事并做出回应；
- 为组织创建一个声音和个性；
- 成为即时新闻和信息的定位资源；
- 使用私信接触组织的粉丝；
- 关注微博特殊的内容；
- 混淆微博时间；
- 编辑微博，避免打错字；
- 包括一个免责声明（遵守并不等于赞同）；
- 宣传组织的页面；
- 包含到官方传记网站的链接。

（二）不可以做的

- 一天多次发微博（会失去追随者）；
- 所有的微博都杂乱无章；
- 追随品牌（百事可乐、可口可乐等），它看起来像产品推荐；
- 追随冒名顶替者或那些有宗教或政治立场的人；
- 痴迷于粉丝的数量；
- 在某一整点发微博（每个人都这么干）；
- 用非专业的语言发微博（例如“lol”、“2be”、“OMG”）；
- 更新频率太低；
- 添加发微博的位置。

（三）记住

- 消息一旦发布就不能控制所发生的事情；
- 一旦微博公开了，那它就传开了；
- 如果是从移动设备上发微博，确保不要把职业的和个人事务在同一设备上混用。

二十一、经常被问到的问题

问：怎么获得陆军社交媒体页面上的内容？

答：可以向“网络和社交媒体处”发送电子邮件、故事、照片或单位视频链接。

问：从来没用过社交媒体，如何开始？

答：首先要知道你并不是孤单的。幸运的是，大多数社交媒体平台是相对容易使用的。最好的办法是开始时找一个你所知道的擅长社交媒体的人为你引路。你也可以着手于自己的个人社交媒体账户，以便你自己可以熟悉他们是如何工作的。

问：如果没有足够的资金或人员来管理社交媒体账户怎么办？

答：许多社交媒体平台都是免费的，所以没有预算而保持社交媒体存在是可能的。有限的人力不会限制单位维持社交媒体存在的能力。要对平台进行评价并确定最适合的人来工作。它只需要一个人来运行。

问：可以删除其他用户的评论吗？

答：每个注册的社交媒体账户都必须有一个发布政策，表明在平台上可以发布什么，不可以发布什么。如果用户违反了这些条款，就有权删除评论并在必要时封锁用户。但是，要坚持传播发布政策，但不要仅仅因为评论者表达对你的负面看法而删除它。

问：如何能增加粉丝的数量？

答：要有创造性。不同的方法适合不同的组织，因此，重要的是“要在盒子外面思考”。要求你的粉丝参与对话，直接回应他们并请教他们对你的账户有何种期望。看看其他组织正在做的。如果他们推出一项成功的活动，就可自由地以他们为榜样，并根据本单位的情况进行调整。社交媒体仍然仍有很大的发展空间。不要害怕试验，享受乐趣就好。

问：如果有人冒充我的账户会怎样？

答：点击报告按钮或直接发电子邮件给社交媒体平台报告假冒者。如果平台是反应迟钝的且假冒者威胁到声誉或个人安全，可联系有关部门寻求帮助。

问：某个家庭成员张贴的东西违反了作战保密原则那怎么办？

答：如果帖子特别具有攻击性，首先要做的就是对帖子进行截屏并删除它。还建议与此人进行谨慎的接触，并说明这些信息并不适合在线会话。如果此人再次发帖，可以选择屏蔽它们或报告。这应该作为最后一招，因为很难撤销，只会转移问题的视野——此人将很可能在别处继续发表不恰当的内容。在这两种情况下，应该通知给作战保密部门并采取适当的行动。

二十二、部分社交媒体术语

A

应用程序接口（API）：可以让某个软件应用程序与另一个应用程序进行交互的证明文件接口。一个例子就是Twitter API。

B

Bit.ly：一种流行的免费URL缩短服务，提供数据链接用户分享在线的统计。可用它来压缩长的URL，并使他们更容易在社交网络上分享，像Twitter.www.bitly.com

博客（Blog）：根据“网络日志”创建的词。博客是一种通常由个人定期用评论条目、事件描述或其他如视频或图片之类进行维护的网站。条目通常按时间倒序显示。“博客”也可以被用作一个动词，意思是维护或向博客增加内容。

C

聊天（Chat）：在因特网的任何形式交流，但传统上是指通过常称为即时消息应用程序的聊天客户端进行一对一的基于文本的交流。

评论（Comment）：常常是指作为一种答案以响应社交网络上的博客帖或消息。评论是社会网络上一种主要的双向沟通形式。

众包（Crowdsourcing）：单词“crowd”和“outsourcing”的组合，是指通过社交媒体提出问题并从各种社区和用户中收集答案。这个词已经受到商业、作家和记者的好评，成为利用Web2.0技术赋能的大规模协作趋势，以实现商业目标。

F

快闪族（Flash Mob）：一大群人突然聚集在一个公共场所，在短时间执行不寻常的和毫无意义的行为，然后迅速分散。“快闪族”这个词一般只适用于那些通过社交媒体、病毒邮件或者电话等有组织的集会。

论坛（Forum）：一个在线讨论网站（也称为留言板）。这是现代版的传统公告牌，一种拨号电子布告栏系统的技术。

H

#号标签（Hashtag）：#号标签类似于其他Web标记—它有助于把微博添加到某个类别。#号标签在标签前有“#”或“磅”符号（#），就如：#社交媒体，#营销，# hashtag。

I

即时通讯（Instant Messaging）：两个或两个以上的人之间基于文本的实时直接沟通。先进的即时通信客户端允许加强沟通，如现场声音或视频通话。

L

Like：由某个Facebook用户做出的动作。与评论或更新状态消息相反的是，Facebook用户可以单击“Like”按钮，用快速的方法来显示批准并分享消息。

N

新闻阅读器（News Reader）：能够让用户把来自多个网站的文章汇聚在一个地方，并使用RSS或Atom提取。这些聚合器允许更快和更高效的消费信息。

P

Permalink：博客或网站内某个特定帖子的地址或URL。

播客（Podcast）：一种非流媒体网播；一系列的数字媒体文件，要么是音频要么是视频，可以分期发布并经常通过RSS下载。

R

实时搜索（Real-Time Search）：搜索和发现在线信息的概念。搜索技术的进步再加上不断使用社交媒体，从而产生了在线查询活动，而传统的Web搜索速度较慢，且是定期性的索引网页并基于搜索查询的相关性返还结果。

简易信息聚合（Really Simple Syndication）：一组Web提要格式，用于以标准化的格式频繁发布最新的作品。RSS文档（这被称为"提要"、"Web提要"或"通道"）包括完整的或概要性的文本，以及如出版日期和作者之类元数据。Web提要有益于出版商，可以让他们自动聚合内容。他们也有益于那些想从喜爱网站订阅及时更新的读者，或者这些读者想把来自许多网站的提要汇聚在一个地方。RSS提要可以使用称为"RSS阅读器"、"提要阅读器"或"聚合器"的软件读取，它可以是基于Web、桌面或移动设备。

S

Skype：一个免费的软件应用程序，使用户能够进行视频和语音通话、发送即时消息和共享文件以及与其他Skype用户分享文件。用户也可以通过他们的Skype账号购买接收电话。www.skype.com

社交媒体营销（Social Media Marketing）：描述使用社交网络、在线社区、博客、维基百科或其他在线协作媒体营销、销售、公共关系和客户服务的术语。

社交媒体监控（Social Media Monitoring）：监控和应对社交媒体提到的相关企业或品牌的过程。

V

视频博客（Video Blog）：通常围绕每天或每周的同一主题而在博客内产生常规视频内容的博客。

病毒式营销（Viral Marketing）：指营销技术的术语，即利用已有的社会网络增强对品牌的了解，或通过自我复制的病毒进程实现其他营销目标。

W

Web2.0：通常与Web应用程序相关联，可以促进互动信息共享、互操作性、以用户为中心的设计和Web上协作。Web2.0网站（比如Facebook）允许用户相互作用，促进网站内容，相反非Web2.0网站上用户只能被动浏览信息。

网络分析（Web Analytics）：测量、收集、分析和报告因特网数据，目的是理解和优化Web的使用。

网播（Webcast）：在因特网上使用流媒体技术进行传播的一种媒体文件，

可以单一的内容源同时传播给许多听众/浏览者。网播可以是直播的，也可以按需求传播。从本质上讲，网播是因特网上的“广播”。

网络研讨会（Webinar）：在因特网上传播的基于Web的简短研讨会、演讲、现场会议、培训或讲座。它通常是单向的。即从讲话者到受众的有限互动，比如在网播中。Webinar可以是协作性，还包括投票和问答会，允许节目主持人和观众的全面参与。

窗口部件（Widget）：图形用户界面的一个要素，显示了信息安排可由用户修改，例如窗口或文本框。窗口部件是用于网站和博客。

维基百科（Wikipedia）：一个免费的、基于Web的、协作性的、多语言百科全书项目，得到非营利性维基媒体基金会的支持。具1500万多篇文章（超过330万是英语）都是由全世界的志愿者协作撰写，并且访问该网站的任何人几乎都可以对所有的文章进行编辑。

WordPress：一种内容管理系统，包含有博客发布工具，可以让用户主持和发布博客。该博客运行在WordPress和使用论文主题。

第六章 美军战略传播案例分析

据俄罗斯《观点报》援引英国《每日电讯报》在2013年4月10日消息，维基解密近日发现，1973年至1977年美国大使沃尔特·斯托耶斯谢尔（音译）在莫斯科做报告时曾使用美国国务院推荐的一些知名乡村摇滚歌手进行表演，并计划通过这些表演动摇社会主义基础。

1975年美国驻莫斯科大使的一份报告显示："灵魂唱法在这里不受欢迎。苏联需要软摇滚，布鲁士舞曲和乡村摇滚这些类型的音乐。我们相信，拓宽苏联人民音乐视野的时机已经到来。"

大使指出，美国曾利用过歌手鲍勃·迪兰、詹姆斯·泰勒、唐·麦克林、琼妮·蜜雪儿、加拿大歌手尼尔·杨、摇滚乐队Crosby Stills & Nash及流行歌手卡莉·西蒙等。

同年4月8日，维基解密公布了亨利·基辛格时期约170万份美国外交文件及情报。维基解密创始人朱利安·阿桑奇表示，文件揭示出美国在各个领域对世界政治和历史的影响。其中多数文件都由当时的美国国务卿基辛格亲自处理。

维基解密将这些数据库称作美国外交的"公共图书馆"（PlusD）。其中公布的大多数文件属于"禁止传播"（NODIS, no distribution）类，甚至有些文件属于"绝密"文件。但是现在都成为了公开性资料。其中包括已解密的美国政府情报、电报、国会信件和一些其他文件。

｜第一节｜温和的伊斯兰之声

马修·J. 杨杜拉少校是美国陆军第173空降旅战斗队负责公共事务的官员，作为整个“温和的伊斯兰之声”计划的负责人，他在《信息作战杂志》2011年3月刊上发表题为“Voices of Moderate Islam”的文章，记述了第173空降旅战斗队策划和进行该活动的整个过程。

“温和的伊斯兰之声”（Voices of Moderate Islam）活动是一个大胆而颇具争议的想法，如果成功实现的话，就能够在美国在阿富汗的作战地区起到改变游戏规则的作用。美军的任务是，派遣35名阿富汗交流者到约旦安曼参加为期10天的强化宗教学习、辩论和旅游讨论会，然后让他们在斋月的最后10天到沙特阿拉伯麦加，进行比较简单的麦加朝圣。活动结束的时候，活动参加者就返回阿富汗，成为赴麦加朝圣过的伊斯兰教徒。活动参加者一返回阿富汗，就与其家人、朋友和阿富汗同事分享他们的改变生活的旅行故事。该项活动起到的作用会逐渐侵蚀叛乱分子所叙述的主题的可信度。活动的三重作用包括表明对于伊斯兰教和阿富汗文化的尊重，在现代和宗教容允的约旦社会的背景下使阿富汗交流者接受伊斯兰教，推动阿富汗人对阿富汗人的叙述。本节记述了第173空降旅战斗队如何进行被其称之为“温和的伊斯兰之声”活动的过程。

图6-1　2010年9月7日，在沙特阿拉伯麦地那，“温和的伊斯兰之声”活动参与者准备结束一整天的禁食。禁食是斋月的一部分

一、弄清敌人

2009年5月，空降旅开始部署前的任务分析，分析中使用了一个自行开发的称为“挫败盘”（The Cycle of Frustration）的直观的分析工具（如图6-2所示）。“挫败盘”表明美军看待的阿富汗问题，融入了敌人的重心分析、军事信息支持作战的目标听众分析以及关键的思想手段，所有这些都加上了一个说明性的PowerPoint幻灯片。这种直观的分析工具经证明对于战斗前的心理准备和任务组织相当有效。盘中最重要的部分是问题的核心，即敌人用以镇压的根本的意识形态（radical suppressive ideology）。“挫败盘”与美军所开发的其他成果相结合就构成了直观作战分析工具（如图6-3所示）。对抗敌人的意识形态是美军进行信息和影响作战行动的出发点。空降旅进入阿富汗的时候，并不清楚指挥官把敌人和他们的根本的意识形态联系起来的意图所在，但是美军知道要达到其最终目的，信息作战行动是必须的。

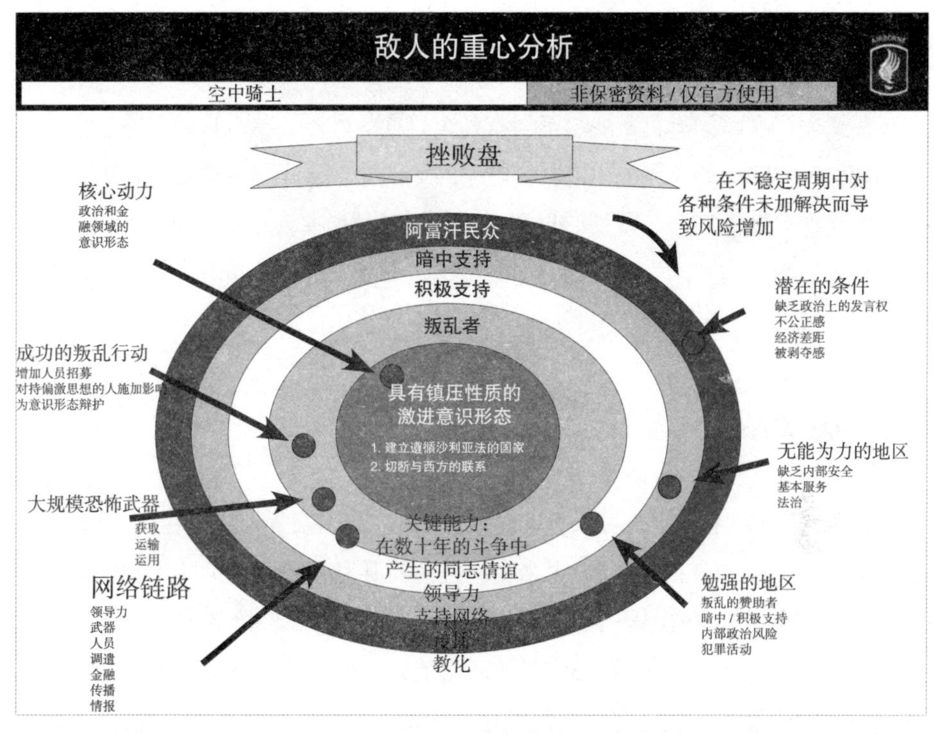

图6-2 “挫败盘”

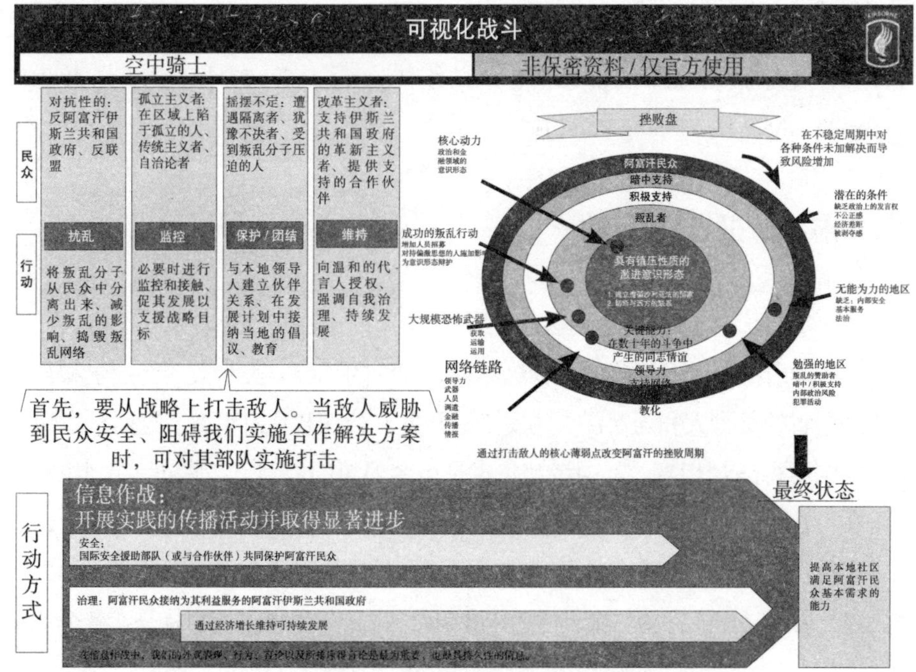

图6-3 直观的作战分析工具

二、指挥的重点

在离美军在德国进行备战演习只有几个星期的时候，信息作战官员还没有到达预期作为空降旅的重点的机动队。在空降旅的会议室，美军参谋机构下达了备战演习的作战概念简令。营长们也都参加了会议。指挥官在简令中出乎意料地宣布信息作战为决定性的作战行动，而且是演习和部署的最为重要的方面。指挥官的部署把压力都加了上来。

三、国际关系

在美军第173空降旅执行任务的时候，有3个盟国友邻部队，包括2个分别来自土耳其和捷克的省重建队和1个来自约旦的步兵营。约旦分遣队由美国训练的约旦特种部队上校阿里夫·阿尔扎本实施动态领导，在空降旅的信息作战中发挥了决定性的作用。不为第173空降旅所知的是，阿尔扎本要在战场进行一项他在国防大学服役时开发的完整的信息作战活动。阿尔扎本的活动建立在5个伊斯兰柱石的基础之上，其中包括要求所有穆斯林在其一生中作一次麦加朝圣。阿尔扎本的信息作战活动与空降旅的两次作战行动配合得很好，这两次作战行动的代号分别为“内部情报点I”（Noktai Tagheer I, Tipping Point I）和“内部情报点II”（Noktai Tagheer II, Tipping Point II）。

四、“内部情报点I”行动

2010年3月，空降旅抵达战场已有3月，美军对于在当地对美军开展有效的信息作战行动所必须的有影响的人物仍然缺乏详细的了解。美军负责洛加尔和瓦尔达克两个省的美国人和阿富汗人的安全、开发、管理和信息事务。这两个省的大小与美国罗得岛州相当，其中洛加尔省是声名狼籍的塔利班“喀布尔攻击网络”的所在，瓦尔达克省不但有塔利班存在，还有部落的、种族的和犯罪的网络，增加了进行作战行动的难度。这两个省提供了多种挑战和不少作战前沿，因此指挥官决定开展信息作战行动。旅级信息作战叫做“内部情报点I”，目标是在各个营级特遣队的责任区一直到村庄级确定关键的交流者。在进行任务分析的时候，杨杜拉少校产生了送阿富汗人到约旦的想法，并与领导人进行了讨论。不过，当时还有许多事情要做，因此实现这种想法还不到时候。为了进行“内部情报点I”行动，美军成立了关键交流者评估队（K-CAT），帮助各营收集具有要求的保真度的信息。关键交流者评估队由旅人力形势队（Brigade Human Terrain Teams, HTT）、人力情报收集队、美国陆军预备役军事情报组织（MISO）分遣队307-40、民众事务组、省级重建队、作战摄影组、农业综合企业开发队和其他队组构成。在“内部情报点I”行动结束时，美军对于所处地区的许多有影响的人物有了比较好的了解。美军决定利用这些资料，于是就有了“内部情报点II”行动。

五、“内部情报点II”行动

如果说“内部情报点I”行动是提出问题的话，“内部情报点II”行动则是问题的答案。在对于洛加尔和瓦尔达克两个省的人力形势有了比较深入了解以后，我们在“内部情报点II”行动中开展了一系列的阿富汗交流者扩充计划，旨在提升阿富汗人对于社会安全、社会管理和发展的责任感。空降旅在这段时间里正式开始以社团为基础的塔利班战士和领导人员回归阿富汗社会的计划。更为重要的是，“内部情报点II”行动为美军提供了实施“温和的伊斯兰之声”计划的推动力。

六、意识形态对意识形态的抗衡

要战胜一种意识形态，唯一的方法就是用另外一种意识形态去与之抗衡。问题是一个美国陆军旅的信息作战军官采用什么样的意识形态去抗衡极端压制的伊斯兰形式的意识形态，进而应该如何采取实际行动。在向一位阿富汗省级官员咨询以后，杨杜拉少校开始利用爱国精神和民族主义作为达成美军目标的媒介。可是在历史上，阿富汗的民众从未表现出强烈而持久的国家民族感。如果激起民族情感的话，就会定义为仇恨外国人，反抗外国对于阿富汗领土的入侵。由美国国务院指派到空降旅负责军事情报组织计划的高级官员是一位美籍巴基斯坦人，美军与他进行探讨后，知道在世界上多数穆斯林信徒都奉行温和容允的信念。美国最初的偏见也随着探讨的深入而浮现出来，同时也证实在这种情况下，以所谓的“阿富汗爱国精神”或民族主义来“纠正”伊斯兰形式的意识形态是错误的。美军确定在阿富汗反恐的背景下抗衡极端压制的伊斯兰形式的意识形态的方法就是利用伊斯兰真实而温和的要旨。简而言之，就是由伊斯兰的意识形态去管束伊斯兰民众。

七、“温和的伊斯兰之声”计划所考虑的问题

1. 2004年，约旦国王阿布杜拉二世曾寻求一劳永逸地回答伊斯兰教由什么所组成和什么不属于伊斯兰教的所有问题。最后他写成了安曼咨文（Amman message）。安曼咨文得到了来自50个国家的500多位顶尖的穆斯林学者和其他6个国际伊斯兰学术团体的支持，并在2006年7月得到了吉达国际伊斯兰Fiqh科学院的一致支持。安曼咨文在敌人的意识形态中取得了战略突破，美军的目的就是以“温和的伊斯兰之声”来利用那种突破。

2. 伊斯兰教义和伊斯兰准则深深地灌注于阿富汗文化之中，因此塔利班的一个谎言得以广泛传播，说美国和北约联军驻扎在阿富汗就是要摧毁伊斯兰教。这种观念使许多阿富汗人都成了塔利班的积极支持者或默许的支持者，使他们摇摆不定，犹豫不决，或者采取孤立主义的态度。

3. 对于美国和北约联军在阿富汗的存在仍然有许多误解，因此塔利班和当地的犯罪团伙利用当地人的无知开展相当有效而且高度分散的信息作战行动。

4. 当地的阿富汗人接受伊斯兰教义，将麦加朝圣看成是穆斯林信徒一生中的终极之旅。可能有几百个来自村庄和部落的人为一个朝圣者送行，也可能会有数以千计的人欢迎他们朝圣归来。因此，实施“温和的伊斯兰之声”计划时，要利用这一现象深入当地社会。而这种影响，其范围超出了美军所在的两个省。

5. 被手机通信和无线电通信所推动的口头叙述是最为可信的信息源。美军的计划会迅速而可信地广为传播，选对了参与者的话更是如此。

6. 美军为35名阿富汗人、2名美国人和2名约旦陪同人员准备了经费、住所、信用卡和交通工具。

7. “温和的伊斯兰之声”计划候选者的选择由美军的特遣队进行。进行选择

的指导原则相当简单，就是在各自的行政办公室里确定正式的和非正式的阿富汗领导人。相信通过他们参与该计划，能够使当地的安全、管理、发展或信息发生明显的积极变化。选择时对于性别无限制。最后一点是，现在和过去的塔利班成员也可以选择。

图6–4 为“温和的伊斯兰之声”计划选择的阿富汗人等待登上C–130“大力神”飞机，参加在约旦安曼举行的为期5天的讨论会。然后，他们要在2010年8月25日前往沙特阿拉伯麦加

八、计划参与者的最后遴选

各营用一个星期的时间对各自的地区在“内部情报点I”期间确定的交流者作最后挑选，确定已有的候选人，根据所提供的选择标准对候选人排队，并将最后名册和简单情况向旅部呈报。6个营里，每个营最多可以呈报10名。有几个高质量的候选者由于没有及时拿到阿富汗护照而未能参加，最后有35名阿富汗政府、社会、宗教、安全和部族领导人被选定参加“温和的伊斯兰之声”计划。其中，13名为部族领导人，9名来自阿富汗军队和警察机关，4名是政府官员，4名是宗教人士，1名是无线电广播员，另有2名是前塔利班下层指挥官，后来美军对其进行了重新任用。美军希望通过“温和的伊斯兰之声”计划，显示美国对于伊斯兰和阿富汗文化的尊重，取信于这些个体所在的广大社会。

九、美国国务院和国防部的支持

如果没有国务院和美国驻阿富汗、约旦和沙特阿拉伯的3位大使的支持，美军就不可能开展“温和的伊斯兰之声”计划。美国国务院同意了这项计划，并提供了一部分资金。不过，美国国务院的代表提出了美军能够得到大部分所需资金的一大堆条件，要求经费控制在10万美元以内，要求找到一个国务院认可的非政府组织发起人来推动计划的实施，要求能够与非政府组织发起人起草并提交一项涵盖所有财政问题的提议。美军在阿拉伯哈桑王族的慈善组织中找到了一个非政府组织合伙人，提交了一份约需65000美元资金的提议并得到了批准，还对有关事项进行了广泛的计划，得到了驻阿富汗美军司令和北约驻阿富汗部队最高指挥官彼得雷乌斯将军以及他的参谋机构、艾肯贝瑞大使、约旦国王阿布杜拉二世以及一些国务院和国防部的关键人士的支持和推动。最后，有关方面提供了“温和的伊斯兰之声”计划所需的空运装备。

图6–5　当“温和的伊斯兰之声”行动的参与者2010年8月抵达约旦时，约旦国王阿布杜拉二世（左）接见了他们，对他们表示热烈欢迎，并于当晚准备了特殊的斋月膳食向他们表示祝贺

十、计划的命名

杨杜拉少校和一位美国国务院的官员花了整整两天的时间为这次非政府组织支持的计划取名。开始列出的名字超过了50个，可是看起来没有一个合适的。后来，那位国务院的官员灵机一动，建议用“温和的伊斯兰之声”。然后，他们对这个名字进行了评估，看是否会冒犯穆斯林信徒和其他人，会在阿富汗街头起到什么样的作用。他们咨询了几位包括瓦尔达克省的高级和有影响的毛拉在内的阿富汗宗教人士以及省级地方长官，他们都喜欢这个名字，而且认为对穆斯林不会有什么伤害。美国驻约旦和阿富汗的大使也都喜欢这个名字和它所代表的概念。这个名字最终得到了美国国务院的批准。不过，为了影响尽可能多的阿富汗公众，让他们无障碍地接受这项计划，当美国与排外的阿富汗公众交谈时，也把这个计划叫做“伊斯兰之声”（Voices of Islam）。

十一、开始行程和重要的第一印象

“温和的伊斯兰之声”计划中的35名参与者在两个省内艰难跋涉来到了Shank前方作战基地，有的是搭乘营特遣队的直升机来的，有的是由美国部队护送来的，也有的是乘坐当地的交通运输工具来的。美军在基地接待了这些贵宾，并对每个接待的细节都进行了精心安排。从他们到达基地一直到他们登上美国军队的C-130运输机前往约旦安曼，美军都通过言语、行动、形象以及美军对于伊斯兰教和阿富汗文化的尊重来与他们进行沟通。美军知道这次旅程会起到改变他们的生活的积极作用，并且希望他们知道美军的想法。对于大多数“温和的伊斯兰之声”计划的参与者来说，他们是第一次进入美国军队的前方作战基地，第一次坐飞机，第一次到外国。他们要在基地过夜，然后在第二天上午离开。斋月已经开始几天了，许多参与者不知道美军能否满足他们的唯一要求。当看到基地内有两座清真寺，有人护送他们进行每天的祈祷时，他们的担心消失了。驻地约旦部队也为参与者准备了特殊的膳食，当晚进餐以后，约旦人与参与者和旅信息组举行了启程前的会见。开场白之后，参与者一个接一个地自动站起来说话。有的说，他们从没想到美国的基地会有清真寺，没想到美国陆军中会有穆斯林士兵并且允许祈祷和奉行斋月的习俗。有的说，这次旅程是他们的生活之旅，回去以后会告诉其他人他们的所见所闻，让其他人知道美国人为他们所作的事情和对于他们的尊重。有一位部族长者还说："这是我第一次在我们自己的国家感到不像个囚犯，谢谢你们，我从没有想到今天所看到的东西。"参与者表达的情感预示着会有光明的旅途，"温和的伊斯兰之声"计划的作用刚刚开始。

十二、安曼和麦加之行

参与者于2010年8月25日出发前往约旦安曼，空降旅的副旅长一起前往安曼，发表公开演说向约旦当地媒体宣布"温和的伊斯兰之声"计划之后立刻返回基地。约旦司令官和他的高级阿訇以及2个美军穆斯林军士全程陪同这35名阿富汗参与者。他们会在9月15日，也就是比美军原来计划的迟4天返回阿富汗。在安曼和麦加的经历给参与者留下了永不忘却的记忆。达到安曼的第二天，阿布杜拉二世国王亲自邀请参与者和他以及王室成员、约旦武装部队高级官员一起作斋月祈祷和进餐，国王破例与参与者一起待了20分钟。同时，国王给每个阿富汗参与者1500约旦第纳尔礼金，用于支付在沙特阿拉伯的个人开销。在安曼的时候，阿富汗参与者用一天的功夫与来自约旦和埃及的宗教人士进行演讲和辩论，讨论的主题是：何谓安曼咨文、何谓温和的伊斯兰、重要性何在、何谓穆斯林、穆斯林的责任是什么、什么是伊斯兰圣战、谁有权发布伊斯兰法特瓦等。之后的一天，他们访问了重要的伊斯兰教、犹太教和基督教场所。在访问侯赛因一世国王清真寺的时候，参与者得到了重要的启示，阿富汗人惊奇地发现埃及基督教堂就坐落在清真寺的街对面。他们站在那里，能够同时看到清真寺的尖塔和教堂屋顶的耶稣受难十字架。约旦的高级阿訇对他们说，这显示了伊斯兰教和基督教可以和谐共处，互相尊重。一位参与者说他以前从没有想到可能有这样的事情。经过在安曼若干天的更多体验之后，参与者得到沙特方面的特许，乘坐约旦军队的C－130"大力神"运输机飞往麦加。接下来的5天，参与者进行了旋风式的活动，成了麦加朝圣者，就像当年穆罕默德一样进行了麦加和麦地那之旅。他们照了数以千计的照片，拍摄了若干小时的视频。美军把这些影像资料收集起来，做成了记录整个行程的视频资料，赠给了参与者以纪念他们参加“温和的伊斯兰之声”计划的经历。当参与者完成沙特阿拉伯之旅，准备返回阿富汗的时候，空降旅信息作战组开始利用“温和的伊斯兰之声”计划的成果，真正的信息作战即将开始。

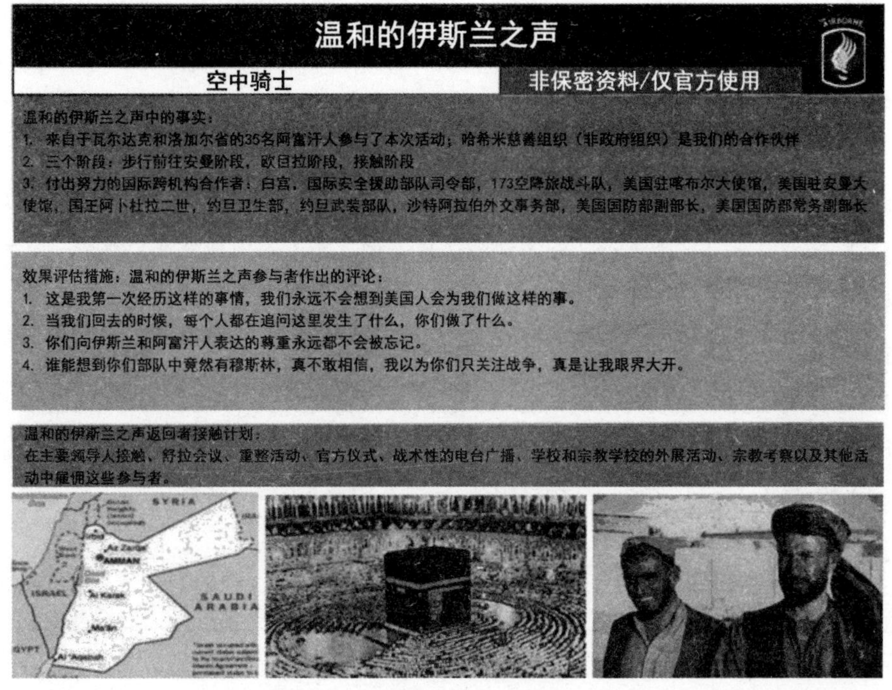

图6–6 “温和的伊斯兰之声”计划

十三、信息作战的“地狱火”导弹

当阿富汗参与者返回的时候，旅长要求各特遣队长明白他们前面的机会，他说：“现在已经向你们提供信息作战的‘地狱火’导弹，你们要尽快地与‘温和的伊斯兰之声’计划的返回者合作，帮助他们进入当地的社会，参与公共事务，使他们的故事能够为公众所分享。这是他们的伟大时刻，也是我们的伟大时刻。”

计划的作用超过了美军的预期。美军的社会安全电话号码，也就是当地的911专线都被打爆了；数以百计的当地阿富汗人自发地组织起来与新近归来的到麦加朝圣过的伊斯兰教徒会见，听他们讲述故事；一位参与“温和的伊斯兰之声”行动的前塔利班成员不费一枪一弹就把一名遭到通缉的阿富汗犯罪分子交给了北约联合部队。从安曼和麦加归来一个月以后，美军召开了一次“重聚会议”，巩固计划和参与者的成果并讨论计划的未来。约翰逊上校邀请35名参与者作为贵宾参加会议，每人可以带领5个朋友或者家人，结果参加会议的阿富汗人超过了400名，比美军预计的185人翻了一番。人数翻番的原因就是他们听说了“温和的伊斯兰之声”计划，信任该计划，尊重美国人和约旦人的选择，并且希望条件允许的话亲身参与“温和的伊斯兰之声”之旅。两位阿富汗省长都参加了会议，并且发表演说支持“温和的伊斯兰之声”计划。阿富汗警察部队和阿富汗国家军队的高层领导以及几百位当地的阿富汗部族长者和宗教人士也都参加了会议。来自喀布尔主要媒体都报道这一事件，包括那位阿富汗无线电广播员在内的几位参与者都发表了热情洋溢的演说。许多与会者都表露了他们的情感，“温和的伊斯兰之声”计划改变了他们的生活，塔利班的谎言已经被攻破，“温和的伊斯兰之声”计划证实了美国人对于伊斯兰教和阿富汗人民的尊重。“温和的伊斯兰之声”计划在阿富汗人中产生了巨大的积极影响。

| 第二节 | 美国在战后伊拉克的信息控制政策

科拉·索尔·高德斯坦博士在美国陆军《军事评论》杂志2008年3—4月刊上发表题为“A STRATEGIC FAILURE: American Information Control Policy in Occupied Iraq”的文章认为，美国的影响在所谓的“第三世界”的弱化是两大外交政策重大失败的结果：全球战略和公共外交的失败。如果这些失败得不到解决，美国将很有可能重新步入新的针对政权更换的军事冒险。因此，对美国在伊拉克信息控制政策缺陷的分析不单单是一个历史兴趣问题，美国再也负担不起在这一心理战关键领域中更多的失败。

美国武力占领德国（1945~1949年）成为武力推行民主化进程的典型例子。事实上，布什政府的顶层人物，包括时代美国国务卿赖斯和前国务卿、国防部长拉姆斯菲尔德等人在内，已经将美国在战后德国的经验与美国在战后伊拉克的经验进行了认真的比较分析。本节着重探讨美国在德国和伊拉克（2003~2006年）的信息控制政策。对比分析表明，美国的信息控制政策在这两个案例中是完全不同的。在德国，美国军队和美国军政府官员（OMGUS）对媒体实行的是赤裸裸的严格管理，以此来阻止纳粹的宣传，同时向德国推行美国式的民主政治。随着冷战的出现，美国军政府官员大肆利用各种大众传播媒介和文化事务——包括报纸、杂志、特写和记录片、海报，以及无线电等向德国人民散布美国的战略宣传和信息。在伊拉克，联军部队未能发挥出在德国同等程度的信息控制力度。由于这一战略上的错误，反对美国在伊拉克军事存在的叛乱及其他的人民运动已经具备了控制信息和散布反美信息的能力了。

一、德国案例分析

在第二次世界大战期间，心理战在美国对抗第三帝国的战略中发挥了重要的作用。当美军一进入德国，美国心理战专家就开始散布信息，使德国人民确信德国已经走到了失败的尽头，劝说他们与美军合作。同时，美军关闭了在德国控制区的报纸、杂志和无线电台，确保了信息和宣传的垄断。因此，德国人民接收到的信息完全来自于美国控制区的资料、传单、军队报纸及卢森堡无线电台。

1945年5月12日欧洲胜利日之后，在德国，盟军远征部队最高司令部的心理战师（PWD/SHAEF）改编为信息控制师（ICD）。由PWD/SHAEF指挥官，罗伯特·C. 麦克卢尔将军指挥这支装备一新并拥有最好的PWD/SHAEF专业人员的队伍。最初，信息控制师独立于军政府，但是，到了1946年2月，它就完全与军政府合为一体了。

最先，信息控制师主要关注消除受纳粹影响的媒体。信息控制师取消了被认为有纳粹背景的德国记者资格，并且禁止散布可能激起对纳粹同情和鼓励反对美国进程的纳粹主义、军国主义和民族主义信息。同时，启动宣传审批程序，信息控制师有选择地授权德国编辑经营报纸和杂志。它成功地选择了一些在政治上、思想上具有不同理念的个人团体。到1946年中期，信息控制师已经成功地授予了73名德国人新闻许可证，包括29名社会民主党成员、17名基督教社会主义党成员和5名共产党党员。因此，当美国军政府官员施行极为严格的政治和思想上的审查制度来阻止纳粹主义、军国主义和民族主义信息的扩散时，它也寻求政治多样性并允许多种政治言论的发表。

虽然信息控制师授权效忠于创建一个全新的、民主德国的编辑人员，但该师一直密切关注他们的出版物。最初，它实行出版前审查制度，但是到了1945年8月，它又转换成实行出版后审查制度。虽然德国编辑可以自由地运营他们的业务，但是始终存在因出版后审查导致许可证被撤回的可能性。因此，信息控制师界定并管辖着信息可否出版的分界线，以及该信息在政治和文化领域是否令人满意的权力，它还负责监视、规范从美国控制区送达德国的信息。

在占领德国的头两年，美国新闻出版政策大体上反映了信息控制师新闻出版官员的意识形态。大部分信息控制师的官员都是曾经在德国生活过的学者。他们中很大一部分都是新政策的坚定拥护者、知识分子、移民和左翼人士，都热心于帮助在纳粹的灰烬中建立新的民主德国。在柏林，多数信息控制师的官员都是德国移民。因此，许多的信息控制师官员说德语，很熟悉德国的文化，并理解德国的社会和历史。在1945年，这些新闻出版官员热情地欢迎德国人的合作，并将此作为建立民主德国新闻和文化进程的一部分。

随着冷战的结束，美国军政府官员的新闻出版政策发生了改变。被占领的德国成为了美国与苏联展开心理战的第一个战场。1946年以后，建立一个独立的、团结的德国的可能性迅速消失。美国和苏联都开始在各自控制区内利用新德国的媒体相互攻击并进行广泛的宣传。比如，在1946年3月，美国军政府官员强迫美国控制区内第一大报《新报》改变其社论立场，以反映美国的外交政策。从此以后,《新报》就成了美国军政府官员在被占德国上抗衡苏联宣传的代言人。

到了1947年年初，信息控制师的专家已经被替换，原来的新闻出版官员也已被冷战斗士所取代。因此，大多数并不跟随美国军政府官员反共产主义指示的刊物要么被勒令停办，要么主编就被撤换。在1947年8月，布痕瓦尔德（1937年至1945年，德国纳粹曾在此设立集中营，残酷屠杀了数万名反法西斯战士）的幸存者，拥有出版《法兰克福评论报》许可证的共产主义者埃米尔·卡拉巴奇被解雇了。还有，一本很受欢迎的杂志《Der Ruf》，因为信息控制师认为它有亲共产主义倾向，所以将它关闭了，即使这是一本连与美国军政府官员同等级别的苏联人物也公开指责的杂志也难逃此劫。同年10月，卢修斯·D. 克勒将军，美国军政府首长，发动了“回应”行动，这是一项反宣传措施，它利用在美国控制区内的德国媒体来对苏联的反美宣传做出回应并与之斗争。一条严谨的反共产主义战线强加在了德国新闻出版业身上，而相同的手法同样在苏联控制区内蔓延开来。

二、伊拉克案例分析

在“伊拉克自由”行动（OIF）中，心理战运用是非常成功的，因为它深信伊拉克军队不会再发起抵抗。这使得美国军方仅用很少一部分兵力就控制了巴格达。但是，与德国案例相反，联军在萨达姆·侯赛因政权倒台后并没有继续他们的心理战进程。在伊拉克没有建立起满负荷运转的、连贯的信息控制进程，取而代之的是，美国国防部设想建立一个“快速反应媒体小组”，负责监督拆除伊拉克的国营媒体，并建立美国出资和运营的“伊拉克自由媒体”网络。这个全新的、由美国控制的网络主要功能就是作为五角大楼对伊拉克宣传的出口。

萨达姆·侯赛因早就知道信息控制和操纵媒体的重要性。早在1968年，他成为伊拉克内务部主管后，伊拉克人就只能获得由政府制作的报纸了。当他在1979年当选为伊拉克总统时，伊拉克新闻部开始重新任命全国的新闻工作者（这些人全都属于民主复兴党），对有侮辱总统言行的人都处以极刑。萨达姆的儿子之一乌代，成为了记者联盟协会的主席并控制了包括《Al-Thaura》报、《Babil, and Al-Jamorriya》报在内的大约12家报纸。这些报纸每天都发表萨达姆在前线的图片。乌代还控制着好几家电视台和无线电台。到了2003年，共有13家电视台和74家无线电台在国家的控制之下。政府是伊拉克唯一的互联网服务供应商，而且只能从由治安警察严格控制的网吧才能接入互联网。卫星电视被禁止，尽管当权者自己可以收看卫星电视新闻。

当萨达姆倒台时，有超过200家的伊拉克新闻出版单位被炸毁。由于联军未能关闭或保护伊拉克印刷机，使得每一个能够进入出版社的人都开始搞印刷。兴起于2003年的许多家报纸和杂志社都面临着财政困难，然后就很快都消失了，但是，根据英国广播公司的估计，还有50余家日报在伊拉克正常出版，它们中有12家以上是在巴格达。不幸的是，这种自发式的媒体爆炸性发展，加上美国严格信息控制政策的缺失，很快就被众多的组织所利用，以此来反对联军的入侵。

伊拉克的新闻媒体变得极度多样化，因为每一个政治团体都推出了自己的媒体。萨阿德·阿·巴扎兹，自从1992年以来一直被流放的伊拉克新闻工作者，于1997年创办发行巴格达版的《Al-Zaman》报，该报总部位于英国伦敦。沙特阿拉伯王室也开始出版伊拉克版的伦敦《Al-Sharq al-Awsat》报，该报的主要宣传机构分布在西部地区。《Al-Mutamar》报是由前副总理沙拉比开办。目前，在伊拉克的伊斯兰革命最高委员会，是伊拉克最主要的什叶派政治集团，出版了《Al-Adalah》《Al-Fater》《Ida Rafideen》三份报纸。《Al-Bayan》是什叶派总理洛里·阿·马里基和他的继任者艾布拉希姆·阿·贾法里创办的。其他比较有名的报纸都是由左翼的阿马丹和阿萨巴哈·阿贾德所创办。

在这种背景下，联军临时权力机构（CPA）和五角大楼新闻媒体政策显然失去了效用。伊拉克新闻界的去复兴党化煽动反美情绪。然而，联军临时权力机构并没有遂伊拉克人民要建立一个自由民主国家的意愿而取代复兴党成员，也没有检查反自由或反美宣传。在2003年7月，联军临时权力机构最高行政官保罗·布雷默公开宣称，联军不会限制在伊拉克的言论自由。联军发言人查尔斯·希特雷积极响应着布雷默的讲话。普遍认为，美国“真实”的信息就其本身而言，将战胜后萨达姆时代伊拉克的信息。

有时，联军临时权力机构也对激进的反美宣传施行一定程度的控制。比如，它关闭了一家发布要处死与联军合作的伊拉克人文章的报纸《Al-Mustiqilla》报。在2004年3月，联军临时权力机构又关闭了一家巴格达报纸《Al-Hawsa》报，该报是一份激进的什叶派周报。联军声称，该报发行人煽动暴力反对联军对伊拉克的占领。联军还搜查了位于拉贾法的沙塔·阿·奥玛报纸发行中心，查扣了一些煽动伊拉克人加入反抗联军行列的报纸副本。然而，联军临时权力机构试图控制新伊拉克的新闻出版却常常是徒劳无功的。搜查了沙塔·阿·奥玛后的几天后，该报又重新回到大街小巷，号召它的读者加入拉马迪抵抗运动并散布反犹太主义、反西方、反女性言论。总之，后期的审查制度并未能建立起一个有效的信息控制程序。

虽然它的表现可能还有别的意思，但五角大楼却实实在在地准备了一项有关在伊拉克的宣传计划。第7联合特遣部队（CJTF-7）公共事务指南附录二将伊拉克新闻出版“目前的任务”分为三类：“积极地”促进；“消极地”反驳或回避；以及“混淆或模糊”以瓦解。第一类任务的目标是针对伊拉克人民发起的支持及对伊拉克人民的支持，强调发展和安全，尤其是在巴格达，重点强调“伊拉克人民参与”国家的重建。积极的信息包括日常生活的改善，比如电力供应的正常化、建造新的学校和医院，以及提高人民的安全感等。第二类任务是“负面问题”，就是说明解决诸如“虐待伊拉克被拘留者”“反抗的复苏、违法行为、社会的不稳定及权力真空”“基础设施的脆弱性”及“毫不拖延地建立新的政治结构”之类的问题。最后一类任务主要是回应“没有发现”大规模杀伤性武器、难以找到萨达姆及去复兴党化等问题。

美国在“伊拉克自由”行动中的新闻宣传政策最令人惊讶和最初的做法是，五角大楼依靠私人公司来向伊拉克人民宣传它的战略信息。而不是组织一支来自于武装部队、情报界和学术界的心理战专家组成的专职部队。美国政府并没有采用在中东时有经验的外包私人公司。美国国防部错误地将一个政治问题，即，如何从根本上改造社会，摆脱残酷的独裁统治并开始走进正派的宗教原教旨主义？

如果它的这种看法也可以看成是一种商品的话，那么，美国国防部正试图向伊拉克人民出售自己对事件的看法。

在2003年，五角大楼的特别行动和低强度冲突师，这是一个专门执行心理战行动的作战单位，获得了科学应用国际公司（SAIC）一份8230万美元的没有投标的合同，要求建立伊拉克传媒网络公司（IMN）。到那时，伊拉克传媒网络公司将开始发行《Al-Sabah》晨报，虽然这儿已经有20至30家新开的、独立的报纸。《Al-Sabah》晨报成为了伊拉克众多报纸之一，当然，美国人也从来没有能够在伊拉克建立起一个垄断的信息网络。

伊拉克传媒网络公司在电视领域的表现更加糟糕。建立由美国赞助的电视网络“阿尔萨巴赫”就是一场噩梦。从一开始就遭遇解体、缺乏规划、人员不足和财政预算案等问题的牵制。更为严重的是，网络的物理设施遭到了汪达尔人的系统摧毁和破坏。到了2003年仲夏，又被叛乱分子炸毁。当它终于开始运作时，“阿尔萨巴赫”已经失去了对伊拉克人民的吸引力，因为它根本就不谈伊拉克的新闻。比如，该网络播出烹饪节目来替代发生在伊拉克的政治暴力活动。

因为联军部队并没有禁止安装卫星电视天线，导致了卫星电视天线如雨后春笋般地在伊拉克遍地出现，使得伊拉克观众有机会获得众多的信息源。他们能够查看到建立在中东的任何播出反美新闻节目的电视台。因此，在入侵后6个月内，就有63%的伊拉克人有机会通过卫星电视观看阿尔巴尼亚和阿拉伯电视台的节目，这两家电视台均提供反美和反犹太主义的宣传节目。仅有12%的伊拉克人从阿尔萨巴赫电视网络中获取新闻信息。

卫星电视已经成了反美武装电子讲坛不可分割的一部分。Al-Zawraa是在伊拉克境内的一个卫星电视台，它是伊拉克伊斯兰武装最有效的武器之一，是逊尼派一个关键性的反抗组织。据称，它还包括前社会复兴党成员在内。Al-Zawraa卫星电视台无休无止地提供逊尼派抗击美国和萨德尔基地什叶派民兵的战斗录像。它还定期展示武装分子策划攻击美国部队、使用狙击手或路边炸弹杀害联军士兵，以及打击什叶派目标的行动等。该电视台的节目通过由埃及政府控制的Nilesat卫星向阿拉伯世界传播。最近，Al-Zawraa卫星电视台宣布，它正计划租用欧洲卫星，最终的目的是要将节目传播到美国观众眼前。

联军也正在失去在网络空间展开的战略宣传战。恐怖组织使用高速互联网、盗版视频编辑软件和免费文件上载网站来传播他们的作品。例如，伊拉克基地组织新领导人之一的阿布·马萨拉录下了对美国人质尼古拉斯·伯格实施斩首的场面，并将此录像上传到了网上。作为教导实用反抗技能的一种手段，网站也起到很大的作用，比如，教导恐怖分子如何搭建火箭发射台、制作炸弹和化学武器等。

尽管科学应用国际公司遭受到惨败，但五角大楼仍然继续它的外包政策。在2004年1月，它又重启它的媒体合同，从科学应用国际公司转向了哈里斯公司，这是一个没有任何心理战或中东经验的生产广播设备的生产商。哈里斯将它的电视业务分包给黎巴嫩广播公司和科威特出版和电信公司，但是，该公司受阿尔伊拉奇亚（意即伊拉克）和阿沙巴控制。一个月以后，联军临时权力机构将伊拉克传媒网络更名为伊拉克网络。美国国防部也解雇了麦迪逊大街广告业巨头 J· 沃尔特 · 汤姆森的职务，以说明“伊拉克传媒网络公司或阿尔伊拉奇亚是值得信赖的”。这也许并不奇怪，J. 沃尔特 · 汤姆森在中东并不是专门从事心理战的——他的主要客户是多米诺公司、钻石贸易公司、福特公司、吉百利史威士股份有限公司、汇丰银行、金佰利公司、美国麦片公司、卡夫公司、雀巢、美国辉瑞公司、劳力士、壳牌、帝亚吉欧、联合利华和沃达丰等。

也是在2004年，布什政府指示美国广播理事会主席——美国之音的制片人去对付在中东的半岛电视台的影响。理事会推出了自由卫星电视台、Sawa无线电台和Hi杂志。自由电视台模仿一家传统的美国电视台，提供烹饪、服装表演、地理及科学技术类节目，纪录片和新闻。虽然自由卫星电视台的预算超过1亿美元，但是，它的金钱和广播还是被淹没在约旦、埃及和伊拉克电视台的节目之中，被证明是一个失败的项目。阿尔萨巴赫电视台与美国电视台联系，并转播它们的节目，特别是美国的新闻报道。调查显示，伊拉克人厌恶对伊拉克、阿拉伯世界和中东问题讨论的缺失，Sawa无线电台以美国和中东的流行音乐及少得可怜的新闻报道为主，已经没有更多的成功可言。

电视和电台还不是美国做过唯一的外包蠢事。在2005年1月30日，伊拉克举行其过渡国民议会选举。布什总统吹嘘这是伊拉克人拥有自决权的一次选举，他在一次特殊的讲话中谈到：“纵观今天的伊拉克，男人和女人已经获得了决定其国家命运的权利，他们已经选择了一个自由与和平的未来。”10个月后，也就是2005年11月，《洛杉矶时报》报道，美国军方秘密付费给伊拉克报纸，要求其刊登有利于联军的报道。这个项目于2005年早些时候就已经开始了，当时正值选举，作为一个秘密的宣传行动来影响伊拉克公众舆论。据时代报的一篇报道，“此事基本属实”，但是，他们忽略了一个信息，那就是一般的读者都反对美国和现在的伊拉克政府。这些故事都是在美化美国的占领，谴责叛乱行为，并高度赞扬美国在伊拉克的种种努力。

这些故事全都出自林肯集团，这是2004年美国信息浪潮的一个缩影。这个新成立的公司是由许多投资者组成的联盟公司，附属于林肯资产管理公司。林肯联盟公司将自己定位在提供“定制信息服务”。它声称专门从事“各种国内和外部资源，包括历史和实时的”信息收集，对所收集的信息进行“融合”和分析；而后分发这些“可供操作的成果”。林肯集团偷偷摸摸地行动在伊拉克引起了极大的愤怒，更进一步削弱了美国在该地区的信誉度。美国媒体也强烈反对这种行径，尽管林肯集团的暗箱宣传是事实，但它却是限制在相当温和的范围之内的。

暗箱宣传就是在对目标国进行宣传时，插入没有透露来源的、有失偏颇或虚假的新闻报导，这其实是一个典型的心理战诡计。值得注意的是，当中央情报局在全球范围内跟踪记录分发暗箱宣传时，五角大楼却选择了依靠一家在这个领域没有丝毫经验的私人公司来操作。

三、来之不易的经验教训

布什政府忽视了美国在1945年至1949年期间在德国使用的信息控制范式。联军部队在推翻了萨达姆政权后未能建立起严格的信息控制制度，因为五角大楼更加关心的是如何操纵美国的媒体而不是规范伊拉克境内的信息使用。联军临时权力机构公共关系办公室主任丹尼尔·森勒不会说阿拉伯语，并且他的优先任务是向美国大众媒体“输送”信息，常常向记者表示对政府的政策同情。

通信技术的革命已经使得在伊拉克完全控制信息变得愈加不可能，这是一个事实。然而，五角大楼却没有为随之而来的技术挑战做好充分的估计和计划。美国用一个装备并不精良的军事占领来应对在21世纪有信息武器可资利用的敌人。萨达姆·侯赛因已经禁止了卫星电视，并控制公众进入互联网，这两件事美国人一件也没有做，也无法处理随之而来的雪崩式的反美宣传。在美国进入巴格达的几天里，卫星天线四处林立，使得它无法控制信息的散布。还有激进的网站，也在美国人无法控制的地方生根、发芽。

此外，当目标地区得不到保护时，没有任何正面的宣传信息可以得到有效的利用。当一种工具发生变化时，军事占领要想取得成功，就必须能够在急剧动荡的社会环境下创造稳定的环境。德国案例很好地说明了这个原则。在德国，美军和美国军政府官员垄断了暴力、影响并保证了安全。这使得美国军政府官员和德国开始了在美国控制区的基础设施重建，同时开始政治、社会及文化的革命。在信息控制方面，美国人禁止来自试图利用政权转换所留下的政治真空的旧政权和竞争集团的宣传。在伊拉克，“伊拉克自由”行动催生了军事叛乱、恐怖主义、宗派暴力和内乱。在没有安全可言、基础设施建设项目滞后的情况下，积极的美国宣传信息也只能起到微乎其微的作用。

伊拉克案例表明，在发动政权更迭或占领别国的军事冲突之前，找到一个名正言顺的出兵借口是何等重要。在1945年，美国军政府官员允许德国人民拥有有限的自由，并施行了前所未有的政治控制。发布美国军政府1945～1947年政策的参谋长联席会议第1067号指令（JCS–1067），有明确拒绝释放在押政治犯的思想。它指出，德国“不是因解放而被占领，而是作为一个战败国被占领的”。根据参谋长联席会议第1067号指令，德国人必须被控制、监视，以及他们的政治、宗教和文化活动都必须经美国军事当局批准。参谋长联席会议第1067号指令清楚地写道：“禁止任何形式的政治活动，除非经过你的授权……你必须禁止任何形式的纳粹主义、军国主义或泛德国学说的宣传活动……禁止德国人游行，不论是军事的或政治的、民间的或体育的，都必须得到许可。”该指令允许宗教信仰自由和言论自由，但前提是不能危害到美国的军事和政治安全。

联军在伊拉克的信息控制失败毫不令人意外，因为这是美国始终将自己看成一个解放者而非对敌国的占领者的思想所能得到的必然结果。根据第7联合特遣部队公共事务指南，“伊拉克自由”行动的目标是“将伊拉克人民从萨达姆·侯赛因政权的独裁统治中解放出来”。基本的假设是铲除萨达姆政权和镇压复兴党，自然地、自动地、冷静地推出一个民主、自由、长期的亲美伊拉克。这种依靠伊拉克人民自发地转入民主社会的思想直接导致了五角大楼和国防部低估了战后的信息控制和宣传的重要性。

激剧动荡的政权更迭后，新闻出版的民主化是一个长期的过程，在短期内，可以使用反民主的方法。甚至在1948年，还出现了鼓励新闻自由和专制的现实占领之间的紧张关系。军政府很清楚这个基本的矛盾，因为美国军政府的一份报告显示：

新闻官员首先关注的是防止前纳粹记者进入新的、民主德国的新闻界，这是1945年当占领开始时，美国军政府保证德国人民拥有独立、自由新闻的一项重大政策。军政府想要实现在政府控制下的任何形式的新闻自由。然而，具有讽刺意味的是，在1945年，军政府自己又发现有必要对此行使某些临时管制。因为许多新闻出版设备都控制在纳粹手中。出版商、编辑及报纸工作人员都是执行戈培尔宣传的人。因此，军政府建立了许可证制度，从而将报纸又送回到那些没有偏见的制作新闻报道的编辑手中。

武力下的民主化本身就是一个悖论的源泉。参与国家建设的军政府却又是一个参与社会运转的专制政权。它试图通过武力，建立新的社会标准和一套新的价值规范。因此，它的行动不可能符合民主的概念。

卡尔·J. 弗里德里希，他是美国海外军政府培训专业军事人员的教官，后来于1947～1948年之间担任克勒将军的宪法和政府事务顾问。他认为，美国军政府是一个“协助重建民主宪政而非支配民主的宪政独裁者”。按弗里德里希的说法，军政府是一个民主宪政，不像传统的专政，它逐步放宽了镇压并走向建立一个宪政体制。弗里德里希同意美国军政府的审查制度和压制政策。

联军临时权力机构没有理解伊拉克民主的构建需要在反民主信息方面实行严格的限制。它在媒体政策方面的缺陷导致了组合信息源的出现，包括充斥着专制、宗教原教旨主义及其他狭隘思想的报纸、杂志和电视节目。伊拉克新闻一般都由政治或宗教党派资助，而且他们传播的一些信息常常是不完整、未经核实和有失偏颇的。

美国的影响在所谓的“第三世界”的弱化是两大外交政策重大失败的结果：全球战略和公共外交的失败。如果这些失败得不到解决，美国将很有可能重新步入新的针对政权更换的军事冒险。因此，对美国在伊拉克信息控制政策缺陷的分析不单单是一个有趣的历史问题，美国再也负担不起在这一心理战关键领域中更多的失败。

|第三节|虚假信息在现代冲突和战争中的作用

俄罗斯《外国军事评论》杂志2011年年第7、8期发表俄罗斯A. 谢洛夫上校题为“О роли дезинформации в современных конфликтах и войнах”的文章，文章认为虚假信息是信息战的重要组成部分，介绍了虚假信息的概念、实质和内容，同时还列举了传播虚假信息、操纵个人和群体意识，为敌方施加心理压力方法和手段，阐述了信息战和心理战技巧。

情报虚假化（信息虚假化）是指为了更有效地实施军事行动、检查是否存在情报泄露及情报泄露方向而向敌方故意提供虚假信息。它同时也指对信息进行操控、通过提供不完整或完整的无用信息，或对信息进行部分歪曲的方式对人们进行误导。此举的目的主要是使信息发送对象做出信息操控者所需要的决定或者拒绝做出对其本身有利的决定。

信息虚假化有下列方式：对具体的人或者某一群人进行误导、对行为进行操控（某一个人或者某一群人）、制造针对某一个问题或某一个目标的公众意见。信息误导指的不是别的，而是提供虚假信息，而信息操控则指直接改变人主动性方向的作用方法。

信息操控分为下列层次：对人们意识中现有的对操控者有利的价值观念（思想、观点）进行强化；部分地改变人们对某一事件或情况的观点；彻底地改变人们的生活观念。例如，在联合国安理会举行的伊拉克侵占科威特的听证会上，有一位女孩作为证人出席。她作证说，伊拉克士兵将产科医院的婴儿直接抱出来放在水泥马路上。随后美国总统和国防部长多次引用这一情节。这个女孩后来被证明是科威特驻美国大使的女儿，是一位王室成员。散布虚假信息的目的是在“自由”世界中强化萨达姆·侯赛因“阿拉伯世界的希特勒”这一形象，从而使未来反对萨达姆的军事行动带有正义的色彩。

“似是而非的信息”或“沉默的谎言”是诸多虚假信息中的一种。政治集权制度使下级只愿意“向上”报告平安无事，而对挫折、失误和失败则进行掩盖并保持沉默。“沉默的谎言”渗透到大众传媒中，使人们产生“进展顺利”的错觉，而在现实中则是倒退。近期，被称之为“信息（白）噪声”的误传信息技术得到了积极的使用。这一技术使用的意义在于，如果无法掩盖“不便公开的信息”，那么就使它多样化，也就是说为该信息建立数个版本，这些版本在同等程度上被预先设计好的事实和趋势所印证，从而巩固它们在大众意识中的印象。

虚假信息是信息战的重要组成部分。信息战包括心理战行动（利用信息对敌方士兵的心理施加影响）、无线电电子战（使敌方收不到准确信息）、安全措施（力图避免使敌人了解对抗方的能力和意图）、直接的信息攻击（在不明显改变信息本质的情况下使其失真）。

在更广阔的意义上而言，信息战是两个国家进行对抗的方式之一，这种对抗主要出现在和平时期，其作用目标除了武装力量和平民外，还有整个社会、国家行政体系、生产管理体系、科学、文化等。就狭义而言，信息战是一种作战行动或是为作战行动所进行的直接准备，其目的是在接收、加工及利用信息制定有效的行政决策过程中形成压倒对方的优势，以及在此基础上成功地开展行动从而达成对另一方的优势。

必须指出，现代信息社会是一种特殊的社会结构类型和政权类型，在基于对生产资料的掌握而形成的工业资本主义和基于金钱政权的掌握而形成的金融资本主义之后，到来的是信息资本主义阶段。在这一阶段，政权以通过传输手段以操控信息流的方式建立并运行。传送和分配信息的传输手段成为在现代社会中施加影响的主要工具。

为提高政治战略实施的有效性，使用了最先进的将社会变成操控对象的信息技术。大众意识在结构上并没有太多内容，但大众传媒传输的论点不断向其导入，由此形成主导性观点、观念以及制约因素的主框架，这一框架决定和规定着公众的反应、评价和行为。为了更有效地操控社会舆论，虚假信息可以同时通过印刷传媒、电子传媒、电视、互联网、传闻进行传播，在地区性冲突和战争中也可以借助传单来传播虚假信息。

大众传媒具有能够报道现代社会政治、经济、和精神生活各个方面的能力，使其与军事封锁和经济制裁一起成为全球政治中的强大武器和解决地缘政治问题的工具。宣传和大众传播工具则成为军事冲突的积极参与者。在20世纪，宣传的目的主要在于通过展示力量使对手畏惧，并赋予己方勇气。系统地使用宣传作为武器最早是在第一次世界大战时期。那时的宣传主要是战场宣传，也就是说通过从飞机上散发数百万计的传单，或者通过在报刊上发起宣传行动来实施。通过这些心理作用方法，可以将自己的主张传送到地球最偏远的角落。

现代社会的人们从报刊、电视、无线电广播和互联网接收信息，由于经常处在与现实脱离的符号世界中，他们甚至有可能反对维护自己的利益。从这个意义上讲，人并非是自由的，由此也制定出一系列对人施加有效信息影响的方法——“洗脑”，借助于这一方法，可以通过心理作用控制人的行为，从而塑造出被动服从的人，将人民变成容易控制的大众。

当前，各国都意识到挑起导致人类毁灭的全球性战争是不现实的。为了达成自身的全球性目标，各国都将赌注压在低强度冲突和局部冲突上。这些冲突有可能在种族、宗教、领土或是其他类型的仇视中自行萌生，也可以人为地借助所谓的国际恐怖主义或是寻找大规模杀伤性武器的幌子挑起。在这种情况下，“洗脑”的方法就更具有实质性意义。

这些冲突的特点在于，首要的是争取国际社会和周边国家居民的支持或是其对敌方的憎恨。为了达成上述目的，出现了各种信息战及心理战手段，通过虚假信息对本国、同盟国及敌对国阵营的社会舆论进行操控。这些手段主要有：

● 让战争看起来是公正的。为了达成这一目的，“独立”的大众传媒塑造出敌人（伊拉克、伊朗、朝鲜、南斯拉夫、利比亚及其他国家）的形象，渲染出现实的威胁（大规模杀伤性武器、国际恐怖主义、年轻的民主政权遭到毁灭的威胁），通过营造缺乏精神力量、没有道德感的氛围使大家对敌对国家的历史和文化遗产持负面态度。

● 在敌对国家挑起社会、民族、宗教冲突，引发对政府的不满，激化政治斗争，强化镇压反对派的期望，传播混乱和恐惧；为了达成上述目的，出资对反对派、反对派的报纸、电视和广播进行支持。同时，对敌对国国内发生的事件进行片面报道。

● 一旦军事行动开始，就要让舆论看到针对和平居民和俘虏的“暴行”，使舆论相信“公正”的一方在军事上占有优势以及敌人的失败。为了达到这一目的，不惜歪曲伤亡数据，隐瞒重要事实。

对舆论施加影响的方法之一是精心策划挑衅行为，恐怖活动，或者及时利用另一方的行动失误，其目的是使本国人民和整个世界相信，不是“我们”，而是“他们”最先拉开战幕或者计划拉开战幕。

为了实施上述信息战方法，美国五角大楼在20世纪末制定出了与媒体协作的新模式，其实质在于在报道所发生的事件时，通过给予记者优先权的方式组建享有特权的记者队伍。例如，哥伦比亚广播公司一直是军事工业集团的组成部分，并逐步将自己的竞争对手全国广播公司和美国广播公司挤出竞争领域，它已经成为五角大楼大供货商，一些著名的军工公司成为其固定的广告客户，如：通用电气公司、福特汽车公司、通用汽车公司、波音公司、美国电话电报公司及其他公司，也正是这些公司在为各个热点地区耸人听闻的报道拔款。

被允许前往作战地区的记者和媒体获得的好处是，从作战地区发回报道的花费并不多，但这些报道却可以吸引广告客户，也就是说这些“新闻连续剧”是非常有利可图的。能够以实时模式展示战斗和战斗所造成破坏的电视卫星使得从战区发回报道成为可能，而这一点对于情感认知具有十分重要的意义。在1990～1991年的海湾战争中对这一模式进行了试运作。

现在，对美国人而言，如果不通过制造虚假信息和给对手心理压力的方式来操纵世界舆论，那军事行动本身是不可思议的。这方面最新的例子是塞尔维亚、伊拉克、阿富汗及马格里布地区的国家。强大的信息战行动往往在军事行动前就已经开始，其目的在于涣散对方并塑造敌人的形象。

1992年，在西方报纸上出现了一些由独立网络电视公司的英国记者拍摄并在电视上播放的貌似塞尔维亚死亡集中营的镜头。这些镜头主要反映一位年老的穆斯林站在塞尔维亚集中营的铁丝网后。随后查明，这是一个位于学校内的难民收容点，铁丝网在战前就已经设置，其主要用途是将校园与公路隔开，从而使学生不跑到公路上去。然而美国国会对这些镜头进行了讨论，使其成为美国立法机构在波黑战争期间采取公开反塞（尔维亚）立场的正式理由。

另一个例子是在科索沃的军事行动。美国人和英国人相信，那里有10万个无辜的阿尔巴尼亚人的坟墓。但是在军事行动结束后经过仔细寻找，总共才找到近

3000个坟墓，而且还无法确定死亡人员的民族。

美国试图使所有人都相信，它所进行的是“人道主义”战争，把自己装扮成穆斯林的保护者，其结果是西方舆论在谴责塞尔维亚人方面达成了完全一致。系统地注入反塞尔维亚狂热情绪，对科索沃“种族清洗”这一题目进行夸大宣传，在电视、报纸和杂志上对“塞尔维亚暴行”和“阿尔巴尼亚人民的苦难”的宣传导致西方舆论基本上准备以武力方式解决科索沃问题。

专家认为，通过大众信息手段和美国武装力量专业人员对科索沃冲突进行明确的宣传确保了心理战行动达到必要的效果。尤其值得一提的是，在宣传中没有采用固定模式，广泛使用了所谓的客观数字及证据确凿的资料，即虚假信息。

可以列举一个例子，美国有线电视新闻网的一位分析员的声明曾广为传播，声明中说有人利用700名阿尔巴尼亚儿童建立用于塞尔维亚士兵的血库。在阿富汗实施“不屈的自由”反恐行动时，美军指挥部对军事行动的信息保障高度重视。除了开展大规模的旨在使国际舆论对美国政策持正面态度的行动外，在战役战术层面，美军对“塔利班”武装和“基地组织”的武装分子实施一系列心理战行动。直接指挥心理战行动的是美国国防部特别联合行动小组，该小组吸收了美国国务院、中央情报局、美国新闻署及部分媒体的代表参加。

美国武装力量心理战机构在阿富汗实施印刷品宣传的主要目的是：涣散“塔利班”和“基地组织”武装人员的士气，使其放弃抵抗，成为俘虏；使军事成员和平民的伤亡降至最低；向阿富汗人民说明美国的目的以及美军为何来到阿富汗；赢得当地居民的好感并与其进行合作。

美国武装力量心理战行动分队还在阿富汗印刷报纸。《和平》报每月用达里语、普什图语和英语三种文字出版，对阿富汗的事件进行报道，并包含有信息心理战材料。报纸在人口聚居区进行发放，还被送到阿富汗当地的学校，因为阿富汗许多学校没有可供阅读的教材。

2008年8月，格鲁吉亚和俄罗斯的军事冲突中也出现过类似的情况。军事冲突一开始，有一种观点就在西方媒体占了上风，该观点认为：格鲁吉亚是一个勇敢地实行民主制的小国，俄罗斯是冲突挑起方，它想借冲突摧毁格鲁吉亚民主政权。由此可见，西方媒体对客观报道事件真相并无兴趣，它们从一开始就充当了本国政府的政治工具。在南奥塞梯军事冲突过程中，美国充分展示了自己在局部军事冲突过程中实施信息行动的潜力。

在支持格鲁吉亚方面行动的同时，美国人还积极使用虚假信息实施了下列行动：就冲突中谁是侵略者一事向世界舆论进行虚假报道；篡改事件发生的顺序；对来自军事行动地点的消息进行歪曲，并夸大俄罗斯军队的伤亡；利用联合国安理会这一讲坛形成对格鲁吉亚方面有利的世界舆论；抛出格鲁吉亚好像发生了人道主义灾难的消息；通过电视节目播放伪造的俄罗斯士兵对平民态度强硬的所谓事实。

美国人主动使用虚假信息和公开谎言最明显的实例是在利比亚。美军在该地区第一阶段信息战的主要目的是在利比亚居民和外国人中散布恐慌情绪。因为只有在他们离开利比亚之后，北约部队在打击卡扎菲的军事行动使用“战斧”导弹才不会造成外国人伤亡，也不必担心由此引发国际争端。

与此同时，西方媒体和阿拉伯语的半岛电视台向世界暗示：卡扎菲少校是个恶棍，是第二个萨达姆·侯赛因，他准备使用化学武器，并炸毁输油管道。

他的儿子已转向起义者的阵营。在的黎波里机场还正常运转且控制在卡扎菲政权手中时，居然有报道称，机场要么被集会者占领，要么被突袭摧毁。

关于示威者被枪决、利比亚军队已转向起义者阵营、反对派已控制了许多城市、卡扎菲政权已下台、起义者获得胜利的报道也属于此类虚假信息。事实上，示威者、起义者、叛乱者、城市的住宅区和非住宅区都没有遭到轰炸，美军只对叛乱者企图占领的位于利比亚东部的武器库进行了轰炸。以色列外长在2011年1月接受新闻网采访时，对半岛电视台的工作进行了如下评价：半岛电视台与新闻业没有任何共同点，它完全就是一台宣传机器，它所从事的工作不是对事件进行反映，而是进行“洗脑”。没有一家电视台会发布如此之多的虚假信息。最初的信息点燃了人们的激情，之后的信息又时不时地进行辟谣。半岛电视台根本不是新闻从业者，而是利用民主特权摧毁自由世界的恐怖主义联盟的一部分。

英国非政府组织“争取利比亚和平英国平民联盟”的活动可以证实这一点。该组织于2011年4月到访的黎波里及利比亚西部的其他城市后发表声明称，没有证据表明卡扎菲政权对利比亚的平民犯下了罪行。相反，该组织在初步报告中称，有利比亚平民死于北约空军轰炸的证据。该组织还谴责西方媒体对利比亚发生的事件进行歪曲报道。

同时通过多个大众传媒发布相同虚假信息达到的效果更为强烈。在这种情况下，美国有线电视新闻网（1991年曾直播海湾战争实况）、英国广播公司、由美国的军事盟友卡塔尔提供资金支持的总部位于卡塔尔的阿拉伯语国际媒体半岛电视台就成了信息的主要提供者。对利比亚实施信息攻击及导弹攻击的真正目的是通过对利比亚的石油实施控制进而挽救处于弱势的美元，并阻止卡扎菲实施黄金第纳尔计划。

叙利亚亚述电视频道详细地讲述了制造革命场景的技巧。埃及人拉德万现身说法，说他曾向国外传送了叙利亚爆发大规模群众抗议，反对“可恶的”政权的“事实”。在此过程中，他对2008年5月贝鲁特骚乱及冲突的视频材料进行了剪辑，视频材料上显示了当时拥护不同政治阵营的武装分子冲突的情景。

广泛使用虚假信息的更早例子是认为萨达姆·侯赛因拥有大规模杀伤性武器的结论。后来查明，上述结论是以伊拉克投诚者对德国及美国情报机关的口供为基础做出的。2011年2月，这名投诚人员在接受英国《卫报》采访时承认，他的口供是蓄意编造的谎言，他认为自己编造的谎言将有助于推翻伊拉克独裁者政权。而在2003年，美国却积极对这一谎言加以利用，用以说服国际社会支持其入侵伊拉克。

当今世界，电视已成为对人实施广泛影响的重要手段之一。使用虚假信息进行信息战及心理战行动时，实施方往往积极地吸收电视媒体参与。电视媒体在操纵个人及群体意识方面的手段主要有：

- 信息过载，即向目标对象灌输过量的无用信息（抽象的论述、无用的细节等），从而妨碍目标对象弄清问题的实质；
- 信息限量，即只向目标告知部分信息，其余的信息则小心地予以隐瞒，这样就可以将真相向需要的方向歪曲；
- 弥天大谎，向目标最大程度地传递与实际不符，但表面上让人非常信服的谎言；
- 混淆视听，将真实的事情与各种各样的猜测、假设、假定、传闻混在一起，使目标对象很难区分真相和谎言；
- 拖延时间，使用各种借口拖延公布真正重要的信息，直到目标对象已无力改变局面；

● 暗中打击，通过假冒的中立人士向目标对象传达对操纵者有利的虚假信息；

● 及时虚构，及时向目标对象传达完全虚假的，但却是目标对象在当时非常期待的信息（之后谎言被会揭露，但在这段时间内事态会有所缓和或是某些过程带有不可逆性）。

电视媒体带有歪曲真相、从事件中剔除真相并用貌似真相的内容取而代之的趋向。电视信息流的强度对此更是起到了推波助澜的作用，因为人可以借助语言和图像对同一渠道接收的消息进行操纵和过滤。当这些渠道结合起来，则信息的导入效果明显增强。播音员播送文稿时，如果辅之以一些在“事发现场”拍摄的镜头，则其播送的内容通常都被理解为事实，在此过程中进行批判性认识是很难的。电视节目的这些特点可以将事件变成“假事件”，事件的重点和分量可能与初始时完全相反。也就是说，可以“制造真相”，即罪犯可以以民族英雄的身份出现，民族英雄也可以以罪犯的身份出现。

替换事实的效果导致电视会歪曲人们的意识，直接对当前的现实事件产生影响，并带来严重的社会后果（即使是对电视媒体进行商业利用而不是政治利用的情况下，都有可能导致犯罪和凶杀）。抹杀事实和谎言界限的效果更是助长了这一点，它将人们置于某种“平淡无味的现实”之中，使人觉得事件本身无关紧要（由于感知的被动性），可以随意行动而不受限制。上述特性的结合使电视媒体成为直接对大众行为实施心理影响，甚至对大众行为进行控制的武器。

信息技术、计算机网络、无线通信设备的飞速发展及其一体化使得互联网在21世纪被积极地用于进行信息对抗。其主要原因是：通过对信息资源施加影响，传播经过专门准备的信息，万维网在形成公众意见和采纳政治、经济、军事决定方面具有广泛的影响力。

与传统大众媒体相比，互联网具有一系列重要优势，这也正是可以积极利用互联网对个人实施操控的原因。这些优势包括：用户范围和人员不受限制；通信合作伙伴在空间和时间上间接的、共享的交互作用；信息传播者和信息接收者交互作用的异向性，其角色变换的可能性；受众的广阔性（只在技术层面受限）；实时交际的可能性，存在反馈，在变换的信息载体上保存大量感兴趣的资料相对较为容易；在互联网活动的法律基础不完善，不存在新闻检查；灵活性、经济性和可及性；作用源的隐蔽性；信息传输和理解的系统性。此外，对通过电子网络获取的信息的信任也使互联网成为对个人进行操控的不可替代的渠道。

以大众意识接受信息的特点为基础，全球性的网络得以支配公众意见。操控的实质在于存在其双重作用之中——操控者在向信息接收者公开发送信息的同时，也向接收者发送编码信号，编码信号会在接收者的意识中唤起特定的形象，并按需要的方向启动想象过程，但接受者并不能够发现这一隐蔽的作用过程。在此过程中，用于施加类似影响的最重要的目标是记忆力和注意力。一方面，需要接收人记住某种思想或隐含的意思，另一方面又要求消除接受人意识中可能会对诱导产生心理壁垒的短期记忆或历史记忆。

学者们详细地研究了信息的情绪因素对其可记忆性的影响。在各种各样的记忆（形象记忆、口头记忆、声音记忆及其他）当中，对于操控意识最主要的是情绪记忆，因为任何一条信息，如果不辅之以情绪，那么它很快就被抹去或者取代了。有鉴于此，在互联网的信息环境中，意识操控者将最大的赌注压在了无意识记忆上，借助于制造混乱的带有情感色彩的信息流，而不是直接表述某一关联的经过深思熟虑且被人们牢记于心的想法来达到目的。在此过程中，对于操控者而言，人们对于无意识中记住的信息如何看待已经变得不重要。

在全球网络中最常用的操控手法如下：歪曲信息、对事实进行偷梁换柱、语义场概念移位、对事实进行加工、简化和固定化。通常，对信息进行歪曲也就意味着要采用相应的发送方式：确认、重复、分割、紧急、轰动性、没有备选的信息来源（备选信息）。除了对不需要的信息保持沉默从而造成虚拟现实外，大众传媒还广泛采用信息错乱的原则，也就是说将不可避免的信息击沉在没有任何意义的混乱的信息流中。

现代的计算机程序可以对照片和录像进行编辑，从而制造出从来没有发生过的事件和情境的图片，这些图片随后可以通过互联网向其他国家进行传播，从而引发所希望的反应。例如，情报部门通过播放描述明显多于现有军事力量的大量武装人员部署的视频新闻短片，从而使某一国家的领导人相信，正在发生大规模入侵。使用全球网络进行信息对抗的有几个主要方向，具体为：

一是通过发送电子邮件、组织新闻板块、创建用于交换意见的网站、将信息放在单独页面或是以电子版的形式放置在期刊或播客（转播无线电台或是电视台的节目）内等方式传播经过专门挑选的信息（虚假报道）。在2003年的对伊军事行动中，美国军队积极使用互联网来对敌方施加信息心理影响，通过使用电子邮箱向伊拉克的将军们大规模发送阿拉伯语邮件。电子邮件中号召将军们不要执行萨达姆的命令。此外，在由美国军事心理专家起草的电子邮件中号召伊拉克公民帮助防止大规模杀伤武器的使用并用发光信号标出化学武器、生物武器及核武器仓库的位置。

在科索沃冲突过程中，互联网也被用于实施一系列的信息宣传和心理战行动。南斯拉夫方面广泛使用了发送电子邮件的方式，通过向各国新闻机构和政府官员（主要是美国政府官员）发送电子邮件，在邮件中对民用设施遭受轰炸和导弹袭击的后果以及平民伤亡、普通居民所遭受的痛苦进行描述。

而北约的行动则伴随着更为强劲的网络信息支持，为此使用了大量的网站对军事行动进行报道。这些网站大部分是由美国计算机技术专家创建或者在他们的协助下创建的。仅在科索沃开展行动的头两周，美国新闻署（CNN）就准备了30多篇文章并在随后的时间里将之放在了互联网上。在每一篇文章中都可以读到诸如“难民”“种族清洗”“大屠杀”这样的词（有时多达10次）。

二是改变网站的信息内容，通过闯入网站的方式替换网站页面的内容或者更改其中的某些内容。此外，还广泛使用在网站搜索系统注册同类关键词的相反内容，以及转向另一地址从而打开由对立方精心准备的互联网页面的方式。

三是语义攻击，即闯入互联网页面，随后通过不易觉察的方式在页面上放置明显是虚假的信息。那些用户经常访问且完全相信其内容真实性的信息页面经常遭受类似攻击。

现代电子通信手段的发展及接入互联网的可能性表明，电子网络在对目标施加控制性影响方面的作用逐年递增。最明显的例证是美国实施的一项计划。根据该计划，2005年开始向“第三世界”国家推广100美元的电脑，其目的是让任何人，包括穷人都能够在家中上互联网。同时，还向利比亚、伊拉克、阿富汗的中小学生免费发放了电脑（仅利比亚的青年人就收到10万台）。

谣言也属于传播虚假信息的工具。当人们感兴趣的某个问题没有全面确实的信息时，被歪曲的、未经验证的、带有感情色彩的信息就会在人际间大量传播。根据对人们意识和行为影响的结果，可将谣言分为：引起社会波动，但还不至于引发明显反社会行为的谣言；引发众所周知的一部分居民反社会行为的谣言；破坏人们之间的社会联系，形成大规模混乱的谣言。关于萨达姆·侯赛因之死的传闻是伊拉克士兵斗志锐减、阻击美军及其盟国军队的意志被摧毁的主要原因之一。

《对抗性消息》也属于这类现象。此类消息反映出的是受众所不希望听到的事情，不仅会引发负面的情绪和状态，还会诱发对抗性的情绪、反应以及行为。这种消息通常在是双方存在尖锐矛盾的情况下产生的，而这些矛盾又与社会群体、族际和民族冲突有关。《对抗性消息》的主要功能不是简单的恐吓，而是挑起对抗性情绪。它们带有更强烈的负面情绪内容，由此形成情感共同体“我们”（正常人），用于对抗情感共同体“他们”（禽兽般的非人类）。

在心理战和军事冲突过程中，谣言也被用来改变公众意见，使对方军心涣散，对其形成误导。对敌形成误导可以用在使其低估计对方的力量和能力方面。法西斯德国通过散布谣言竭力使英国居民相信柏林方面力量偏弱，没有能力进行进攻，甚至在谣言中还说出了德国战败的具体日期。而当这一日期到来之时，德国仍然在继续作战，这就引发了英国人对本国政府的不满。

在对敌宣传的历史上，有不少在战争条件下故意散布谣言涣散对方士气的例子。希特勒的情报机关曾积极地在美国散布诸如“战争在圣诞节前就可以结束”“德国的石油连用半年都不够”“再过两三个月德国国内就要发生政变”的谣言。

在军事冲突中散布虚假信息最有效的方法是散发传单。传单是阿富汗战场上最主要的印刷宣传品，主要通过直升机、飞机（C−130，C−141）、无人驾驶飞行器（其容量为2~4万张传单）和空投炸弹（3~8万张传单）进行散发。在地面军事行动中，还通过155毫米宣传用炮弹和美国海军陆战队的火炮散发传单。

由于当地居民文化程度较低（文盲达到40%），在制作传单时，重点被放在直观宣传的表现方法上。针对阿富汗社会不同的社会、种族和宗教群体，美国专家为按地址投送的传单设计了几十种方案。就总体而言，这些信息宣传材料被分为两个类型，一个类型针对平民，另一个类型则针对阿富汗武装力量成员。

针对阿富汗武装力量成员的信息宣传材料中多半是带有威慑性内容。传单向阿富汗武装力量战斗人员表明，他们是注定要失败的，他们的阵营将“被直升机倾泻的炮火彻底摧毁”。在传单中还着重强调了美军的装备优势：“在你们陈旧的雷达发现我们的直升机前，你们就已经被消灭”“我们的导弹会准确地命中你们的窗户”。在一些传单中还宣称，美军士兵只要出现在阿富汗，武装分子的唯一出路只有“投降成为俘虏”。此外，美军重金悬赏有关恐怖分子藏身地点的，力图破坏塔利班和基地组织领导人的威信。

与此同时，美国还积极地在伊拉克散发败坏萨达姆·侯赛因声誉，使其失去伊拉克广大民众和军人支持的传单。在传单中指责萨达姆组织对“伊拉克最优秀的儿子们”进行大规模屠杀，对自己的人民进行种族灭绝。随着事态的发展，在伊拉克散发的传单的内容更接近作战区域的形势，在传单中称，联军不想伤害伊拉克平民，还说萨达姆·侯赛因有可能对伊拉克人使用化学武器。在向伊拉克武装力量军人散发的传单中，则号召他们不服从总统的命令，不使用大规模杀伤性武器，不在油田放火。

除此之外，美军还散发了号召伊拉克平民关心被击落的美军飞机飞行员的传单，号召伊拉克平民为其提供食物、喂饭、讲述有趣的事情并保障他们安全返回美军部队。

总体来说，虽然美军印制传单的水平很高，但专家对这些信息宣传材料的内容持批评态度。他们指出，传单带有共同的特点，很明显地看出是提前准备好的，在传单中没有最新的作战情况，也没有反映局势变化的数据。一些宣传材料的目的和性质具有不确定性，使其宣传效果大打折扣。更何况伊拉克大部分民众受教育水平都不高。传单往往是用古阿拉伯语书写，现代阿拉伯人理解起来非常困难，而真正在伊拉克普遍使用的方言却很少在传单中使用。然而，美国驻波斯湾地区空军司令M. 莫兹里中将称，投放到伊拉克领土的传单对伊拉克军人产生了很大影响，伊拉克防空部队的作战积极性明显降低，美国空军的飞机在飞越伊拉克领土时更加安全。

由此可见，作为信息战的组成部分，虚假信息正成为全球政治中的有力武器，它成为通过操控世界舆论解决地缘政治问题，对现代文明中的政治、经济和精神生活产生积极影响的手段，而仍然在继续的全球化进程只会加剧这一倾向。

| 第四节 | 美军和塔利班在阿富汗的战略传播较量

本节主要从意识形态、外交、组织治理、教育、司法制度、“统一战线”、战场宣传，乡村工作等几个方面，对阿富汗战场上美军和塔利班针锋相对的战略传播现状进行了分析和比较，建立了研究双方战略传播对抗的基本框架，体现了双方战略传播的优劣和效果。最后从对抗性的角度，将双方在战略传播过程中的特点进行了总结。

一、概述

自“9·11”事件以来，美军和阿富汗塔利班除了交战之外，在战略传播方面也针锋相对。虽然塔利班并无战略传播的概念，美军的一些行为也并非冠以明确的战略传播概念。但双方出于自觉实践，展开了战略传播的较量，企图提升自身的可信度与合法性，削弱对手的可信度与合法性，促使民众支持自身，反对对方，支持自身的政治和军事目标。几年下来，双方各有优劣，效果各异。

这些较量有的是全国性的，有的是地区性的，有的是基于具体的事件，有些是与战略传播有关的准备工作，有些来自于零散的资料所体现的信息。此外，同性质事件的一些政策和行为处在变化中，但其都从属于战略传播的总体行为和总体进程，并能从一定程度上反映战略传播的全貌和重心，这也正符合战略传播不断进行分析和变化调整的特点。虽然参考资料主要出自美军的分析，但仍可令人基本客观地看到真实情形。

本节对双方各自战略传播现状大致在攻防两面进行了如下几个方面的分析和比较：

二、塔利班的战略传播

塔利班在战略传播上的重要措施包括煽动宗教“圣战”、煽动“爱国主义和民族情绪”、抹黑联军和阿富汗现任政府、拉拢民众和中间派、破坏联军和政府的重建活动和和平进程等。此外，比较重要的事件有颁布《圣战者规则和组织条例》一书（下文简称《规则书》），并在2009年对2006年的版本进行了修正，企图表现更为“友好、温和的”一面，试图赢得人心。美军认为塔利班企图发动一场以人口为中心的战略游击战，并企图在游击战中号召将普什图习惯法（Pashtunwali）和伊斯兰法（Shariat）中的部分条文纳入其纲领之中。

（一）在意识形态方面

伊斯兰教义和伊斯兰准则深深地灌注于阿富汗文化之中，因此塔利班广泛宣传美国和北约联军驻扎在阿富汗就是要摧毁伊斯兰教，杀害穆斯林，烧毁可兰经和清真寺，鼓吹“圣战”。这是塔利班战略传播极为重要的方面。例如：2004年1月1日，阿富汗南部司令部地区一份报告称哈札朱夫特地区附近发现传单，内容如下：“伊玛特地区的伊斯兰教徒们，阿富汗的勇敢战士们，上天将赐予你和平。人人都知道，阿富汗是勇敢者和阿富汗先祖的故乡，他们的子孙也是勇士……以真主的善良和仁慈的名义，塔利班通过伊斯兰教治理阿富汗，并带来了和平和信仰。在阿富汗，95%的人民遵守伊斯兰教的律法……”这种宣传使许多阿富汗人都成了塔利班的积极支持者或默许的支持者，使他们摇摆不定，犹豫不决，或者采取孤立主义的态度。

（二）在外交方面

塔利班许多领导人都是阿富汗第一大种族普什图人，由于历史迁徙原因，巴基斯坦居住着许多普什图人，塔利班在2001年被击溃后，利用种族联系，其残余力量得以顺利转移至巴基斯坦，休养生息，卷土重来。此外，还利用伊斯兰教的联系，在中东一些国家获得了许多金钱援助。塔利班的温和派以外交部长穆塔瓦基尔为首，为塔利班与外界建立联系立下了汗马功劳。

（三）在组织治理方面

塔利班山头林立，各行其是，甚至互相攻击，中级和基层单位思想和行为也不够统一。因此为了便于指挥军事行动、组织发展，建立民众基础和统一战略传播原则和行为，塔利班以2009版本的《规则书》为准则，严格管理体制和细化行为，并依照《规则书》来调节其内部关系，防止出现分裂的情况。例如在《规则书》中对“游击战基础”描述道：“圣战应该忘记部族或语言上的差异，圣战不应该在自己人之间开打，如果你生活或战斗在一个统一的旗帜和目标下，那么语言或部落的分歧就变得不重要了。”当然，塔利班对立派别之间还是会经常就战利品、领土、尊严以及某些地区的利润丰厚的毒品问题而爆发冲突。

（四）在司法制度方面

塔利班所保护的司法制度无疑是塔利班叛乱活动中最容易使其在当地社区受到欢迎和尊重的因素之一，特别是在阿富汗南部。塔利班更可能依靠伊斯兰教来统一不同的普什图人群体之间的思想意识。不过他们还是会选用一些适合其组织需要的普什图习惯法，如复仇，荣誉，放逐等。

2009年的《规则书》版本试图扩大和加强这方面，即建立一个平行的法律制度。为当地社区所承认的这种制度，其特点是合法、公平、禁止贿赂以及快速解决矛盾。美军两次对当地社区的长者的调查证实，塔利班创造出这种受人欢迎的平行法律制度，其与2009年版本《规则书》中的相关司法内容一致。

例如《规则书》第44条规定：如果当地人因个人问题向圣战者求助时，群体的领导人无权涉足其中。只有省级和区级机构才能考虑这些问题。他们会尽力让部落领袖解决这些问题。如果没能解决，问题还可以提交至省级法院。

（五）在教育方面

塔利班素来抵制政府教育制度，反对和恐吓接受政府教育的民众，是削弱政府和联军的合法性和影响的一环。2004年5月16日，阿富汗东部司令部地区的一份报告指出：巴克提卡省KUSHAMAND集市的教育办公室的书籍遭到了焚烧。此外，配给学校的帐篷在MANART也遭到了焚烧。

2006年版的《规则书》禁止阿富汗人担任政府学校的教师或伊斯兰大学教

员，并称这是因为“如果在政府的学校中工作将增强异教徒系统的力量。”

然而，抵制教育明显不利于争取民心。塔利班在此问题上没有最佳的措施。禁止阿富汗人从事教育业或担任伊斯兰大学教师的情况也在2009年版《规则书》上消失了。不过这也不是一种正式主张，也不意味着塔利班放弃了针对学校工作的人员，学童，乃至学校财产和建筑物的袭击。有时候，塔利班也会采取折中的办法，控制宗教领袖和清真寺作为塔利班的教育中心，为农村的孩子们提供一个受教育的机会。

（六）在统一战线方面

为了争取最广泛的民众基础，扩大自己，削弱对手，塔利班对不同类别的阿富汗人采取了不同的“统战”策略。

一是对于高层人士主要采取威胁或暗杀等方式。例如《规则书》中对自杀袭击的规定中第二点明确写道：自杀袭击应针对高层人士。2007年6月11日，阿富汗东部司令部地区的一份报告指出：SHARANA省重建小组发现Sharan村村长大院收到传单。传单经过美军省重建队翻译如下：“……所有高官例如阿富汗国家安全部门、阿富汗国家警察和阿富汗国防军的负责人以及其他人必须一周内辞职，并且应该流亡国外，直到塔利班授权他们回国……”

二是对文化精英进行拉拢。文化精英有一定话语权，因此是塔利班拉拢在宣传方面对抗联军和政府宣传的对象。2004年7月17日，阿富汗东部司令部地区一份报告指出联军发现两页给阿富汗作家、诗人和记者的公开信称“众所周知，每个阿富汗穆斯林都有责任团结一致抵抗侵略者。如你所见，他们企图诱使阿富汗青年堕落，为的就是使他们软弱，从而使他们不再为阿富汗的独立而战。侵略者正在使用下列工具来试图改变我们的文化……你们必须拾起你们的笔，用文章反击他们是你们的伊斯兰责任……”。

三是对亲政府的普通民众及家庭采取劝告、拉拢、威胁和收买，甚至杀害等手段。2005年4月18日，阿富汗南部司令部地区的一份报告指出：阿富汗国防军的一名士兵收到宣传信。这名ARGHANDAB地区的士兵的家位于KHOSVO村。此信威胁道，阿富汗伊斯兰共和国的工作人员如果拒绝辞去在政府内担任的职务，就将被处死。又如，2004年1月28日，阿富汗东部司令部地区的一份报告指出ORGUN东部附近发现的用普什图和英语两种语言书写的密信中包含了对目标家属的慰问，为四个目标人物提供摩托车和一万卢比以及应要求提供手枪等内容。

四是对“投诚”者宽大处理。塔利班希望为政府或异教徒服务过的人投向塔利班保留一条路，只要对方有好的表现，就可以予以接纳，并且极力避免滥杀。

五是不轻易杀害或冒犯普通民众和掠夺财产。在2009年版《规则书》中规定，自杀袭击时努力避免造成当地民众伤亡、圣战者无权通过武力手段拿走当地穆斯林的个人武器、圣战者不得迫使个人捐助等。以期与所有的部落社区和当地人民保持良好的关系，以使得圣战者为当地人民所欢迎，并能得到当地人民的帮助。

（七）在战场宣传方面

首先，塔利班善于宣传联军造成平民伤亡问题，在这方面塔利班宣传方面非常老练，比联军要做得好。在这方面他们主要的做法：

一是快速主动出击，塔利班明白：首条也是最重要的新闻深入人心，宣传战的快速主动出击明显是有利的。在袭击发生后，塔利班分子即刻通过卫星电话告诉各类媒体发生战斗，其中夹带一些未经证实的战斗非故意损伤报告。塔利班采取的手段还有收买或强迫爆料人进行爆料。一旦塔利班的新闻版本发布，这个版本就代表了事实。塔利班屡屡得手。

二是善于指责联军造成无辜平民伤，除了联军本身造成平民死伤之外，塔利班还制造一些小片段并夸大了某些事实，或直接颠倒黑白，影响新闻舆论，控制公众对阿富汗战争的认识。阿富汗政府和联军部队迫于压力，有的行动被迫暂停，有的行动区域受限，战斗受到巨大负面影响。联合特遣部队第82师的指挥官戴夫·安德尔斯说：塔利班的宣传战无论在战术还是战略层面上都已取得胜利。

三是蓄意制造新闻事件，据美国官员说，塔利班不再满足于向目标受众群灌输“联军杀害平民”的观念，开始尝试通过在火力沿线安放平民或在居民聚集地战斗来制造“新闻事件”。有时还利用妇女和儿童在战地为他们提供补给，甚至可能训练童子军。若这些妇女儿童伤亡，便可更加攻击联军。此外，塔利班叛乱分子经常选择清真寺作为保护，若发生战斗，就可以指责联军破坏伊斯兰教。

四是在宣传路径上，使用“底朝天”战术。

首先，塔利班分子不止利用错误信息扰乱联军行动，还利用部分阿富汗人民的合理的怨恨情绪，在宣传战上采用“底朝天”的战术。他们反复通过当地领导人向外界传递信息，这比卡尔扎伊总统或是国际社会发表的声明要有效得多。

其次，塔利班其他针对敌人的重点宣传还包括：一是宣扬“爱国主义和民族精神”，塔利班宣扬“爱国主义和民族精神”，唤起阿富汗民族意识，把联军描述为侵略者。二是煽动文化对立，塔利班煽动文化对立，把联军描述为伊斯兰教毁灭者，号召民众抵制西方文化进入。三是攻击政府是傀儡，塔利班把政府描述为西方国家的傀儡，破坏政府合法性和破坏选举。

再次，在作战胜利方面的宣传，塔利班常常制作非真实的胜利视频，造成作战胜利假象，起到破坏对手士气，动摇阿富汗民众对政府和联军信心的效果。例如，2007年2月19日，阿富汗东部司令部地区第82合成联合特遣部队公共事务办公室报告：2月18日早上，一架由美军领导的联军直升机在阿富汗东南部坠毁，塔利班发言人约瑟夫·阿哈迈迪立刻声称他们在阿富汗南部击落联军的直升机，但他无法说出在坠毁直升机上的人员数量和身份。

另外，在政治上来说，塔利班一直以来就是惯用野蛮的、极端暴力和非伊斯兰的方法，如斩首和毁容。虽然这些方法能在短期内为其赢取国外资助或是在与其他叛乱团体的竞争占据优势地位，但是从长期来说，这十分不利于塔利班在农村地区赢取民众的支持。因此塔利班对组织行为也作了一些约束，以提升自身政治形象。主要包括：一是禁止野蛮酷刑、斩首和绑架勒索。2009年版《规则书》中规定“切人鼻子，嘴唇和耳朵是完全禁止的”，美军认为，这项禁令可能是塔利班高级领导人试图对外籍或非塔利班武装分子施加影响。二是不使用童子军，塔利班在《规则书》中禁止在圣战中使用还没有长胡子的年轻男性。三是不再倡导对非政府组织的攻击，2006年版本的《规则书》中规定应包括对在阿富汗工作的非政府组织展开持续袭击攻击，然而2009年版本则没有提及任何非政府组织，也没有提出加大针对非政府组织的袭击力度。造成这种差异很可能是因为作此倡导的毛拉达杜拉·朗于2007年5月的死亡事件所影响。

（八）在乡村工作方面

广阔的乡村是塔利班赖以生存的空间，为此，扩展在乡村势力是塔利班重中之重的事，其主要的策略是利用普什图部落固有的普遍冲突，趁虚而入，扩展势力。对单个村庄而言，则采用从村庄高层节点突破的方式，取得控制权。

一是利用普什图部落冲突发展势力。

2009年9月，美军阿富汗研究评估中心提出了一份《我兄弟的敌人就是我的朋友：阿富汗普什图部落研究》报告研究结果称，阿富汗的普什图部落不是能采取集体行动的政治单位。在几乎所有的阿富汗地区，人们不应该指望能找出可以代表较大群体且有能力制定或执行协议的领导人或机构，也就是说没有“部落的头”。

塔利班也深知使普什图人在政治上选择身份和组织形式的动机是灵活和务实的，包括是否支持阿富汗政府或叛乱。由于不存在较大而统一的政治单位，地方冲突在阿富汗普遍存在，而且往往持续时间很长，又不可避免地与阿富汗人的生计和社会关系紧密相联。由于能力不足、利害关系、腐败，或综合因素，阿富汗政府无法解决阿富汗广大地区的大多数冲突，结果是阿富汗人对阿富汗政府及其机构的严重不信任。塔利班和其他武装分子通过利用和加剧当地冲突的方式，进而扩大其影响。

二是突破节点占领村庄。

为了获取某一重要地区的控制权，塔利班目前所采用的方法是首先定下所要占领的村庄。

一个村庄的大部分日常生活大致可分为三个方面，政治与管理、宗教以及村庄生活的安全。在这三个节点中，第一个节点是马利克（部落领袖或首领）和村中长者，其代表村子的政治生活方面。第二个关键的影响节点是伊玛目（宗教领袖），其代表一个村庄的宗教生活。第三个影响节点是村庄中个人和安全系统。传统上的安全是由村里的每一个男人来保证的。

塔利班为了获取村民的合作，其采取教化（自愿）或胁迫（必要时）等手段掌握村的影响节点，进而控制全村。

（九）小结

塔利班伴随着军事行动的战略传播取得了较好的效果。塔利班有能力发动更多袭击，并在阿富汗南部一些地区建立了法庭和影子政府。哈米德·卡尔扎伊总统的支持率在下滑——从深孚众望到支持率在50%左右徘徊，其部分原因也在于政府效率低下，贪腐横行。在间接伤害和平民伤亡的报道推动下，阿富汗人中亲美和对美国抱有好感的人已经下滑到了总人口数的1/3。只是由于塔利班残暴、糟糕的表现和有限的能力才使他们没能获得更大的成功。塔利班坚信时间在他们一边，如果联军退出，他们仍能赢得单方面的胜利。

三、美军的战略传播

美军的战略传播在许多方面和塔利班是针锋相对的，其中有些是已经计划实践了的，有些是美军军官和研究人员提出的建议。

（一）在意识形态方面

2010年，美国陆军第173空降旅战斗队为了对抗以塔利班为代表的敌人的意识形态，进行了一次被其称之为“温和的伊斯兰之声”信息作战。第173空降旅战斗队分析认为，塔利班的核心意识形态是一种极端压制性意识形态（radical suppressive ideology），即建立一个伊斯兰国家并摧毁与西方的联系。该旅战斗队的信息战军官在考虑用以抗衡的意识形态时，进行深层次探讨后发现，世界上的多数穆斯林信徒都奉行温和容允的信念。因此，确定用伊斯兰的意识形态去管束伊斯兰民众与塔利班抗衡。

例如，美军利用穆斯林对朝圣的诉求，组织在不同领域有重要影响阿富汗人到沙特阿拉伯进行麦加朝圣。活动参加者一返回阿富汗，就与其家人、朋友和阿富汗同事分享他们的改变生活的旅行故事。该项活动起到的作用会逐渐侵蚀叛乱分子宣传的可信度。活动有三重作用，一是表明对于伊斯兰教和阿富汗文化的尊重；二是在现代和宗教容允的约旦社会的背景下使阿富汗交流者接受伊斯兰教；三是推动阿富汗人对阿富汗人的观点传播。结果显示，此次计划取得了很大的成功，塔利班的谎言已经被攻破。

（二）在外交方面

由于塔利班在巴基斯坦有诸多的避难所和基地，能否消灭这些基地，美军认为是反叛乱的关键。巴基斯坦成为美在阿富汗反恐行动的重要伙伴。然而，巴基斯坦认为威胁更多地来自印度，并想把塔利班变成为它的一种辅助力量。不过，因过度忽视伊斯兰教的力量和意志，巴基斯坦政府和军方已无能为力，恐怖组织正在疯狂地蚕食这个国家。美国有时不得不采取单边行动。双方因此常有摩擦。为了稳固巴基斯坦作为反恐盟友，在外交上，美国还得努力缓解印-巴间的紧张关系。基于同样的理由，美国也需要和伊朗进行战略对话，共同对付敌人，因为伊朗什叶派十分憎恨塔利班。为此，美国务卿希拉里·克林顿曾邀请伊朗参加阿富汗问题国际会议。美国还得要求海湾国家中止对塔利班附属组织的慈善捐助。因为，慈善、毒品收益和其他资金组成了塔利班的经济来源。

（三）寻找和利用塔利班组织薄弱点方面

美军认为，塔利班是一个既清醒又脆弱的组织。特别是在2003年那次“开门”政策后，塔利班招募了许多罪犯，而这对其政治基础的伤害是十分巨大的。此外，塔利班内部派系斗争也是另一个关键问题，而且其中一些斗争在过去两年间还愈演愈烈。塔利班对立派别之间经常就战利品、领土、尊严以及某些地区的利润丰厚的毒品问题而爆发冲突。

美军对2009年版本《规则书》的研究还发现，塔利班对较低层级人员存在一种不信任。此外，还强调禁止建立新群体。美军认为这些都是可资利用，以促其内部分裂的切入点。

（四）尊重普什图习惯法

由于阿富汗广泛的地区冲突更多的不是诉诸政府法律体系，而是由非正式的地方机构协商解决，联军把精力放在政府机构上效果不佳。美军已经认识到了这个问题，预计将在乡村工作中加强冲突处理的能力，以免被塔利班趁虚而入。

塔利班领导人选择性地应用那些适合其组织需要的普什图习惯法助其解决冲突，如复仇，荣誉，放逐等。然而，普什图习惯法的一些方面还是与其存在冲突，例如通过金钱来赎罪，报复婚礼，族长会议。塔利班特别试图阻止金钱赎罪继续发挥作用。美军认为，在乡村中，特别是在普什图人中，即农村叛乱分子的基地中，这是一个可资利用削弱塔利班影响的切入点。

（五）在教育方面

教育工作是重建和发展工作的一部分。塔利班向来敌视，阻止民众接受教育，妄图削弱政府的合法性。这也是联军在信息作战方面攻击塔利班的一个要点。塔利班高级领导人毛拉伯瑞德无意中承认，塔利班已经在联军的《信息作战：心理战》中被描绘成袭击学校、老师和学生的力量。他的这一表态表明，塔利班已经在联军的信息攻势中被成功地描绘成教育工作的敌人。

（六）在战场宣传方面

据联合国2007年统计，阿富汗战争中总共有593名平民死亡，其中314名就是在阿富汗由联军或者阿富汗军队的军事行动造成。北约自己也承认，由于兵力不足，无法对村庄和行政中心进行足够保护，只能大批次增加空军和近距离空中支援的使用频度，许多部队在交火中都采取直接打击，这就很容易造成平民伤亡。从而导致在平民死亡问题上的舆论被动。由于美军注重消息准确性、新闻发布层级繁琐，无法及时应对塔利班快速信息发布，也是造成美军在平民死亡问题上舆论被动的因素。

美军认为，若要有效应对塔利班快速发布不真实消息的宣传战术，必须在战斗发生时也即刻向公众和国际媒体发布消息。当然，这并不容易。目前，美军在造成平民死亡问题上的对策主要是：首先是让军人克制。有人提出，对于作战行动，士兵必须熟练掌握交战规则，熟练掌握不断增加的技术和装备，熟悉作战环境和其中的威胁及样式，才有信心恰当地识别威胁，保持克制，以此尽可能减少平民伤亡。在必要的时候也仍然能够准确、迅速地做出致命性的反应。其次是引入非致命性武器。在危险情况下要求军人克制极为不易，误伤平民及其财产难以避免，因此美军引入了非致命性武器。非致命性武器是指明确设计用来，并主要用来使目标人员或装备立刻失能的武器、装备和弹药，同时将人员伤亡和永久性伤害最小化，将在目标区域或者目标环境中的财产遭到的非预期损害最小化。非致命性武器的目的就是对人员或装备产生可逆效果。非致命性武力缓冲带将有效减少平民和财产不必要的损失，如避免对清真寺的破坏。美军中央司令部2009年5月决定，将非致命性武器训练作为部队部署到其任务地区的先决条件，其中就包括阿富汗、伊拉克。

美军在平民伤亡问题上的反击，首先是公开反击塔利班滥杀无辜。例如，2006年12月18日，蒂达尔（Deedar）省长向库那（kunar）地区的民众发表有关那朗（narang）地区5人遭到谋杀和省内其他地区无辜的人遭到杀害的电台讲话，指责塔利班分子杀害教育工作者的残暴，并表示政府对受害者家庭的抚恤。其次，揭露塔利班避免平民伤亡的虚伪。2009年《规则书》中提到禁止在圣战中使用还没有长胡子的年轻男性，这是典型的言行不一。有很多事例表明，为了达成作战目的，塔利班一直在培训并使用儿童：包括斩首和自杀爆炸。这些都是美军分析人员提出可资利用的地方。再次，美军对塔利班的形象打击还有许多其他举措。2009年《规则书》把"游击基础"列在毛拉奥马尔在结论处的声明旁，这些无疑表明塔利班已经从战略的高度来关心塔利班运动在民众间的形象。把塔利班描绘为一个犯罪团体，一个极度敌视教育的团体、一群强奸犯和一伙绑匪，现在看来已经产生效果了。另外，作战胜利的宣传问题。联军不把作战胜利频频搞成新闻事件，但也有宣传军事胜利，鼓舞阿富汗民众对政府支持的做法。例如，2007年5月7日，第82合成联合特遣部队报告，联合第1642战术心理战小组、第642-A民事小组和公共事务办公室通过收音机广播了阿富汗边境警察制止自杀式炸弹袭击行动相关的消息和新闻简报。察卡尼（Chamkani）地区的领导人计划公开表彰制止了自杀炸弹袭击的警官。当地民众提高了相关警惕。在24小时内，当地民众报告了两起临时爆炸装置和一个嫌疑分子，以及一个疑似制作临时爆炸装置的地点。

（七）在乡村工作方面

美军也深知，敌之要点即我之要点。故在乡村与塔利班展开了争夺战，旨在压缩塔利班的活动空间。美军的主要作法：

一是普什图"部落"研究。

美军研究表明，阿富汗的普什图部落不是能采取集体行动的政治单位。阿富汗政府无法解决阿富汗广大地区的大多数冲突，结果是阿富汗人对阿富汗政府及其机构的严重不信任。塔利班和其他武装分子趁虚而入。正确认识当地冲突的动因是打击阿富汗叛乱活动的首要和关键的一步。

二是建立地区安全框架，控制乡村。

许多学者、战略家与政治家认为要想解决反叛乱的问题，并使阿富汗健康发展，联军必须控制乡村地区，并确保乡村地区的安全稳定，挤压塔利班活动空间。例如：首先，建立同“部落”精英的密切联系。阿富汗首都喀布尔的元首获得的支持与忠心有限，省级官员充满腐败与任人唯亲，联军必须深入阿富汗全国遍布398个地区的子部落与地区精英打交道。联军必须尊重阿富汗看重荣誉、名声与家族自豪感的价值观，适应阿富汗民主传统，避免军阀式的、排外的自我选举，发挥阿富汗部落精英的影响力。其次，将军事力量下移，加强与地方势力的沟通和协作。反叛乱军队、地区长官、阿富汗国家警察与安全部队都需要着眼乡村地区巩固或扩展影响，加强地区沟通，地区防卫和地区情报。这些措施已经取得了很明显的效果。再次，解散省重建队，充实机动营特遣队。省重建队模式效率显得非常低，他们装备较差，没有能力离开中心地区，进入乡村。这些团队应该解散，将其资源融入机动营特遣队，以支援乡村地区的反叛乱力量，增加统一指挥的能力。最后，吸纳阿富汗的人才资源。阿富汗的文化、农业、信息作战人才是非常重要的资源。吸纳这些人可以使联军更好地了解阿富汗的文化；随着政府可以更好地满足人民的需求，民众将会改变对政府的负面印象。

三是塑造村庄影响节点。

塔利班在企图占领一个区域时，通常是首先通过控制其政治、宗教和安全节点占领其中一个村庄，进而实现对民众的控制。为了应对这种控制方式，有人提出，当前，联军的军事行动倾向于不细分，集中式的处理手段。现在需要深入了解部落结构以及部落的朋友和敌人是谁。对村庄的领导人和村民来说，他们要有可以选择的余地。美国和阿富汗军队必须能够渗透并塑造村中的影响节点，并把目标针对在个人身上。

（八）小结

美军研究表明：目前，虽然塔利班还在继续扩大其地盘，但是它的理想和核心价值却在逐渐丧失。贪婪，掠夺性行为、野蛮犯罪和自私业已对塔利班本身，至少是战术层和地区一级造成了严重的伤害，且美军把其描述成一帮残忍的匪徒的计划已经成功。而要想治愈这一伤害就必须加强内部组织治理。美军通过有效的信息和心理作战可以阻止这些措施的施行，从而逐步使其瘫痪并最终走向灭亡。

四、结论

从对抗的角度，双方在阿富汗这块贫瘠的土地上，在战略传播过程中的较量有以下三个特点：

（一）抓住对方短期内难以克服的弱点进行舆论攻击，将取得比较好的战略传播效果。

例如，塔利班方面，其擅于诱使联军造成平民伤亡，并快速主动进行舆论攻击，屡屡得手。美军执行战斗任务本身就容易造成平民伤亡，又因为重视消息真实性和发布消息的层层审批，而在反应上落后被动。即便采取了引入非致命性武器等一些措施，仍无法从根本上扭转被动局面。

（二）对明显违背民众诉求的战略传播应该谨慎，否则将无法取得良好效果。

例如，塔利班方面，其长期抵制教育的初衷本是为了减少民众对政府重建的支持和配合，强化塔利班意识形态的“正统性”。然而这极大的挫伤民众希望接受教育的诉求，不仅无法获得民众支持，反而被美军所利用，被成功地描绘成教育工作的敌人。

（三）一般性的战略传播对抗无绝对优势方。

这里的一般性战略传播对抗，是指民众有能力辨别真相，应对一方的政治立场可调整，从而能够开发出有效应对措施的问题。例如，意识形态方面。塔利班广泛宣传联军要摧毁伊斯兰教，鼓吹“圣战”。然而实际上，美军展开的“温和的伊斯兰之声”信息作战，利用伊斯兰真实而温和的要旨去管束伊斯兰民众。在这个问题上，民众有能力辨别真相，因此美军的措施取得了良好的传播效果。

附件一　美国国防部战略传播报告

美国国防部于2009年12月就战略传播所做的报告“Department of Defense Report on Strategic Communication”，该报告描述了美国国防部对战略传播的理解，提出了美国国防部对其在战略传播与公共外交中的适当角色所持有的看法，阐释了美国国防部用以支持有效战略传播的过程和机构，并描绘了未来潜在的改进和变革途径。

《邓肯·亨特2009财政年度国防授权法》第1055条（b）款规定，对于国防部内负责就战略传播活动的指导和优先次序向部长提供建议的组织体系，国防部长应负责向国会国防委员会进行报告，报告内容包括：为实现如下目的：（1）为国防部做出的与战略传播和公共外交相关的努力提供战略指导；（2）对国防部在战略传播和公共外交领域的事项确立优先次序，对由国防部内负责战略传播、公共外交与公共事务的机构的代表组成委员会，并从更广泛的跨部门委员会（视情况而定）抽调顾问人员就这一事项进行评估。本报告将就这些问题进行阐述。

该报告描述了国防部对战略传播的理解，提出了国防部对其在战略传播与公共外交中的适当角色所持有的看法，阐释了国防部用以支持有效战略传播的现有过程和机构，并描绘了未来潜在的改进和变革途径（包括对在国防部内建立战略传播委员会的方案进行评估）。

一、美国国防部的战略传播定义

美国《国防部军事及相关术语词典》（联合出版物1-02）将战略传播定义为“美国政府集中努力来理解并接触关键受众，通过与国家权力机构各部门的行为同步且协调一致的项目、计划、主题、信息和产品，来创造、强化或维持有利于实现美国政府的利益、政策和目标的环境。”但是，这里并没有说明该如何对这一术语进行解释和执行。

新思想的核心观念是将战略传播视为一个过程，而非能力、机构或个别行动的组合。从最广泛的意义上来说，战略传播是将受众和利益相关者的观念与各个层面的决策、规划和军事行动进行整合的过程。如联合参谋部于2009年10月在《战略传播联合集成概念》(Joint Integrating Concept for Strategic Communication, SC TIC)中所述，“战略传播是将多种行动路线（如涉及政策执行、公共事务、部队调遣、信息作战等）进行调整，为实现国家目标而共同发挥作用”。“战略传播”本质上是指为实现国家目标（即战略性目标）而进行的意图共享（即传播）。在传播的同时，还涉及到倾听。而且，战略传播不光适用于信息维度，还适用于可以传递信息的物理行动。

其他重要的国防部文档对战略传播的重要性也予以了认可。2009年1月的《四年职能和任务评估报告》指出，国防部的战略传播过程需要“对行动与信息进行调整，使其更加符合政策目标”，并且，需要“将战略传播融入到国防任务中，在更大程度上促进美国的政策以及国务院的公共外交优先事项的实现”。同样，《联合作战计划》(联合出版物5-0)也对战略传播进行了阐述，认为战略传播是对战略指导的自然延伸，有助于总统的战略指挥、国防部长的国防战略以及参谋长联席会议主席的国家军事战略的实现……这是各部门间共同努力的结果，为推动美国的区域性以及全球性的伙伴关系创造了机遇。”

战略传播旨在根据不同情况，促成各部门之间的共同行动，并使行动效果达到最大化，以实现下列一项或多项目标：

- 提升美国的可信度与合法性；
- 削弱对手的可信度与合法性；
- 促使特定目标采取具体行动，支持美国（或国际）的目标；
- 促使竞争者或对手采取（或不采取）特定行动。

有效的战略传播需要对利益相关者进行积极的倾听和持续的接触；有鉴于此，某些国防部官员正在越来越多地以“战略接触与传播”这一术语取代“战略传播”，因为对后者的解释往往被错误地限定在媒体、信息发送以及传统的“交流”活动等比较狭窄的范围内。其他部门和机构，以及国家安全参谋部(National Security Staff, NSS)也开始使用“接触”这一术语来取代或补充“战略传播”。2009年5月份，国家安全参谋部成立全球接触科（Global Engagement Directorate），将战略传播纳入其职能范围。同样，在战略传播过程中，国务院通过其全球战略接触中心来协调自身与跨部门的合作伙伴之间的关系；而国家反恐中心亦将战略传播纳入其全球接触小组的职能范围。虽然在国防部内仍在试图寻找最为适当的术语，但本报告仍将沿用“战略传播”这一说法。

战略传播过程包括横向协调（从国防部到美国政府，适当时还涉及到国际合作伙伴）和纵向协调（指挥链的各个层级）。在任何情况下，这种协调旨在确保：

● 对文化、信息化以及传播的考虑从一开始便是战略、计划和政策制定的一部分（而非事后的补充）；

● 在采取行动之前就对动力与非动力行动的潜在传播影响进行评估与规划——比如“认知影响”；

● 言行要保持一致，并相辅相成（缩小“语行沟”）；且在选择时，应将“软实力”与硬实力放在同等的优先地位，并使二者相互协调。

大型组织很难确保战略传播在各个层面的有效性得以持续发挥。这一挑战带来重重困难，但更加需要对其重要性加以关注。虽然仍存在许多挑战，但在最近几年里，国防部通过重点关注和资源集中，已经在改善战略传播上取得了重大进展，其中部分是源于对关键支援能力和活动进行的有效协调、整合及冲突排解。

尽管战略传播既非能力，也非特定军事专长，但某些能力、功能和活动在促成和放大战略传播的有效性上起到了关键作用。正如国防部的战略传播理念，经过演变之后，对严格“信息”活动的关注度已有所降低。国防部正转变观念，将战略传播视为一种适应性的、分散的过程，尝试对特定受众进行充分理解，假设物理或信息信号将对这些受众产生预期的认知影响，再通过行动印证上述假设，通过反馈对实际的结果予以监控，并在整个部门和联合部队内将最佳解决方案快速传播。当前，国防部已认识到确保更大范围内的能力、功能和活动的有效协调对于战略传播是非常重要的。

这些能力、功能与活动包括但不限于民事–军事行动、军方与军方的接触，以及国防部在“安全、稳定、过渡和重建行动”（Security, Stability, Transition, and Reconstruction Operations, SSTRO）框架内开展的很多活动。这只是简单列举，国防部所开展的全部活动都具有信息传播的效果。《战略传播联合集成概念》虽然不是正式的国防部指南，但它有助于使那些对未来的战略传播过程至关重要的、国防部应予以考虑的11项能力更加突出，这些能力包括：

1. 将所有联合部队进行整合，对特定受众产生最大化的预期影响的能力。

2. 在更广泛的国家战略框架内，与其他机构、合作伙伴齐心协力，对联合部队的行动进行协调的能力。

3. 接近、生成和维护与潜在受众的观念、态度和信仰相关的信息和认识的能力。

4. 能够接近、生成并维护与复杂的社会传播体系相关的信息和认识，该体系包括各种媒介渠道的特性，在联合作战地域内施加影响的其他影响者的意图、能力和努力。

5. 能够发现、监测、转化并评估其他方（包括友邦政府、非国家团体、中立国、竞争者以及对手）在战略传播方面的努力成果，并在此基础上，对这些成果做出反应。

6. 针对特定受众有意或无意状态下的观念、态度、信仰所采取的潜在行动、发出的信号产生的直接和间接效果，能够进行评估。

7. 能够及时设计并制定出与文化相协调的信息。

8. 能够根据需要，快速地生成并传递旨在影响特定受众的信息。

9. 能够根据需要，构想出物理行动并加以协调，或维护旨在影响特定受众的物理能力。

10. 能够通过各种途径，以文件方式将上到联合部队，下到小分队层面的行动记录下来，并按需要将这些信息以实时或接近实时的方式传播。

11. 能够与其他合作伙伴一起，就向与预期效果相关的有意及无意受众发出友好信号的效果进行协调、监控、测量和评估。

国防部目前正在实施一项基于战略传播能力的评估（Strategic Communication Capabilities-Based Assessment），以衡量现有的能力中哪项能力已经得到完善，或哪项能力有待提高，并确认在作战司令部层面进行战略传播的最佳实践。不过，如上文所指出的，国防部不会将这些能力或其他支援能力视作个别的、具体的“战略传播能力”或活动；在国防部的组成部分和程序中，这些能力业已存在，但需要将来进一步的充分利用或提供更为强劲的资源，才能使其在支持战略传播过程中得到最有效的发挥。

二、美国国防部在战略传播中所起的作用

战略传播过程需要美国政府从战争的作战层面到最高层的跨部门机构的全面参与。国防部的职责和作战使命使它发挥着独特的作用，确保该部门的战略传播过程对主要军事行动提供支援，构建环境以阻止冲突发生，若一旦发生冲突，则确保其朝着有利于实现美国国家安全利益的方向发展。

美国国防部不直接开展公共外交，这属于国务院的职权范围，但是很明显，国防部的许多活动都是为了支援国务院的公共外交努力和目标，从而有助于国家目标的实现。国防部将这些活动称为“对公共外交的防务支援”（Defense Support to Public Diplomacy, DSPD）。很多对公共外交的防务支援活动的发起，都是源于美国使馆、适当的国务院地区局或负责公共外交和公共事务的副国务卿办公室向国防部或地区性作战司令部直接发出的请求。有些对公共外交的防务支援活动是经国防部或地区性作战司令部向国务院建议而发起的。

对公共外交的防务支援活动范围广泛，囊括了从军事人员履行的医务船访问和社会服务活动，到应大使请求向大使馆派遣军事信息支援小组（Military Information Support Teams, MISTs），再到国防部为国务院的公共外交活动提供的后勤和运输保障。在所有情况下，对公共外交的防务支援活动都要与国务院相协调，无论是在驻受援国小组层面还是华盛顿的跨部门机构层面。

事实上，美国国防部的所有海外努力和活动都具有直接或间接的外交影响，即使这些努力与活动不具有明确的针对公共外交的防务支援性质。正如动力行动所具有的影响一样，一艘停靠在外国港口的海军船舶可能会对当地居民就美国和美国政策的看法产生重大影响，例如，美国海军与当地居民所进行的交流。国防部强烈地意识到，其所有活动都具有公共外交效果，因此，五角大楼和作战司令部人员不断地与国务院和全世界范围内的美国大使馆进行协调，以确保国防部与国务院的活动和努力具有一体性，能够相互支援，并进一步促成国家目标的实现。

在某些领域，美国国防部和国务院的角色和职责可能相互重叠。例如，国防

部的某些信息活动和重要领导人接触就与国务院的公共外交努力极为相似。有时，这种重叠使两个部门相得益彰，而且不会导致问题的发生；但有的时候，某些职责仅适于由其中一个部门独立执行，而排斥其他部门的参与。因此，在作战行动或其他严峻的环境中，出于需要，国防部经常起领导作用，因为通常情况下他们所执行的行动是无法由文职人员来完成的。国防部、国务院和国家安全参谋部（National Security Staff）目前正在审查各部门和机构在信息活动中所承担的角色和职责。

三、美国国防部的战略传播过程

从美国国防部的角度来看，“战略传播的优先事项”与国家或部门的政策目标之间具有一定的联系和趋同性。国防部的战略传播过程旨在保障美国政府和国防部的政策目标得以实现；因此，国家安全战略、国防战略、国家军事战略以及国防部的部队使用指南，为处在战略传播进程中的国防部提供了总括性的政策目标和规划指导。每一个地区性作战司令部司令将这些文件、以及负责政策的国防部副部长办公室（the Office of the Under Secretary of Defense for Policy, OUSD（P））给予的额外政策指导加以运用，制定出战区战役计划（Theater Campaign Plans, TCPs），对作战司令部为保障国家和国防部目标的实现，打算如何执行军事行动和相关活动进行描述，这其中包括形成计划和影响计划。

美国国防部长从其各位首席助理处获取信息，他们认为，若是不对总体战略以及旨在执行这项战略的过程进行讨论，而单独提出“战略传播”，那么其意义就会大打折扣。以往，美国国防部努力对有效的战略传播加以概念化和系统化，从而得到了一个关键教训，即若脱离其他规划过程，而试图单独制定有关战略传播优先次序、计划或组织的过程都无法达到预期效果。相反，战略传播必须融入进现有的、已经过时间考验的决策和规划过程中，而且，战略传播过程不应取代或改变国防部现有组成部门的角色和职责。

几乎美国国防部内的每一个官员都参与到了战略传播过程中，而且，某些官员由于在政策制定、规划、公共传播及信息环境上承担一定的角色和职责，还成为这一过程的关键推动者和领导者。下面将对这些关键职务进行介绍。

（一）负责政策的国防部副部长（USD（P））

在制定国家安全和防务政策、整合和监督国防部政策和计划，以实现国家安全目标相关的所有事项方面，负责政策的国防部副部长是国防部长的首席助理和顾问。因此，负责政策的国防部副部长有责任确保利益相关者的看法和反应已被整合到方针决策中，并确保战略传播过程经由部队使用指南这类文件融入到国防部的长期方针决策中。国防部长办公室就作战司令部的应急计划做出最终审批后，由负责政策的国防部副部长传达。

负责政策的国防部副部长办公室在组织上兼具区域性和功能性的特点，以便制定出针对具体区域的、国家的以及特定问题的政策指导。

从2007年到2009年间，负责政策的国防部副部长办公室内由一名助理国防部长帮办（Deputy Assistant Secretary of Defense, DASD）为公共外交提供支持。然而，经过证明，以政策驱动战略传播而言，助理国防部长帮办这一层级的部门无法有效确保对其改善给予高度关注，于是，在2009年3月，由助理国防部长帮办为公共外交提供支持的（体制）被取消。认识到有效的战略传播需要在更高层面上进行咨询和协调，2009年4月，负责政策的国防部副部长在其办公室的决策人员中任命了一名高级顾问，负责全球性的战略接触，其后不久，又成立了全球战略接触小组（GSET）。该小组直接向负责政策的国防部副部长报告，并有义务推动负责政策的国防部副部长办公室内的战略传播过程，以及视情况需要时，与国防部其他组成部门进行联络。全球战略接触小组同时主持国防部范围内的全球接触战略协调委员会（GESCC）的工作。

为公共外交提供防务保障的主要责任被部署到政体中适当的地区性和职能性部门中，主要的战略传播责任，因适用于部队使用指南中所指示的全球兵力态势和计划，而被分配给负责政策的国防部副部长办公室中负责计划的助理国防部长帮办。该助理国防部长帮办高度配合全球战略接触小组的工作。

在负责政策的国防部副部长办公室内，负责特种作战/低强度冲突和相互依存能力的助理国防部长（ASD（SO/L1C&1C）），在与特种作战和低强度冲突相关的事务方面，充当国防部长的首席助理和顾问。他对国防部范围内的心理作战活动执行政策监督，其中包括军事信息支援小组（Military Information Support Teams），并负责为国防部参与的美国政府的所有抗击恐怖主义的活动制定政策和计划，包括旨在打击暴力极端主义的计划，并协调和监督上述政策和计划的执行。负责特种作战/低强度冲突和相互依存能力的助理国防部长与全球战略接触小组之间保持着高度的协调。

（二）负责公共事务的助理国防部长（ASD（PA））

负责公共事务的助理国防部长，在所有的传播活动（包括但不限于国防部的新闻媒体关系、公共联络，以及公众事务）领域，是国防部长的首席助理和顾问。为促成政策目标的实现，负责公共事务的助理国防部长履行着短期、中期和长期的传播规划职责。在整个国防部范围内，以及与适当的跨部门合作伙伴之间，已经就这些规划达成了广泛的一致。负责公共事务的助理国防部长还负责协调媒体接触，为部长、副部长以及国防部长办公室内的其他首要人员的演讲和谈话提供论据，为国防部的其他组成部门提供针对媒体和受众的分析，并批准就作战司令部和其他国防部组成部门所进行的公共事务指导。因此，负责公共事务的助理国防部长是战略传播过程的参与者，他与国防部内其他组成部门进行紧密的合作，以确保战略传播过程被纳入到国防部的长期规划中。

（三）负责情报的国防部副部长（USD（I））

负责情报的国防部副部长是国防部长在信息作战（Information Operations, IO）方面的首席助理和顾问。国防部指令3600.01将信息作战定义为“综合运用电子战、计算机网络战、心理作战、军事欺骗和作战安全的核心能力，与特定的支援和相关能力相结合，在保护我们自己的同时，影响、扰乱、破坏或夺取对手的人工和自动决策（的行动）”。负责情报的国防部副部长对于信息作战行使监督权，与负责政策的国防部副部长，以及国防部长办公室的其他人员协同工作。负责情报的国防部副部长办公室还与军事部一同建立了信息作战职业部队（Information Operations Career Force）。在作战司令部和整个国防部内，信息作战人员是战略传播过程的关键参与者。

信息作战要始终与国防部范围内的其他信息活动保持协调一致。2009年9月，国防部向国会提交了一份关于信息作战的临时报告，报告主要着眼于影响活动，在2010年1月26日，还将（按《2010财政年度国防授权法会议报告》说明）提交一份后续报告。

（四）联合参谋部

联合参谋部在很多层面都推动了战略传播过程。J–3（当前作战行动）分部向国防部的领导们提供了专门知识和咨询意见，以实现国家的、战略性的和战区军事目标。J–5（计划和政策）分部，与作战司令部、军事部一起，在国防部长办公室发布的政策指导和指令的基础上，为高级领导拟订政策指导、计划和战略说明。J–5（计划和政策）分部还在跨部门的战略传播过程中充当联合参谋部的代表，以确保政策目标得到了适当的规划、协调与整合。参谋长联席会议主席公共事务办公室与负责公共事务的国防部长办公室协同工作，以确保军队能够以适当的信息和论据有效地向公众传达了广泛的政策指导。最重要的是，关于战略传播过程，联合参谋部以规划命令的形式向作战司令部提供了规划指导。联合参谋部还对所有作战司令部的作战行动和应急计划进行审查，并为其配备人员。

（五）全球接触战略协调委员会

尽管国防部认为，战略传播应该是所有政策制定、作战规划和执行的固有属性，但也要承认，有效的战略传播过程需要协调的机制，包括负责推动战略传播过程的特定个人。因此，国防部许多组成部门都有指定的参谋处，负责协助高层领导，确保在战略传播过程中有效地实施关键的协同和同步。国防部从过去努力组织有效战略传播的过程中得到了一个关键的教训，即当战略传播的协调机制充分发挥作用并有所改善时，而不是对现有国防部组成部门业已存在的能力进行复制或取代时，战略传播过程的效果最好。

2009年6月，负责政策的国防部副部长办公室与负责公共事务的助理国防部长办公室重新组织了一个非正式的国防部信息分享团体，之前被称为信息协调委员会，经过人员扩充后，被重新命名为全球接触战略协调委员会。全球接触战略协调委员会已经演变成该部门内推动战略传播整合过程的核心机构。该委员会每两周召开一次会议，确定新出现的问题，交换正在执行的关键行动信息（包括战略传播研究、报告和长期规划文档），并推动对国防部活动的适当整合与冲突排解。

全球接触战略协调委员会由负责政策的国防部副部长办公室与负责公共事务的助理国防部长办公室共同主持，并汇集了上述提到的所有国防部的关键部门（负责政策的国防部副部长办公室、负责公共事务的助理国防部长办公室、负责情报的国防部副部长办公室与联合参谋部）。定期参与全球接触战略协调委员会会议的还有负责立法事务的助理国防部长办公室的代表，以及负责采办、技术和后勤的国防部副部长办公室的代表。根据需要，国防部其他部门（包括作战司令部）的代表，以及美国政府其他机构（如国务院、开放资源中心、国家安全参谋部以及国家反恐中心）的代表也会被邀请出席全球接触战略协调委员会会议。全球接触战略协调委员会的代表们定期参与国家安全委员会就战略传播和全球接触举行的跨部门政策委员会会议，并与国务院的全球战略接触中心紧密合作。

四、未来规划

对于像国防部这样庞大且复杂的组织来说，将与利益相关者和受众的看法和反应相关的事项，充分融入到各个层面的政策制定、规划和作战行动中，并确保行动、言语与形象之间始终保持同步，不存在任何冲突，将是极为困难的。战略传播过程始终处于发展中，其本身具有远大的目标。然而，战略传播过程也是一个至关重要的过程，国防部一直致力于改善这一过程。

最近，国防部对此做出的举措，成效显著。过去几十年里，国防部一直在绞尽脑汁地界定战略传播，并制定有效的协调过程，现在，在该部门内部，对于将战略传播从根本上视为一个过程，而非能力和活动的集合所具有的价值，已经达成了广泛的一致。将战略传播界定为一个过程而不是再设计出一些新的、复杂的体系和机构，并向其提供资源，这使得国防部可以将重点放在确保部门内各组成部门的有效协调上，可以识别出所需要的支援能力。

五、美国国防部对建立委员会的评估

美国国防部对建立一个新的委员会的提议进行审查，“该委员会由国防部内负责战略传播、公共外交与公共事务的机构的代表组成，并从更广泛的跨部门委员会（视情况而定）抽调顾问人员，以实现如下目的：（1）为国防部做出的与战略传播和公共外交相关的努力提供战略指导；（2）对国防部在战略传播和公共外交领域的事项确立优先次序。”

全球接触战略协调委员会，如上所述，在国防部内部以及跨部门的参与者之间，就推动战略传播整合的过程而言，起到了有效的协调作用。虽然相对年轻，但到目前为止，在识别新出现的问题，就资源、最佳实践以及正履行的关键行动进行信息交流，并确保对国防部的活动进行整合与冲突排解方面，经证明，全球接触战略协调委员会这一机制是非常成功的。为了找到可以有效改善国防部战略传播过程的方法，全球接触战略协调委员会正积极开展研究和报告活动，包括基于战略传播能力的评估、战略传播联合集成概念，以及与信息作战相关的众多研究和报告。

在国防部看来，战略传播优先次序与更广泛的美国政府的国家安全优先次序具有直接联系。如上所述，国防部内没有“负责战略传播”的个别机构，相反，我们认为国防部的许多组成部门都在战略传播过程中起到关键的领导作用。全球接触战略协调委员会类似于一个经纪人，就“该部门战略传播与公共外交的优先次序”向负责政策的国防部副部长提供经过整合的建议。

尽管最近采取的一些举措充满了希望，但要想使国防部范围内的战略传播过程取得成效，还要克服许多挑战。这些挑战包括：

● 确保国防部内各个层面的工作人员都能够理解战略传播的概念和原则；

● 将对战略传播的理解完全融入到条例和训练中，并加以制度化，确保其在国防部的政策制定、规划和执行中的向心性；

● 确保战略传播过程在作战司令部、军事部、国防部的组成部门，以及国防部层面，得到适当的顾问与协调机制的支持；

● 同时，确保这种基本的协调机制能够充分发挥现有机构和能力的作用，将官僚作风和对有限的国防部人员和资源的竞争减少到最小化；

● 确保具有适当的机制，可以对与关键的利益相关者和目标受众，以及美国政府的行为对他们的看法和行动产生的影响相关的信息，进行收集、分析、传播和共享。

六、结论

当今世界愈加复杂，相互依存度也日益增加，对于美国国防部来说，战略传播过程也愈加重要。如果没有对利益相关者和受众的细致入微的理解，国防部的政策制定人、规划人以及战场人员对于国防部的行动、言语和形象所产生的效果是无法进行有效评估的。而且，如果不对这些“感知效果”进行考虑，国防部的组成部门也就无法制定、执行或出台有效的接触计划、传播计划或风险规避计划。

将受众与利益相关者的观念问题融入到各个层面的政策制定、规划和军事行动中，就像确保行动、形象与言语的有效协调一样，都是非常困难的。在过去的几年里，为了确保战略传播的有效性，美国国防部已经对多种机制进行了尝试，而且，未来还将继续进行不断的尝试。美国国防部会不断审查和修改程序、条令、指导和协调机制，以确保战略传播过程可以有效地支持美国国家目标和国防部的目标。

附件二　美国国防部战略传播科技计划

社会各界持续感受到由信息革命引发的震动。面对席卷全球的变化，美国不是唯一一个试图理解、反映并研究强有力的政策和战略进行应对的国家。美国国家情报局长办公室新的威胁评估已经明确：前所未有的相互联系和获取大量信息已成为现代社会的显著特征，它同时还针对基础设施，以及弱势群体的基本智力要素和普遍看法，为敌人创造了新机会。

这就是为什么战略传播会如此重要，为什么需要对科学技术的基础进行坚实投资。生活在一个网络的世界里，意味着力量来自于网络互联，这应该是国家的一个力量源泉。

一、概述

“战争正在发生变化”，从整个军事历史上来看，这个论断已经是正确的了。不过，今天我们仍然可以找出一个令人信服的理由：公众的感知和军事行动对于思想认识的影响，可能越来越超过从战场上实战过程中所取得的实实在在的好处。此外，无线、蜂窝及其他网络通信传播手段的日益普及，不仅使新的常规和非动能能力出现。这一观点越来越得到美国政府高级领导人的一致赞同，如美国陆军的彼特·基亚雷利将军，他曾经总结道：“谁在信息作战中占得先机，谁就能赢得战争本身。”关于胜利和失败的大局观，越来越倾向于管理、操纵并控制能够影响公众和世界摇摆的舆论。

与战争中的这种变化紧密联系在一起的是信息组织和谣言传播的速度，以便于支持这场“战争”，对受众施加影响。这些受众通常不是因地理位置而构成的，更多的是以共同的身份，由全球动态的信息环境培养的同情者。现代通信技术，从短信服务到电子媒体、卫星电视，实际上已经消除了时间和空间上的距离感。

并不是“新媒体”或“传统媒体”，而是“现代媒体”成为了第一个把事件呈现给受众并加以解释的角色。

过去经常说新闻机构写就了“历史的初稿”，但是由于越来越多的事件被实时报道，并被复制到全球“新媒体”的信息环境中，经常是没有经过审批、没有适当的消息来源、没有经过编辑，或者没有相关的事件背景，那些第一时间发布新闻的人，尤其是市民“记者”，有意或无意间制造了“事实”。另一方面，由于这些“事实”是第一印象的原因，它会比以往任何时候更加迅速地占领先机。全球每周7天每天24小时的新闻周期中信息丰富，只有减少对一些问题的关注，人们才能审阅和吸收。在任何让人改变主意，近而影响到行动意志的斗争中，真相可能都是最大的盟友，但是如果真相不为外界所知或并不为人们相信，那它就一无是处。

2009年2月，美国国家情报总监发布的年度威胁评估报告对对手进行了预测，不管是别国政府还是非政府行为者，都将越来越多地尝试“企图使用传播媒介在未来的危机或冲突中限制美国的行动方针”。此次评估得出结论：全球互联使得极端分子更容易招收新成员并加以培训，使极端主义思想泛滥，在有争议的人群中博取同情，把他们的攻击从思想上“特权化”，并操纵舆论。

展望未来，传播者面临的挑战是要开发工具，研究战术、训练和程序，提高国家参与影响思想与行动意志全球斗争的灵活性、协调性和效果。这就需要建立和加强政府的能力，更好地理解全球不同人群共同的价值观和关注点，理解他们之间存在的差异，支持并强化新的接触渠道。

战略传播（Strategic Communication, SC）与公共外交（Public Diplomacy, PD）现在更加受到美国政府的关注和支持。1999年前，负责了解、告知、接触并影响外国舆论领袖及普通公众态度和行为的计划由美国国务院新闻署负责，不过这些工作通过补充的方案、技能、能力和资源得到了加强，而这些方案、技能、能力和资源是由国防部长办公室、作战司令部、美国国际开发总署、美国陆军工兵部队，以及众多行业和非政府机构（NGO）提供的。目前广泛而基于信息的措施、项目和活动仍在继续，它们虽然是由不同的机构分别管理和实施的，但这些机构可以共同构成美国政府新的战略传播机构组合。这些工作今天正在世界的各个角落，在战略、战役和战术层面上实施。

认识到美国政府当前工作广泛的多样性，以及用一种更全面的方式评估这些战略传播活动的重要性，美国会已责成国防部考虑科技在支持战略传播方面的作用。2009财年国防授权法（The Fiscal Year 2009 National Defense Authorization Act, NDAA）具体要求为战略传播创建一个新的科技领域。众议院军事委员会称："本委员会认为，国防部应充分利用这些努力，为战略传播指定一个科技发展的重点领域，并重视关键的科技机遇"。

国会2009财年国防授权法的方向，介绍了国防部、各军种、作战司令部和其他机构在战略传播上目前正在进行的工作。整体而言，这些工作可以连接在一起，形成促进战略传播的科技基础。报告同样包括宏观分析，指出了当前正在持续推进的措施没有解决的一些能力差距，并勾画出未来科技投资的潜在领域。

（一）战略传播在军事行动和军事计划中的作用

最近的行动提供了一些现实世界的例子，说明从巧妙的军事行动转为影响世界的意见和看法而带来的不断增长的实力。当前，世界大部分地区一头扎进新兴的网络通信时代，同时伴随着社会经济技术的迅速变革，但美国政府很大程度上仍在延续以前工业流水线的方式进行组织。美国政府当局负责的权利、责任和资源与当前正在进行的战略传播的政策和活动存在着严重的不匹配现象。不过，这些教训没有被忽视，它已经引起了美国国防部高级官员，包括罗伯特·盖茨的注意。"我们经常很轻蔑地谈论起我们的对手，但真实情况是：当谈到有关战略传播的问题时，他们确实是处于21世纪的水平。他们远比我们更灵活。"为了有效应对这种情况，美国的信息决策机制必须能够在一个充满活力、思想不断变化的市场成功地实施竞争并进行运作。

美国和北约驻阿富汗部队不断与塔利班展开信息作战，作战的焦点是联军飞机和无人机对武装分子据点和基地进行打击造成的平民人员伤亡的真实数字。塔利班极度夸大事实真相，往往在打击发生后几分种内，同情塔利班的网站就会有视频出现。塔利班的战术旨在破坏阿富汗民众对本国政府及美国与联军部队活动的支持。当北约部队发布他们的调查结果时，事件往往已经过去几周了，发布的信息要么被人们忽视，要么不再适用，因为塔利班已经获得了重要的传播得分点，并把注意力转向下一次的战略传播作战，随之而来的，是公众，如世界各地的媒体组织，对于首次打击的描述。

以色列2006年对黎巴嫩南部真主党恐怖组织实施的作战，就面对了现代战争中这一日益严峻的“公理”。除了控制先进的在线播出以外，通过自己经营的电台和电视网络，真主党能够操纵公众的看法，其真实目的是在赢得作战本身的同时，有助于协调全球舆论对于以色列军事行动的激烈反对。以色列国防军在最近结束的打击加沙地带巴勒斯坦激进组织哈马斯运动的战役中，遇到了类似的信息/感知问题。

几年前，哥伦比亚恐怖集团哥伦比亚革命武装力量（FARC）得到的支持遭到了严重削弱，学生中的积极分子使用社交网站Facebook，希望可以在全球掀起对于哥伦比亚革命武装力量的抗议活动。全球190个城市超过1200万人在同一天参加了名为“百万声音反对哥伦比亚革命武装力量”（One Million Voices Against FARC）的示威活动。需要指出的是，这项活动从发起到实施只用了两个月的时间，而且该活动在指出哥伦比亚革命武装力量是非法武装方面所做的工作，比同一天的其它任何活动都要多。

有很多类似的证据，这充分表明战略传播变得越来越重要，特别是在英国鲁珀特·史密斯将军所描述的在“民族国家内的战争”类型中，显得尤为明显，在可预见的未来，美国军方会发现自己参与了这样的战争。

人们普遍认识到，美国政府必须重新进行投资，重建信念的武器库，冷战结束后，它们大部分都被废除了。战略传播活动在美国国防部战略层面和其他高级规划文件中正受到重新关注和重视。例如，前国防部长罗伯特·盖茨在《2008年美国的国防战略》中总结道：战略传播是国防部需要的一种能力，目的是为了满足应对21世纪挑战的需要。

“虽然美国发明了现代公共关系，但是作为一个社会和一种文化……这种能力无论是现在，还是将来，不仅对长期战争至关重要，而且对于信息的一致性至关重要……”

美国国防部2009年1月《四年任务使命评估报告》同样强调了战略传播的重要性，这标志着未来美国政府各部和机构在该领域展开合作的时机已经成熟。这份报告指出国防部正在发展专注于该任务的资源和能力，特别是一些工作是与抵制支持伊拉克和阿富汗恐怖分子的思想相关的。通过与国务院合作，美国国防部正在致力于使用可实施的交流活动支持政府更广泛的公共外交工作。不过，《四年任务使命评估报告》还警告说：

“给个别机构单独投资和授权可能不足以确保多个机构的活动充分结合起来，并使机构间的连接问题得到解决。垂直投资和授权可能会使在国家安全挑战方面存在的不协调的方式发展得更加剧烈……”

此外，从国防科学委员会（the Defense Science Board, DSB）到美国国家科学技术委员会（the National Science and Technology Council, NSTC），一些外部的顾问和专家组近年出台了一系列的报告，建议在战略传播方面加强重视、关注和投资。在一些报告中，美国国防科学委员会建议成立新的全球参与中心，更好地管理、统筹整个美国政府正在实施的不同范围的战略传播活动。在它的报告《区域稳定和能力建设研发挑战》中，美国国家科学技术委员会要求研发机构实施更加基础、使军事和民事传播更加有效的应用研究/科学发展，包括制定人道主义方案的方法；主要媒体的管理；起草有针对性消息的策略，应对带有“仇恨”倾向的媒体资源；以及监控公众/社会反应的工具和技巧等。

在2008年1月的报告中，美国国防科学委员会战略传播工作组建议美国国防部使当前支持战略传播的工具和技术发挥更大的作用，这些工具和技术包括网络分析、机器翻译、情绪分析以及创新的评价和测量技术。“虽然利用现有的工具也可以做很多事情，但战略传播是一个通过扩大研究方案可以极大受益的领域。由于最近几年传播现状发生了革命性的变化，随着分析技巧的推导和应用，这一领域新的机遇日益丰富”，就关键的科技机遇，国防科学委员会给出了自己的建议。国防科学委员会还强调参与战略传播的人员和机构应该在整个行业范围内共享数据和成果。

可以应用的现有科技能力包括：

- 通过网络分析确定影响节点；
- 利用机器翻译支持传播和媒体分析；
- 了解病毒信息的流动及影响；
- 利用创新的评价/测量方法（如情绪检测/分析），了解并评估行动或消息的影响。

（二）战略传播的科学技术

支持或加强战略传播活动的科学技术的应用范围，比武器系统或常规作战能力发展所需要的传统科技工作的应用范围更加广泛。战略传播的科学技术更侧重于告知、影响和说服民众的能力，以及支持这些能力的工具和基础设施，例如电信和无线基础设施、社会科学的研究、文化的理解和语言的翻译、民意调查和结果的衡量技巧、在其他国家的能力建设以及塑造当代信息时代战略传播和公共外交发展所需的大量培训和教育方案。

在这些能力领域进行投资反映了人们新的理解，要战胜意识形态动机上的极端主义分子需要大量“巧实力”[a]，对于传统观念上“硬实力”的需求减少了。科技在国家的外交行为中也发挥着作用：科学交流是全球创新和进步的催化剂之一。2009年2月，美国国务卿希拉里·克林顿在市政厅与国务院工作人员举行会谈时强调：她将把科学技术作为公共外交的一项工具。“我希望看到……在我们面临的和正在从事的鼓励更多科学交流的事业中……美国国务院和美国国际开发总署站在招募科学家的前沿。”

考虑到构成相互连接的Web2.0世界的设备范围，世界上大多数的人经常使用手机、手持电脑及其他新兴的移动通信工具构建自己的个人信息域，所以科学技术的定义也必须同样的灵活，以适应尽可能宽泛的研究载体范围。如果不这样做，就会限制研究方案，增加有适应能力的敌人，他们会用创新的或意想不到的方式使用新兴技术。不过，技术只是战略传播的一个支持因素。虽然它的整体成功非常重要，不过，它不是打造一个成功的战略传播方法的主导方面。美国的技术优势和创新可以而且应当充分加以利用，以形成对于恐怖分子网络和其他极端组织的显著质量优势。技术是战略传播的实现者，并不是战略传播自身追求的目标，它使战略传播需要围绕组织、观念以及技术寻找机遇，以产生最有效的成果。科技在支持战略传播过程所有要素方面的发挥的作用如图附二-1所示。

---

a smart power，本词由约瑟夫·奈定义，指将硬实力和软实力结合在一起赢得战略的能力。美国国务卿希拉里·克林顿2009年1月14日在谈到奥巴马政府的对外政策时引用该词，表示将运用“smart power”处理国际关系，不同的媒体有不同的译法，一般直译为“智慧的力量”，此处根据它的实际含义，综合各方观点，译为“巧实力”。

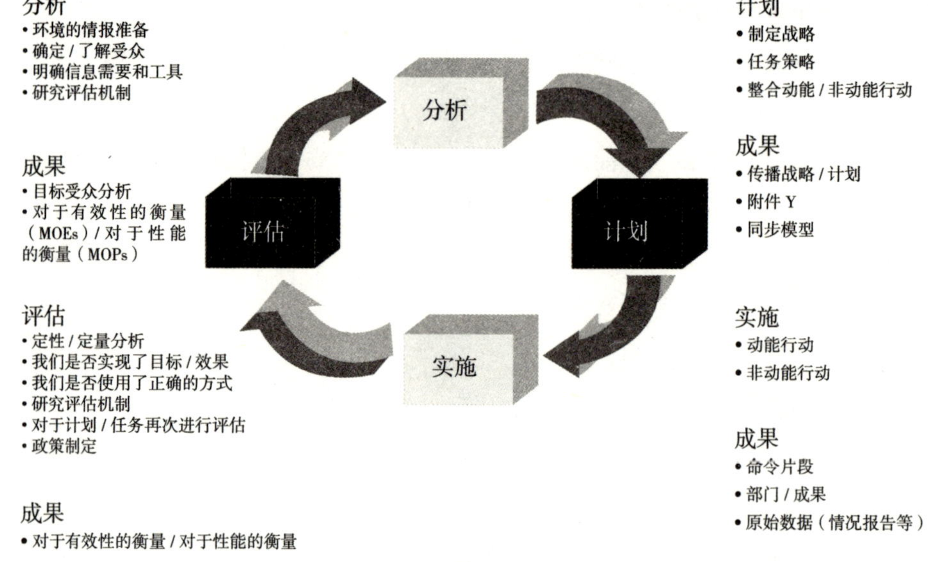

图附二-1　战略传播过程

二、科学技术在支持战略传播方面所做的工作

目前，科技活动使美国的战略传播能够在整个政府范围内，围绕不同的机构、部门和组织进行实施，并得到加强和加以衡量。科技工作主要是由国防部部长办公室（the Office of the Secretary of Defense, OSD）、作战司令部、美国国防部负责情报的副部长、联合参谋部和国务院负责实施。在国防部部长办公室，负责采办、技术与后勤（Acquisition, Technology & Logistics, AT&L）的副部长通过美国国防研究与工程主任办公室（Director, Defense Research and Engineering, DDR&E）已实施了许多项目，在社会网络分析、媒体监测、系统动态模型、协作环境等领域进行工具、模型和评估手段的研发，以支持国防部以及跨机构联合的政策和策略，并战略传播的行动机构提供支持。

美国国防研究与工程局的快速反应技术办公室（the Rapid Reaction Technology Office, RRTO）和国防部负责特别行动/低强度冲突与相互依存能力的助理部长管辖下的非正规作战支援办公室（the Irregular Warfare Support Office, IWS），已经在从“整个政府”的角度对战略传播能力进行研究和开发方面进行了投入。这两个办公室都与国防部负责政策的副部长办公室（Office of the Under Secretary of Defense, OUSD/Policy's）/支持公共外交办公室结成了紧密的伙伴关系，该办公室是国防部与美国国务院负责公共外交事务的副国务卿、国家反恐中心（the National Counter-Terrorism Center, NCTC）、美国国防部负责情报的副部长（the Under Secretary for Intelligence, USD（I））、美国国际开发总署（USAID）、美国国土安全部和司法部以及美国和平研究所等非政府机构联系的纽带。

（一）战略接触/影响的领域

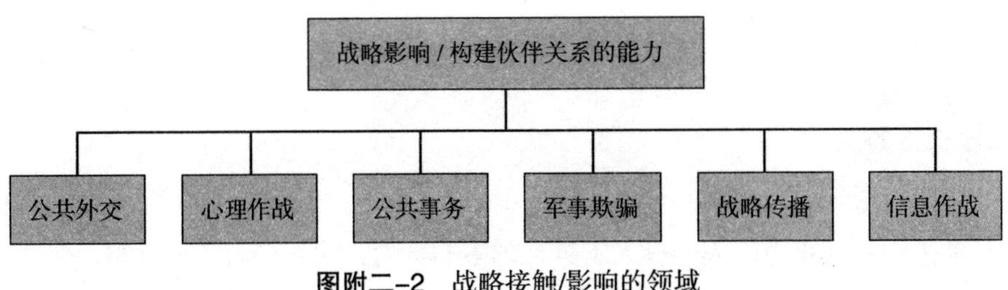

图附二–2　战略接触/影响的领域

虽然跨机构联合的战略传播机构内部更好地传播和协调已经有组织地取得了长足的进步，但是这些项目在很大程度上是脱节的，并没有在战略传播领域保持连贯一致，包括公共外交、公共事务、信息作战、心理作战以及能力建设等方面。美国国防部组织了一个信息协调委员会，其中包括来自于美国国防部内部和国务院的代表，并设立了一个常务副部长级别的建立伙伴关系能力职务，以改善战略传播活动的透明度。美国国务院主管战略传播网络，它为网络内部各机构间每周一次的主题和演出活动提供场地，这促进了信息共享。美国国务院还操纵着全球战略接触中心（GSEC），重点关注国务院的公共外交工作。对于能力差距的分析将在稍后加以描述，这些工作将是为美国政府战略传播方法创造更好的协调性和共同操作性蓝图的开始，但是解决这些问题仍然需要有一个政府的战略行动中心。

为了看清这些举措的差异性、协作性和互相交叉的本质，以及它们如何共同形成了战略传播的科技重点领域，按以下的分类方式对它们进行排序大有益处：

- 基础设施：使用户能够方便快捷地从新闻、市场、行业中获得信息；

● 社交媒体：知识管理、社交媒体和虚拟世界；

● 论述：分析激进和反激进的消息和思想；

● 建模与预测：预测与我们相左的消息和思想，谋划我们的对策和先发制人的措施；

● 协作：在政府内外提高协作和培训；

● 最初的3英尺[a]：授权、教育、鼓励媒体和其他人真实自由、事实求是地报道事件；

● 理解：发展国家、文化和地区性的专门知识，包括民意测验；

● 心理防御：就如何处理平时和战时社会上关键事件的歪曲报道进行计划，并进行相应的能力培训。

（二）突出的例子

1. 语音程序

在过去的几年里，人们投入了越来越多的努力，建立名为“围绕整个战斗司令部的行动”，以提高信息作战的效能。这些努力开始于美国的欧洲司令部，现在称之为“语音作战”（Voice Operations），美国太平洋司令部和美国大西洋司令部目前也正在建立之中。美国欧洲司令部的模式，称为“确保声音行动”（Operation Assured Voice），由于它建立了关注于马格里布国家[b]的具体网站，并在巴尔干地区出版了报纸，而被普遍认为是成功的。现在，这些努力已经在司令部未来几年的防卫计划中得到了投资，并由此在这些机构中创建了一种文化，一种超越了个别指挥员或专门人员轮换的认同感和连续性。

2. 作战环境中的联合情报准备（JIPOE）

作战环境中的联合情报准备利用盖洛普民意调查，确定在世界范围内是否出现了试图使用大规模杀伤性武器（WMD）的团体，并在矛盾的萌芽状态找到敌

a “最初的3英尺”描述了正规和平民媒体写就所谓的“历史的初稿”的能力。与事件第一次接触形成了对该事件的看法。通过对媒体和民众进行培训，他们会在报纸、电视、广播和博客上报告事件，能够在一开始就得到合适的内容。“最后的3英尺”描述了与观众接触的最后的点。

b Maghreb，非洲西北部的一个区域，由摩洛哥、阿尔及利亚和突尼斯沿海地区及阿特拉斯山脉组成。

对原因的根源，从而为美国提供采取行动的机会，在矛盾升级之前制止可能出现的问题。盖洛普全球民意调查为我们提供了一个独特的机会，能够定期连续地进行全球性的数据收集。调查（意见）的数据，与联合部队司令部使用的事实数据是相辅相承的，用于生成最初的热点估计，并为地方和国家环境因素提供有关大众反应的观点。

3. 替代战略

替代战略设想是过去三年发展起来的一个学派（模型），美国政府和企业可以采用这种设想用于从事打击恐怖分子和极端主义的斗争，在这里它被认为是关键的非增值因素：民间社团的社会化发展。目前在前期替代战略上的取得的成功包括：

- 位于伊拉克和阿富汗的妇女活动网络，在那里妇女被当作解决冲突与矛盾的中介；
- 关注于解决冲突和消除激进的青年论坛。

下列项目于2008年发起：

- 菲律宾促进宽容的创新媒体，它有助于东南亚的温和派使用传统和非传统的媒体平台，使人们信奉更加温和的思想；
- 《战火下的民间反叛乱研究》（Counter Insurgency, COIN）详细描述了如何在冲突地区把平民对于反叛乱的作用最大化，并把安全代价降到最低的方法。

4. 冲突环境中的进程衡量（MPICE）

冲突环境中的进程衡量系统提供了一个广泛适用的基本指标分析能力，适用于任何利益相关的稳定行动和环境重建。该系统正在开发，部分通过了在阿富汗和苏丹的案例研究应用，正在以陷入困境的太子港西北地区（太阳城）为重点，用于对美国国务院海地稳定倡议（Haiti Stabilization Initiative, HSI）的支持。该系统可以作为政策的制定者和规划者的统筹指导，并作为全面分析各部门随时间进展情况的手段。该工具允许用户生成一个灵活的可视化场景，以适应特殊需要。

5. “回声”媒体项目

“回声”是负责政策的美国国防部部长办公室/支持公共外交办公室的一个项目，正在为外国穆斯林民众开发一个建设性的媒体库，抵制对于暴力极端主义分子的支持，促进积极的选择。该项目鼓励就有效使用媒体打击暴力极端主义而进行的学术研究，帮助人们了解穆斯林民众面临的挑战，确认穆斯林对于打击暴力极端主义的呼声。档案库中的媒体是小说和非小说，包括宗教材料。这些材料包括短篇故事、论文、书籍、彩色书籍、戏剧、广播剧、电影、电脑游戏和课本。通过与马里兰大学合作“开始”（START）项目，该媒体库将供国家外国语中心网络及其他全球机构使用。此外，有8部书籍和4部电影将从阿拉伯语翻译成英语，成为美国军事教育机构的教学指导，被列为打击支持恐怖主义思想的课程。

6. 打击东道国警察部队中的腐败现象

2005年，美国国防部指令3000.05《对稳定、安全、过渡和重建（SSTR）行动的军事支持》中把稳定行动定义为“核心的美国军事使命”，并指出“相对于战斗任务，它应有更高的优先权”。稳定、安全、过渡和重建行动的核心部分是建立一支功能齐全的东道国警察部队。2008年6月，美国国防研究与工程局快速反应技术办公室启动了一个项目，以确定在打击东道国警察部队腐败问题中遇到的挑战，并明确可以帮助解决这些问题的技术。需要特别指出的是，本研究的重点虽然关注于阿富汗国家警察部队（ANP），但是确定的解决方案适用于更广泛的范围。

研究小组关注于“灌输并支持专业的警察文化”，它由5个子元素组成：警务人员的安全、培训和指导、生活工资、招聘和筛选、内部事务。

在大多数研究开始的最初阶段，研究人员通过专利数据库检索方法，确定新的成果和功能，研究小组发现了许多可能成为安全问题解决方案的内容。这些措施包括为警务人员执行任务提供适当的武器、保护设备、制服、交通和通信技术。该小组建议国防研究与工程局快速反应技术办公室需要考虑的技术有：

- 将一个手机集群改变为具有保持通信和数据传输功能的专用网络，该网络利用或者不依靠手机发射塔就能进行工作；
- 把手机转变为一个移动的监测平台，创建一个监视网络；
- 使手机能够读取固定传感器的数据，检测可能影响安全的环境变化；
- 标定邻近手机的位置，创建一个地理标记监测网络，并提供相当于友军追踪的功能。

该项目确定了在其他元素中要考虑的技术集合，利用了阿富汗唯一无处不在的技术平台——手机，但是他们相信这有助于解决专业警察文化面临的挑战。虽然大多数确定的功能还不成熟，但这些工作确实突出了可能的技术解决方案的多样性。

三、差距分析

由于本附件既不是一份全面的目录，也没有对涉及的方案进行深入的评估，以下描述的差距通过当前或正在规划中的项目能够得到部分地解决。无论如何，这些问题值得优先关注，无论是增加投资还是采取其他行动。

在考察计划和需求之间的差距时，涌现出4个高级的主题：美国领导层的参与、对跨机构联合的进程进行授权、为信息化未来进行装备、方便受众的活动。

这些不是目录，而是相互重叠、相互支持的主题。它们的顺序是精心编排的，因为每一个主题都是后一个主题成功所需要的基础。

第一个重要主题，曾在众多的出版物中引用，而且战略传播机构成员访谈中也曾谈到，即需要明确的方向和指导，以便支持美国高层领导确定的目标。任何战略传播或者公共外交计划成功的关键是高层领导承诺、支持并参与全面战略的制定。美国参与了一场全球性的斗争，即由个人和团体发起的、以带有目的的思想去影响决定行为的意志。监控由敌人的消息以及传播者自己的消息引起的反应，这只能达成有限的战术胜利，除非行动与事务的策划和实施得到了正确的理解，我们的成功取决于不断变化的态度和行为。美国领导层，军事和文职人员，行政层和立法层，应被视为各个创新项目的一部分。

跨机构联合进程必须始终加以考虑。科技产品的垂直整合必须有横向的整合加以补充。这里列举的项目以及其他没有列举出来、或者尚未进行开发的项目，可以而且应该促进整个美国政府，甚至整个社会伙伴关系的跨机构联合。通过创建共同的行动路线图，充分利用其他机构和组织的优势和特点，科技有助于打破“卓越孤岛”（silos of excellence）。可以这样说，本附件中的一些项目超出了美国国防部的传统角色。

为当前和未来的信息化进行装备，远胜于获得正确的软件和硬件。了解并适应动态的环境，不管是当前时刻的还是持久性的。有一个问题：以信息化为基础的现在和未来保留了一个持续的观念，即单向的传播是足够的。这种状况有望通过行动计划处理具体的问题得到解决，但打破这种思维是非常必要的，因为时间范围必定会从以任务为基础转变为永无休止的斗争。“胜利”的定义必须在思想意志的斗争中加以改变。

本附件中包含的科技方法是关于改善传播的，或者能够推动美国参与全球事务的发展，为高水平的全球机构创造更多、更深入的伙伴关系，从国家到非国家行为者。公共外交和战略传播是为美国的国家安全建立、培养、管理并进一步加深这些关系。在适应信息化的现在和未来的过程中，还有许多的挑战。

（一）主题与细节

1. 美国领导层的参与

（1）明确的战略、任务和目标，却没有一个推动者。需要简单而广泛的目标去建立一个不仅包括打击暴力极端主义分子在内的发展方向，打击暴力极端主义分子只是战略传播的一个组成部分，还需要有持续的全球参与。合适技术的成功应用、研发和部署，需要有一个国家的传播战略。

（2）缺乏领导层协调并实施一个清晰的战略。可以理解，科技的一个重点是要关注项目，但是技术并不是万能的。领导层不应只来自于单一的首长，或者由首长组成的团队。必须有一个持续的努力，更好地协调国防部和跨机构联合方案的制度化，如社会科学，重点关注技术解决方案。

（3）对于说与做之间差距的回应。通过语义数据挖掘及其他信息查询方式得到的知识，不仅必须与短期消息联系到一起，而且必须综合各方面的渠道，与影响我方行为改变的进程联系到一起。包括详细规划对本方的行动和消息的反应，并通知领导层，因此收集到的信息可以用于指导未来的行动。

（4）得到产品和方案的机会有限。本附件清单中没有深入探索的，是文中所提到方案产生的知识成果的可用性，这些知识成果是向高级领导层、监督和投资实体以及美国政府其他部门提供的。在以上分类与创造意识间有一个平衡，部分公共外交和战略传播正在创造一种意识，即因海外正在发生的事情所建立的盟友及得到巩固的支持不仅是针对美国的，而且是针对方案的。知识管理系统为跨机构联合的战略沟机构通提供了共同操作图，要想开放进入现有的有利环境和能力，还有很长的路要走。

2. 对跨机构联合的进程进行授权

（1）整个政府的做法。国防部并不是舞台上唯一的演员，必须纳入其他的政府机构并保持同步。科技能够而且必须全面支持并具有包容性。

（2）整个社会的做法。例如，建立、加强并支持公私合作伙伴关系的方法，由政府引导或帮助私营部门设想的方法，等等。沿着“密涅瓦”（Minerva，罗马神话中掌管智慧、发明、艺术和武艺的女神，此处意为人文科学发展的正确方向）和“教育交流”以及军事院校和地方大学之间的合作路线向前发展。

（3）准备应付意外的灵活的系统。开发对仓促通知的行动会有直接影响、能够迅速适应于美国信息的产品，如人道主义援助/灾难救济及其他紧急情况。

（4）不要过度分类。任何项目都没有具体讨论，不过对于物资的过度分类限制了跨机构联合的进程，阻碍了共享和合作。

（5）行动中心。有一些团体，如广播理事会（the Broadcasting Board of Governors, BBG），它们正在成为会议场所和信息的结算所（广播理事会的情况下，它是一个调查数据的结算中心）。科技方案必须考虑到一个更大的跨机构联合的系统，这并不需要一个全面的软件解决方案，但是需要以其他协作技术和跨机构联合为基础。“战略行动中心”是一个新生的概念，美国政府从事战略传播业务的人员越来越多地接受这个概念。目前，在美国政府内，没有一个单独的办公室获得了资源和授权，与政府分散的战略传播事宜/公共外交设想、活动和工作（如调查、外国媒体分析以及语言的自动翻译、存储和检索技术）结合在一起。在考虑如何构造这个中心时，有人认为，国家情报主任办公室可能是一个很好的使用模型。其他人则认为应该在国务院加强负责公共外交和公共事务的副国务卿的职能，使之能够满足需要，把这个职位转化为整个国务院一个半自治的实体部门。

3. 为信息化未来进行装备

（1）短的时间范围。这些方案重点放在直接威胁上，这是可以理解的。国家安全不是以短期任务为基础的，而是要长期参与。

（2）狭隘的关注点。威胁比打击暴力极端主义（CVE）更为广泛，其地理范围也不仅限于中东地区。更好地协调社会科学的工作，改善我们对于外国地区人员及相关侨民的了解。关于思想和意志的现代斗争受地理限制的约束越来越小，形式日益多样化。

（3）在线媒体的数据挖掘和语义分析。美国国防部已经就使用语义分析程序，对在线媒体特定专题发展的趋势和出现的频率进行检测进行了初步的研究。该能力提供的其他国家和地区对于美国国防部议题和美国政府利益的态度和趋势，具有广泛的代表性。美国认为，需要进一步发展这种能力，超越概念验证，以便支持所有战区司令部目前正在进行的行动，减轻数量有限的语言分析学家的工作压力，把他们从时间紧张的媒体分析工作中解放出来。

（4）内部的信息技术学习以及以观念为基础的人员搜索。修改条令或培训方法，增强装备的教育和培训，加强本方人员的能力。举办关于世界各地的速成班，不仅包括阿拉伯语还包括许多方言。确定合适的人选进行传播与找到合适的词语进行交流一样重要。

（5）长期的跨机构联合的战略传播培训和教育。当前没有为美国政府发展21世纪专业传播人才准备的综合课程。不过，确实存在一些类似的要素：美国国务院外交事务学院有某些课程，有为联合心理作战军官准备的专业化的方案，以及美国联合部队司令部联合公共事务支持要素所需要的培训。不过，仍然需要把这种教育融入信息专业。以该方法进行教育，不同的学科专业并不冲突，相反，随着时间的推移，它们会变得在战略上相互支持（如公共事务与心理作战）。此外，21世纪的传播以动态著称：随着新观众加入到全球对话，信息将发生变化，还将被重新解读。因此，应当指示未来的战略传播人才持久地、连续不断地接受教育，防止他们在不断进化的信息环境中变得乏味过时。

4. *方便受众活动*

（1）重视受众获取信息。受众如何接受信息并独立地审查信息？信息获取活动的规则，从个人消费产品到信息作战，已经得到证明：他们越想购买或得到“物品”，机会就越多。必须更加重视信息通信技术的发展（ICT4D），这是一个正在成长的、研究日益丰富的领域，迫切需要私人或非政府机构的参与。例如，每个孩子一台笔记本项目（价值100美元的笔记本），像通信塔一样的“最后一公里”通信，以及其他促进当地与其他区域传播的先决条件。

（2）健全“地方”的声音。对于一名受众来说，得到一条消息只是一件事情，但是我们必须让这名受众更容易采取行动处理这些信息。公共外交和战略传播本身就是一场代理战争，通过、利用本地地理或文化上的声音传送到目标受众。注意力必须放在行动身上，无论是通过科技手段还是其他手段。

（3）能力建设缺少重点。欧洲复兴计划，以“马歇尔计划”的名字而更为世人所知，这是美国有史以来推出的最大的拒绝庇护方案，它与公共外交互相关联。能力建设方案可以通过科学技术手段得到促进，包括：法律实施的过渡，打击东道国警察（IDA）部队腐败的技术，以及不需要通讯塔的网状网络通讯。

（4）整合电子作战与“砖头水泥”作战。与跨机构联合进程进行整合能够有助于开发非科技的解决方法，如交流、图书馆、国际教育项目等，这都将使用科技，并意味着科技的成功应用。

四、需要进一步思考的领域

在这种环境中参与并不像足球比赛，没有固定的场次或超时。参与的边界，如果它们还存在的话，会通过试验和错误来发现。更重要的是，没有到达的终点区，或者移动的指针、点击指示进度的计算机。胜利不是一个监管期结束时实现的二进制决定。

（一）一个全球“现在媒体”的信息环境

理解公共外交与战略传播的区别。对于前者，受众位于美国地理领土之外。对于后者，受众是全球性的。科学和技术解决方案一般不以地理位置加以区分，也不应该以地理位置加以区分。战略传播的领域不能只限于与那些与公共事务机构相关的事情，每个人都应该被视为是一个战略的传播者。

（二）应对过分强调严格的衡量方法保持清醒的认识

在美国国防部，人们普遍认识到由于缺乏标准流程、程序和工具，因而阻碍了对于战略传播活动的评估。人们提出或着手实施为战略传播评估准备的解决方法，并利用这些措施影响以后的规划和行动决定。不过，在回报与成功之间存在着定性上的差异。尼尔森式[a]的评估在某些情况下或许会有所帮助，但是思想的

a AC尼尔森公司，荷兰VNU集团属下公司，是领导全球的市场研究公司，在全球超过100个国家提供市场动态、消费者行为、传统和新兴媒体监测及分析，总部位于美国纽约。

传播和对行动意志的影响更为重要，这是代理关系的发展，以“依靠、使用和通过某种方式和途径”而著称，完全适应于信息领域。爱德华·R·默罗，著名的冷战初期公共外交的一代宗师，他曾指出：当思想发生变化时“指针不会移动，电脑上也不会出现点击。”[a]

使用广告式的测量方法，就像接受了思想和意志斗争，却忽略了基本前提，采取行动必然会影响行动意志。行动可能多种多样，从主动到被动，从支持美国与盟国的政策和行动，到只是不支持美国的对手的政策和行动。媒体不是消息的来源，民众才是。民众促成了联系，这些联系可以通过工具和系统来达成，在某些情况下也可以由工具和系统来阻塞。

（三）考虑使用现有公共和私营部门的创新投资安排发展新的技术

需要一个真正的集成，包括开放Web2.0媒体平台的资源，以及与其相随的社会网络站点，这些站点由可通过嵌入式标签（用户名、时间/日期、地点、IP地址）链接路径的扩展文件（音频/视频/文本/微博（短信服务）组成。这种集成可以通过现有与私营部门的“风险投资”伙伴关系来解决。这种伙伴关系将有助于美国国防部更加广泛地传播消息，并向外国受众进行渗透，而无须考虑使用的基础设施，以及在欠发达地区如何使用可用的蜂窝式电话/全球移动通信系统（GSM）/手持式服务去连接强大的数字基础设施。

（四）科技不是灵丹妙药

技术不是万能的，必须明确目标并使用技术来弥补必要的差距。稳定行动应强调对于扩大外国地区军官参与的需要，改善跨机构的联合，把重建和稳定协调员办公室（S/CRS）作为枢纽，重新设立海军建设营。[b]是不是到了把重建和稳定工作更加国家化的时候了？技术能够通过技术协作、技术培训以及技术交流得到促进。值得注意的是，联合参谋部及其他机构潜意识里正在寻找的是已经不存在的美国新闻署（the United States Information Agency）发挥过的作用，其最显著的

a 指思想的变化无声无息。

b 海军建设营又被美国人戏称为“海蜜蜂”——the Sea Bees。这是海军建设营Navy Construction Battalions的缩写CBs的谐音。

工作是在20世纪50、60年代，当时他们负责确定并与当前及未来的意见领袖进行接触。美国新闻署自然有舆论导向能力，并且充当首要的外交机构。

决策与目标受众认知文化差异的研究已经表明：信息可以契合特定的人群来发展，这些人群基于独特的文化和社会特征。在国家和地区临时通知实施的行动（如人道主义救援行动）很少能够执行事先的计划，结果导致应用"一般"工具和消息可能不会达到及时预期的效果。使用文化专家和人类学家可能有效，但进行必要的资料整理需要时间，并且资源也不能提供给联合指挥员使用。

目标受众可能突然出现，这就要求跨机构联合就理解这些受众进行合作，以最好的方式与他们接触。例如，人道主义援助和救灾援助，必须以不仅仅是"一般"工具提供支持。

（五）新技术的实验

应允许并鼓励在开发环境中进行测试和失败。一个行动中心，即"战略影响企业"之家，既能促进新技术的实验，也能促进在集成环境中对该技术进行评估。事实上，应该鼓励从战术到战略的实验，决定哪些能够有效工作，哪些不能以更快的方式发生效力。强大的评估能力将对这种实验提供支持，为选择成功的实验进入登记在册的更大项目提供监测和测量服务。

（六）正在进行的审查是必要的

对方案进行严格评估的咨询委员会或小组，应有权鼓励和评估应用的最佳实践。

（七）探讨当前的信息角色并寻找优化方法

这取决于要求的是谁，在美国国防部信息角色的工作中存在差距、同步或重叠。这会影响到科技产品的发展和适用性。"影响事业"体系必须被视为新出现的征兆和工具，并能够加以应用。例如，图附二-4三张图代表三种不同的看法，国防部信息角色是如何在一起工作的。第一张图显示了差距，第二张图显示了无缝集成，第三张图显示了相互重叠的工作。

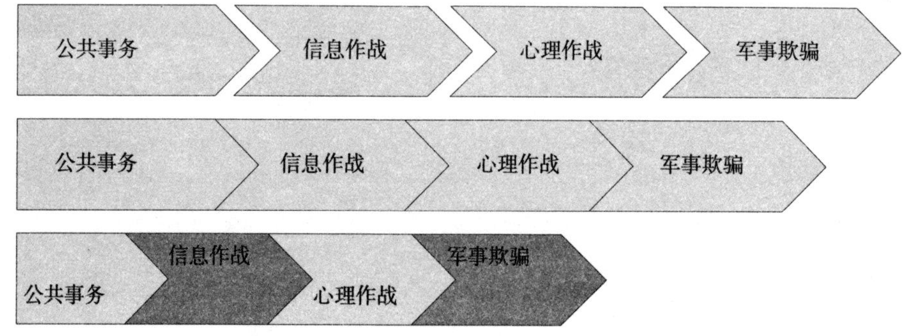

图附二-4

五、当前活动

I **基础设施**　扶持和促进从新闻、市场和职业中获取信息

S **社交媒体**　知识管理、社交媒体和虚拟世界

D **话语**　对于激进及反激进的消息和思想进行分析

M **建模和预测**　模拟并预测敌方的消息及思想活动，以及我方的反制和预防措施

C **合作**　在政府框架内外加强合作和培训

F **最初的三英尺**　对媒体及其它机构赋予权利、加以装备、实施教育和鼓励，让他们对事件事实求是客观地进行报道

U **理解**　培养国家、文化及地区专家，包括民意调查的专家

P **心理防御**　对平时和战时重要的社会临界应变进行规划和能力建设

	项目名称	描述	执行机构
C	可部署的跨机构联合计划强化单元（Deployable Interagency Planning Augmentation Cell, DIPAC）	DIPAC的短期目标是发展地区性机构间战略通信作战计划，支持主要的优先任务，更有效地协调国防部、战区司令部和大使馆的计划、方案和资源。长远目标是要奠定战略传播地区资源的基础，这是以长期战争的地区化并通过国务院/反恐地区性战略举措协调为前提的。DIPAC将提供一个共同的战略传播计划建设，比较各种方案的成本，更有效地利用美国政府的资源以获得统一的成果	国务院/反恐怖主义

续表

	项目名称	描述	执行机构
C	VOICEBOX公司	为美国政府未来情况下的战略传播事业进行业务分析和能力设计	特种作战/低强度冲突（SO/LIC）非常规作战支持（IWS）办公室/博思爱伦咨询公司
C	战略传播培训	为美国国家工作队提供在战略传播、公共事务、信息作战以及对于公共外交的国防支持方面经过了适当培训的为战区司令部制定计划的人以及国防部的代表	国防部部长办公室/政策/战略伙伴关系办公室
D	对付敌人信息作战能力的伊斯兰的言论和思想框架	开发监测、计算、预测和评估敌人信息作战有效性的分析工具和模型	
D	敌方的信息流（概念验证）	衡量敌方的信息是如何从一个网络传播到另一个网络的	联合参谋部的J－39
D	在语言的战争中寻找盟友：勾画反激进的穆斯林讲话的传播和影响	有一个持续的政策努力，以更好地协调国防部社会科学的制度化，改善我们对于外国地区人员的了解	密涅瓦（美国国防研究与工程主任办公室/国防部部长办公室/政策）亚利桑那州立大学

续表

	项目名称	描述	执行机构
D	情感和团体间的关系	有一个持续的政策努力，以更好地协调国防部社会科学的制度化，改善我们对于外国地区人员的了解	密涅瓦（美国国防研究与工程主任办公室/国防部部长办公室 /政策）旧金山州立大学
D	“回声”项目：确定并促进反激进主义的建设性媒体的流通	回声项目确定并传播当地的一些媒体信息，这些媒体对于极端主义的宣传提供了不同的声音，但是并没有很好地传播。回声项目创建了一个以建设性媒体为主的媒体库，不完全是穆斯林语，为美国政府、外国的合作伙伴和私营部门提供了对抗暴力极端主义影响的工具。促进建设性媒体在国外关键受众中的流通，破坏对于暴力极端主义的支持，并防止这些受众转化为暴力极端主义分子，促进积极的选择，为穆斯林打击暴力极端主义媒体建设一个市场	国防部部长办公室/政策/对于公共外交的支持（SPD）
D	影响儿童的阿拉伯媒体	该项目侧重于了解并找到防止阿拉伯儿童变得激进的媒体资源。研究人员、幼儿教育和阿拉伯语专家，将为儿童确定防止他们激进的关键的合适标准，为孩子们找到符合这些标准的阿拉伯语媒体，并把这些媒体的拷贝复制到由美国国防部资助的位于马里兰大学（UMDD）的反激进媒体库。研究人员将把这一信息放入马里兰大学博物馆一个非机密的数据库中	国防部部长办公室/政策支持公共外交办公室
D	位于马里兰大学的回声项目媒体库	该项目对于反激进媒体的图书馆目录进行资助，支持马里兰大学国家协会恐怖主义及应对研究下的反激进媒体库的发展。建立一个多语言，多文化，公开访问的反激进媒体的交换所	国防部部长办公室/政策支持公共外交办公室

续表

	项目名称	描述	执行机构
D	国防部教育机构的回声项目	国防部部长办公室（OSD）/国防部常务副部长办公室（OUSD）/支持公共外交办公室（SPD）将给国防部职业化军事教育提供8本书（小说和非小说）和4部电影，供穆斯林用于反对支持恐怖主义思想（counter ideological support terrorism, CIST）的教育，同时伴有这8本书和4部电影的介绍指南。国际媒体风险投资公司将负责教学指南的翻译和开发，特种作战司令部（SCOCOM）J239将为美军军事教育机构和材料的社会化提供项目。让穆斯林制作见解深刻、信息丰富的阿拉伯语和乌都语媒体，能够被使用英语的美军所用，破坏对于暴力极端主义的支持。提高美军反对支持恐怖主义思想和文化理解的能力	国防部部长办公室/政策支持公共外交办公室
D	军民青少年科技团	制定用于防止极端主义在线宣传的新的媒体战略	特种作战（SO）/低强度作战、非常规作战/哈佛伯克曼中心
D	军民英语语言游戏	发展使用英语的移动电话及可下载的游戏，促进去激进主义活动	特种作战（SO）/低强度作战、非常规作战/南加州大学和美国艺电公司
D	兰德替代策略	促进在伊拉克和阿富汗的妇女活动网络，在这两个冲突地区妇女的活动网络在与极端主义和教派冲突的斗争中处于杠杆作用发展的不同阶段	兰德公司

续表

	项目名称	描述	执行机构
D	反市场交易行动的品牌转换	该项任务的目标是对于“消息谐振器”通道（指对于消息做出反应的机制，译者注）快速、动态的反应能力做出可行性分析，该通道通过合理的选择性智力资源的支持，为受众提供视野更加开阔的逻辑思维及建设性的诠释，减少、剔除并静音伊斯兰激进的思想和观点。这种分析将产生一种能力设计，该能力设计建立在分析过程中确立的“品牌转换”之上，并创建永久的围绕对手整个影响而实施的反市场行动。项目的第2阶段包括一个执行已经批准的方法的试点方案	特种作战/低强度作战/反恐怖主义技术支持办公室（CTTSO）/非常规作战
D	兰德提供社会服务	研究激进的伊斯兰组织是如何利用社会服务发展民众支持的	兰德公司
D	凯法雅（Kefaya）运动研究	研究在中东和北非的基层民主运动，并对经验教训做出评述	兰德公司
D	美国海军陆战队情报部（Marine Corps Intelligence Activity，MCIA）文化上的红色单元（Cultural Red Cell，指增强文化元素的非正式单元，译者注）	编制阿拉伯语红队（red team，指未经宣布或在没有支持的情况下对不熟悉的目标进行安全评估或漏洞检测的机构，一般指美国政府聘请的对各机构网络系统进行安全检测的专家组，译者注），为美国海军陆战队制定护身符	加州大学欧文分校
D	联合简易爆炸装置防御机构（Joint Improvised Explosive Device Defeat Organization，JIEDDO）科技：攻击网络	在阿富汗发展反讨论行动确定叛乱分子关于简易爆炸装置的讨论	联合简易爆炸装置防御机构

续表

	项目名称	描述	执行机构
F	阿尔盖达受害者纪实	制作9/11事件遇难者家属与中东和北非国家基地组织遇难者家属接触的电影纪录片	特种作战/低强度作战/反恐怖主义技术支持办公室（CTTSO）/非常规作战和美国国务院
I	海军远征传输系统	海军部信息办公室基于IP的视频和数据传输中心。中心或“前端”基础设施将有努力推动舰队的公共事务进一步在内部和外部传输大量的视频数据。该中心将为海军提供全球各地24小时海上和岸上的实况转播	美国海军信息部长
I	数码照片实验室	美国海军核动力航空母舰（Carrier Vessel Nuclear, CVN）上的电子成像能力（利用静态和动态图像处理和编辑软件），再加上船上的通信套件适合于从船上向岸上进行公共事务及其它视频通信产品的传输。现行的系统是由一个静态图像的工作站和一个动态媒体工作站，一台小型彩色格式打印机和一台大型彩色格式打印机配置而成的	美国海军信息部长
I	VOCUS公司	提供详细的媒体审查和分析、新闻媒体联系管理和视频剪辑分配	美国海军信息部长
I	美国海军公共事务日历	这是一个软件解决方案，以保持对于重大事件、领导层参与、舰队的重大活动、公共宣传活动、媒体的参与及其他事件的全球性认识，以便于调整对海军传播工作的投入，并将回报最大化	美国海军信息部长

续表

	项目名称	描述	执行机构
I	媒体曝光台数字资产管理系统	该系统对于收集到的静态图片、视频、突发新闻的特点、特定类别的主题提供集中式的管理，以便于协助在整个海军范围内对于时事的印刷、广播以及基于网页的全天候访问	美国海军信息部长
I	TVEyes™广播监测服务	在线从140个国家和国际性的媒体上搜索、编辑并检索广播媒体节目	美国海军信息部长
I	网络开发和分析	确定并使用合适的手段对付或拦截叛乱分子使用的现代通信手段	
I	阿富汗虚拟科学图书馆	位于喀布尔大学的阿富汗虚拟科学图书馆试点将为科学家和工程师提供访问国际科学、工程以及科技期刊和专业资源的机会。在此试点的基础上，美国民用研究和开发基金（U.S. Civilian Research & Development Foundation, CRDF）制定了一缆子计划和建议，把该项试点扩大到其他的大学和阿富汗的政府机构	美国政府/美国民用研究和开发基金
M	美国海军研究生院信息作战威胁	该项目将为目前正在阿富汗执行任务的特种作战部队（自动行动，OEF）提供支持，包括提供充分研究过的信息作战计划、执行这些计划的协助单位以及衡量计划的效果，并提出适当的改进建议	美国海军研究生院（Naval Postgraduate School, NPS）

续表

	项目名称	描述	执行机构
M	机构间协作比赛演练	与美国国防研究与工程主任办公室（DDR&E）/快速反应技术办公室（RRTO）、联合部队司令部（JFCOM）和美国联邦调查局（FBI）合作，有一系列的模拟演练将进行，将对使用由各个资源得来的数据情况下的协作环境进行测试，其中包括由社会科学生成的模型。部分模拟演练包括真实数据，该数据源于对当地条件和极端主义因素的看法。盖洛普政府稳定性领导评估（Gallup Leading Assessment of State Stability, GLASS）和政治激进（Political Radicals, POLRAD）模型可以作为仿真的宝贵补充，以帮助指导实际数据上的决策。必要时，还将建立适合特定情况的仿真数据集，但数据将尽量建立在世界调查或其他资源得来的实际调查结果的基础上。盖洛普也将参加演练的推演，必将提供可以回溯的支持	国防部部长办公室（OSD）/负责采办、后勤与技术的副部长办公室（AT&L）/国防研究与工程主任办公室（DDR&E）/快速反应技术办公室（RRTO）/战略多层评估（Strategic Multi-layer Assessment, SMA）和盖洛普
M	安全合作试点	正如盖茨部长所建议的，与当前的威胁环境做斗争的最好方式是把软实力和硬实力结合起来。规范标准程序（Criteria and Standard Program, CSP）将为指挥员提供以下增强能力：（1）通过一个具有广泛基础的评估工具了解冲突的根源；（2）制定建立在通过经验得到的最佳实践基础上的综合的、有说服力的基础性计划；（3）衡量机构间协作的效果，以及支持战略目标的国际性、稳定和重建的成果，这些工作旨在减少冲突的根源，加强目标国家或地区机构间的表现。战区司令部（COCOM）的能力，包括相关方法、数据集成以及分析将在战场上得到验证（如阿富汗、科索沃和菲律宾以及南部司令部的责任区域），这些能力将使战区司令部能够指导并生成全面同步并监控适应外交、国防和社会发展需要的联合、机构间协作和多国工作	美陆军工程兵部队（US Army Corps of Engineers, USACE）

续表

	项目名称	描述	执行机构
M	最初的话语口音和话语实践指示及提醒（Indications & Warnings, I&W）可行性分析	该工作的目标是要确定一系列基于话语口音和话语实践分析的敌人行动的主要线索/指标，制定一套方法来检测/提取这些线索/指标，并确定实施既定方法的现有或改进后的工具。该工作将采用多学科的方法（包括人类学、语言学、计算模型），由政府和行业分析师以及在物理和社会科学拥有高学位的技术专家提供支持，并由选择的学术顾问团加以补充。最终的客户设想为国家航空航天局情报中心和分析界的其他成员。回报是用一种（“间接测量”）方法来检测一项行动/事件的预先指标，该事件最终日益激进，这种运作远先进于直接测量	
M	提高非常规战争的非动力学能力技术措施	新出现的威胁创造了对于非动力学扩大了的“工具包”的需要，该工具包将使战士能够在任何给定的条件下调整做法。这项工作将确定需要的非动力学的能力以及对它们提供支持的技术措施的方向。非动力学能力评估包括：对人员的影响；军民行动的统一工作；打击东道国警察部队中的腐败；车辆识别与跟踪	国防部部长办公室（OSD）/负责采办、技术与后勤（AT&L）/国防研究与工程主任办公室（DDR&E）/快速反应技术办公室（RRTO）/国防分析研究所（IDA）

续表

	项目名称	描述	执行机构
M	发展机构间协作/国际合作的感知能力	美国和平研究所（USIP）将帮助基于传感技术的机构间协作/国际合作的训练环境的发展。该项目的目标是：（1）培训个人（包括平民和军人/主办国和国际）的感知能力，以使他们能够在预防冲、人道主义援助/灾难救济、稳定、冲突后重建行动进行更成功的协作和合作；（2）扩大可以帮助开发和提供模拟的机构的基础。该项目的回报将是一个倍增效应：将有更多的个人培训机会，使得在这些行动中的运作更加有效，模拟事件将为基于这些感知体系的新模拟提供更多的机会	国防部部长办公室（OSD）/负责采办、技术与后勤（AT&L）/国防研究与工程主任办公室（DDR&E）/快速反应技术办公室（RRTO）/国防分析研究所（IDA）和美国和平研究所（USIP）
P	灾难后的国内传播方法	对国内灾难性的事件，如飓风或大规模杀伤性武器被引爆，做出回应	美国国防部负责政策的副部长办公室（OASD）（国土安全HD&美国安全事务ASA）
P	低技术的大众传播功能——北方司令部的民间支持信息支持单元（CAISE）	CAISE制造并传播人道主义危机中的重大的紧急信息	美国国防部负责政策的副部长办公室（OASD）（国土安全HD&美国安全事务ASA）

续表

	项目名称	描述	执行机构
S	支持通用操作图（SCOPe）	反对支持恐怖主义和暴力极端主义思想的非机密信息的知识管理支持通用操作图是由国防部资助的倡议，目前正在国家反恐中心（NCTC）/战略行动计划理事会（DSOP）的领导之下，目的是识别、联系并维持美国政府（USG）所有打击暴力极端主义（CVE）计划的通用操作图（COP）。该项目由两项工作组成：国家安全的链接要点（Linking Essentials in National Security, LENS）和使命感计划（Mission Awareness Program, MAP）	国家反恐怖中心（National Counter Terrorism Center, NCTC），以及国防部部长办公室（OSD）/政策支持公共外交，HTT公司以及国家媒体开发中心（NMEC）
S	综合语音系列	提供跨地区战斗司令部（Geographic Combatant Command, GCC）的数据共享仓库以及社会网络节点和影响行动的观众数据	联合参谋部的J－39
S	阿富汗反叛乱（Counter Insurgency, COIN）门户网站	通过一个开源的门户网站：扩大并发展正在进行中的关于阿富汗社会文化/人类地域信息的研究和传播。为配合正在进行的反叛乱行动及其需要，提供全面的关于部落和宗派网络的全面分析。通过我们的门户网站和信息需求（Requests for Information, RFI）为部署的部队提供及时准确的信息	美国海军研究生院（Naval Postgraduate School, NPS）

续表

	项目名称	描述	执行机构
S	区域参与计划/反动机	CMB1包括国务院政策规划室一些资金没有着落（unfunded requirements, UFR）的要求。这些资金没有着落的要求解决对于支持恐怖主义思想实施打击，以及青年参与和预防激进等公共外交的核心问题。该项目的实施将在冲突地区展开几个独立的计划，使用最先进的社交媒体和网络技术。青少年科技核心：招募哈佛的IT精英学生，开发并公布各种不同社会网络站点的代码。可交付的成果将从现存网络的单独应用到所有新平台的相关代码。英语语言游戏：定制并销售教用户英语、习俗和文化的游戏。将生产一种为100美元笔记本推广项目配套的游戏，另外还将产生专为移动设备（如手机、智能手机等）准备的游戏	特种作战/低强度作战/反恐怖主义技术支持办公室（CTTSO）/非常规作战
S	为研究暴力团体的研究所（ISVG）提供的基于Ontology的演绎数据库	为作战人员提供关于暴力团伙和犯罪活动信息的数据库分析	国防部部长办公室（OSD）/负责采办、技术与后勤（AT&L）/国防研究与工程主任办公室（DDR&E）/快速反应技术办公室（RRTO）/Ontology Works公司
S	自行组织团体研究	在虚拟媒体中对于自组系统现象进行研究和分析	国防部部长办公室/伦登集团公司

续表

	项目名称	描述	执行机构
S	通过非传统媒体接触外国观众	通过非传统的方式，如：网络流媒体、播客、博客、手机、数据广播、新兴技术等，扩大美国国防部消息的声音，并渗透给国内外的听众	国防部部长办公室/政策/建立伙伴关系（BP）
U	外国分析	该项目的目的是为战略决策者提供关于外国的关键信息，以及它是如何影响美国在中东的政策的。该项目的回报将详细报告外国和地区的精英分子对于国家政策的意见；另外，该项目将提供外国精英分子对于美国在该地区活动和政策反应的详细评估。最后，该项目将提供更好的了解外国的其他工具	联合参谋部
U	外国观众的感知	战区司令部（COCOM）将把外国观众的理解，以及模拟建立伙伴关系（BP）的活动和工作结合到军事演习和演练当中	国防部部长办公室/政策/建立伙伴关系（BP）
D	可信的穆斯林之声	联合信息作战战司令部（JIOWC）与特种作战司令、中央情报局、国家反恐中心、联合参谋部以及国防部长办公室配合，正在努力确定、分类、辨别、接触可信的穆斯林之声	联合信息作战战司令部（JIOWC）与特种作战司令部、中央情报局、反恐中心、联合参谋部、国防部长办公室
F	国外媒体分析	联合信息作战司令部（JIOWC）通过美国战略司令部拥有一份国外媒体分析合同，作为目标受众分析以及一项指标和预警功能	联合信息作战司令部（JIOWC）/美国战略司令部（USSTRAT-COM）

续表

	项目名称	描述	执行机构
M	心理影响计算器的效能（EPIC）	心理影响计算器的效能（EPIC）为预测心理作战战略提供了一套分析工具。心理影响计算器的效能（EPIC）是基于弹药效果联合技术组（JTCG/ME）的联合弹药效能手册（JMEM）功能区工作组心理作战（PSYOP）提供的最初的分析框架。心理作战计算器的效能从4个主要因素分析心理作战产品：分布、传播、接收和可访问性。另外，心理作战计算器效能提供了一种逻辑机制，以聚合支持一个系列的多个产品的效果，透过产品加强争论的力量或在线表现出的说服力，以及对于目标受众的效果，完成一个支持性的心理作战目标（PSO）	美国战略司令部/J39和美国战略司令部
D	数据挖掘和在线媒体的语义分析	美国国防部信息作战特遣部队已经开始就使用语义分析程序，分析在线媒体出现的特定主题的趋势和频率进行初步的研究和概念论证。该功能可以就国防部的问题和美国政府的利益提供一个国家和地区具有广泛代表性的态度和趋势	美国国防部负责情报的副部长（USD（I））
C	地区联合社会文化可行性理解（J-SCOUT）	与联合参谋部（JS）/J-3/全球行动副主管（DDGO）起开发了一个在社会文化领域进行联合、机构间协作行动的交叉、多学科的方法。它处理的是将社会文化功能向战区司令部转移当中遇到的问题和障碍。确定了技术和有利的信息基础设施需求	国防部部长办公室（OSD）/负责采办、技术与后勤（AT&L）/国防研究与工程主任办公室（DDR&E）/快速反应技术办公室（RRTO）/战略多层评估（SMA）/联合参谋部

续表

	项目名称	描述	执行机构
M	衡量冲突环境中的进程（MPICE）	冲突环境中的进程衡量系统提供了一个广泛适用的基本指标分析能力，适用于任何利益相关的稳定和环境重建。该系统正在开发，部分通过了在阿富汗和苏丹的案例研究应用，正在用于对美国国务院海地稳定倡议（Haiti Stabilization Initiative, HSI）的支持。该系统可以作为政策制定者和规划者的统筹指导，以及作为对各部门随时间的进展情况进行全面分析的手段。该工具允许用户生成一个灵活的情况，以适应特殊需要	国防部部长办公室（OSD）/负责采办、技术与后勤（AT&L）/国防研究与工程主任办公室（DDR&E）/快速反应技术办公室（RRTO）/美国陆军工兵部队/美国国务院
C	执法过渡（TLE）	执法过渡（TLE）项目将推进关于国防部、各军种和机构间协作在支持复杂的作战、解决冲突、稳定及重建活动中的执法能力的本质及需求的当前想法。该项目将依据全谱组织和概念转变首先确定可部署的执法能力，这种转变是与美国军方和机构间协作相关的，也是实用和现实的。该项目将建立关系、运作和组织模型，以及作为未来发展运作能力先决条件的战后/实践后知识体系。该知识体系将覆盖战略和战术的问题，以及更好地应用这项能力所需要的各种技术的使用分析	国防部部长办公室（OSD）/负责采办、技术与后勤（AT&L）/国防研究与工程主任办公室（DDR&E）/快速反应技术办公室（RRTO）/新兴技术
C	STARTIDES	军民公私伙伴关系作为一个网络组织采取行动，以更好地应对人道主义援助和救灾、稳定行动，并找到一种持久的解决人员压力的办法。主要组成部分是社会网络；获取廉价的知识，可持续应急的小工具；在稳定和重建中重塑政策；以高效和自我组织的方式协调、合作，更好地整合工作	国防大学，技术中心和国家安全政策

六、对未来的战略传播科技活动提出建议

在编制这份附件时，确定了若干现有的能力差距，同时对解决这些问题提出了具体的建议。这些工作已经被包含进上述的差距分析中。

下表描述了适用于下列要求的分类。

基础设施	扶持和促进地方获取信息
社交媒体	知识管理、社交媒体和虚拟世界
论述	分析研究敌我双方以及中间派的消息和思想
建模与预测	模拟并预测敌方的消息和思想活动，谋划我们的对策和预防措施
合作	在政府内外提高协作和培训
最初的三英尺	授权、教育、鼓励媒体和其他人真实自由、事实求是地报道事件
理解	发展国家、文化和地区性的专门知识，包括民意测验
心理防御	就处理平时和战时社会上关键事件的歪曲报道进行计划，并进行相应的能力培养

在线媒体的数据挖掘和语义分析 分类：基础设施	使用语义分析程序对在线媒体特定主题出现的趋势和频率进行检测，就国防部的问题和美国政府的利益提供一个国家和地区具有广泛代表性的态度和趋势。 在国防部信息作战特遣队一个试点项目中做的初步调查展示了该功能的概念验证。需要进一步发展这种能力，使之能够在联合司令部重复使用。这种能力于2008年1月由国防科学委员会（DSB）在关于战略传播研究的摘要中提出，它将对所有当前的战略传播行动提供支持，减轻数量有限的语言分析学家的工作压力，把他们从时间紧张的媒体分析工作中解放出来。这种能力将使国防部能够对抗极端主义影响快速传播，减少对于极端主义思想、方法和领导层的支持
在线媒体的数据挖掘和语义分析 分类：基础设施	建议的具体功能： 启用7天24小时不间断地对于博客、网站、YouTube、Twitter及其他在线内容的数据挖掘，确定极端主义思想的主题、消息及预先选定的用户ID，把这些内容链接到该平台的嵌入式标签中。 登录用户ID连接到极端主义的相关内容。 当发现在嵌入式标签和极端主义主题之前有连接时，以反极端主义的消息作为极端主义内容的相关内容。 把新内容标记为“回应”消息

续表

天基广播 分类：基础设施	研发或购买天基无线电发射能力，通过位于敌国上空的地球静止轨道卫星向普通收音机广播调频和调幅无线电信号。 向发射机上传美国之音或自由欧洲电台/自由电台节目，然后发射机以足够的信号强度将它传回地球，任何商用的无线电接收机能够清楚地加以接收。该技术能够使美国政府向被禁止的区域进行广播，在这些区域以现有的广播技术无法与受众取得联系，而且可以越过法律的限制
手机/全球移动通信系统（GSM）的社交媒体 分类：社交媒体	建立统一、开放源码的Web2.0多媒体平台，同时为当前使用手机/全球移动通信系统（GSM）等手持设备的欠发达地区加入社会网络站点 需要把美国国防的消息通过传统和非传统的媒体更响亮地传递、渗透给外国受众的能力，这些能力可用于支持美国中央司令部、欧洲司令部和非洲司令部正在进行的行动。具体地说，就是要发展数字媒体的传播手段。虽然在西方社会存在通过完善的基础设施传播数字产品的强大手段，但在欠发达的国家正在研发手持设备使用手机/全球移动通信系统技术传播数字媒体的手段。国防部需要不考虑基础设施，把所有这些传播手段连接起来在整个社会迅速传播的能力。 创建一个真正“集成的”开放源代码的Web2.0媒体平台并加载与其相随的社会网络站点，由可通过嵌入式标签（用户名、时间/日期、地点、IP地址）链接路径的扩展文件（音频/视频/文本/微博（短信服务））组成。其他要求： 该平台将展现出近乎无限的（最大到预先确定的档案规模）用户生成、可扩展的文件。 该平台将能够通过开源多媒体平台转换现有的格式。 该平台将在移动设备上包含通用字符格式/特殊字符，能观看/可回放的内容（尽管是以有限的图形格式）。 该平台将具有各个内容版本内置的病毒扫描程序。 该平台将给每个用户分配一个个性化的、安全的网络站点。 消费者生成内容监视器来跟踪在线社交网络
社会网络分析 分类：社交媒体	制定一个社会网络分析的样式，可以让一个国家的领导层加以应用，检查一个国家关键部门的主要领导人的个人影响力网络。 通过考察公开文件和记录，确定到连结这些人的节点。他们是否进入了同一所高中？他们是否有相同的大学教授？今天他们的孩子们在同一所学校上学吗？他们是否都加入了同一所体育俱乐部？这样做是为了给美国政府，特别是大使馆人员一个预测模型，搞清楚谁处于“圈子的核心”，谁在未来可能会出现在这个圈子里。哪些表明了权力和决策者之间的联系？例如：确定西班牙4个或5个最重要的政治、经济、社会和学术领导人

续表

文化解读：叙事项目 分类：理解	为美国公共外交和战略传播创建一个新的样式，利用叙述创建一个穆斯林信仰的人类学认知的知识基础，创建一个人类信仰系统的动态模型。 美国战略传播工作存在的一个主要不足是缺乏一张包含各种叙述、神话和象征主义的联想足以打动全世界范围受众的认知地图，该地图在很大程度上决定了这些受众是如何看待各个事件的，这其中包括美国的行动。 认知人类学家罗伯特·德驰博士，是传播咨询公司布赖恩塞尔斯公司的创始人和主要委托人，该公司为较大的美国和国际公司负责咨询工作。他提出了一种办法来弥补这个不足，使用德驰博士的“PRIMALysis”。该“PRIMALysis”分析方法可用于分析各类穆斯林观众信仰体系核心的叙述、神话、象征性的联想以及比喻。该倡议将创造一个美国公共外交和战略传播的新模式。利用叙述创建一个穆斯林信仰人类学认知的知识基础，创建一个人类信仰系统的动态模型。该模型将利用参照物、符号、隐喻和核心叙述以情感为基础的逻辑，帮助改善宣传活动，以提高不同穆斯林民众心目中的美国形象
完善机器翻译、存储和检索能力 分类：论述	依靠对源语言的机器翻译，使用英语关键字或短语在网络环境中从桌面平台检索视频和音频。 这是一项持续的要求。国防部内改进机器翻译的工作仍在继续，但在一个分析师的桌面大致翻译文件的能力仍然悬而未决。规划人员和分析师都需要能够将目标语言用机器翻译，使用英语查询检索视频和音频的能力。检索应能通过关键字或短语完成，可以应用在网络环境的桌面平台中。额外的工作主要集中在完善实时翻译能力，同时减少必要设备的尺寸和重量。 这将对所有业务产生直接的影响，印刷媒体继续下降，卫星电视扩充，音频和视频的数字传播继续扩大
外国新闻分析与排名 分类：论述	对外国媒体新闻报道实时的背景分析和排名。 例如，软件将在每天的基础上检查欧洲各个国家头号日报的内容。使用形容词排名，软件将根据消极或积极的基调为包含“美国”和“政策”的报道给出成绩

续表

美国政府民意调查中心 分类：合作	为美国政府的民意调查工作建立核心的、牢固的定位（和战略）。 对于美国政府所有的民意调查工作，运作机构需要一站式的工作机制。在美国国防部和国务院有许多工作正在进行。需要有一个为美国政府民意调查服务的牢固定位（和战略）。负责衡量标准和民意调查的PCC分公司负责该问题，但需要加足马力工作。估计费用：150万美元
国外媒体分析中心 分类：合作	为美国政府所有外国媒体分析工作建立中心的、牢固的定位（和战略）。 对于美国政府所有的外国媒体分析工作，运作机构需要一站式的工作机制。在美国国防部和国务院有许多工作正在进行，但是没有外国媒体分析工作的战略，也没有可以找到所有分析文件的一个地点。该问题由一个PCC分公司来负责。估计费用：200万美元
战略规划与管理系统 分类：合作	战略规划和管理系统确定了现在正在进行的影响广泛的活动，以及实现这些目标的过程。 该系统包括协调、管理和态势感知/理解子系统。该计划将提高战略传播的反应机制以及对于成功的评估。估计费用：900万美元
可供选择的有力的印刷解决方案 分类：最初的3英尺	创造利用太阳能或其他替代能源的印刷解决方案。 找到一种技术途径，使资源能够在线当地分布。使线上提供PDF格式的资源（如儿童有关键主题的涂色书，故事书，非小说文学作品等）相对来说比较容易。最难的是在理想位置得到它们的硬拷贝（打印件）。一旦某样东西以硬拷贝的形式打印在纸上，它就能传递给许多人，不再依靠技术/或技术功能
消息本地化 分类：理解	开发能够迅速适应于美国发布消息的工具和数据库，它将对临时通知的行动产生直接的影响，如人道主义援助/灾难救济及其他紧急情况。 决策和目标受众认知文化差异的研究已经表明：信息可以契合特定的人群来发展，这些人群基于独特的文化和社会特征。 在国家和地区临时通知实施的行动（如人道主义求援行动）很少能够执行事先的计划，结果导致“一般”工具和消息的应用，可能不会达到及时预期的效果。使用文化专家和人类学家可能有效，但进行必要的资料整理需要时间，并且资源也不能提供给联合指挥员使用

其他要求

其他科技领域，将重点推进战略传播和文化理解的工作，为短期、中期和长期活动提供建议。

科技推力	期限	评论
开发一个原型、通用的、社会文化分类	短	快速反应技术办公室（RRTO）的几个项目已经产生了良好的开端，但需要协调几组决心独立发展的工作
更好的语言翻译能力	短	大部分工作已经完成，但更关键的语言必须加以解决
统计学语言分析的开发	短	该领域已是成熟的时机，我们需要了解如何把它发展得更快更远
研发数据编码技术	短	随着对新数据需求的增长，对新的编码技术的渴望也随之增加，为了反恐的需要，现在就应该开始进行数据编码的培训
与主要民意调查公司的合作关系	短	与调查公司合作建立一个研究的“席位”，这样可以向研究机构开放此类信息，结果可以通告行动使用
改进方法征求专家知识	短	应该开始将从研究机构得到的最佳做法与军事和情报机构使用的技巧结合起来
高质量统计模型的实际应用	短	现在可以开始把这些模型与使用的指令工具包结合起来，并内置评估工具
亲临其境、交互式的培训能力	短	大部分技术已经存在，但是该行业需要对学生要吸收的东西进行仔细的分类，并对如何测试进行明确
安全信息交换自动化规则联盟模型	中	该技术已经准备就绪，但联盟的形成需要一些社会化并研发可接受的安全交换协议
发展一个全面的、成熟的社会文化本体	中	最初的原型将披露不确定的概念和关系，并推动行动机构确定不同阶层和不同任务需要哪些数据
采集结构化数据：指定主要的结构化数据集并开发过滤器	中	许多数据集是已知的。过滤器需要定义分类，并在目标数据写入前定义数据格式
博弈理论分析	中	正在发展多边模拟的新模型能力，但在被认可实际使用之前必须经过认真测试
基于代理模型的业务工作	中	大多数模型需要开发其周边的分析架构，具有执行参数化测试易于使用的一些方法
集成框架	中	尽管这些可以在今天进行一些初步调查的基础上开始，但它们将成为研发和跨学科关系的实验室，将是未来几年里所需要的

续表

科技推力	期限	评论
证据分析	中	该工作现在能够在现有几种做法的基础上开始，但需要数年才能使好的工具开发出来并投入运作
结构化、社会文化数据的数据模型	长	研发一个没有好的分类，没有经过过滤器过滤，没有数据集的数据模拟将导致昂贵的返工
供应多个后处理器的强大的搜索引擎	长	需要单用途搜索和处理引擎附加的经验，以确定哪些数据需要挖掘、存储、共享，以及以何种形式来进行
多学科模型的研发	长	在多学科模型能够用于业务之前，需要对了解不同学科之间的关系进行研究
综合计算的社会文化模式	长	这是一个需要重点研究的过程，以促进这些能力的发展

七、拟建联合战略传播评价及定量联合测试和评估

联合战役行动路线（lines of operation, LOO）的发展。

如果没有既定程序和标准，联合部队指挥官（JFC）及其参谋人员出于需要开发了能力，而不是根据设计，会导致整个联合部队在测量什么、使用什么工具和流程以及如何进行评估上的不一致。此外，联合参谋人员缺乏进行有效评估必要的培训和经验。随着量化方式的发展，这些问题的解决方案将大大改善联合部队评估所有军事参与者传播行动成效的能力，提高以后规划和业务决策的质量。

战略传播最需要发展的领域是传播评估。缺乏充分及时地评估，会减少传播活动在支持行动路线（LOO）上的整体效果。如果在评估中有充分及时的数据，不仅会对过去的行动进行评估，而且有利于指导今后的工作和行动决策。这也说明需要修改战役计划的行动路线（LOO）或用于实现战役计划的方法。

联合公共事务（JPA）2007年初始能力文件（ICD）确定了表中分析和评估五个方面的相关差距。

表：联合公共事务（JPA）的差距

联合公共事务（JPA）初始能力文件（ICD）分析和评估差距
无法有效地捕捉和监视开源信息
无法有效地分析/评估公共传播活动的有效性
缺乏媒体内容的专门数据库，该数据库可以用于制定向部署的联合部队发送的有关媒体分析的相关产品
无法将媒体分析和评估纳入到参谋计划中
缺乏媒体分析和评估的工具

联合测试和评估将确定并评估用于国防部战略传播评价的方法、程序和工具，最终产品将明确最佳做法、确定差距并对非物质的解决方案提出建议。此外，它将确定支持战略传播评价所需要的定量数据，并确定数据潜在的数据源。由于这些评价活动的结果将为联合部队司令部所有的活动提供反馈，使之成为公众传播领域的一部分，这将改善行动决策。最后，它将确定有效战略传播评估所需的人员编制和培训。

战略传播活动及时定量评价的能力将：

- 加强业务和战略传播规划；
- 验证战略传播活动，包括信息的反响和传递的有效性；
- 提高能力，以查明和打击敌对宣传和误导；
- 确定盛行的错误信息和虚假信息；
- 加强针对误导报告展开的打击行动；
- 主要消息的深入评估和调整。

附件三　美国国防部内的战略传播和信息作战

2011年1月25日美国前国防部长罗伯特·盖茨签署题为“Strategic Communication and Information Operations in the DoD”的备忘录。该备忘录从领导力量、执行机构、责任划分、本质定义等诸方面对战略传播和信息作战等相关工作进行了明确，其目标是使美国在迅速变化的战略环境中保持领先地位。

美国自己正身处于一个迅速变化的战略环境之中。对于国外和国内、平民与作战人员、国家和非国家行为者以及战争与和平之间传统界限的侵蚀只是这种变化的一个迹象。今天，由于非国家行为者在全球弥漫的恐怖网络和跨国活动中增加了他们的作用，地理边界的重要性已经日益减弱。作为回应，总统已经提高了美国政府通过有效的战略传播（SC）和信息作战（IO）打击暴力极端主义的战略重点。

美国政府所有的部门和机构正在努力改变不合时宜的方案和政策，以适应不断变化的环境。在国防部内部，作战指挥员一直在向罗伯特·盖茨传递在实施关键的信息项目中维持充足的资源和足够的投资水平的重要性，特别是在这些领域增加国会审议和报告要求的背景下这样做的重要性。鉴于这些外部和内部的需求信号，盖茨在2010年下令进行了一次战略传播和信息作战的前端评估（FEA），解决这两个领域有关作用和使命、定义、管理、资源、培训和教育等问题。战略传播和信息作战前端评估得出了以下几项决定。

2010年10月1日，负责信息作战监督和管理功能和职责的首席顾问人员从负责情报的国防部副部长辖下转隶到负责政策的国防部副部长（USD（P））辖下。负责政策的国防部副部长将相应修订国防部3600.01号和国防部5111.1号指令。这次责任调整为国防部与跨部门合作者的所有部门提供了一个单一的入口。这次调整也为财政和项目责任提供了一个单一的切入点，并在政策、能力和项目之间建立起一个明确的联系，也为整合提供了更好的传统战略和规划功能。

在联合部队层级，参谋长联席会议主席（CJCS）将通过分配联合信息作战的后勤支持把联合信息作战的研发和管理重组给联合参谋部。个别的能力责任将分配到适当的作战司令部：如军事信息支援行动（MISO）（美国特种作战司令部）、计算机网络作战与电子战（美国战略司令部（USTRA TCOM））、军事欺骗与行动安全（联合参谋部）。

这将为联合信息作战整合创建一个单一的、指定的、能力明确的倡导者。这些分配将提高国防部的能力，满足作战司令部的要求；提高信息相关能力的发展，并确保业务在作战司令部和跨机构间的一体化和连贯性。

参谋长联席会议主席将制定并执行详细的实施计划，重组联合信息作战中心（JIOWC）要素。该联合信息作战中心位于德克萨斯州圣安东尼奥，目前隶属于美国战略司令部。联合信息作战中心联合电子战司将继续分配给美国战略司令部，联合信息作战中心剩余的要素将与联合参谋部平级调整。

负责政策的国防部副部长和参谋长联席会议主席将修订有关的政策和理论文件，以反映信息作战的新定义，重点是整合信息作战的本质属性。

信息作战新的定义为："在军事行动期间，与信息功能相关的一项综合性的应用措施，与其他各线展开的行动相呼应，影响、干扰、破坏或篡改对手或潜在对手的决策，同时保护我们自己做出的各项决策。"目前的定义缺乏对于信息环境的参考，过分强调核心能力。这导致对于能力过度重视，混淆了这些能力与信息作战作为一个集成的参谋功能上的区别。成功的信息作战需要对与信息相关的能力进行识别，确定最有可能实现的预期效果，而不单单是一种能力的应用。定义的修改同样会影响到需要对现有的一个观念进行改变，即核心能力必须有一个实体进行监督。能力的整合并不需要必要的所有权。

负责政策的国防部副部长和负责公共事务的助理部长正式成为战略传播的共同领导，负责政策的国防部副部长将出版一份新的国防部指示和指令，该指示和指令将澄清有关战略传播的定义，解决战略传播在国防部和联合部队层级实施的问题。这两个机构的作用，以及作战司令部和各军种部参与战略传播进程的方法也将得到澄清。通过指定共同领导，盖茨期望在政策制定和传播规划方面将得到更好地整合，通过从对方专家得到意见，彼此都能得到提高。

全球参与战略协调委员会，该委员会是由负责公共事务的助理部长和负责政策的国防部副部长共同主持的，将在新的国防部指令中正式成立，并成为美国国防部战略传播方面的中央协调机构。

2010年12月3日，盖茨签署的备忘录，主题为：把术语“心理作战”（Psychological Operations）改为“军事信息支援作战”（Military Information Support Operations）。“军事信息支援作战”将取代术语“心理作战”。

负责政策的国防部副部长、项目分析评估主任以及负责审计的副部长将继续为战略传播和信息作战相关的能力和活动制定标准化预算编制方法。目前，在国防部内部就确定的信息作战相关成本没有成文的业务规则。这导致了不仅在美国国防部内部存在重大混乱，而且还使国会处于混乱之中，并且毫无必要地将关键资金置于风险之中。此外，美国国防部审计长将要求所有的资源管理者关注有关军事信息支援作战的成本消耗，由此来应对特别国会审议。

参谋长联席会议主席将评估联合战略传播和信息作战的培训和教育，以确保作战指挥员的需求在联合教育和培训制度内得到圆满解决，他还将考虑需要确定的战略传播的培训与教育，该培训与教育将基于战略传播能力的评估方法。在作战指挥员与盖茨的交流之中，他们继续强调缺乏足够的训练有素的信息作战人员。必须招募、培训、教育、正确地跟踪这些人，以便为作战人员提供最佳的资源。在这个以信息为中心的环境中，信息作战的培训和教育尤为重要。

盖茨深信这些决定将使美国国防部为当今快速发展的战略环境更好的加以准备。美国国防部必须在信息环境中有效运作，以保卫国家，并对各种冲突加以预防，做好准备，在冲突中占到上风。这些变化将推进信息作战，整合从机构和程序中得到的经验教训。

附录四　美国海军陆战队战略传播的功能性概念

一、目标

“作为国家的战备部队而保持准备水平，海军陆战队必须持续创新。这需要我们审视整个机制，发现那些需要改进的领域，并积极去改变它。”

这一功能概念的目标在于激发人们就战略传播对美国海军陆战队，特别是陆战队空地特遣部队的重要性和效用进行思考、试验、演练和争论。这一概念也将用来帮助发展远征部队发展系统（EFDS Expeditionary Force Development System）程序，为在条令、组织、训练、物资、领导力、教育、人事、设施（DOTMLPF为doctrine, organization, training, materiel, leadership and education, personnel, facilities的首字母缩写）和政策的缺口中强调战略传播打下基础。它为部门和陆战队空地特遣部队计划者、指挥官和参谋人员提供了实际的考虑因素。

二、纵览和视野

美国海军陆战队战略传播的功能性概念覆盖的时间段为2017年到2025年。强调战略传播的这段时间在现有的《未来年度防务计划》（FYDP Future Years Defense Plan）时间框架之外，但是在《海军陆战队构想与战略2025》提供指南的时间段之内。这一概念主要应用于陆战队空地特遣部队的所有单元和指挥层级，概念性应用也会在海军陆战队总部的机构层级上得以体现。

“战略传播”现在在联合层级被定义为：美国政府通过协调使用项目、计划、主题、信息和产品，并与国家力量所有手段的行动同步，来理解和接触关键的公众，确保出现有利于美国政府利益、政策和目标的进步的条件。战略传播另一个简单的定义是为支持目标而影响感知、态度和关键的公众信仰的方法。

《2010年四年防务评估》中的指南、《联合作战拱顶石概念》《战略传播联合集成概念》(JIC Strategic Communication Joint Integrating Concept)以及未来在联合部队司令部的《联合作战环境JOE》(Joint Operational Environment)规划的内容都明确美军必须提高其在认知领域行动的能力。关于认知领域，我们指的是那些有关智力和情感的领域，其中个人、家庭、部族以及统治实体依据其各自的历史、文化、社会、宗教和教育背景进行合理化决策。这是一个有关思想、意志和情感的领域。这是一个认知影响态度的领域。

美国政府和联合层级有关战略传播的概念、定义和界定将继续发展变化。为了在所有层级上贯彻和利用现有的指南和概念性思想，海军陆战队这个功能性概念将在以下来自现有联合出版物的基本框架上进行扩展：

- 信息作战为作战助推器的重要性将继续提高；
- 与信息环境有关的军事概念、定义和条令正在发生变化，特别是因为多种行为正在获得先进的技术，对快速变化的信息环境形成影响，我们必须对此做出反应；
- 战略传播是促进对美国国家战略利益和目标的理解、接触关键大众的过程；
- 和言语和图像相比，行动对战略传播的影响更大；
- 战略传播对海军陆战队来说是作为一个机构体现在军种层次上，对于陆战队空地特遣部队来说则体现在战役和战术层次上；
- 战略传播在作战领域中是一个广泛而全面的概念，包括了所有的作战行动、公共外交的防务支持(DSPD defense support to public diplomacy)、信息作战、公共事务(PA Public Affairs)、民事军事行动以及随军摄(COMCAM Combat Camera)；
- 战略传播对陆战队空地特遣部队来说，是将受众和利益相关者的感知问题整合到每一层级的计划和作战中的过程；
- 陆战队空地特遣部队的战略传播计划和目标将更加与高一级总部的战略传播计划和目标相一致，并发挥支持作用；
- 相关的训练、教育和演习将提高陆战队空地特遣部队的战略传播能力；
- 现有的规模程序和陆战队空地特遣部队作战计划小组(OPT Operational Planning Team)足以影响战略传播规划中需要的整合；

● 不断的反馈、分析和评估是必要的，有助于努力获得期望的结果。

三、背景

“美国国防部正在把战略传播视为一种适应力强、分散化的过程，这个过程中，军方将试图彻底地理解特定的受众；假定在那些受众身上产生所期望的认识效果的物理或者信息信号；通过行动来测试那些假定；通过反馈来监控那些实际结果；通过美国国防部和联合部队来推广最佳的解决方案。”

除了上面提到了联合出版物5-0中提到的定义外，战略传播还有许多定义。从许多方面来看，它是一种老概念的新名词。这种老概念就是：任何努力的成功都与对所处的环境的理解的水平直接相关；与接触的所有参与者（如盟国、中立方和敌人）的历史、文化、社会结构和意图相关；和各自的目标、力量、弱点和偏爱相关。最近的冲突明确展现了正在发生的观念的斗争，展现这一更广泛理解的价值，因此，一个新的术语“战略传播”则给了它现代化的表达。一些人认为战略传播和其他像“影响”或者“劝服”这样的术语是同义的。还有一些人望文生义，认为战略传播只有在战略层次才存在。不管怎么样，陆战队空地特遣部队在战术层次的行动、言语和形象都明确地支持或者妨碍联合部队和国家层次的目标。

美国国防部和联合层级最近的出版物已经增加了说明，但是仍然没有让战略传播具体实施的主体、方式和时间明确起来。在部队部署执行任务的行动中，战略、战役和战术之间的界线已经模糊化了，区别常常不清楚。同样模糊化的还是在敌、友和无辜的第三方之间的区别。模糊化使计划更为复杂，对所有类型的军事行动都有重要的影响。这个功能性概念承诺了陆战队空地特遣部队任务设置的调整，提出了发展所需能力的方式。

战略传播的联合一体化概念列出了联合部队战略传播的基本原则、定义和高层级问题。随着美国国防部对战略传播的认识的变化，美国国防部已经减少了它对严格的“信息性”（informational）活动的强调。战略传播联合一体化概念强调了“劝说他们以符合我们目标的方式进行思考和行动”所面临的挑战，不管这样的手段会使他们调整具体的行动过程还仅仅是更好地理解和接触。在国家层级，“有效的战略传播需要策划好多条行动线。”其中首要的是政策执行、力量使用、信息作战、公共事务、民事事务、公众外交和接触。在战争层级，战略传播与“那些下至战术层次以影响关键受众的感知、态度和信仰，创造有利于陆战队空地特遣部队目标和国家最终的战略目标的有利条件”的多条行动线是同义的。战略传播是一个全面的程序，一种思考的方式，而非一个新的功能领域。那么这对美国海军陆战队作为一个机构，以及对美国陆战队空地特遣部队意味着什么呢？

四、军事问题的描述

（一）陆战队空地特遣部队的内部问题

陆战队空地特遣部队在战略传播领域存在的主要军事问题是，无法快速有效地在认知领域调整适应。海军陆战队在传统的以“动能化”为基础的作战计划中表现出色。尽管美国在考虑如文化学习和关键领导人接触等问题上已经取得了巨大的进步，但是美国在应对复杂文化和信息性局面的大量挑战时表现还欠佳。“动能化”的战役常常是由物理目标来定义的，很容易衡量和管理。在最抽象概念的层次，这些战役只有一个简单的目标：本方胜利、敌人失败。在执行过程中，组成一次行动总体有效性的支援性参谋功能很大程度上是独立的支援功能，其详细内容都包括在主计划的附件之下，这些行动都是由专业人士来实施的。在可以预见的未来更为信息化的防御环境中，军事任务随着有影响的参与方的增多而更为复杂。

未来“胜利”的构成要素和美军在第二次世界大战中获胜的要素和中央司令部在“沙漠风暴”行动中获胜的要素都是不一样的。

不同于传统的“获胜-失去”（win-lose）态势，未来的接触很可能将由“获胜、获胜、获胜而后失去”（win, win, win - lose）环境因素构成，其中战斗空间中每个参与方或者有影响的一方，除了敌人外，都希望有一个促进安全、发展和希望的积极的结果。这样的任务要求从国家层次到陆战队空地特遣部队层次有效执行战略传播计划，并整合陆战队空地特遣部队基地计划中的信息和行动。如果缺乏将这些信息整合进入基地计划的能力，或者不能发展快速抓住转瞬即逝的机会的能力，就可能会失去海军陆战队从战场上获得的信誉。所以美方面临主要的挑战是：海军陆战队很大程度上必须要通过训练和教育，来扩展陆战队空地特遣部队的文化，使非动能手段和认知领域在每个计划制定过程中，在执行的每个阶段，都能得到一以贯之的、完全的强调和贯彻。

为了帮助应对这一挑战，陆战队空地特遣部队的每个参谋部门和每个单元都必须在与更高部门意图和指导相一致的文化理解的基础之上，研究制定相应的支援性计划。美国的计划并不把理解和强调冲突或者不稳定的根源作为首要目标。在某些方面，美国正在治标不治本。有了对文化和信息环境有较深理解的人才，有了主动理解环境的专业能力，就将可以在理解复杂安全环境上更进一步，找到更科学全面的办法。

（特别是对陆战队空地特遣部队的计划者而言）另一个挑战将是在合适的时候实现思维方式上的转换，从“受所有其他一切支援的动能”（kinetics supported by all else）向“支援其他所有一切的动能”（kinetics in support of all else）的思维转变化。战役中平衡这两种作战思维的能力是任何军事组织在传统的“力量对力量”的军事想定之外行动的关键。当前，在认知领域和物理领域实施机动战的能力，特别是领导联盟或者多机构特遣部队的能力是依赖个人（personality-dependent）的。这种能力在海军陆战队内部必须通过增强的PME、训练和演习实现机制化。

（二）陆战队空地特遣部队涉及更高层级的战略传播问题

“我想说的是，大多数战略传播问题完全不是沟通问题，它们是政策和执行问题。”

其他军事挑战在战略传播的问题非常明显，一些并不仅仅在军事领域。举例来说，美国政府内国防部以外的那些部门在战略传播的目标、主题和信息上都缺乏有效的同步和处理。以地区为重点来部署的司令部常常将战略传播的主题和信息进行裁剪以适应他们与当地文化建立对话机制和发展关系的需要。依靠信息和当地文化，这可以使问题变得高度复杂和适当微妙。这与其他美国政府机构中的伙伴形成鲜明的对比，他们有时候不能进行适当的协调，不能进行很好的处理，在走向“全球化”（global）之前将提议的主题和信息传送较低层级的人员手中。

当美国政府推进一条不同于草根智慧、思想和现实的国家或者地区信息时，这种执行上的缺陷往往会带来从国家层级到战术层级的“说-做”的缺口。赫尔曼德省的罂粟种植-当地经济-腐败问题是一个非常好的研究案例。如果陆战队空地特遣部队行动的环境是一个美国政府战略传播努力同个别盟国的战略传播努力相冲突的环境，那么陆战队员们面临的信息传送的挑战更大。

“我们的信息缺乏可信度，因为我们没有投入足够建设信任和相互关系，我们也没有传达某种承诺……我们因为言行不一致而伤害到了自己。”

由于典型的陆战队空地特遣部队作战地域内盟国司令部、当地部队、非政府组织和多机构团体数量的增长和特征的变化，传播者面临着文化阻碍和技术困难，协调水平不高，任务完成不好。这是传播者必须面对的不断发展的一个现实。阿富汗作战地区的陆战队远征旅正在使用十多种不同的情报和通信系统，美国力图确保关键的参与方在适当的时间获得适当的信息。在这些挑战中，美国的行动的影响力要比他们语言的影响力大得多，美国的目标应该是使广泛而分散各有特点的参与方的行动同步化。促进和提高这种同步化一种更为现实的方法是，针对指挥官的意图另外增加一种表意明确的信息终端。

五、核心观点

> **“良好的沟通的本质是：正确表达我们的意图，让我们的行动自己‘说话’。我们不应该注意人们是否喜欢我们，这不应该成为目标。我们的目标是可信度，我们通过时间来获得可信度。”**

在未来的安全环境中，人们不再聚焦于通过火力和机动来击败一个敌手。未来的战斗空间在人们之间，常常敌人、友人和中立者之间的区别是不清楚的。陆战队部队实施的几乎每项活动都会使他们直接与作战区域的人们发生天然的联系，他们将成为战斗叙述的主要焦点。如《2010年四年防务评估》写道“战略传播在反暴乱作战、反恐作战和稳定作战中是非常重要的。这些作战行动中，当地居民和利益相关者的信仰和感知是成功的关键，而敌人往往享有非常熟悉本地情况的优势，会精心策划他们的行动以实现复杂的信息目标。”其中，不只是这些作战行动，所有类型的军事行动，只要有个人和小规模部队参与到复杂环境之中，就都要接受战略传播原则的指导。这些原则还要成为总体战役设计不可分割的组成部分。

从特征上来说，陆战队空地特遣部队是能力格外强的部队，这支部队通过适当“裁剪”可以胜任多种任务。这种特质使陆战队空地特遣部队成为具有高度灵活性和通用性的作战编组。这对于复杂作战中的陆战队员来说尤为重要，因为他们必须具备多种思维：战斗人员、外交人员、公共服务人员、建设者、医生以及乐善好施者。建设合作关系和建设桥梁或者医院一样重要。在这些环境中行动有一些必需的特征，其中最重要的是倾听、正确表达、有效沟通和持续评估反馈的能力。这些因素是如此重要，所以必须成为任何一份行动计划不可分割的组成部分。这一概念的核心观点在于，激励指挥官们和策划者们将战略传播的原则作为任何一次战役设计、所有规模作战行动和每次行动的基础来考虑。问题是如何实现这一点。

六、战略传播原则和挑战

（一）原则

谈到美国海军陆战队部队时，陆战队空地特遣部队将主要负责更高一级总部战略传播计划的执行或者支援任务。陆战空地特遣部队的战术行动及其展现的形象应该支持更高一级总部和国家层级的战略传播目标、主题和信息。陆战队空地特遣部队的行动必须与文职领导人的讲话相一致。陆战队空地特遣部队的沟通战略必须是指挥官推动的、有前瞻性的，并与其所有的行动、主题、信息和形象相同步。在陆战队部队部署计划和执行的过程中，他们应该受到下列战略传播原则的指导：

- 领导力推动：领导者必须主导沟通过程；
- 可信度：对真实性的认知和尊重；
- 理解：对其他人或事深度的理解；
- 对话：观点的多面性交流；
- 渗透性：每次行动传达一个信息；
- 统一努力：一体化和协调；

- 基于结果：与所期望的结果相关联；
- 反应力：适当的受众、信息、时间和地点；
- 持续性：分析、规划、执行和评估。

（二）挑战

1. 保留竞争性叙述环境的影响

“这场战斗一半以上都是在媒体的‘战场’中进行……我们正在进行一场媒体的战斗，争的是这些伊斯兰教信徒的心和思想。”

技术的快速发展，使几乎任何人在机构和战役层级都能进入信息环境。现在的个人和小团体能够快速散播他们版本的现实，促成全球认知，或者应对穿越边境和界线的其他信息来源。在一个每一件被见证或者听到的事情可能很容易被记录、复制和广泛发布的环境中，个人和小团体的行为的影响可以被放大。在这种新的信息环境中，陆战队员必须要具备充分的灵活性，从而在参与、计划和行动上都能胜任。观察–判断–决策–行动（The observe–orient–decide–act, OODA）在信息领域中和在物理领域中是一样应用的，相对的节奏都是成功的关键。

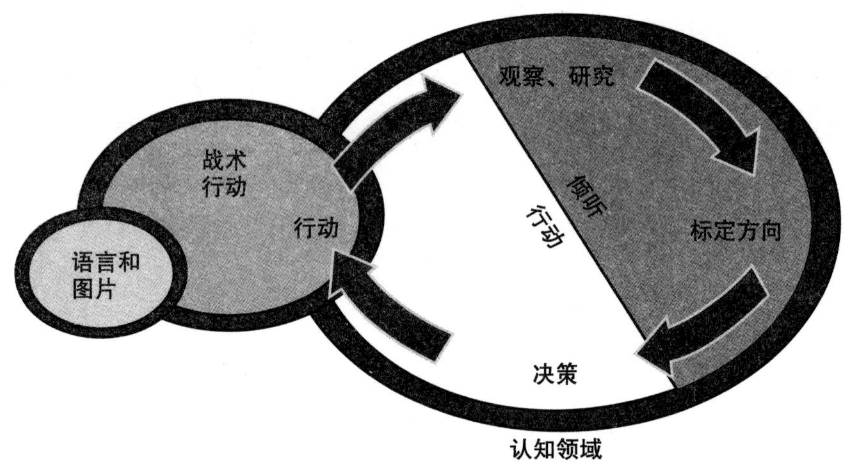

图附四–1　战略传播：获得认知上的灵活度，实现领先态势

至于陆战队远征特遣部队面临的挑战，战略传播过程致力于同步并最大化这些努力的影响，根据具体情况来实现下列一个或多个目标：

- 提高陆战队空地特遣部队和美国的可信度和合法性；

● 削弱敌人的可信度和合法性；

● 劝说特定的受众采取特别的行动支持陆战队空地特遣部队、美国或者国际目标；

● 引起竞争者或敌人采取（或者不能采取）特别的行动。

2. 倾听的重要性

传播者现在面临的挑战之一是更好地理解“听”和“传送”之间的关系。如果将战略传播理解为一种首要的理念来指导军方思考、组织和运作的方式，并将其简单地作为一种行动选项或者参谋活动的话，“战略倾听”则是必需的。“战略倾听”并不是了解敌人的更新的一种委婉说法，也不是一种新的情报搜集方式。例如，如果陆战队空地特遣部队或者单兵陆战队将在复杂的环境中行动，他们必须发展一种能够凭直觉就能理解环境以致能够更有效地行动的“第六感”。这只能通过加强教育和训练来获得。在战术层次，“第六感”的获得只有在广泛与当地居民接触，以及实现了某种程序的信任之后才能够实现。积极地倾听要比仅注意作战环境行为体的语言和行动好得多。倾听是有关观察和对某人的“肢体语言”做出适当的反应。它是有关在潜在的行动或者结果发生之前就认识到怎样才能创造更有利于成功结果出现的环境。正确地评估态势有利于总体科学的态势感知的实现。

“在每次制定行动计划时，理解行动的效果，理解当地的文化和精神，是首先要考虑的因素。”机动战，不管运作得多么熟练巧妙，都可以等同于一场两人下的国际象棋，一位竞争者希望击败另一位竞争者。在复杂环境中的作战（那些战略传播重要性非常突出的环境）可以被视为多人参与的国际象棋，其中一位玩家并不仅仅试图击败一位对象，而且要利用所有其他的玩家和观察者创造有利于自身的态势。陆战队空地特遣部队只有比以前具备更好的倾听、解释和感知的能力才能获胜。美军在战役战术层次上水平的提高主要靠对战略传播更好的理解，靠其9大原则可以运用到陆战队空地特遣部队的战斗节奏中去。

3. 设计合适的陆战队空地特遣部队行动

因为陆战队空地特遣部队的行动主要在战术层级，大部分战略传播的目标、指南和方针将在陆战队空地特遣部队以上的层级确定。陆战队空地特遣部队将负责以具体的方式执行其承担的任务，支持更高层级的战略传播目标、主题和信息，阻止任何的“说-做”缺口的出现。陆战队空地特遣部队行动可以与友军、敌人和其他对象进行战略上的沟通。然而，更重要的是，陆战队空地特遣部队指挥官在其作战区域内，必须能够更好地计划和执行陆战队空地特遣部队的具体行动，以对当地居民、政府或者其他决策团体（包括敌人在内）的行为或行动产生积极的影响。在一个社会文化复杂和全球互通的信息环境中，实现这一点常常会超越陆战队空地特遣部队现有的能力。战略传播上的紧迫性需要传播者更好地理解他们的行动将会如何被认识，其他各方会做出怎样的反应。

下面列出的是一些积极而持续的行动，可以作为美国陆战队空地特遣部队在认知环境中制定行动计划完成任务的基础：

● 在陆战队空地特遣部队行动区域内与相应的重要领导人和居民进行持续的接触，作为所有其他沟通努力的基础；

● 根据行动在陆战队空地特遣部队行动区域内外对不同受众可能产生的认识影响、后果和效应来策划每一次行动；

● 积极对陆战队空地特遣部队行动及其效果进行评估，寻求和鼓励从战场空间拥有者那里进行自下而上的经验总结和提炼；

● 预测、监控、理解敌人和竞争者的影响力效应，并采取反制或者利用措施；

● 较为深刻地掌握有关公众及其网络的知识，并了解具体重要个人的情况；

● 制造和生产经过裁剪的、能够引起共鸣的、文化上协调的信号，可以透过种种混乱嘈杂的信息环境传送到希望到达的受众那里；

● 依据陆战队空地特遣部队传播信号的效果的反馈来持续和反复地进行调整；

● 理解信息环境对物理领域和认知领域的影响。

4. 将战略传播整合进作战设计中

军事计划和决策一直以来都是有关科学和艺术研究的领域。战略传播地计划和执行对双方的观点也非常重要。战略传播过程包括了“水平”协调和“垂直”协调两个方面，前者是指在陆战队空地特遣部队、联合部队以及相应的国际伙伴之间的协调，后者是指包括美国国防部和美国政府在内的指挥链条上下的协调。不管是哪种协调，目标都是确保：

● 从一开始（而不是事后想到）文化、信息和沟通的因素就应该是战略、计划和政策发展的一个部分；

● 在行动付诸实施之前，动能和非动能行动可能对沟通产生的影响，公众最可能出现的认知效果，都需要进行评估，以利于更好地计划；

- 言语和行动是应该是一致的，且是相互支持的（避免“说-做”缺口）；
- “软”实力选项和能力应该与“硬”实力方案协调一致，有相同的优先性。

美军新修订的MCWP5-1《海军陆战队计划程序》，将设计解释为一种基本的指挥责任，并不仅仅是在制定计划过程中是如此，在执行的所有阶段也是如此。计划的第一个关键阶段是重新开始问题构建（Problem Framing），以更好传达其目标和重要性。在问题构建阶段，陆战队空地特遣部队指挥官和参谋人员要寻求完全理解战略传播议题，以明确在战场或者作战区域内的叙述竞争力以及叙述目标。过去国防部战略传播努力的一个重要教训就是在发展独立的、不同的战略传播优先性、计划或者组织时，与现有的计划过程相脱离，这是没有效果的。因为计划从本质上说，是构想一个所期望的未来，并列出实现这个未来的有效方法，设计作为计划的一个单元是有效的战略传播的核心。陆战队空地特遣部队作战计划小组作为计划和整合联合武装行动的主要机构，也应该计划和执行战略传播方案。

5. 将战略传播作为一个集成程序来运作

陆战队空地特遣部队指挥官及其参谋人员已经准备好通过现有的海军陆战队计划程序（Marine Corps Planning Process，MCPP）来整合联合武装。陆战队远征军和陆战队远征旅的作战计划小组都经过了良好的训练，能够在其所处的战斗空间中整合致命性和非致命性火力。从一种战略传播的视角来看，大多数正确的功能“参考者”（players）都参与到了现有的作战计划小组中。然而美中不足的是未将战略传播的因素置到观察和执行相应行动的过程中。通过对指挥官及其首要计划者们进行教育和训练可以帮助快速改变这一现状。举例来说，所有的行动过程都应该更清楚地将地面上的行动与信息传达相整合，这些“关键议题和信息”将传向国家层级/当事国和更高一级总部，也传向具体的受众。海军陆战队通过在最初的作战计划小组的研究来明确活动中具体的参与者，从正确的概念出发来思考问题，利用现有的战略传播主要的支援性能力和代表性组织，如海军陆战队信息作战中心，来确保其在认知领域更好的活动能力。

指挥官需要将详细的战略传播目标包括在其指南之内，这对海军陆战队的战略传播来说是一个关键。发展高质量的指南需要有影响力的建议，也需要科学的问题构建（文化上的战斗空间情报准备Intelligence Preparation of the Battlespace等）

程序。换句话说，为指挥官对于战斗空间的认识做出贡献是非常重要的，每次计划周期内的重述都应该将那些可能的或计划的效果以及战术、战役和战略目标上的行动包括进去。还必须将期望出现的和可能期望不出现的后果包括进入，这是关于指挥官的责任区域、兴趣区域和影响力区域的认知，后者可以是局部，也可能是全球。简而言之，战略传播的优先性必须包括列入主计划本身之中（指挥官的意图和作战概念），而不仅仅是作为附件Y或者另一个功能性附件。战略传播的功能领域专家必须成为指挥官主要顾问团体的成员。

6. **理解战略传播参与的整体性和创造合法性**

因为一支陆战队空地特遣部队内的任何陆战队员或者舰员的行动都可能有后果和反响（如一次“CNN时刻”），士兵在文化上占有丰富的知识正变得越来越重要。在最基层，战略传播要从单兵陆战队员做起。各个层级的军士和部队指挥官负责找出、理解以及帮助沟通，了解他们的部队在某个环境中采取行动或者不采取行动的原因。单兵陆战队员和小规模部队都是战略传播计划的关键参与者，因为他们的行动直接对陆战队员空地特遣部队作为一个整体可以预见的合法性、特性和名誉产生影响。这一事实证明了这样的结论：一个信息终端在信息环境管理、信息目标实现方面是重要的一环。对内对外的合法性是战略传播的基础。只有当信息传达的同时，陆战队员直接与当地居民的互动交流信息时，合法性才能确定并加强。很多时候，行动要比语言更重要。

在参谋层级，功能区域专家会加入进来，并提出陆战队空地特遣部队应该如何最佳编组才能获得成功这样的问题。因为陆战队空地特遣部队战术单元在任何行动或者事件中都是最重要的参与者，所以他们在信息作战、公共事务、民事军事行动以及随军摄影功能领域受支援的方式应该被视为对认知环境的“支援性手段”（supporting arms）。

大多数情况下，这些功能领域的代表应该和情报军官一样，是最初和反复的战斗空间情报准备的重要参与者。

大多数指挥官都能直觉地理解这一点，但是它没有必要作为优先事务来处理。这个概念的一个目标是为检查和发展条令、组织、训练、物资、领导力、教育、人事、设施，解决方案内的不足的，为关键性的解决方案出台提供概念性的出发点。

7. 将火力、机动和战略传播整合成一个不可分割的整体

“海军陆战队队员在实施反暴乱行动的过程中，要准备好打击武装敌人，也要准备好利用信息、人道主义援助、经济顾问以及推动良好的政府治理来影响环境……只有具备了这种多样化的技能和能力组合，海军陆战队将具备将其以机动战为基础的作战理念应用到对付非常规威胁的能力上，具备从许多角度攻击敌人的能力，具备消耗敌人并使他们无法获得公众支持的能力。”

《战略传播联合一体化概念》（SC Joint Integrating Concept, SC JIC）草案将沟通描述为一种影响力机制，提供一种“影响力频谱”：从作为最间接影响力的“告知”（inform）到作为最直接影响力的“强制”（coerce）。这种“影响力频谱”范围常常会使那些试图在频谱内协调沟通事务、同时充分利用致命性火力的指挥官认识上发生混淆。由于没有一个清晰的概念来描述该频谱范围内各种影响力功能的角色、职责、授权和限制，所以陆战队空地特遣部队指挥官在接触方面将仅有一个大的框架。将火力、机动和战略传播行动整合进一个整体，应该是一支陆战队空地特遣部队在处理认识环境的复杂性时一个概念性的出发点。

一个共同的观点是，战略传播可以通过使用一个模型、样板和精心起草的附件来达到产生影响的目的。这样的手段对详细的计划和协调，以及评估和决策支持是非常重要的，但是有效的战略传播不仅仅只是需要好的手段。一个附件Y或者一份“沟通战略”的内容如果放到“封底”就不能满足作战范围的需求。附件Y应该保留其位置和角色，但是战略传播一开始就应该整合到所有的作战程序中，整合到所有的计划、准备、执行和评估中，确保对信息环境最大限度地产生影响。

就像目标委员会（Targeting Board）可以协调陆战队空地特遣部队的动能火力一样，在陆战队空地特遣部队作战环境内同步语言和行动，可以帮助指挥官填补“说-做”的缺口，提高影响有意向的受众的潜力。所有的陆战队员和每一名参谋人员都应该理解最根本的战略目标，并为任何一支陆战队空地特遣部队考虑。陆战队空地特遣部队的基础计划应该以制定陆战队空地特遣部队战略传播计划的方式来写，如陆战队空地特遣部队的行动和形象应该比语言更有影响力，所以陆战队空地特遣部队所做的每一件事情都应该被视作战略传播计划重要组成部分。

8. 透过一个战略传播透镜来评估作战程序

未来，陆战队空地特遣部队将以与现在一样的方式来跟踪和评估作战，但是其参谋人员会对影响陆战队空地特遣部队行动和信息环境中的信息更为敏感。物理和心理效果必须可以衡量，以掌握行动、语言和形象在当地文化中是如何被认识的。因为当地的文化是确定的，是历史传承的，所以发展必要的反馈和评估系统所需的时间和资源是很惊人的。尽管人们可能很容易地快速观察到物理领域动能或者致命性的效果，但是认知领域内的非动能或者非致命性效果的观察需要更多的时间和努力，特别是那些即使是特定的作战环境，文化差别非常细微的地方。从这样一个角度来看，美军的传统并不包括“耐心”和时间。

陆战队空地特遣部队在涉及战略传播计划的问题上必须发展和维持一个积极主动的立场，寻求那些可以加强优先性的主题或者信息，能够反制现有错误认知的行动和事件。同样，陆战队空地特遣部队需要制定一项评估计划，考量行动、语言和形象是如何支援或者阻碍更大的目标的。否则，单兵和基层部队的积极行动可能不为人所知，错误考虑行动的效果可能受到过分的关注，更糟糕的是，这会将作战优势让予敌手。美国陆战队空地特遣部队参谋计划和执行文化转变的一个重要部分是，更为活跃的立场，这个立场将推动陆战队空地特遣部队在已经有意整合进一项自上而下的沟通计划中的行动中创造优势，“比任何具体的手段更重要的是，我们必须要了解我们的行动在特定的环境是如何被接受和理解的。”

七、支持战略传播的功能性参谋活动

理论上说，在战略传播的范围之内，传统的功能性参谋部分将继续支持陆战队空地特遣部队。这些参谋部门成员将执行例行性的在附件Y中规定的任务，并发展利于或者减缓陆战队空地特遣部队指挥官范围之内发生的行动的影响所需的计划、分支、系列以及及时的反应。但是，这些参谋部门的组成、组织和位置仍然是一个需要讨论、试验的事情。传统的参谋部门、战略传播单元以及其他类型的团队都需要进行审慎的研究以确定最佳的组织方式。谁应该认定覆盖这些要素，以及他们应该如何最佳编组来完成多项任务是另一个需要讨论、试验和继续发展的事情。

除了持久的陆战队空地特遣部队战略传播参谋部门的编组外，一些已经部署的陆战队空地特遣部队已经成功地使用了不同功能重点和任务导向的团队。社会文化小组就是一个好例子，已经在阿富汗的部署过程中取得了积极的成效。一般来说，这种小组都会包括1位社会学家和1位具备文化专长的人类学家。有时候，陆战队空地特遣部队也使用类似的支援小组来获得更大的优势。“关键领导人接触”（Key Leader Engagement）小组是另外一个具备直接支援能力的小组。

八、美国海军陆战队在各方面的考虑

“陆战队空地特遣部队的战役战术协同是指使部队在战场上成为一支灵活、有效和令人生畏的力量。改善这种协同需要在陆战队空地特遣部队内采取实质性的步骤……理论上说，就是发展在复杂地形条件下、在分散模式中、在信息化环境中作战能力。”

美国国防部正在进行一项基于战略传播能力的评估，以确定现有能力是否能够满足作战司令部层级战略传播的需求，是否需要加强，是否有更好的做法可以采用。海军陆战队现在已经认识到了在战略传播相关能力上存在的缺口，需要提高在认知领域行动的能力。这些缺口很多是存在于条令、训练和教育领域，很显然联合部队和海军陆战队的任务清单和标准最终都需要进一步的发展。

谈及缺口，各界都有一个共识，那就是“有效的战略传播需要一种与信息化环境相协调的组织文化，需要一种认知：战略传播作为实现信息效果的一种方式，包括了多种能力和手段，这些能力和手段应该是指挥官‘武库’的一个不可分割的组成部分。参谋长可能会对这些努力提供支持。但是，训练有素的参谋部门与指挥官领导之下的部队文化相比，后者更重要。部队要理解战略传播是什么，要强调战略传播对成功的军事行动非常重要。”

从条令、组织、训练、物资、领导力、教育、人事、设施的角度来说，战略传播相关改进的主体似乎是在条令、训练和教育的非物质要素之中。大多数情况下，海军陆战队只应发展必需的谨慎的能力，但是海军陆战队应该考虑发展一些战略传播推动的高需求/低密度的能力，如公共事务、信息作战、民事军事行动以及随军摄影等，来支持更有效的战略传播过程。全方面改进，综合提高，无论是在军种层级参谋部门还是陆战队空地特遣部队内部，都是非常重要的，将成为教育和训练一项重要的职能。

尽管陆战队空地特遣部队并没有特别指令在联合层次作战部队内提高对战略传播能力重要性的理解，但是这种理解对提高多机构战略传播能力是关键。从作战的角度来看，其含义对于海军陆战队和陆战队空地特遣部队是相当重要的。与复杂环境、混合威胁、跨国行为体、分散行动、战术行动对战略决策的影响相关的战争上新的定义，都需要人们来进一步看待战略传播的重要性。

九、结论

尽管美国国务院和国防部都理解战略传播的重要性，但是从国家层次一直到“地面上士兵”在战略传播上的执行能力都是不够的。海军陆战队很显然是一个重要的支援性角色，无论是在机构层次，还是在行动的陆战队空地特遣部队层次都是如此。

机构能力将在反应的方式上扮演重要的角色，保持“平衡”的理念非常必要。

确保动能和非动能行动、语言和形象协调一致，不发生冲突，同样充满着挑战。尽管如此，海军陆战队必须应对这一挑战，必须进行调整适应今天的现实。

战略传播应该存在于所有的决策、行动计划和执行过程当中。战略传播在陆战队远征军和陆战队远征旅层级如何实践需要进行研究提炼。联合部队司令部最近发展的《指挥官战略传播手册》（Commander's Handbook on Strategic Communication）举出了联合部队如何在其组织内试验以更好地应对战略传播需求的几个例子。

这一功能性概念中包含的观点以及其他相关的指南必须要在教育机构、训练场所和演习评估清单上得到重要的检验、充实和调整。一直以来，具备动能行动和地域导向目标的素质都是必须的，熟悉和理解敌人的战斗序列也很关键。在进入更复杂、更需要认知的作战领域的时候，军队将继续开发新的优势。目前，出色的指挥官在战略传播领域寻求的创造和调整是行动事务上的权宜之计，这必须要实现制度化。